PPP 项目运营

吴维海　著

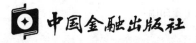

中国金融出版社

责任编辑：陈　翎
责任校对：张志文
责任印制：张也男

图书在版编目（CIP）数据

PPP 项目运营（PPP Xiangmu Yunying）/吴维海著 . —北京：中国金融
出版社，2018.1

ISBN 978 - 7 - 5049 - 7357 - 3

Ⅰ.①P… Ⅱ.①吴… Ⅲ.①政府投资—合作—社会—资本—研究—
中国 Ⅳ.①F832.48②F124.7

中国版本图书馆 CIP 数据核字（2017）第 293183 号

出版
发行 　**中国金融出版社**

社址　北京市丰台区益泽路 2 号
市场开发部　（010）63266347，63805472，63439533（传真）
网上书店　http：//www.chinafph.com　（010）63286832，63365686（传真）
读者服务部　（010）66070833，62568380
邮编　100071
经销　新华书店
印刷　北京市松源印刷有限公司
尺寸　169 毫米×239 毫米
印张　27.25
字数　425 千
版次　2018 年 1 月第 1 版
印次　2018 年 1 月第 1 次印刷
定价　65.00 元
ISBN 978 - 7 - 5049 - 7357 - 3
如出现印装错误本社负责调换　联系电话（010）63263947

序　言

  经济转型与新旧动能转换是重大国家战略，它依赖于金融市场和金融工具的驱动与支撑。在党中央、国务院以及国家发改委、财政部等各部委的推动下，PPP 模式在解决国家重点项目、地方基础设施建设资金等方面，发挥着越来越重要的作用。通过鼓励和倡导 PPP 项目，引进社会资本，降低地方债务水平，可以优化资本要素配置。

  PPP 模式在欧美国家已有几十年实践，积累了大量案例。但在我国，PPP 模式尚处于探索与培育阶段，各地在 PPP 项目实施过程中存在不少误区，譬如，PPP 项目公司的设立、运营和评估等机制很不健全，项目风险不断积聚，并时有发生，这些都亟须尽快研究。为此，我们整合与协调了国家相关部委专家和北京大学、清华大学、中国人民大学、香港中文大学等院校学者、教授以及机构的投资高管等，对国内外 PPP 实践和案例进行梳理和分析归纳，对我国 PPP 项目设计与运营的新模式、新架构和新机制进行了积极的探索。同时，我们得到了中交集团（中央企业）、青岛地铁、光合文旅等单位的支持，它们提供了翔实的案例，在此谨表感谢。

  期盼本书的出版发行，能够对 PPP 咨询智库、地方政府、投资机构和 PPP 项目公司的专业策划、PPP 实际操作、绩效评估和风险控制等，起到专业、系统、前瞻的辅导与决策参谋作用。

吴维海
2017 年 10 月
于北京

目 录

1. 宏观形势和 PPP 政策

1.1 宏观形势

金融是一个国家、地区、特定城市，以及特定企业与社会组织落实发展战略，开展经济或社会活动的基础，也是提升一个国家、城市和企业综合竞争力的基本保障。金融的内涵和外延广泛，既包括银行信贷、项目投资、上市等直接的、间接的融资和资本运营手段，也包括通过项目融资和特定机构进行复杂融资的实践行为。

PPP 是我国金融创新的重要产品，是中央和地方政府积极倡导的金融创新手段，也是我国基础设施建设等项目重要的资金筹措与管理模式。

1.1.1 国际宏观形势

近几年，全球经济金融形势严峻，世界经济复苏乏力。美国和欧盟等西方发达国家和经济体的总体需求不足，经济增长率低迷，亚洲和拉美等新兴经济体增长率呈现下滑趋势。从全球货币政策来看，欧美等经济发达国家和中国、巴西等新兴经济体的货币政策和发展战略差别较大。美国货币政策的变化容易引发全球大规模的跨境资本流动，英国脱欧引发了各国外汇与金融市场的波动，美国、韩国、乌克兰等地缘政治变化，对全球经济的复苏和运行带来各种干扰。2016 年，全球多数发达经济体的经济增速低于 2%。按购买力平价计算，2016 年全球国内生产总值（GDP）增长率在 2.8% ~ 3.2%。2016 年由于美联储加息，相对抑制了美国的国内消费市场，影响到人民币汇率下跌，削弱了欧元区、日本和其他经济体货币政策的刺激效应。全球贸易增长出现新一轮低迷，美国、欧盟等贸易保护主义有所抬头，加剧了全球经贸合作的难度。

2016 年，全球金融市场动荡，新兴市场国家债务水平上升，全球非金融企业债务水平升高。2016 年，是我国"十三五"规划的开局之年，国家积极推行经济转型升级，倡导供给侧结构性改革，为全年经济的中高速增长奠定了基础，其溢出效应为全球新兴市场国家经济带来了积极的作用。人民币加入特别提款权，为人民币国际化提供了新的动力。同时，我国首次出现资金净外流的现象，其已经引起各方的重视。当前，印度、巴西、俄罗斯和南非等国家或地区面临着周期性和结构性的挑战，各国的金融风险有所加大，经济金融形势并不乐观。

1.1.2　国内宏观形势

我国宏观环境稳中向好。2012 年以来，我国民间投资增速下滑，2013 年至 2015 年，我国民间固定资产投资同比名义分别增长 23.1%、18.1%、10.1%。2016 年 1~11 个月，我国民间固定资产投资 33.1067 万亿元，同比名义增长仅 3.1%。为调动民营企业的积极性，国家采取了一系列刺激经济发展的宽松措施，包括出台部委政策、扶持和吸引民营资本参与各种 PPP 项目。2014 年至 2016 年，在各地签约的 PPP 项目中，民营企业牵头或单独中标的项目超过了 50%。政府鼓励和推动 PPP 模式的项目建设，通过特许经营、购买服务、股权合作等方式，与社会资本建立了利益共享、风险分担及长期合作的关系，增强了公共产品和服务供给能力，提高了供给质量，实现了"双赢"或"多赢"。

为了加强 PPP 项目的全生命周期监管，我国建立统一、规范、透明的 PPP 市场。2015 年，根据国务院精神，财政部利用"互联网＋"技术，搭建全国 PPP 综合信息平台（下称"平台"），对 2013 年以来全国所有 PPP 项目实现线上监管，促进 PPP 项目数据分析、案例分享和及时跟踪了解项目进展信息，相关项目涵盖了能源、交通运输、水利建设、生态建设和环境保护、市政工程、片区开发、农业、林业、科技、保障性安居工程、旅游、医疗卫生、养老、教育、文化、体育、社会保障、政府基础设施和其他行业。2015 年，发展改革委在其门户网站开辟 PPP 项目库专栏，公开发布 PPP 推介项目，鼓励各类社会资本通过特许经营、政府购买服务、股权合作等方式参与项目建设及运营。这次发布的 PPP 项目共计 1 043 个，总投资 1.97 万亿元，项目范围涵盖水利设施、市政设施、交通设施、公共服务、资源环境等多个领域，其中铁路与城市轨道交通项目规模超 8 000 亿元，共计 62 个。

从国家经济发展趋势来看，2016 年，我国国内生产总值保持 6.7% 的增速，2016 年总体经济表现为缓中趋稳、稳中向好、稳中有进。"十三五"时期，我国 GDP 增速将保持在 6.5% 左右。在我国经济平稳、中高速发展的过程中，地方政府和企业通过银行贷款、PPP 和产业基金等模式，筹措基础设施、公益性市政项目、产业转型升级重点工程等项目开工建设需要的资金。PPP 在各地区的经济运行和基础设施建设中发挥了积极的、引导性的作用。

1.2 国内 PPP 政策

1995 年，原外经贸部颁布《关于以 BOT 方式吸收外商投资有关问题的通知》。随后几年，国务院、原国家计委、建设部和交通部等陆续颁布了与 PPP 相关的部门规章或政策性文件，体现了我国融资模式逐步从外资转变到内资、调整范围逐步扩大的历史演变。当前，我国 PPP 主要模式有：委托运营（O&M）、管理合同（MC）、建设—运营—移交（BOT）、建设—拥有—运营（BOO）、转让—运营—移交（TOT）、改建—运营—移交（ROT）等。其中，BOT 模式指由社会资本或项目公司承担新建项目设计、融资、建造、运营、维护和用户服务职责，合同期满后项目资产及相关权利等移交给政府的项目运作方式。

2013 年，党的十八届三中全会明确提出，允许社会资本通过特许经营等方式参与城市基础设施投资和运营，让市场在资源配置中发挥决定性作用。2013 年 11 月，党的十八届三中全会提出，允许社会资本通过特许经营等方式参与城市基础设施投资和运营，PPP 模式获得政策支持。2014 年 5 月 20 日，国务院批转发展改革委关于 2014 年深化经济体制改革重点任务意见的通知，提出建立政府和社会资本合作机制。

2014 年，国务院印发《关于创新重点领域投融资机制鼓励社会投资的指导意见》（国发〔2014〕60 号），提出进一步创新投融资方式，包括建立健全 PPP 机制，这是我国在国家层面首次对 PPP 模式进行系统完整规范。2014 年 5 月 26 日，财政部成立由副部长担任组长的 PPP 工作领导小组，并举行第一次会议。

《国家发改委关于开展政府和社会资本合作的指导意见》明确 PPP 的三大主要模式：一是经营性项目，对于具有明确的收费基础，并且收费能够完全覆盖投资成本的项目，可通过政府授权特许经营权，采用建设—运营—移交（BOT）、建设—拥有—运营—移交（BOOT）等模式推进。二是准经营性项目，对于经营收费不足以覆盖投资成本的、需政府补贴部分资金或资源的项目，可通过政府授予特许经营权附加部分补贴或直接投资参股等措施，采用建设—运营—移交（BOT）、建设—拥有—运营（BOO）等模式推进。三是非经营性项目，对于缺乏"使用者付费"基础、主要依靠"政府付费"回收投资成本的项目，可通过政府购买服务，采用建设—拥有—运营（BOO）、委托运营等市场化模式推进。

2014 年 8 月 31 日，全国人大常委会通过修改《预算法》的决定，要求建立跨年度预算平衡机制，实行中长期财政规划预算，为实施长周期的 PPP 项目铺平了道路。新《预算法》已于 2015 年 1 月 1 日正式生效。2015 年 3 月 5 日，政府工作报告提出在基础设施等领域积极推广 PPP 模式；财政部年度预算报告提出开展 PPP 示范项目建设，释放社会投资潜力。

2016 年 3 月 5 日，李克强总理在政府工作报告中提出，深化投融资体制改革，继续以市场化方式筹集专项建设基金，推动地方融资平台转型改制进行市场化融资，探索基础设施等资产证券化，扩大债券融资规模。完善政府和社会资本合作模式，用好 1 800 亿元引导基金，依法严格履行合同，充分激发社会资本参与热情。2016 年 7 月 7 日国务院常务会议确定由国家发展改革委负责传统基础设施领域 PPP 工作后，国家发展改革委会同有关部门迅速行动，狠抓落实，相关 PPP 推进工作取得了积极进展。截至 2016 年，国家发改委推介的 PPP 项目有三批，总规模约 6.37 万亿元。

自 2013 年以来，"一带一路"建设从无到有、由点及面，进度和成果超出预期。2016 年 12 月 12 日，国家发展改革委投资司会同西部司、外资司等司局，与联合国欧洲经济委员会 PPP 中心在北京召开"一带一路"PPP 工作机制洽谈会并认为，在"一带一路"建设中推进 PPP 模式，能够更好地提供公共产品和公共服务，助推沿线各国实现可持续发展目标。目前，已有 130 多个国家和国际组织积极参与了"一带一路"建设。将 PPP 模式运用到"一带一路"沿线基础设施建设，实现互联互通，已成为各国广泛共识。从 PPP 的模式创新看，保险资金更多参与基础设施项目和 PPP 项目资产证券化是近年以来的两大看点。

1.2.1 国务院相关 PPP 政策

近年来，国务院陆续出台了 PPP 相关政策和文件，包括但不限于：

(1)《国务院关于加强城市基础设施建设的意见》（国发〔2013〕36 号）

(2)《国务院关于加强地方政府性债务管理的意见》（国发〔2014〕43 号）

(3)《国务院关于深化预算管理制度改革的决定》（国发〔2014〕45 号）

(4)《国务院关于发布政府核准的投资项目目录（2014 年本）的通知》（国发〔2014〕53 号）

(5)《国务院关于创新重点领域投融资机制鼓励社会投资的指导意见》（国发〔2014〕60 号）

(6)《国务院办公厅关于政府向社会力量购买服务的指导意见》（国办发〔2013〕96 号）

(7)《国务院办公厅转发财政部发展改革委、人民银行关于在公共服务领域推广政府和社会资本合作模式指导意见的通知》（国办发〔2015〕42 号）

(8)《转发财政部、人民银行、银监会关于妥善解决地方政府融资平台公司在建项目后续融资问题意见的通知》（国办发〔2015〕40 号）

(9)《关于印发推进财政资金统筹使用方案的通知》（国发〔2015〕35 号）

(10)《关于进一步做好城镇棚户区和城乡危房改造及配套基础设施建设

有关工作的意见》（国发〔2015〕37 号）

（11）《关于推进城市地下综合管廊建设的指导意见》（国办发〔2015〕61 号）

（12）《关于加快电动汽车充电基础设施建设的指导意见》（国办发〔2015〕73 号）

（13）《关于推进海绵城市建设的指导意见》（国办发〔2015〕75 号）

（14）《关于推进医疗卫生与养老服务相结合指导意见的通知》

（15）《中共中央办公厅　国务院办公厅印发〈关于进一步完善中央财政科研项目资金管理等政策的若干意见〉》

（16）《中共中央　国务院关于深化投融资体制改革的意见》

（17）《国务院关于国有企业发展混合所有制经济的意见》（国发〔2015〕54 号）

（18）《国务院办公厅转发财政部、人民银行、银监会关于妥善解决地方政府融资平台公司在建项目后续融资问题意见的通知》（国办发〔2015〕40 号）

（19）《国务院办公厅转发财政部、发改委、人民银行关于在公共服务领域推广政府和社会资本合作模式指导意见的通知》（国办发〔2015〕42 号）

（20）《国务院办公厅关于推进城市地下综合管廊建设的指导意见》（国办发〔2015〕61 号）

（21）《国务院办公厅转发卫生计生委等部门关于推进医疗卫生与养老服务相结合指导意见的通知》（国办发〔2015〕84 号）

（22）《中共中央　国务院关于深化投融资体制改革的意见》（中发〔2016〕18 号）

（23）《国务院关于印发 2016 年推进简政放权放管结合优化服务改革工作要点的通知》（国发〔2016〕30 号）

（24）《国务院关于印发土壤污染防治行动计划的通知》（国发〔2016〕31 号）

（25）《国务院办公厅关于创新农村基础设施投融资体制机制的指导意见》（国办发〔2017〕17 号）

（26）《国务院办公厅关于促进开发区改革和创新发展的若干意见》（国

办发〔2017〕7 号）

（27）《国务院办公厅关于全面放开养老服务市场提升养老服务质量的若干意见》（国办发〔2017〕7 号）

（28）《国务院关于实行中央对地方增值税定额返还的通知》（国发〔2016〕71 号）

（29）《国务院办公厅关于印发地方政府性债务风险应急处置预案的通知》（国办函〔2016〕88 号）

（30）《国务院办公厅关于建立国有企业违规经营投资责任追究制度的意见》（国办发〔2016〕63 号）

（31）《国务院办公厅关于推动中央企业结构调整与重组的指导意见》（国办发〔2016〕56 号）

1.2.2 国家发改委相关 PPP 政策

国家发改委积极推动 PPP 项目的创新发展，并出台了相关政策文件。

（1）《关于开展政府和社会资本合作的指导意见》（发改投资〔2014〕2724 号）

（2）《关于发布首批基础设施等领域鼓励社会投资项目的通知》（发改基〔2014〕981 号）

（3）《政府和社会资本合作项目通用合同指南》（2014 年版）

（4）《关于加快推进健康与养老服务工程建设的通知》（发改投资〔2014〕2091 号）

（5）《关于推进开发性金融支持政府和社会资本合作有关工作的通知》（发改投资〔2015〕445 号）

（6）《关于鼓励和引导社会资本参与重大水利工程建设运营的实施意见》（发改农经〔2015〕488 号）

（7）《国家发展改革委关于切实做好〈基础设施和公用事业特许经营管理办法〉贯彻实施工作的通知》（发改法规〔2015〕1508 号）

（8）《关于进一步鼓励和扩大社会资本投资建设铁路的实施意见》（发改基础〔2015〕1610 号）

（9）《关于开展社会资本参与重大水利工程建设运营第一批试点工作的

通知》（发改办农经〔2015〕1274 号）

（10）《关于充分发挥企业债券融资功能支持重点项目建设促进经济平稳较快发展的通知》（发改办财金〔2015〕1327 号）

（11）《关于进一步鼓励和扩大社会资本投资建设铁路的实施意见》（发改基础〔2015〕1610 号）

（12）《关于加强城市停车设施建设的指导意见》（发改基础〔2015〕1788 号）

（13）《关于鼓励社会资本投资水电站的指导意见》（国能新能〔2015〕8 号）

（14）《关于城市地下综合管廊实行有偿使用制度的指导意见》（发改价格〔2015〕2754 号）

（15）2016 年 8 月 30 日，国家发展改革委《关于切实做好传统基础设施领域政府和社会资本合作有关工作的通知》

（16）《国家发展改革委　中国证监会关于推进传统基础设施领域政府和社会资本合作（PPP）项目资产证券化相关工作的通知》（发改投资〔2016〕2698 号）

（17）《国家发展改革委关于印发〈传统基础设施领域实施政府和社会资本合作项目工作导则〉的通知》（发改投资〔2016〕2231 号）

（18）《国家发展改革委　住房城乡建设部关于开展重大市政工程领域政府和社会资本合作（PPP）创新工作的通知》（发改投资〔2016〕2068 号）

（19）《国家发展改革委办公厅关于请报送传统基础设施领域 PPP 项目典型案例的通知》（发改办投资〔2016〕1963 号）

（20）《国家发展改革委关于切实做好传统基础设施领域政府和社会资本合作有关工作的通知》（发改投资〔2016〕1744 号）

（21）《关于加快投资项目在线审批监管平台应用的通知》（发改投资〔2016〕1010 号）

（22）《关于国家高速公路网新建政府和社会资本合作项目批复方式的通知》（发改办基础〔2016〕1818 号）

（23）《国家发展改革委关于印发〈传统基础设施领域实施政府和社会资本合作项目工作导则〉的通知》（发改投资〔2016〕2231 号）

（24）国家发展改革委办公厅印发《传统基础设施领域政府和社会资本合作（PPP）项目库管理办法（试行)》

（25）《国家发展改革委　国家林业局关于运用政府和社会资本合作模式推进林业建设的指导意见》（发改农经〔2016〕2455 号）

（26）《国家发展改革委　农业部关于推进农业领域政府和社会资本合作的指导意见》（发改农经〔2016〕2574 号）

（27）《国家发展改革委办公厅　交通运输部办公厅关于进一步做好收费公路政府和社会资本合作项目前期工作的通知》（发改办基础〔2016〕2851 号）

（28）《国家发展改革委　中国证监会关于推进传统基础设施领域政府和社会资本合作（PPP）项目资产证券化相关工作的通知》（发改投资〔2016〕2698 号）

（29）《国家发展改革委　住房城乡建设部关于进一步做好重大市政工程领域政府和社会资本合作（PPP）创新工作的通知》（发改投资〔2017〕328 号）

（30）国家发改委、交通部印发《关于进一步贯彻落实"三大战略"发挥高速公路支撑引领作用的实施意见》，2017 年 1 月

（31）《关于加快运用 PPP 模式盘活基础设施存量资产有关工作的通知》（发改投资〔2017〕1266 号）

1.2.3　国家财政部相关 PPP 政策

国家财政部为了推广 PPP 项目，出台了项目策划、定价、投标、建设、运行、评估等系列政策文件。

（1）《财政部关于推广运用政府和社会资本合作模式有关问题的通知》（财金〔2014〕76 号）

（2）《关于公共基础设施项目享受企业所得税优惠政策问题的补充通知》（财税〔2014〕55 号）

（3）《关于推广运用政府和社会资本合作模式有关问题的通知》（财金〔2014〕76 号）

（4）《关于印发〈地方政府存量债务纳入预算管理清理甄别办法〉的通知》（财预〔2014〕351 号）

（5）《关于印发政府和社会资本合作模式操作指南（试行）的通知》（财金〔2014〕113 号）

（6）《财政部关于政府和社会资本合作示范项目实施有关问题的通知》（财金〔2014〕112 号）

（7）《关于印发〈政府购买服务管理办法（暂行）〉的通知》（财综〔2014〕96 号）

（8）《财政部关于规范政府和社会资本合作合同管理工作的通知》（财金〔2014〕156 号）

（9）《政府采购非招标采购方式管理办法》（财政部令第 74 号）

（10）《关于开展中央财政支持海绵城市建设试点工作的通知》（财建〔2014〕838 号）

（11）《关于印发〈政府采购竞争性磋商采购方式管理暂行办法〉的通知》（财库〔2014〕214 号）

（12）《财政部关于印发〈政府和社会资本合作项目政府采购管理办法〉的通知》（财库〔2014〕215 号）

（13）《财政部关于印发〈地方政府存量债务纳入预算管理清理甄别办法〉的通知》（财预〔2014〕351 号）

（14）《关于组织申报 2015 海绵城市建设试点城市的通知》（财办建〔2015〕4 号）

（15）《关于市政公用领域开展政府和社会资本合作项目推介工作的通知》（财建〔2015〕29 号）

（16）《关于印发〈政府和社会资本合作项目财政承受能力论证指引〉的通知》（财金〔2015〕21 号）

（17）《关于推进水污染防治领域政府和社会资本合作的实施意见》（财建〔2015〕90 号）

（18）《关于在收费公路领域推广运用政府和社会资本合作模式的实施意见》（财建〔2015〕111 号）

（19）《关于运用政府和社会资本合作模式推进公共租赁住房投资建设和运营管理的通知》（财综〔2015〕15 号）

（20）《财政部关于印发〈政府采购竞争性磋商采购方式管理暂行办法〉

的通知》（财库〔2014〕214 号）

（21）《财政部、民政部、工商总局关于印发〈政府购买服务管理办法（暂行）〉的通知》（财综〔2014〕96 号）

（22）《关于市政公用领域开展政府和社会资本合作项目推介工作的通知》（财建〔2015〕29 号）

（23）《关于政府和社会资本合作项目财政承受能力论证指引的通知》（财金〔2015〕21 号）

（24）《关于推进水污染防治领域政府和社会资本合作的实施意见》（财建〔2015〕90 号）

（25）《关于在收费公路领域推广运用政府和社会资本合作模式的实施意见》（财建〔2015〕111 号）

（26）《关于在公共服务领域推广政府和社会资本合作模式指导意见的通知》（国办发〔2015〕42 号）

（27）《关于运用政府和社会资本合作模式推进公共租赁住房投资建设和运营管理的通知》（财综〔2015〕15 号）

（28）《关于进一步做好政府和社会资本合作项目示范工作的通知》（财金〔2015〕57 号）

（29）《关于印发〈城市管网专项资金管理暂行办法〉的通知》（财金〔2015〕201 号）

（30）《关于政府采购竞争性磋商采购方式管理暂行办法有关问题的补充通知》（财库〔2015〕124 号）

（31）《关于印发〈排污权出让收入管理暂行办法〉的通知》（财税〔2015〕61 号）

（32）《关于印发〈政府投资基金暂行管理办法〉的通知》（财预〔2015〕210 号）

（33）《关于实施政府和社会资本合作项目以奖代补政策的通知》（财金〔2015〕158 号）

（34）《关于印发〈PPP 物有所值评价指引（试行）〉的通知》（财金〔2015〕167 号）

（35）《关于对地方政府债务实行限额管理的实施意见》（财预〔2015〕

225 号）

（36）《关于"十三五"新能源汽车充电基础设施奖励政策及加强新能源汽车推广应用的通知》（财建〔2016〕7 号）

（37）《关于通过政府购买服务支持社会组织培育发展的指导意见》（财综〔2016〕54 号）

（38）《关于做好事业单位政府购买服务改革工作的意见》（财综〔2016〕53 号）

（39）《关于印发〈政府和社会资本合作项目财政管理暂行办法〉的通知》（财金〔2016〕92 号）

（40）《关于进一步共同做好政府和社会资本合作（PPP）有关工作的通知》（财金〔2016〕32 号）

（41）《关于印发〈财政部政府和社会资本合作（PPP）专家库管理办法〉的通知》（财金〔2016〕144 号）

（42）《关于开展 2016 年中央财政支持海绵城市建设试点工作的通知》（财办建〔2016〕25 号）

（43）《关于印发〈普惠金融发展专项资金管理办法〉的通知》（财金〔2016〕85 号）

（44）《关于印发〈政府和社会资本合作（PPP）综合信息平台信息公开管理暂行办法〉的通知》（财金〔2017〕1 号）等

1.2.4 各地相关 PPP 政策

为推动各地基础设施建设、市政工程和经济转型等，地方政府相继出台了鼓励社会资本参与的 PPP 管理办法或实施意见。粗略梳理，包括但不限于表 1-1 所示。

表 1-1　　　　　　　　地方政府部分相关 PPP 政策文件

时间	单位	文件
2015 年 3 月 25 日	北京市政府	《关于创新重点领域投融资机制鼓励社会投资的实施意见》（京政发〔2015〕14 号）
2015 年	北京市政府办公厅	《关于在公共服务领域推广政府和社会资本合作模式的实施意见》（京政办发〔2015〕52 号）

续表

时间	单位	文件
2016 年	北京市财政局	《北京市推广政府和社会资本合作（PPP）模式奖补资金管理办法》
2015 年 3 月 24 日	沈阳市政府	《沈阳市人民政府关于开展政府和社会资本合作试点的实施意见》《沈阳市 2015 年推进政府和社会资本合作实施方案》
2015 年 3 月 18 日	厦门市政府	《厦门市推广运用政府和社会资本合作（PPP）模式实施方案》
2015 年 3 月	云南省政府	《云南省推广运用政府和社会资本合作模式实施方案》
2015 年 3 月	昆明市政府	《昆明市人民政府关于推广运用政府和社会资本合作模式的实施方案（试行）》
2015 年 3 月	海南省财政厅	《海南省财政厅关于推广运用政府和社会资本合作模式的实施意见》
2015 年 3 月	江苏省财政厅	《江苏省财政厅关于政府和社会资本合作（PPP）示范项目实施有关问题的通知》（苏财金〔2015〕1 号）
2015 年 3 月 9 日	安徽安庆市政府	《安庆市人民政府关于推广运用政府和社会资本合作模式的实施意见（试行）》
2015 年 3 月 4 日	安徽铜陵财政局	《关于推广运用政府和社会资本合作模式的意见》
2015 年 2 月 28 日	四川广元市政府	《广元市人民政府关于开展政府和社会资本合作的意见》
2015 年 2 月 27 日	甘肃省政府	《甘肃省人民政府关于创新重点领域　投融资机制鼓励社会投资的实施意见》（甘政发〔2015〕23 号）
2015 年 2 月 15 日	河南省政府	《关于进一步加快推进铁路建设的意见》
2015 年 2 月 13 日	甘肃省发改委	《关于开展政府和社会资本合作的实施意见》
2015 年 2 月 10 日	江西南昌市政府	《南昌市推广政府和社会资本合作模式的实施意见（试行）》
2015 年 1 月 31 日	浙江省政府	《浙江省人民政府办公厅关于推广运用政府和社会资本合作模式的指导意见》
2015 年 1 月 28 日	河南省政府	《河南省人民政府办公厅关于促进政府投融资公司改革创新转型发展的指导意见》（豫政办〔2015〕9 号）
2015 年 2 月 10 日	浙江省财政厅	《浙江省财政厅关于推广运用政府和社会资本合作模式的实施意见》
2015 年 1 月 24 日	福建省三明市政府	《三明市人民政府关于鼓励和引导社会资本参与基础设施等领域建设的实施意见》
2015 年 1 月 29 日	新疆维吾尔自治区政府	《关于加快城镇基础设施建设的实施意见》

从各地出台的 PPP 政策和实施办法来看，PPP 主要集中在道路、水务、棚户区改造、污染物处理、传统产业转型升级，以及重大民生工程等领域。

1.3　PPP 的适用领域

PPP 在我国的应用范围很广，从国务院、国家发改委、财政部等政策文件来看，具有不同的条件和规定。总体而言，PPP 没有严格的、绝对的界定。

从全球来看，政府公共服务项目是否选择 PPP 模式，选择何种 PPP 模式，PPP 模式运作效果如何，在不同的国家或地区、甚至同一国家的不同地区都不相同。它受当地政府运行机制和体制、政策和法规等综合因素的影响。

从项目实践来看，PPP 模式的适用很灵活，可以是一个项目的某个环节，也可以是整个项目的全过程，可以在某项目的中间环节采用，如项目设计、项目管理、融资等。在有些情况下。在整个项目都可以采用 PPP 模式。

1.3.1　PPP 适用范围

2014 年 12 月 2 日，国家发展改革委《关于开展政府和会资本合作的指导意见》（发改投资〔2014〕2724 号）指出：PPP 模式主要适用于政府负有提供责任又适宜市场化运作的公共服务、基础设施类项目。燃气、供电、供水、供热、污水及垃圾处理等市政设施，公路、铁路、机场、城市轨道交通等交通设施，医疗、旅游、教育培训、健康养老等公共服务项目，以及水利、资源环境和生态保护等项目均可推行 PPP 模式。

2016 年，财政部发布《关于在公共服务领域深入推进政府和社会资本合作工作的通知》（财金〔2016〕90 号），再次强调 PPP 模式"风险分担、收益共享、激励相容"的基本原则，杜绝地方政府作出"固定回报、回购安排、明股实债"等承诺。坚持推广 PPP 模式"促改革、惠民生、稳增长"的定位，进一步推动公共服务从政府供给向合作供给、从单一投入向多元投入、从短期平衡向中长期平衡转变。在中央财政给予支持的公共服务领域，探索开展两个"强制"试点。强制应用 PPP 模式：各地新建的垃圾处理、污水处理项目，要"强制"应用 PPP 模式，中央财政资金补助将逐步减少并取消。强制实施 PPP 模式识别论证：其他中央财政给予支持的公共服务领域，"强制"实施 PPP 模式识别论证，鼓励尝试运用 PPP 模式。明确 PPP 项目适用领域：在能源、交通运输、市政工程、农业、林业、水利、环境保护、保障性安居工程、医疗卫生、养老、教育、科技、文化、体育、旅游等公共服务领域，要严格区分公共服务项目和产业发展项目。依托 PPP 综合信息平台，建立本地区 PPP 项目开发目录。

随着我国投资体制的改革，基础设施建设项目投资体制从传统的以政府和国营企业为主的单一投资模式逐渐转变为由政府、民营企业、外资企业等多元投资主体共同参与的投资体制。在基础设施建设方面，PPP 投资模式逐渐被政府、民营企业重视，在实践中予以广泛应用。

1.3.2 PPP 发展阶段

自改革开放至今，我国 PPP 项目大约经历了五个阶段。

第一阶段：探索阶段（1984—1993 年）。自改革开放以来，我国开始大力引进外资，其中，部分外资进入公共产业和基础设施领域。地方政府开始与外国投资方就基础设施服务进行洽谈合作，实为早期的 PPP 项目。但当时 PPP 因为没有专业的政策和制度，甚至并未引起政府部门的重视，所以这种合作方式都是在探索与尝试中进行。

第二阶段：小规模试点阶段（1994—2002 年）。开始由国家计委（现"发改委"）作为政府部门，选取几个 BOT 项目进行试点，有政府组织的试点项目带动了 PPP 项目的发展。

第三阶段：推广试点阶段（2003—2008 年）。2002 年党的十六大提出，在更大程度上发挥市场在资源配置中的基础性作用，2003 年党的十六届三中全会提出让民营资本进入公共领域，2004 年建设部（现"住建部"）出台《市政公用事业特许经营管理办法》，为 PPP 项目的推广提供政策和法律法规支持。在政策推动下，民企、国企、外企等社会资本积极响应，带动 PPP 项目发展。

第四阶段：短暂停滞阶段（2009—2012 年）。随着城镇化进程的加快，各级地方政府推进地方政府融资平台的建设，通过贷款、发债等方式获取资金。融资方式的多样化和便利化使得 PPP 项目的关注度下降，与此同时，

PPP 也进入停滞阶段。

第五阶段：发展新阶段（2013 年至今）。党的十八大提出让市场在资源配置中发挥决定性作用。2013 年财政部部长楼继伟指出，PPP 项目在改善国家治理、转变政府职能、促进城镇化等方面具有重要作用。近几年，国家部委和各级政府积极倡导 PPP 融资，并推出了大量的 PPP 项目，PPP 项目进入新阶段。如《关于推进传统基础设施领域政府和社会资本合作（PPP）项目资产证券化相关工作的通知》，明确了 PPP 项目资产证券化的落实途径。2017 年，交通运输部制定《政府和社会资本合作（PPP）公路建设项目投资人招标投标管理办法（征求意见稿）》，提出了政府和社会资本合作（PPP）可以采取以下方式：

（1）特许经营，指政府依法授权社会资本或者项目公司，通过合同明确权利义务和风险分担，约定其在一定期限和范围内投资建设运营公路建设项目并获得合理回报，提供公共服务的项目运作方式。特许经营包括 BOT（建设—运营—移交）、ROT（改建—运营—移交）和 TOT（转让—运营—移交）等多种形式，由社会资本或者项目公司根据 PPP 合作项目合同约定承担新建或者改扩建公路建设项目的融资、建设、运营和养护，或者根据 PPP 合作项目合同约定政府将存量公路建设项目的经营权有偿转让给社会资本或者项目公司，并由其负责运营和养护；合作期满后将公路及其附属设施、相关资料等无偿移交给政府。

（2）政府购买服务，指通过发挥市场机制作用，将需由政府直接提供的非收费公路建设项目的融资、建设和养护，或者政府还贷公路的服务区经营管理等公共服务事项，选择具备条件的社会资本或者项目公司承担，合作期满后将公路及其附属设施、相关资料等无偿移交给政府，并由政府根据 PPP 合作项目合同约定向社会资本或者项目公司支付合理费用的项目运作方式。（引自《政府和社会资本合作（PPP）公路建设项目投资人招标投标管理办法（征求意见稿）》）。

2017 年，交通部联合国家旅游局、国家铁路局等印发《关于促进交通运输与旅游融合发展的若干意见》（交规划发〔2017〕24 号），该《意见》指出，加大投融资力度，形成多元化旅游交通发展投融资格局，积极探索采取基础设施特许经营、政府购买服务、政府和社会资本合作（PPP）等模式，鼓励整合旅游和土地资源，实现沿线交通运输和旅游资源开发一体化发展。积极争取开发性、政策性等金融机构信贷资金支持。国家开发银行"十三五"期间提供不低于 2 000 亿元优惠贷款，贷款利率不高于央行同期基准利率，期限原则上不超过 30 年、宽限期 3～5 年，为交通运输与旅游融合提供金融支持，对相关示范工程给予政策倾斜和重点支持。

2017 年，国家发改委发布《关于加快运用 PPP 模式盘活基础设施存量资产有关工作的通知》（发改投资〔2017〕1266 号）：对拟采取 PPP 模式的存量基础设施项目，根据项目特点和具体情况，可通过转让—运营—移交（TOT）、改建—运营—移交（ROT）、转让—拥有—运营（TOO）、委托运营、股权合作等多种方式，将项目的资产所有权、股权、经营权、收费权等转让给社会资本。对已经采取 PPP 模式且政府方在项目公司中占有股份的存量基础设施项目，可通过股权转让等方式，将政府方持有的股权部分或全部转让给项目的社会资本方或其他投资人。对在建的基础设施项目，也可积极探索推进 PPP 模式，引入社会资本负责项目的投资、建设、运营和管理，减少项目前期推进困难等障碍，更好地吸引社会资本特别是民间资本进入。

2. 全球 PPP 概况及理论

自从欧美国家实施 PPP 模式以来，相关理论和实践不断创新，模式设计和实际操作得到各国高度重视。在我国，PPP 模式应用和理论研究也有了很大的发展。

2.1 中国 PPP 概况

2.1.1 中国 PPP 基本情况

PPP 模式源于欧美国家，从广义上讲，我国引入该模式三十余年，其间经历了停滞和挫折。近几年，在国家层面再次推动和引导，使得 PPP 模式进入了新一轮的发展与提升阶段。作为重要的国有资本与社会资本结合的投融资创新手段，PPP 模式如何创新值得期待。从社会实践看，PPP 模式的落地和运行，需要民营资本等各方参与，其中，政府主要致力于管理机制和治理模式的创新，企业通过参与项目，与政府共担风险，进而降低地方政府的债务压力，提高公共服务或产品效益。

从社会实践来看，2013 年，国家提出允许社会资本参与城市基础设施投资和运营，2014 年 5 月成立 PPP 小组，2015 年李克强总理首次将 PPP 列入政府工作报告，2016 年政府工作报告再次强调深化投融资体制改革，完善政府和社会资本的合作模式。国家发改委、财政部等部委出台了指导性意见和政策文件，明确了 PPP 在我国经济建设中的地位及路径。据不完全统计，国家财政部 2014 年推出第一批 PPP 示范项目 26 个，2015 年推出第二批示范项目 206 个，两年累计共 232 个，总投资额 7 866.3 亿元；2016 年推出第三批示范项目 516 个，投资额 1.17 亿元。截至 2016 年，国家发改委推介第三批 PPP 项目，总规模 6.37 万亿元。截至 2016 年，全国入库项目 11 260 个，投资额合计 13.5 万亿元。从入库数量来看，贵州、山东、新疆、四川、内蒙古位居前五名，分别为 1 788 个、1 087 个、852 个、848 个、828 个，合计占入库项目总数的 48%。从入库投资额来看，贵州、山东、云南、河南、四川位居前五名，分别为 16 034 亿元、12 229 亿元、10 302 亿元、9 538 亿元、9 180 亿元，合计占入库项目总投资的 42.4%。财政部推出了三批示范项目，截至 2016 年，财政部示范项目数量 743 个，总投资额 18 676 亿元，其中，河南、云南、山东、河北、安徽位居前五名，分别为 65 个、58 个、51 个、46 个、43 个，合计占财政部示范项目数量的 35.4%；财政部示范项目行业中，市政工程、交通运输、生态环保、城镇综合开发、医疗卫生位居前五名，分别为 324 个、83 个、60 个、37 个、35 个，合计占财政部示范项目数量的 72.54%。2016 年，全国入库 PPP 项目落地率为 31.6%。截至 2017 年 6 月，财政部全国 PPP 综合信息平台收录项目 1.3 万个，计划投资额 16.3 万亿元，已落地项目投资额 3.3 万亿元，覆盖 19 个行业。2017 年预计我国 PPP 项目批复规模超过 5 万亿元。

国务院发布《关于进一步促进旅游投资和消费的若干意见》，提出要"加大改革创新力度，促进旅游投资消费持续增长。支持企业通过政府和社会资本合作（PPP）模式投资、建设、运营旅游项目"。财政部 2014 年在中央和地方财政预算中提出"推广运用政府与社会资本合作模式（PPP），鼓励社会资本通过特许经营等方式参与城市基础设施等的投资和运营"。2017 年，国家发改委公布第二批 PPP 推介项目，其中大文化类项目共计 146 个，投资总额近 900 亿元，与第一批相比增长了近 3 倍；涉及旅游岛、滑雪场、生态旅游、观光农业旅游、森林公园、动漫乐园、景区、古城、演艺中心、湿地公园、文化园、体育产业园、旅游产品专业市场等类型，为文化旅游地产带来重大机遇。

2.1.2 中国 PPP 项目的缺陷

1. PPP 法律法规不完善

目前，国内 PPP 融资的法律体系层次较低，缺乏权威性，空白较多。在

PPP 的立项、审批、运营过程中存在审批繁琐、监管缺位、风险分担混乱、评价体系不健全等问题。

2. PPP 项目吸引力不强

由于 PPP 项目收益低、投资大、回报低、经营风险大，政府对项目有优先筛选权，PPP 项目多为次级项目，对社会资本的吸引力不高：一是收益率充足的存量项目多由政府控制，市场动力不足。二是收益率低的存量项目，社会资本进入的时间点靠后，通过提高效率增加收益的空间不大，对社会资本的吸引力不足。三是预期收益率高的增量项目，需要公私两部门平等协商、互利共赢，但受到政府信用影响，私人部门参与度不高。四是预期收益率低的增量项目，私人部门可及早介入，对此类项目进行全生命周期管理，增加收益。但由于此类项目通常对政府出资比例有严格限制，国发 42 号文和《政府和社会资本合作项目财政承受能力论证指引》等要求地方政府将此类支出责任纳入一般公共预算管理，且比例不得超过当年一般公共预算支出的 10%，影响了私人部门对财力不足地区参与此类项目的热情。

3. 政府职能定位不清

政府是 PPP 模式的重要参与方，存在"重融资、轻管理"现象，容易出现 PPP 项目选择的盲目性，增加了政府性债务的隐性风险。

4. 参与机构专业水平不高

一些私营机构和中介服务组织缺乏专业素养，影响 PPP 项目投资。少数企业诚信度低、产业结构落后、管理能力弱、专业人才少，很难参与 PPP 项目，导致很多 PPP 项目需要提供担保融资。项目融资以银行和少数大型投资机构为主，限制了 PPP 的更快发展。

5. 运作模式僵化

当前，我国 PPP 模式运作程序不清晰，市场竞争不充分，机构和人员不专业，商业环境不透明，制约了 PPP 项目的实施。例如：项目识别阶段，公共服务评估不科学，地方政绩需求超越公共需求；项目物有所值（VFM）评价体系不完善；财政中期预算"软约束"。项目准备阶段，PPP 项目多头审批。项目采购阶段，PPP 合同责任和风险边界不清，与现行法律法规脱节。项目执行阶段，调价机制不完备，PPP 执行过程中"再谈判"现象存在。项目移交阶段，缺乏权威、公正、公开的第三方监督评估机构，等等。

2.1.3 PPP 项目的困惑

我国各地在 PPP 项目的推广过程中，遇到了一些困惑，主要有：

一是法律法规及政策机制不健全。国内关于 PPP 融资的法律体系层次低，权威性不够，存在空白地带，审核手续也过于繁琐。

二是政府推行 PPP 项目随意性大。个别地方政府为了实现融资，仓促上马 PPP 项目，缺少严格审核，存在开发风险。

三是政府诚信缺失，缺少契约精神。部分地方政府协议约定的优惠政策不予兑现，行政命令、滥用信用等现象普遍存在。

四是 PPP 项目数量较多，落地比例低。各地区在 PPP 推进过程中，容易一哄而上。PPP 项目虽然很多，但是执行的比例不高，质量有待提升。

2.2 全球 PPP 概况

2.2.1 全球 PPP 发展情况

20 世纪 90 年代，全球出现并使用 PPP 的概念，但对于 PPP 涵盖的内容至今没有形成统一的界定。

总体来看，全球 PPP 模式处于稳定发展时期。英国的 PPP 项目适用领域涉及一般公共服务、国防、公共秩序、交通运输、燃料和能源、环境、卫生、娱乐和文化、教育等，但在欧盟和亚洲等多数国家，PPP 适用的范围主要集中在基础设施领域，包括收费公路、轻轨、地铁、铁路、桥梁、隧道、机场、电厂、通信、学校、医院、污水和垃圾处理等重点行业。

从区域来看，欧洲各国 PPP 市场发达。从国别来看，英国、澳大利亚、美国、西班牙、德国、法国等 PPP 项目的总体规模和管理水平处于全球的领先地位。

从发达国家的实践经验来看，规模较大、现金流稳定、长期合同关系清楚、适合"谁使用谁付费"的项目，如地铁、高速公路、水务、机场、供电等，是 PPP 项目的实施对象。

2.2.2 全球 PPP 实施条件

从全球金融市场来看，PPP 的适用范围受限。该模式作为传统交付模式的补充，仅在实现物有所值的情况下使用，其在公共投资中的占比并不大。在 PPP 模式较为成熟的英国、澳大利亚等国家，PPP 占公共投资的比例约 15%。澳大利亚约 50% 的基础设施由私营部门交付，仅有 10%~15% 的基础设施通过 PPP 的方式实施。

2.3 主要国家 PPP 情况

从全球来看，英国是最早采用 PPP 模式的国家之一，业务发展较成熟；加拿大和澳大利亚的 PPP 模式运用较好。

2.3.1 英国 PFI

英国较早采用 PPP 模式进行基础设施建设。1992 年英国首次提出私人融资计划（PFI）。2012 年，英国财政部推出新型私人融资（PF2），政府在特殊目的公司（SPV）参股投入部分资本金以吸引长期投资者，在 PF2 合同中，公共部门将承担由于法律、保险等引发的费用增加等风险。PF2 的融资结构有利于获得长期债务融资。在英国 PFI 模式中，"用户最终付费项目" "政府付费项目" 可采用 PFI 模式，而介于二者之间的项目可采用公共部门与私营部门的联营体。

法律方面：英国没有专门的 PPP 立法，它通过财政部颁发规范性文件进行管理。PFI 阶段的政策性文件有：《应对投资风险》（2003）、《强化长期伙伴关系》（2006）和《基础设施采购：实现长期价值》（2008）。PF2 阶段的政策性文件有：《PPP 的新方式》（2012）。

组织方面：2010 年前，英国负责 PPP 运行的机构有财政部的 PPP 工作组和"英国合作伙伴关系"（Partnership UK）。其中："英国合作伙伴关系"独立于财政部，按照公司化运营，市场投资人占股 51%，财政部和苏格兰主管部门分别占 44% 和 5%，专项支持 PPP 工作组遴选的 PFI 项目。2011 年，财政部设立基础设施局（Infrastructure UK，IUK）工作组和"英国合作伙伴关系"的职能，统一管理实施 PF2 项目。

PPP 方面：截至 2012 年 3 月 16 日，PFI 存量项目 717 个，其中：在运营项目 648 个（2011 年 3 月 16 日分别为 698 个和 632 个），总投资额 547 亿英镑（2011 年 3 月 16 日总投资额 529 亿英镑）。从项目运作模式看，717 个存量项目中，有 311 个项目成立了 SPV。2011—2012 年，私人部门支付的资金 18 亿英镑；2012—2013 年为 24 亿英镑，2013—2014 年约 13.58 亿英镑。PFI 融资方式占英国全部基础设施融资建设的 10%～13%。

英国 PPP 模式的主要特点：

多数情况下选择 PFI（2012 年后改为 PF2）。特许经营的项目是使用者付费，PFI 项目由政府付费。英国的教育和医疗是全民免费，多采用 PFI 模式。交通如高速公路、铁路等多数也采用 PFI 模式。

项目覆盖范围广，主要是教育、医疗、交通、废弃物处理等，甚至包括监狱、警察局、法院等。其中，教育、医疗、交通、废弃物处理等行业数量占比合计超过 50%。

运营期限长。运营期限 20～30 年的项目占比为 81.45%。也有少量项目运营期限在 5 年以内（占 0.56%），主要为 IT 类项目；超过 40 年的项目（占 0.28%）主要为交通类项目（高速公路维护）和医疗项目。

英国 PPP 模式的主要经验：

一是政府建立完善的法律体系；二是政府建立完善的监督和专业机构；三是建立完善的监督评价体系；四是政府支持与激励机制。

2.3.2 加拿大

加拿大是 PPP 使用最好的国家之一。1991—2013 年，加拿大启动 PPP 项目 206 个，项目总价值超过 630 亿美元，涉及交通、医疗、司法、教育、文化、住房、环境和国防等行业。

法律方面：加拿大各级政府制定基础设施规划，完善 PPP 项目采购流程。2003 年 5 月加拿大工业部《对应公共部门成本——加拿大最佳实践指引》和《PPP 公共部门物有所值评估指引》是 PPP 项目的主要依据。

组织方面：2008 年，加拿大以皇家公司的形式建立了联邦级的 PPP 单位——PPP 加拿大（PPP Canada）。该机构由加拿大联邦政府所有，按照商业模式运作，PPP 加拿大通过财政部向国会报告，公司有独立的董事会。这种形式可以让私人部门通过董事会监测 PPP 单位的运作。PPP 加拿大设立了总额为 12 亿美元的"加拿大 P3 基金"（P3 Canada Fund），为 PPP 项目提供不超过投资额 25% 的资金支持。任何层级的地方政府都可以申请该基金，截至 2013 年第 1 季度，该基金为加拿大 15 个 PPP 项目提供基金支持近 8 亿美元，撬动市场投资超过 33 亿美元。

PPP 方面：1991—2013 年，加拿大启动 206 个 PPP 项目，项目总价值超过 630 亿美元，涵盖全国 10 个省，涉及交通、医疗、司法、教育、文化、住房、环境和国防等行业。

2.3.3 澳大利亚

澳大利亚通过 PPP 模式实现基础设施项目建设的实践经验值得借鉴。20 世纪 80 年代，为适应基础设施建设的资金需求，澳大利亚运用了 PPP 模式，成立 SPV，由 SPV 与政府就融资建设和运营签订项目协议，期限一般为 20 ~ 30 年。一旦 SPV 不能履约，政府随时跟进。合同到期时项目资产无偿转交给政府。2000 年以来，澳大利亚制定特别法律措施，发挥政府和私人资本的各自优势，努力实现共赢。

法律方面：由于没有与 PPP 相关的专门立法，澳大利亚于 2008 年颁布一系列国家政策与指南对 PPP 进行规范。各州制定实施指南，作为本地 PPP 项目的依据。

组织方面：2008 年，澳大利亚创立 PPP 管理机构——澳大利亚基础设施局（Infrastructure Australia，IAU），主要职责之一是推广 PPP。IAU 发布全国公私合作指南，将 PPP 项目的决策过程分为投资决策阶段与采购决策阶段。

PPP 方面：截至 2009 年，澳大利亚 PPP 市场 920 亿美元，涉及国防、公路、铁路、卫生、教育、司法、娱乐等领域，PPP 项目大多集中在基础设施和公益事业领域，并且建立了严格的审计和绩效评价机制。

2.3.4 中外 PPP 对比

世界各国 PPP 实践对我国 PPP 模式的借鉴：

一是高效的机构设置。规范完善的机构设置是 PPP 项目实施的关键，包括前期审查、中期监督与后期查收等。

二是严密的监督体系。完善高效的社会监督体系是 PPP 项目高效运行的保障。

三是政府的政策支持。各国出台有关政策指引该国经济发展的方向。

2.4　PPP 的理论体系

2.4.1　PPP 综述

PPP（Public－Private Partnership）的概念最早诞生于英国，该国于 1979 年在公共事业领域引入相关竞争机制，积极倡导客户导向，创新公共管理改革。联合国及许多国家和地区的组织机构针对 PPP 项目，通过多方研究与探讨，就其实际协调与管理，围绕项目流程的特点，给出了一类定义。2011 年，世界银行专家 Ned White 对这一定义进行拓展，给出了较简洁、全面的描述：PPP 是公共部门与私人部门签订的长期协议，要求私人合作者投资（包括货币、技术、经验或信誉），并将某些关键风险（设计/技术、建设/安装、交付与市场需求等）转移给私人部门，以交付传统上应由政府提供的服务，并按照业绩获得报偿。我国相关学者也对 PPP 模式给出了相关意见。就广义而言，泛指公共部门与私营部门为提供公共产品或服务而建立的各种合作关系；就狭义而言，可指代一系列（公共事业）项目融资的总称，包括但不限于 BOT 等各类公私合作模式。PPP 模式的内涵主要依赖于每个 "P" 所指代的内容。第一个 "P"（Public）指代公共部门，在我国主要是指中央或者地方一级政府及政府（授权）委托的代理机构；第二个 "P"（Private）指代私人部门，在我国可以是民营企业、具有独立法人资格的国有企业或符合相关资质的外商投资企业。第三个 "P"（Partnership）指代合作关系，这种合作关系主要是公私主体之间的契约关系。

美国 PPP 国家委员会认为，PPP 模式是介于私有化和外包之间的提供公共产品或服务的方式。欧盟委员会将公私合作模式类型化为传统项目承包、一体化开发经营、合伙开发经营三类模式；世界银行将公私合作模式类型化为服务外包、管理外包、特许经营、租赁、剥离、BOT/BOO 六种模式。

从各国和国际组织对 PPP 的理解来看，PPP 有广义和狭义之分。广义的 PPP 泛指公共部门与私人部门为提供公共产品或服务而建立的各种合作关系，狭义的 PPP 可以理解为一系列项目融资模式的总称，包含 BOT、TOT、DBFO 等多种模式。狭义的 PPP 强调合作过程中的风险分担机制和项目的衡量值（Value For Money）原则。

2.4.2 PPP 理论

1. 不完全契约理论

不完全契约理论是以完全契约理论为基础，在 20 世纪末发展起来的，所谓的完全契约理论即委托—代理理论，其理论假设是契约设计的完全性。随着研究的深入，部分经济学家认识到，由于某种程度的有限理性或者产生交易费用，导致现实中的契约并不是完全的。具体可将契约不完全的原因概括为：一是预见成本，当事人由于某种程度的有限理性，不可能预见到将发生的所有的或然状态；二是缔约成本，指即使当事人完全预见到或然状态，但以一种双方没有争议的方式写入契约较困难或成本太高；三是证实成本，即关于契约的重要信息对双方而言是可观察的，但对第三方是不可证实的。由于"可观察但不可证实"的信息结构假设并不需要借助不成熟的有限理性模型，因此成为不完全契约理论的主要基础。

2. 信息不对称理论

信息不对称是 PPP 在实施过程中普遍存在的问题。信息不对称理论最重要的就是委托代理关系的存在，也就是委托代理理论。委托代理理论是建立在契约理论基础之上的，它是企业所有权和经营权相分离的产物，企业的所有者和运营商由于利益目标的不一致，使得信息优势一方为自身利益隐瞒重要的信息，使得所有者和运营商之间出现了信息不对称。在这种信息不对称的情况下，行动一方的行为决策势必影响到行动另一方的利益，这种关系就是委托代理关系。参与 PPP 项目的社会资本和政府部门的个体利益目标不一致，双方各自为了追求自身利益的最大化，不断进行博弈，存在着明显的信息不对称问题，由此也会产生道德风险和逆向选择行为，如果不能合理有效地抑制该种行为的产生，势必会对 PPP 项目的实施造成较大损失。

3. 利益相关者理论

国外研究将利益相关者的定义分为广义和狭义两种。广义上指能够影响组织目标的实现或者被组织实现目标的过程影响的所有个体和群体；狭义上指参与了企业的经营决策行为，为企业的正常生产和运作提供了人力、物力、财力等资源，并且在此过程中承担了相应的风险的团体或个人。

4. 公共产品理论

在公共产品理论中，社会产品一般被分为公共产品和私人产品。公共产品的定义就是提供这些公共产品或者服务来满足社会大众的需求，也是为了满足国家系统的正常运转和社会经济的稳定发展。公共产品理论认为，市场机制如果出现运行失灵，导致私人经济难以存在，那么其原因是公共产品的出现，因为公共产品有消费的非排他性。因此，如果不能实现所有的受益者都为公共产品付费，私人机构就不会进入这个市场，因为很可能导致其投资无法收回。所以公共产品和其他由市场提供的产品有很大区别，这就会导致市场失灵，包括市场本身也无法解决这个问题。所以政府才会介入公共产品，并且要限制在市场失灵的范围内，因此政府最主要的活动之一就是提供公共产品。

5. 产权理论

产权理论指产权只有拥有某种资源，才拥有权利，包括资源的所有权、使用权、收益权、转化权及受到一定约束的权利。其中，所有权是最高的物权，有了它就拥有了其他权利，这些权利一起构成产权的基础。产权必须有可转让性和可交易性，因为在市场经济条件下，产权的拥有者和有能力运用资源的人可能不一定都是同一个人，单项产权可能也是无法发挥资源的效益，因此，产权必须具有可转让和可交易性才能实现有能力支配资源却没有资源的人亦可运用资源。同样产权也要交易。只要交易就要有交易的规则，这也是产权权能实现的方式。

6. 物有所值理论

物有所值指所购物品或服务在符合使用者要求的同时，满足全寿命周期成本与质量的最佳组合。物有所值评价一般包括定性评价、定量评价和补充评价三部分。定性评价主要针对 PPP 方案的可行性，验证项目的建设目标、服务需求和计划采用的具体模式是否有可能为社会资本提供足够的进入项目和满足关键需求的空间，及使用者或政府在特许期内是否可负担。定量评价主要通过全寿命周期成本、竞争性中立调整、风险对价等方面的数据衡量 PPP 模式相对于传统模式提供同样公共服务的"模式产出"，即效率提高。定量评价一般由两个环节构成：一是公共部门比较值基准的建立，二是社会资本的 PPP 投标方案的比较评估。补充评价主要包含其他评价，如不可量化风险、LA 及没有包括在 PSC 和投标方案中的可量化风险与成本，如更高的交易成本和监管成本等。

7. 公共价值理论

美国教授马克认为公共价值是公共部门创造的，公共管理的终极目的是创造公共价值。公共价值有以下含义：客体的公共效用；主体本质的公共表达；规范的公益导向。实现公共价值的条件是具备公共权力，如同市场产品的提供者满足市场需求一样，公共管理者通过创造公共价值满足公众需求。同时，具备公共权力的政府机构和公务人员需要法律制度监控他们的行为，避免公权力成为政府机构和公务人员为个人利益的谋取工具。在政府采购行为中，采购产品决定了公共价值生成的客观基础。

8. 交易成本理论

罗纳德科斯在《企业的性质》对"交易费用"概念进行了解释，认为利用市场价格机制时也是需要成本的，时间、谈判、物质等潜在的机会成本也是其中的一部分。

9. 委托—代理与激励理论

委托代理理论是美国经济学家伯利和米恩斯在 20 世纪 30 年代基于所有权与经营权分离而提出的理论。资产所有人由于自身能力、精力的限制，以委托方的名义将资产委托给代理人管理，代理人在管理过程中获得收益。

3. PPP 模式及结构

研究 PPP 模式的概念、应用特征和实施条件等，有助于系统、前瞻地分析和应用 PPP 融资渠道，有效推动基础设施等公共服务项目的开发建设。

3.1 PPP 的概念

3.1.1 PPP 基本概念

广义的 PPP，泛指公共部门与私人部门在提供公共产品和服务的过程中建立的各种合作伙伴关系；狭义的 PPP，指公共部门和私人部门合作项目一系列融资模式的总称。

PPP 是 Public - Private Partnerships 的缩写，即"公私合作伙伴关系"。PPP 是公共部门（通常为政府部门）和私人部门为提供公共产品和服务而形成的各种合作伙伴关系。PPP 模式应用始于 20 世纪 80 年代。PPP 广义的概念从简单的、短期（有或没有投资需求）管理合同到长期合同，包括资金、规划、建设、运营、维修和资产剥离。狭义的 PPP 指公共部门和私人部门合作中一系列项目融资模式的统称，如：BOT（建设—运营—移交）、BOO（建设—拥有—运营）和 TOT（转让—运营—移交）等，狭义的概念侧重公共部门和私人部门合作项目的运作模式、风险分担机制、投融资职能分配和项目监控评估等方面。

广义的 PPP 是政府部门和社会资本在基础设施及公共服务领域建立的长期合作关系。对 PPP 的通用模式进行阐述主要针对狭义的 PPP，即"通常模式是由社会资本承担设计、建设、运营、维护基础设施的大部分工作，并通过"使用者付费"及必要的"政府付费"获得合理投资回报；政府部门负责基础设施及公共服务价格和质量监管，以保证公共利益最大化。"

理解 PPP 的定义时要注意：第一，PPP 中的公共部门明确为政府部门，并未包含其他非政府公共部门（如：社会团体、行业协会、民办非企业单位等），即财政部关于 PPP 定义中公共部门的范围相对较小。第二，PPP 定义中私人资本范围放大为社会资本，私人资本不再以所有制性质来定义，泛指以盈利为目的的建立了现代企业制度的境内外企业法人（见《财政部关于印发政府和社会资本合作模式操作指南（试行）的通知》（财金〔2014〕113号））。第三，社会资本的范围排除了本级政府所属的融资平台公司及其他控股国有企业。

由于我国经济主体包括国有、集体、私营等多种类型，PPP 中的"私"不单指私营经济主体，还包括其他非公益性经济实体；经济主体的外在形式只是资本性质的载体，"公"与"私"的区别更强调资本目的的"公"与"私"；在我国，"公"指追求社会公益性，"私"指追求经济利益，两者的根本区别是追求公共利益还是经济利益；国有企业是国内 PPP 市场重要的市场主体，具有逐利性，并不是以追求公共利益为目的，可以认定为 PPP 模式的"私营投资主体"，除非该国企是直接受签约方政府直接管辖操控的，但应限制国企在项目公司中的股份。

3.1.2 各国 PPP 解读

世界各国和不同机构关于 PPP 的内涵存在一定的差异，但其中包括了某些类似的概念，如公私合营、公共服务等。部分国家对 PPP 定义和性质的解读，具体见表 3 - 1。

表 3 - 1　　　　　　　　　　世界各国对 PPP 的定义

机构	定义和内容
加拿大 PPP 国家委员会	公共部门和私营部门基于各自的经验建立的合作经营关系，通过适当的资源分配、风险分担和利益共享，以满足公共需求。可分为 DB、DBFO、O&M、BOO、BBO、BTO、BOOT 等模式
美国 PPP 国家委员会	介于外包和私有化之间并结合两者特点的一种公共产品提供方式；表现为充分利用私人资源进行设计、建设、投资、经营和维护公共基础设施，并提供相关服务以满足公共需求

机构	定义和内容
联合国培训研究院	两层含义：1. 为满足公共产品需求而建立的公共和私人之间的各种合作关系；2. 为满足公共产品需求，公共部门和私人部门建立的伙伴关系
欧盟委员会	为提供公用项目或服务而形成的公共部门和私人部门之间的合作关系
亚洲开发银行	公共部门和私营部门在基础设施和其他服务方面的一系列合作关系，其特征有：政府授权、规制和监管，私营部门出资、运营提供服务，公司长期合作、共担风险，提高效率和服务水平
香港效率委员会	由双方共同提供公共服务或实施项目的安排。双方通过不同程度的参与和承担，各自发挥专长，包括特许经营、私营部门投资、合伙投资、合伙经营、组成公司等方式
澳大利亚	政府和私营部门之间的长期合同，政府支付私营部门代表或辅助政府满足政府职责所需提供的基础设施和相关服务，私营部门负责建造设施在全寿命期的可使用状况和性能
英国	两个或更多主体之间的协议，确保双方目标一致，合作完成公共服务项目，双方之间一定程度上共享权利和责任，联合投资、共担风险和利益
欧盟委员会	公共部门和私营部门之间的一种合作关系，双方根据各自优势共同承担风险和责任，以提供传统上由公共部门负责的公共项目和服务，可分为传统承包项目、开发经营项目和合作开发项目
中国（财政部、政府和社会资本合作中心）	政府和社会资本合作模式是在基础设施及公共服务领域建立的一种长期合作关系。通常模式是由社会资本承担设计、建设、运营、维护基础设施的大部分工作，并通过"使用者付费"及必要的"政府付费"获得合理投资回报；政府部门负责基础设施及公共服务价格和质量监管，以保证公共利益最大化

从全球来看，PPP 模式可以在公共产品和服务全生命周期的各环节实施。因此，可以依据社会资本在 PPP 项目的参与程度、项目资产产权归属、投融资职责分配、商业风险归属（社会资本承担的风险大小）等因素对 PPP 项目进行分类。

世界银行结合 PPP 项目资产所有权归属、经营权、投资等要素将 PPP 模式分为 6 类，加拿大 PPP 国家委员会依据私人部门在 PPP 项目中承担风险的大小将 PPP 模式划分为 12 类（见表 3 - 2）。

表 3-2   世界银行和加拿大 PPP 国家委员会的 PPP 分类情况

世界银行	加拿大 PPP 国家委员会
服务外包	Contribution Contact（捐赠协议）
	Operation and Maintenance Contract（O&M，委托经营）
管理外包	Design Build（DB，设计—建造）
	Design Build Major Maintenance（DBMM，设计—建造—主要维护）
租赁	Design Build Operation（DBO，设计—建造—运营）
	Lease Develop Operate（LDO，租赁—开发—经营）
特许经营	Build Lease Operate Transfer（BLOT，建设—租赁—经营—转让）
	Build Transfer Operate（BTO，建设—转让—经营）
BOT/BOOT	Build Own Transfer（BOT，建设—拥有—转让）
	Build Own Operate Transfer（BOOT，建设—拥有—经营—转让）
剥离	Build Own Operate（BOO，建设—拥有—经营）
	Buy Build Operate（BBO，购买—建设—经营）

由上可知，广义的 PPP，泛指公共部门与私营部门为提供公共产品或服务而建立的长期合作关系，狭义的 PPP，强调政府通过商业方法如在项目公司中占有股份加强对项目控制，以及与企业合作过程中的风险分担和利益共享。

国际上越来越多地采用广义的概念，作为公共部门和私营部门之间一系列方式的总称，包括 BOT、PFI 等。PPP 本质上是公共和私营部门为基础设施建设和管理而达成的长期合同关系，公共部门由在传统方式下公共设施和服务的提供者变为监督者和合作者，变成服务的购买者，强调公私机构之间的优势互补、风险分担和利益共享。

联国培训研究院按照狭义 PPP 进行分类，认为世界银行 PPP 分类选项中 CONSESSION、BOT 和 BOO 三类模式属于 PPP，而外包、租赁和剥离不属于 PPP 范畴。结合国内情况 PPP 模式大体可分为 3 类。外包类 PPP 项目，特许经营类项目，私有化类 PPP 项目。也有学者将 PPP 模式分为 4 类，外包、回租回购、特许经营、资产剥离，同时强调这种模式分类不是一成不变，而是会随着社会技术发展而发生改变的。

归纳学者们关于 PPP 模式的分类，主要有：

1. 融资性质类，具体包括建设运营移交（BOT）、民间主动融资

（PFI）、建造拥有运营移交（BOOT）、建造移交（BT）、建设移交运营（BTO）、重构运营移交（ROT）、设计建造（DB）、设计建造融资及经营（DB－FO）、建造拥有运营（BOO）、购买建造及运营（BBO）、只投资；

2. 非融资性质，作业外包、运营与维护合同（O&M）、移交运营移交（TOT）；

3. 股权或产权转让；

4. 合资合作（PPP 模式合作手册，2014）。

政府采购是以政府为主体作出上述的交易行为。传统的政府采购模式主要有三种：合同承包（私人不提供任何资本，没有所有权的转移等，私人只负责运营）；特许权经营；政府补助。PPP 模式是一种融资模式，也是一种公共采购形式。中央政府对 PPP 项目的预算支出进行规范，设定了一般公共财政的 10% 作为 PPP 项目支出的限定比例，以防止地方政府的 PPP 项目冲动投资。

3.1.3 PPP 主要类型

广义的 PPP 模式，主要包括：外包类、特许经营类、私有化类三大类型。外包类 PPP 项目由政府投资。在特许经营类项目中，公私部门可通过一定的合作机制实现项目风险的分担及最终收益的分享。私有化类 PPP 项目由社会资本负责项目的全部投资。在私有化类 PPP 项目运营中，社会资本通过向使用者付费收回投资。

其中：

外包类包括 MC 管理合同和 BT（建设—移交）等；特许经营类包括：BOT（建设—拥有—转让）、TOT（转让—运营—移交）、BOOT（建设—拥有—经营—移交）、ROT（更新—拥有—移交）等；私有化类包括：BOO（建设—拥有—经营）、BBO（购买—建设—经营）等。PPP 模式的主要类型，具体介绍如下：

1. 建设、运营、转让（BOT）

BOT（Build－Operate－Transfer）融资，指政府将基础设施项目的特许权授权给承包商，由承包商在特许期内负责项目的设计、投资、建设、运营，并收回成本、偿还债务、赚取利润，特许期结束后将所有权移交给地方政府。BOT 融资开发模式之下的整个项目期间一般分为立项、招标、投标、谈判、履约五个阶段。私营部门的合作伙伴被授权在特定的时间内融资、设计、建造和运营基础设施组件（和向用户收费），在期满后，转交给公共部门的合作伙伴。

2. 民间主动融资（PFI）

PFI 是对 BOT 项目融资的优化，PFI 融资是私人主动融资模式，指政府主动向私营机构长期购买高质量公共服务，私营机构每年从政府得到一定的费用作为投资回报的一种融资模式。这种模式一般由政府发起，私人和私营机构的项目公司负责特定项目的筹资、设计、开发、建设等。

3. 建设、拥有、经营、移交（BOOT）

私营机构为设施项目进行融资并负责建设、拥有和经营这些设施，待期限届满，私营机构将该设施及其所有权移交给政府。

4. 建设、移交（BT）

私营机构与政府签约，设立项目公司，以阶段性业主身份负责某项基础设施项目的融资、建设，并在完工后交付给地方政府。

5. 建设、移交、运营（BTO）

私营机构为基础设施融资并负责其建设，完工后将基础设施的所有权移交给政府；政府再授予其经营该设施的长期合同。

6. 重构、运营、移交（ROT）

私营机构负责既有设施的运营管理以及扩建/改建项目的资金筹措、建设及其运营管理，期满将全部设施无偿移交给政府部门。

7. 设计建造（DB）

在私营部门的合作伙伴设计和制造基础设施，以满足公共部门合作伙伴的规范，往往是固定价格。私营部门合作伙伴承担所有风险。

8. 设计、建造、融资及经营（DB－FO）

私营部门的合作伙伴设计、融资和构造新的基础设施组成部分，以长期租赁的形式运行和维护。当租约到期时，私营部门的合作伙伴将基础设施转交给公共部门的合作伙伴。

9. 建设、拥有、经营（BOO）

私营部门的合作伙伴融资、建立、拥有并永久的经营基础设施。公共部门合作伙伴的限制，在协议中声明，并持续监管。

10. 购买、建造及营运（BBO）

一段时间内，公有资产在法律上转移给私营部门的合作伙伴。建造、租赁、营运及移交（BLOT）。

11. 只投资

私营部门的合作伙伴，通常是一个金融服务公司，投资建立基础设施，并向公共部门收取使用这些资金的利息。

12. PPP

PPP（Public – Private – Partnership）融资，也称供公共私营合作制模式，指地方政府、营利性企业与非营利性组织就某个项目形成相互合作关系的一种财政投融资模式。

狭义的 PPP 是政府与私人部门组成特殊目的机构（SPV），引入社会资本，共同设计开发，共同承担风险，全过程合作，期满后再移交政府的公共服务开发运营方式。

13. BOST

BOST（Build – Operate – Subsidized – Transfer）融资是企业规划并开发建设那些由地方政府授权许可的特殊项目，财政给予一定的补贴，到期移交给地方政府的融资项目。由投资者建设项目，政府给予一定年限的特许经营，如果收入总额达不到最低收益部分由政府补偿给投资者。

14. BDO

BDO（Build – Develop – Operate）。建设—发展—运营：指社会资本向政府租赁或购买现有设施，投入自身资本将设施整修、扩建或现代化改造，然后，根据和政府签订的合同进行经营和管理。

15. DF

DF（Developer Finance）。发展商融资：指社会资本为建造或扩建公共设施提供资金，换取在该地建设住宅楼宇、商铺或者工业设施的权利。在社会资本监督下，社会资本提供一定的资金并参与经营管理，有权使用该设施及从使用者支付的费用中获取收益。

16. TOT

TOT（Transfer – Operate – Transfer）融资，移交—经营—移交：是 BOT 融资的创新模式，指政府或企业将建设好的项目的一定时期产权和经营权有偿转让给投资人，由其运营管理。投资人在有限的期限内，通过经营收回投资并获得合理的回报，在期限满之后，再交给政府或者原有单位的一种融资模式。

阳光私募 TOT（Trust of Trusts）指投资于阳光私募证券投资信托计划的信托，该产品可以帮助投资人选择合适的阳光私募基金，构建投资组合，并适时调整，获得中长期超额收益。TOT 是企业并购常用的融资模式，也是境外资本投资国内项目的重要方式。

按照 PPP 所有权益不同，可以分为以下四类：

（1）外包类模式

所有权归属政府，政府部门从中受到的激励作用最大；所有权在项目生命周期中不发生转移，交易成本最小。

（2）特许经营类项目

BOT 模式与 TOT 模式所有权归属政府部门，政府从中受到的激励作用相较于私人部门更大。从交易成本看，BOT 模式中，政府在 PPP 项目建设运营特许经营阶段给予私人企业收益权（虽然有限制），企业在特许运营期结束时将项目所有权归还政府，所有权发生了一次转移；TOT 模式中，政府先将项目所有权转移给私营机构并由私营机构运营，私营机构在运营期满后将所有权再转移给政府，所有权发生了两次转移。

（3）回租回购类

所有权激励方面，政府回购模式、私营机构回租模式及私营机构租赁模式，最终所有权归政府所有，并且从中受到的激励作用大于私营机构受到的所有权激励。

采用政府回租模式的项目所有权归属于私营机构所有，私营机构受到的激励效应较大。从交易成本考虑，政府回购是私营机构对项目进行建设，在这个过程中拥有所有权，建设完成后转移给政府，所有权发生一次转移。在

政府回租模式中，私营机构对项目进行设计、建设，并拥有所有权。项目建
设完成后，政府向私营机构付费使用设施，所有权归属私营机构并且未发生
转移。

采用私营机构租赁模式，私营机构在对项目修复运营期拥有所有权，期
满后最终所有权归属政府部门，所有权由政府部门转移至私营机构再转移至
政府；在私营机构回租模式中，私营机构负责项目建设，完成后所有权归属
政府，私营机构支付项目设施使用费，所有权由私营机构转至政府。

（4）私有化类模式

所有权部分或全部转移给私营机构，具体激励情况应考虑双方对项目所
有权的占比，所有权份额占比越大，所有权激励效果越明显。在完全私有化
模式中，私营机构的所有权激励作用比部分私有化模式中私营机构的激励作
用更显著。从交易成本来看，完全私有化和部分私有化模式，所有权从政府
部门转移给私营机构或双方共享，发生一次转移。据此，从交易成本和所有
权激励方面考虑所有权综合效益，按照"激励优先，兼顾交易"的原则，从
大到小的排序为：所有权归属于政府且未发生转移（外包类模式）、最终所
有权归属于政府部门且发生一次转移（BOT 模式、政府回购、私营机构回
租）、最终所有权归属政府部门且发生两次转移（TOT 模式、私营机构租赁
模式）、最终所有权归双方共享且发生一次转移（部分私有化）、最终所有
权归属私营机构共享且发生一次转移（完全私有化模式）。

3.2 PPP 的特征

3.2.1 PPP 模式的内涵

PPP 模式是新型的项目融资模式。项目 PPP 融资是以项目为主体的融资
活动，是项目融资的实现形式，主要根据项目的预期收益、资产、风险及政
府扶持等安排融资。项目经营的直接收益和政府扶持转化的效益是偿还贷款
的主要资金来源，项目公司的资产和政府的有限承诺是贷款的安全保障。

PPP 模式与传统融资模式的主要差别，如下：

一是融资角度不同。PPP 融资需设立 SPV 公司，由政府公共部门和社会

资本联合按照出资比例共同设立，一部分资金自有，一部分资金靠外部筹措；传统融资模式依靠融资平台和发债等筹集资金。

二是管理模式不同。PPP 模式由私营机构负责管理，政府负责监督；传统融资模式是政府集投资、建设、运营、监督于一身。

三是利益分享不同。PPP 模式是风险分担，传统融资模式由政府或社会资本承担，共同分担较少。

3.2.2 PPP 模式的优点

PPP 模式鼓励民营资本参与。通过民营资本参与投资与运营，提高项目的投资效率，降低项目风险。政府公共部门与民营资本（私营机构）以特许权协议为基础进行全过程的合作，共同对项目运行周期负责。通过 PPP 方式，民营资本参与市政道路、城市轨道等基础设施项目的确认、设计和可行性研究等前期工作，降低了民营资本的投资风险，引进了民营资本有效的管理方法与技术，有助于实现 PPP 项目的有效控制，有助于降低投资风险，保障参与各方的合法利益。

PPP 模式有利于保障民营资本的盈利。私营机构的投资目标是寻求投资回报。政府通过 PPP 模式给予私营机构税收、贷款担保、土地指标等优惠政策，提高私营机构和民营资本投资的热情。

PPP 模式有助于提高基础设施项目开发质量。在 PPP 模式下，公共部门和民营机构共同参与项目建设、运营，由民营机构负责项目融资，有可能增加项目资本金数量，降低资产负债率，节省地方政府财政投资，减轻地方政府负债率，分担项目风险，形成互惠互利的项目开发机制，提高为社会公众服务的水平。

3.2.3 PPP 模式特征

伙伴关系。PPP 模式是政府公共部门与非政府主体合作模式，强调平等协商的关系。在项目运营中政府搭建服务平台，引导社会资本投资，发挥投资杠杆作用。PPP 依托政府信用，吸引更多社会资本，形成多元化、可持续的资金使用方式，聚集社会资本。

利益共享。在 PPP 项目中，政府与社会资本是合作关系的利益共同体。

项目推进过程中，双方共同合作提供公共产品与服务，项目收益实现共享。

风险共担。PPP 项目一般投资时间长，金额较大，不确定因素多，风险大，投资过程中每种风险都由双方共同承担，达到项目风险的最小化。在高速公路、隧道、桥梁等建设项目中，如果一段时间内车流量较少，导致民营机构亏损，那么公共部门可以对其提供现金流量补贴，这种做法可以在"分担"框架下，有效控制民营机构的经营风险。同时，民营机构按照相对优势承担较多的管理职责，避免政府的"官僚主义低效风险"。

可持续性。PPP 项目期限一般为 15～30 年，在道路交通、市政工程等基础设施项目中，PPP 模式的可持续性能实现成本的代际分担，减轻当代人承担未来基础设施建设成本的负担。

3.2.4 PPP 应用层级

我国 PPP 应用体系主要包括三个层次：融资层、建设层、运营层。三个层次之间通过相应的运作机制进行互动与衔接，形成收益性政府项目的全寿命周期（见图 3 - 1）。

在 PPP 模式应用于收益性政府项目的运作体系中，主要包括：管理主体的政府部门、社会资本、共同组建的公共部门；操作主体的金融机构、建设方、运营方等。

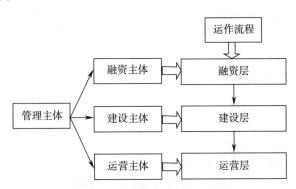

图 3 - 1 PPP 应用体系层级

其中：

融资层的融资主体是社会资本，建设层的建设主体是承包商，运营层通过市场机制，引入专业运营主体组织项目实施。

3.2.5　PPP 模式影响因素

PPP 模式的影响因素，包括但不限于：

项目招投标过程中，PPP 项目关键因素包括社会公众对项目的支持程度，项目成本与效益评估、招投标信息公开透明程度及投标私人部门之间的有效竞争程度等。

项目设计阶段，影响项目的关键因素包括项目技术可行性，政府与私营机构之间的风险分担，政府与私营机构之间所有权分配、项目的多元利益目标等。

项目融资阶段，影响项目的关键因素包括社会资本的充足程度、政府对项目的支持程度等。

项目建设阶段，影响项目的关键因素包括政府与私营机构之间的项目所有权分配、项目运行过程中管理有效程度等。

项目运营阶段，影响项目的关键因素包括 PPP 法律法规完善程度、微观经济的稳定性、宏观经济的稳定性等。

项目移交阶段，影响项目的关键因素包括政策的稳定性，项目的唯一性等。

3.3　PPP 的应用条件

3.3.1　PPP 实施方式

PPP 模式主要采用项目特许经营权的方式，进行结构融资，它要求各级政府制定规范、标准的 PPP 交易流程，对项目的运作提供技术指导和政策支持；专业化中介机构的个性化服务。

PPP 模式对地方政府的财政预算进行了规范和约束。《关于印发政府和社会资本合作模式操作指南（试行）的通知》（财金〔2014〕113 号）第二十五条规定，项目合同中涉及的政府支付义务，财政部门应结合中长期财政规划统筹考虑，纳入同级政府预算，按照预算管理相关规定执行。财政部门（政府和社会资本合作中心）和项目实施机构应建立政府和社会资本合作项目政府支付台账，严格控制政府财政风险。在政府综合财务报告制度建立后，政府和社会资本合作项目中的政府支付义务应纳入政府综合财务报告。相关规定将 PPP 的实施能力与当地政府的财政承受力进行了挂钩，有助于项目实施和承诺的兑现，同时，避免那些过度透支政府信用的基础设施等项目开发。

3.3.2 PPP 基本条件

《关于进一步做好政府和社会资本合作项目示范工作的通知》（财金〔2015〕57 号）明确规定，"确保上报备选示范项目具备相应基本条件。""项目所在行业已印发开展 PPP 模式相关规定的，要同时满足相关规定。""符合 PPP 模式特征的，将作为实施范例进行推广。不符合 PPP 模式特征的，财政部将督促实施单位进行整改，或不再作为示范项目推广。"57 号文明确"对采用建设—移交（BT）方式的项目，通过保底承诺、回购安排等方式进行变相融资的项目，财政部将不予受理。""严禁通过保底承诺、回购安排、明股实债等方式进行变相融资，将项目包装成 PPP 项目。"对于示范项目应具备的条件，或 PPP 模式特征，57 号文提到"政府和社会资本合作期限原则上不低于 10 年。"

《关于政府和社会资本合作示范项目实施有关问题的通知》规定"确保示范项目操作规范，符合《财政部关于推广运用政府和社会资本合作模式有关问题的通知》《政府和社会资本合作模式操作指南（试行）》和标准化合同文本等一系列制度要求。"

3.4 PPP 结构

3.4.1 PPP 模式一般结构

PPP 结构一般是地方政府通过政府采购形式与中标机构组建的特殊目的公司签定特许合同（特殊目的公司一般是由中标的建筑公司、服务经营公司或对项目进行投资的第三方组成的股份有限公司），由特殊目的公司负责筹资、建设及经营。

PPP 完整链分为 3 个环节：SPV 的设立、项目的运作程序和公共产品

（服务）的社会供给。基础性交易结构存在三方的法律主体：私营机构、政府部门和社会公众。银行、保险、律师等参与其中，并承载了项目的辅助职能。

PPP 交易结构的设立程序，主要有 3 个步骤：

（1）政府部门、私营机构对基础设施建设和公共产品（服务）的供给，签署一系列"特许权协议"为核心的法律合同与协议文本，并成立 SPV 专门负责项目运作。

（2）私营机构与银行、保险等签订贷款、保险等合同并支付对价，由银行、保险等机构针对 SPV 项目运作，进行承保，提供贷款。其中，政府部门发挥了项目贷款、承保等合作协议签订的协调者、推动者的作用。SPV 运作过程涉及很多环节，需要材料供应商、建筑商和运营商之间签订项目供应合同、承建合同和运营合同等，建立合规的法律关系，保障项目的持续、安全和稳定。

（3）项目产品（服务）的提供直接影响 PPP 项目的社会评价和公众满意度。PPP 项目的目的是提供价低质优的公共产品。

3.4.2 PPP 模式结构图

在 PPP 实施过程中，各地政府通常与提供贷款的金融机构达成直接协议，向借贷机构承诺按照与特殊目的公司签定的合同支付有关费用。这个协议使特殊目的公司能获得金融机构的贷款。

PPP 模式的一般结构图，如图 3 - 2 所示。

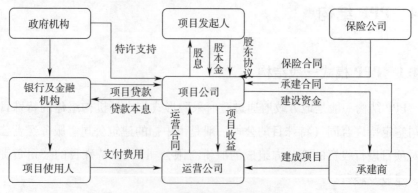

图 3 - 2 PPP 模式的结构解析

由图 3 - 2 可知，各地政府机构引导和参与，赋予特许权等政策支持，由政府授权机构、民营等社会资本作为 PPP 项目的发起人，联合设立 PPP 项目公司，并通过保险公司提供必要的担保、商业银行和融资租赁公司、信托机构、证券机构等金融机构参与 PPP 项目贷款等融资模式，共同推动 PPP 项目实施。由特定承建商参与招标程序，并根据与项目公司签署的承建合同，进行项目开发和工程建设。运营公司按照运营合同的有关约定，组织团队和负责建成后的特定工程或项目运营，项目使用人支付费用，运营公司通过与项目公司签订运营合同并获得约定的项目收益。项目公司按期支付金融机构的借款本息。在项目运行期内，各方按照约定和合同、协议等，各司其职，共担风险，共享盈利和相关的权利义务。

3.4.3 青岛地铁的 PPP 模式设计

1. 项目概况

青岛市地铁 4 号线为主城区东西向的骨干线，连接了市南区、市北区、崂山区，线路总体呈东西走向，连接前海历史风貌旅游区、伏龙山居住片区、中央商务区、错埠岭居住区、浮山所居住区、崂山科技城、崂山沙子口镇等重要片区，定位为大运量等级的骨干线路，是主城的一条重要发展轴。

青岛市地铁 4 号线与 7 条规划轨道交通市区线形成换乘关系，对于有效利用网络资源、发挥轨道交通网的城市客流快速运送等功能起到重要作用。

地铁 4 号线工程全线示意如图 3 - 3。

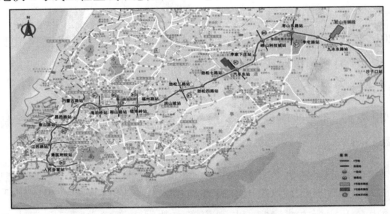

图 3 - 3　地铁 4 号线工程示意

地铁 4 号线沿线规划用地功能分析如图 3-4。

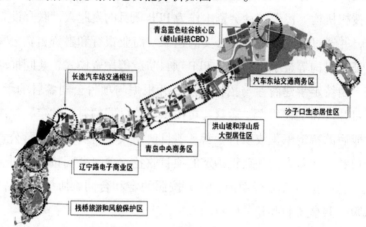

图 3-4 地铁 4 号线沿线规划用地功能分析

建设内容和规模。地铁 4 号线近期建设工程线路全长约 26 千米，共设车站 22 座，线路连接老城区、东部新区以及崂山区沙子口镇。计划建设工期 4 年，预计 2021 年初工程完工。可研批复投资总额为 172.76 亿元。

重要事项节点及进展。采用竞争性磋商方式完成了青岛市地铁 4 号线 PPP 项目（A 包）社会资本投资人的采购工作，确定"重庆国际信托股份有限公司与中国人寿资产管理有限公司联合体"为 A 包中标人。采用公开招标方式完成了青岛市地铁 4 号线 PPP 项目（B 包）的招标采购工作，确定中国铁建股份有限公司为牵头人的 22 家公司联合体为 B 包中标人，施工总承包合同于 2016 年 12 月签署完毕。

2016 年 12 月取得了青岛市城乡委颁发的《地铁 4 号线工程施工许可证》，并于当月实施了地铁 4 号线工程的开工建设。

2. 4 号线 PPP 项目运作模式设计及主要交易构架

PPP 模式。4 号线项目采用"股权合作 + BOT"PPP 合作模式。具体设计如图 3-5。

由政府资本与社会资本合作成立项目公司，项目公司以 BOT 模式建设青岛地铁 4 号线项目，政府资本由青岛市人民政府授权地铁集团担任。社会资本由公开招标方式确定，与政府资本共同出资成立项目公司。项目公司成立后，青岛市政府和项目公司签署 PPP 项目合同，青岛市政府授权项目公司特许经营期 25 年，其中建设期 5 年，运营期 20 年。在特许经营期内项目公司负责项目融资、建设和运营，履行建设单位职责，承担项目法人主体责任。项目建成后，项目公司拥有特许经营期内项目资产的所有权及使用权。在特许经营期内，由项目公司运营管理，负责项目资产的维护、维修和更新。特许经营期满后，项目公司将项目资产完好、无偿移交给市政府或市政府指定机构。

基金模式。项目采用了"基金＋项目直投"的多层交易结构：在基金层面，由地铁集团作为劣后级投资人，施工类社会资本（中国铁建股份有限公司）作为中间级，其他类社会资本（中国人寿资产管理有限公司）作为优先级投资人，按一定比例共同出资组建基金（青岛地铁 4 号线基金）；在直投层面，再由地铁集团、基金和施工类社会资本按一定比例，直接投资组建项目公司。通过"基金＋项目直投"两层结构，筹集资金总额 60.46 亿元，约占项目总投资的 35%，其余资金由项目公司通过银行贷款等债务性融资解决。

项目回报机制。由于政府对公共交通项目的价格管制，项目公司无法通过客票及其他经营收入收回全部成本、投资及合理收益。因此，本项目采用"使用者付费＋可行性缺口补助"的回报机制。本项目使用者付费的主要来源包括客票收入和非客票收入两部分。客票收入是指项目公司运营本项目乘客购买车票所获得的收入，也是项目公司的主营业务收入。客票价格采用政府定价，并按照市物价局、交通运输委与财政局等相关部门拟定的青岛市轨道交通票制票价方案进行动态调整。非客票收入是指项目公司在 4 号线项目设施范围内自行或允许他人从事包括零售、商铺、广告、报纸杂志、通信服务、提款机服务等经营活动，并获得一定的非客票收益。可行性缺口补助可覆盖社会资本投资成本及合理回报、债务性资金本息、日常运营亏损等，可行性缺口补助纳入政府年度预算管理。

项目退出机制。地铁 4 号线项目对生命周期内的各项风险充分进行了分析，对社会资本退出方式进行了约定。对社会资本股权投资及持有的基金份额的转让做出限制，社会资本投资保持期不低于 10 年，保障了项目公司建设期及运营前期资本结构的稳定。社会资本投资满 10 年后股权转让开放，

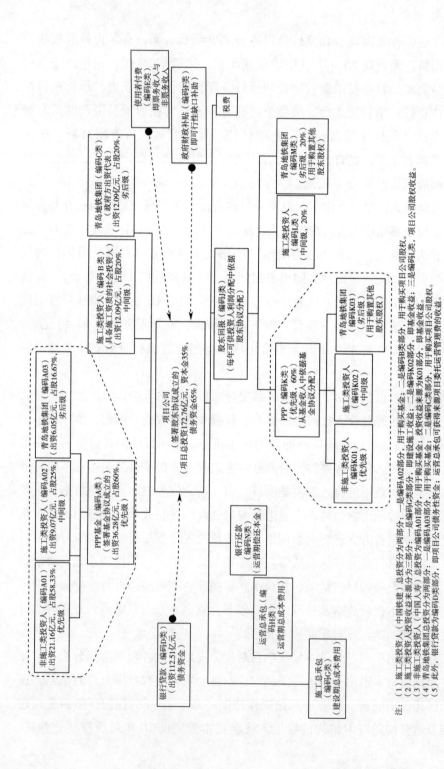

图3-5 青岛地铁4号线项目投融资结构

注：
(1) 施工类投资人（中国铁建）总投资分为两部分：一是编码A02部分，用于购买项目公司股权。
(2) 施工类投资人购置收益来源收益分为三部分：一是编码C类部分，即建设施工收益；二是编码K02部分，即基金收益；三是编码A03部分，即项目公司股权收益。
(3) 非施工类投资人投资分为两部分：一是编码A01部分，用于购买基金；二是编码K01部分，用于购买项目公司股权。
(4) 青岛地铁集团总投资分为编码C类部分，一是编码A03部分，用于获得项目委托运营管理费的收益。
(5) 此外，银行贷款分为编码D类部分，即项目公司债务性资金；运营总承包含运营期承担项目委托运营管理费的收益。

社会资本可通过减资、股权转让、资产证券化等方式实现资本退出。

青岛地铁 PPP 项目主要创新点。青岛地铁 4 号线项目 PPP 模式在运营机制、融资方案、风险分担、政府补贴、回报及退出机制等方面，进行了大胆创新与探索，主要体现在如下几个方面。

一是通过"直投 + 基金"的分层设计，引入财务类和施工类社会资本，增加了项目公司股权层面的社会资本多样性。

二是创新性设计了 A 包 + B 包不同的采购模式，A 包用竞争性磋商方式采购了财务出资人作为社会资本方，B 包通过公开招标采购了施工类社会资本方，B 包出资条件完全响应 A 包中选社会资本相关条款，符合法律法规的要求，解决招标环节"两标合一标"问题。

三是施工类投资人直接投资项目公司，参与项目工程建设，进一步保障项目工程施工质量。

四是通过基金分层设计，各层具有不同的特点，发挥各类社会资本的投资优势。吸引了更多社会投资人的参与，减轻了项目中单一投资人的出资压力。

五是本项目 PPP 模式稳定，在项目竞争性磋商环节吸引近十家社会资本方参与，得到认可。确保了项目进展，加快了项目工程建设进度，为实现项目开通运营奠定了基础。

3.5 PPP 项目成功标准

3.5.1 PPP 合作稳定性

衡量 PPP 项目是否成功，首先要看特定项目的合作各方是否关系良好且稳定，PPP 项目是否持续进行。如果政府和社会资本方之间的合作关系出现破裂甚至解体，PPP 项目就可能失败。

3.5.2 PPP 回报机制

特定的 PPP 项目是否成功，需要衡量投资回报是否合理。投资回报是否合理的基本标准是：既要避免特定地方政府向社会资本付出超额的投资回报，也要避免地方政府通过过度让利、非理性担保、承诺回购等不规范的合作方式，给社会资本方设定一些无风险或者超额的回报机制。

3.5.3　PPP 项目风险机制

PPP 模式是特定地方政府和社会资本为提供社会公共产品和服务而共同构建的相互信任、长期合作的业务与契约关系。在项目实施周期内，双方的责任和义务要相对明确、收益和风险分配要完善、合规、合理。要避免其中一方的风险承担过度，或风险和收益不匹配，导致双方合作关系出现分歧和破裂的现象。

3.5.4　PPP 争议解决

在 PPP 项目运营期间，如果合作各方出现产权、收益权及所有权、管理权等某些冲突、分歧甚至争议，如果双方无法在现有法律框架下，进行友好协商和顺利进行解决，PPP 项目就可能面临失败。因此，要积极构建既符合我国法律法规和实际情况，又便捷、适用、合理的争端解决机制与约定，确定的争议解决机制要具备合法性、原则性和灵活性等特点。

4. PPP 项目流程

为推广政府和社会资本合作模式（PPP），财政部制定《政府和社会资本合作模式操作指南（试行）》（财金〔2014〕113 号），国家发改委颁布《政府和社会资本合作项目通用合同指南（2014 年版）》，国家发改委、财政部、住房城乡建设部、交通运输部、水利部、中国人民银行联合颁布《基础设施和公用事业特许经营管理办法》（国家发改委令第 25 号）等，为 PPP 项目实施提供了政策依据。

PPP 项目运行流程是否严谨、规范、前瞻和高效，对于项目实施与风险控制等工作至关重要。PPP 项目运行流程，一般包括：项目识别、项目准备、项目采购、项目执行和项目移交等重点环节。具体如图 4-1 所示。

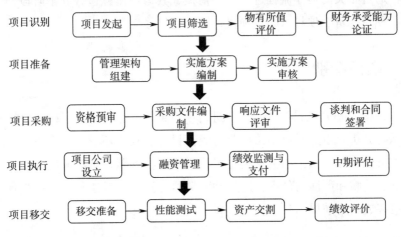

图 4-1 PPP 项目运行流程

如图 4-1 所示，PPP 项目运行流程包括项目识别、项目准备、项目采购、项目执行、项目移交等环节。各阶段的工作流程和关键内容。在 PPP 模式的运行流程和对应实施主体的关系，如图 4 - 2 所示。

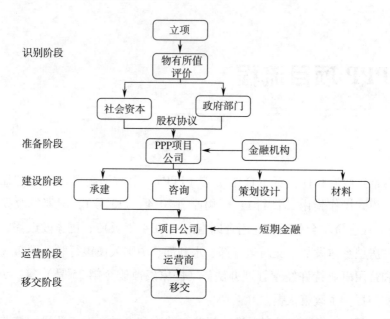

图 4 - 2 PPP 模式的运行流程

收益性政府项目在应用 PPP 模式时，融资阶段、建设阶段、运营阶段三个阶段通过相关的运作流程进行统一衔接，其运作流程包含五个阶段：项目识别、项目准备、项目采购、项目执行、项目移交。

4.1 项目识别

选择特定 PPP 项目时，首先要进行项目识别。这就需要进行项目相关行业的系统分析。重点研究相关行业的经济目标、政策环境、法律法规、融资需求、资金来源、法律约束及利益相关者的关注点等，对该项目所在行业进行系统、前瞻和严谨的分析，这是 PPP 项目筛选的基础工作，也是确保 PPP 项目最终成功的前提。

4.1.1 项目发起

项目发起是 PPP 项目的起点，是项目识别的关键性工作，也是特定 PPP 项目推进的第一步。

PPP 项目的发起通常要进行大量的前期工作，涉及潜在项目筛选、初步方案设计、可行性研究等内容。政府和社会资本合作项目由政府或社会资本发起，以政府发起为主。不同的主体在发起 PPP 项目时需要完成不同的前期工作。

1. 项目发起形式

（1）政府发起

财政部门（政府和社会资本合作中心），或者发改部门负责向工信、交通、住建、环保、能源、教育、医疗、体育健身和文化设施等行业主管部门征集潜在的政府和社会资本合作项目。

行业主管部门根据国民经济和社会发展规划及行业专项规划中确定的新建、改建项目或存量公共资产中遴选潜在项目，进行项目自我审核和推荐。

（2）社会资本发起

社会资本以项目建议书的方式向财政部门（政府和社会资本合作中心），或发改部门推荐潜在的政府和社会资本合作项目。针对列入开发计划的项目，提供项目可行性研究报告、项目产出说明和初步实施方案等资料。

项目识别的功能是挑选适合 PPP 模式的项目，并建立项目库。那些投资规模较大、需求长期稳定、价格调整机制灵活、市场化程度较高的基础设施及公共服务类项目，适宜采用政府和社会资本合作模式。如市政工程中的城市供水、供暖、供气、污水和垃圾处理、保障性安居工程、地下综合管廊、轨道交通、医疗和养老服务设施等收费定价机制透明，有稳定现金流的项目可采用 PPP 模式。

项目识别一般包括项目发起、项目筛选、物有所值评价、财政承受能力论证 4 个步骤。

PPP 是一项内容复杂、专业要求高的系统工程。需要组建专门的 PPP 项目实施团队，完善流程和制度体系，由各级政府牵头，本级规划、发改、财政、建设、土地等部门组成项目领导机构；制定具体实施方案，明确部门责任和分工、目标任务和实施计划等；要根据城市总体规划和近期建设规划，由政府组织相关机构梳理城市基础设施领域拟新建项目和存量项目，决定和筛选列入 PPP 项目库清单的重点项目，定期构建 PPP 项目库。

2. 行业分析

行业分析是 PPP 项目识别的重要工具，也是项目发起和筛选的基础性工作。

PPP 项目的行业分析指根据经济环境、法律体系、市场格局等基本要素，运用专业模型和分析工具，对 PPP 项目涉及的行业的约束条件进行综合评估，帮助政府评估现状，找出差距和不足，制定切实可行的 PPP 实施方案。

PPP 项目的行业分析模型，一般包括但不限于技术路径、法律法规、机构设置、经济分析等重点领域。

其中：

技术路径。对拟设立的 PPP 项目所在行业进行技术约束评估，包括：系统效率、实践操作和投资人响应等要素研究。通过技术分析，判断投资规模、投资机构、投资风险、管理机制、实践标准等是否达到规定要求，是否影响 PPP 项目开发与运营，并按照评估结果，对投资及现有资产进行分类。针对特定项目要进行技术准备，确定项目的产出标准，如供水 PPP 项目应列出覆盖目标、家庭数量、管道布局、服务可用性、供水质量等。

法律和政策体系。重点研究现行法律法规、监管机制和政策体系，包括但不限于：管理权分配和业绩设定的适用法律和制度；监管安排、监管机构、法规；与行业相关的重要机构和政府部门；收费、补贴政策和制度安排；是否有法定服务质量标准及其适用性；对行业业绩至关重要的自然资源保护管理要求；环境和健康方面的规定；相关劳动法律法规；对于外资入股的限制、参与行业活动的限制、外汇管制，以及将利润汇回本国的限制。通过系列评估之后，确立法律政策环境对于特定 PPP 项目的制约与影响。如果评估确认该项目存在很大的不确定因素，如：腐败障碍，或者法律、司法障碍等，投资者和项目参与人可能放弃本项目的推进和实施。

机构设置及职能。通过设立相关监督检查和运行机构，确定各级政府及利益相关者承担的职能，督促履行各自的责任。包括：建立监管或 PPP 机构，分工合作，推动具体项目的开发。要研究和关注当前经济体制和立法体系是否有利于 PPP、管理部门、用户和公共事业面临的障碍；利益相关者的决策权限和可靠程度是否与责任匹配；各级政府是否愿意放弃某些权力或者调整定位；各级政府是否依据政策法规将特定权力委托私营部门；每个机构是否有资金、人员、培训和设施实现相应的目标；每个机构是否明确各自职能，并采取适宜的措施；是否有相应的关键利益相关者或主导者推动项目实施。通常认为，PPP 流程中机构职能的明确程度与投资者风险成反比。如果分权程度提高，政府将承担更多的责任。

商业、财务和经济事项。行业分析应评估该行业的商业、财务和经济状况以及产出，通过确定该行业的期望产出，以及实现目标的途径，确定是否参与特定 PPP 项目，并确保应收款和资金安排的科学、合理，确保合理的财务结构。在此过程中，重点考虑融资来源、适当的费率架构和费率水平，以及补贴设计和使用等三个核心要素。其中：资费设计需要平衡的主要要素包括：目标服务标准及成本、公众消费者支付意愿和能力、成本回收方式、投资回报率、政府补贴等。

定价策略（包括收费标准、包销协议等）。重点研究和确定价格合理的服务，保证社会资本参与方能够获得足够的项目投资收入。同时，政府可以提供一定的资金支持、财政补贴等补偿条款，解决项目开发的合理定价。

项目实施方案编制是项目推进的重要工作，包括项目概况、风险分配基本框架、项目运作方式、交易结构、合同体系、监管架构、采购方式选择等基本内容。

3. 项目识别实施模式

项目识别是 PPP 项目发起和推动的起点。它既可以由政府部门发起，也可以委托专业机构或专家指导，联合实施，或委托直接策划并共同实施。

从国内各地区 PPP 项目实践来看，PPP 项目筛选和行业分析可以由当地政府组织各职能部门牵头策划，吸收社会组织共同实施；也可以由当地政府聘请咨询专家、学者、工程师、律师、财务师、学者等指导和辅导，一起策划和推进实施；还可以由当地政府委托专业咨询机构总体策划和共同研究，招标实施。

财政部门（政府和社会资本合作中心）对项目实施方案进行物有所值和财政承受能力验证。实施方案审核主要进行财务分析、风险分析以及关联影响分析。明确采用 PPP 模式实现的目标，分析项目引进企业和社会资本的可行性、社会资本的实力、风险承受能力等，根据实际情况和需求选择最适合的 PPP 模式。

通过行业分析和对特定目标项目的基础性研究，可以形成初步的研究结论。通过验证的，由项目实施机构报政府审核；未通过验证的，需要对实施方案调整后重新验证；经重新验证仍不能通过的，不再采用政府和社会资本合作模式。

4.1.2　项目筛选

项目筛选是项目识别的重要工作步骤，也是项目得以实施的重要支撑。项目筛选要根据本地区的产业基础、项目需求、行业环境和政策标准等，对政策合规性、项目可行性、需求契合性、操作可行性等进行系统分析与综合研究。

为科学筛选 PPP 储备性项目，需要研究分析国务院、国家发改委、财政部、各地区政府等政策文件，进而确立 PPP 项目的政策依据、开发规模、融资需求和项目目标等。比如：财政部《关于印发政府和社会资本合作模式操作指南（试行）的通知》（以下简称 113 号文）的第六条指出，"投资规模较大、需求长期稳定、价格调整机制灵活、市场化程度较高的基础设施及公共服务类项目，适宜采用政府和社会资本合作模式。"该文件为地方政府确定 PPP 项目范围和规模提供了政策依据。

根据 113 号文，适合采用 PPP 的项目应具备的基本特点如下。

投资额有一定规模。根据国际惯例，PPP 的应用对项目规模有一定要求，一般涉及大额资本投资，因为 PPP 项目一般有较高的交易成本，如果投资额小，交易成本占比过高，很难实现项目的物有所值（VFM）。

需求长期且稳定。公共产品（含公共服务）具备长期、持续、连贯的大量需求是 PPP 应用的基本前提，项目若非有长期稳定需求（如政府为履行其自身职能需要购买某专业设备），则此类项目不适合采用 PPP。

提供的服务要有专业性要求。项目能发挥社会资本的技术、融资、管理等优势，有助于鼓励社会资本在项目全生命周期的合作过程中，参与和投资具有特色创新的相关项目。

参与方至少有一方为公共机构。PPP 适用于"公共所有"的泛基础设施领域，提供的是公共产品和公共服务，PPP 的参与各方必须至少有一方为公共机构，即 PPP 的"Public"，113 号文明确了此公共机构为"县级以上人民政府或其指定的有关职能部门或事业单位"。除了公共机构，其他市场主体各方之间的合作项目为市场行为，不是 PPP 项目，如商品房的买卖、商品交易等。

PPP 项目由政府或社会资本发起，以政府发起为主。由财政部门（政府和社会资本合作中心）或发改部门会同行业主管部门，对潜在政府和社会资本合作项目进行评估筛选，确定备选项目。财政部门（政府和社会资本合作中心）或发改部门根据筛选结果制定项目年度和中期开发计划。

项目筛选是政府和社会资本合作的起点和基础。项目是否适合 PPP 模式是这阶段的工作重点。根据产业领域、技术特征不同，PPP 项目可分为点/线型项目、网络型项目和片区型项目等类别。其中：点/线型项目指污水处理厂、自来水厂、垃圾焚烧厂等有明确厂区界限的点状项目，以及道路、桥梁等线型 PPP 项目；网络型项目指城市供水、污水处理、燃气、供暖、交通等能够形成网络效应的 PPP 项目；片区型项目指进入土地一级开发、城市运营和社会事业等重点领域的园区开发、新城建设等项目。

一个项目是否适合 PPP 模式，可以采用经济指标、技术指标、服务标准、投资概算、投资回报、价格及调价、财政补贴、财政承诺等指标进行测量。如果是基础设施及公共服务项目，要评估收益是否覆盖建设和运营成本，是否满足社会资本回报。如果某项目尽管有一定的收益，但无法覆盖建设成本、运营成本和社会资本预期回报，需要政府提供财政补贴，才能采用 PPP 模式。从财务指标来看，如果特定基础设施或公共服务类项目有稳定、可预期的现金流，就可以采取 PPP 模式。对于那些无盈利的公益项目，可以采取盈利性与公益性项目捆绑打包的模式，采取 PPP 模式进行项目设计与开发。

各级政府财政（政府和社会资本合作中心），或发改部门，联合行业主管，对特定项目进行评估、筛选，确定备选 PPP 项目。财政部门根据筛选结果制定项目开发计划。对于列入年度开发计划的新建、改建项目，项目发起方应该提交项目可行性研究报告、项目产出说明和初步实施方案；对于原有的存量项目，项目发起方应该提交现有项目涉及公共资产的资料、产出说明和初步实施方案。

我国 PPP 项目筛选的标准，包括但不限于：

1. 主体：实施机构是政府或其职能部门或事业单位

PPP 的政府方一般由三方组成：授权机构、实施机构及出资代表。其中，实施机构是指与社会资本签订 PPP 项目合同的政府，PPP 项目实施机构只能是行政机关或事业单位。

《政府购买服务管理办法（暂行）》（财综〔2014〕96 号）第四条规定："政府购买服务的主体（以下简称购买主体）是各级行政机关和具有行政管理职能的事业单位。"《基础设施和公用事业特许经营管理办法》第十四条规定："县级以上人民政府应当授权有关部门或单位作为实施机构负责特许经营项目有关实施工作，并明确具体授权范围。"

《评审标准》第 1 条规定"政府方为国有企业或融资平台公司作为政府方签署 PPP 项目合同的"不作为备选项目，否定了发改投资〔2014〕2724 号文"行业运营公司或其他相关机构，作为政府授权的项目实施机构"的做法。从操作层面来看，运营公司作为 PPP 项目的政府出资代表。授权机构指县级以上人民政府。

2. 对象：PPP 项目一般不包括商业项目

《评审标准》"不属于公共产品或公共服务领域的……"不作为备选项目。《政府和社会资本合作模式操作指南》（财金〔2014〕113 号）第六条规定："……基础设施及公共服务类项目，适宜采用政府和社会资本合作模式。"《基础设施和公用事业特许经营管理办法》第二条规定："……基础设施和公用事业领域的特许经营活动，适用本办法。"

按照第二批 PPP 示范项目申报通知财金〔2015〕57 号文规定，公共服务领域包括"能源、交通运输、水利、环境保护、农业、林业、科技、保障性安居工程、医疗、卫生、养老、教育、文化等"。PPP 项目一般是公益项目不包括商业项目，经营性用地不宜作为 PPP 项目用地。商业项目不宜直接打包到 PPP 项目中，可以通过一定的结构安排解决商业项目补贴 PPP 项目问题。

3. 期限：不低于 10 年，必须包含运营

PPP 项目是政府和社会资本长期合作。财金〔2015〕57 号文及《评审标准》规定：采用建设—移交（BT）方式实施的，或者合作期限（含建设期在内）低于 10 年的，不作为备选项目。

PPP 强调项目全生命周期。一个基建或公共服务项目，设计寿命通常在 50～100 年。考虑融资期限的可行性，规定最低 10 年。只有由社会资本负责项目运营，才能提高项目效率，做到物有所值。现有 PPP 文件规定的 PPP 运行模式 BOT、BOOT、TOT、BTO 等看，PPP 项目都带 O（运营），L（租赁）、M（管理）等也可以视为变相的运营。

4. 融资：不得固定回报、保底承诺、回购安排

《基础设施和公用事业特许经营管理办法》第 21 条规定："政府不得承诺固定投资回报……"财金〔2015〕57 号文及《评审标准》规定采用固定回报、回购安排、明股实债等方式进行变相融资的将不被列入备选项目。

采取固定回报、保底承诺、回购安排的项目是地方政府借债融资，违背了 PPP 风险共担、绩效评价等原则，不属于 PPP 项目。

5. 采购：采用竞争性方式选择社会资本

PPP 项目应采用竞争性方式选择社会资本。《政府采购法》中规定政府购买服务采用公开招标、邀请招标、竞争性谈判、单一采购来源、询价五种采购方式。《政府和社会资本合作项目政府采购管理办法》（财库〔2014〕215 号）增加了竞争性磋商的采购方式。《评审标准》规定："未按政府采购相关规定选择社会资本合作方的"不列为备选项目。

6. 绩效：按照绩效标准支付服务费

政府补贴的条件是绩效评价合格。财金〔2014〕113 号文第 26 条规定："政府有支付义务的，项目实施机构应根据项目合同约定的产出说明，按照实际绩效直接或通知财政部门向社会资本或项目公司及时足额支付。"《基础设施和公用事业特许经营管理办法》规定："建立根据绩效评价结果、按照特许经营协议约定对价格或财政补贴进行调整的机制。"《评审标准》将产出范围及绩效标准作为评审重点，使得社会资本获得的补贴及其他收入由于绩效不同而有差别，避免出现固定回报情况。

7. 合伙：风险共担、利益共享、合理回报

PPP 项目是政府和社会资本之间的合作关系，双方共担风险、共享收

益。《评审标准》将"风险识别和分配是否充分、合理，利益共享机制能否实现激励相容"作为重要评审标准。PPP 项目应该限制社会资本的高额收益作为对冲。

8. 经济：定性定量评价，物有所值

物有所值评估是 PPP 的基本条件。财金〔2014〕113 号文规定："财政部门应对项目实施方案进行物有所值……经重新验证仍不能通过的，不再采用政府和社会资本合作模式。"《PPP 物有所值评价指引（试行）》规定以物有所值定性评价为主，定量评价作为补充。《评审标准》规定既要定性评价的也要定量评价。

9. 补贴：通过论证、财政能支付

PPP 项目项下的政府补贴被严格限制。财金〔2015〕57 号文规定：示范项目"每一年度全部 PPP 项目需要从预算中安排的支出责任占一般公共预算支出比例应当不超过 10%。"该规定明确了政府支出责任占年度公共预算支出比例的上限。《评审标准》规定："未按财政部相关规定开展财政承受能力论证的"不作为备选项目。

10. 前期：纳入规划、审批完成

《评审标准》强调符合城市总体规划和各类专项规划、按规定程序完成可行性研究及立项工作的，土地、环评等审批手续完备，社会资本积极响应，一年内可落地。融资落实对于 PPP 准备工作至关重要。

4.1.3 物有所值评估

物有所值（Value for Money，VFM）指一个组织运用可用资源获得的长期的最大利益。VFM 评价是国际上普遍采用的一种评价传统由政府提供的公共产品和服务是否可以运用 PPP 模式的评估体系，目的是要实现公共资源配置效率的最大化。该模式目前被广泛运用在西方国家的公共采购审计中。物有所值可以用 3E 描述，即：经济型、效率和效能。

VFM 在 PPP 项目体系中主要体现为经济性、效率、效能和合作。国际上常用的 VFM 的评价方法，包括：成本效益分析法、公共部门比较基准。

项目识别的阶段，要做好项目发起、项目筛选、物有所值评估、财力承

受论证等重点工作。其中：物有所值评估是各级政府需要测算和组织评价的重要内容。

　　PPP 项目的物有所值评价可以从定性和定量两个方面展开。其中：定性评价重点关注 PPP 项目采用政府和社会资本合作模式与采用政府传统采购模式相比的投入产出、风险规避、运营效率、创新与竞争等是否有所改善。定量评价主要通过对政府和社会资本合作项目全生命周期的政府支出成本现值与公共部门比较值（PSC）进行比较，计算 PPP 项目的物有所值量值，判断政府和社会资本合作模式是否降低项目全生命周期成本，是否有操作性。该评价一般由财政部门（政府和社会资本合作中心）牵头，与行业主管部门一起组织实施。物有所值评价以定性评价为主，条件允许的地方可以开展定量评价工作。

　　2015 年 12 月 18 日，财政部发布关于印发《PPP 物有所值评价指引（试行）》（以下简称《指引》）的通知。《指引》对评价准备、定性评价、定量评价、评价报告和信息披露等方面进行具体细化的表述，并给出了物有所值评价工作流程图和专家打分表。定性评价指标包括全生命周期整合程度、风险识别与分配、绩效导向与鼓励创新、潜在竞争程度、政府机构能力、可融资性六项基本评价指标。其中：全生命周期整合程度指标主要考核在项目全生命周期内，项目设计、投融资、建造、运营和维护等环节能否实现长期、充分整合。风险识别与分配指标主要考核在项目全生命周期内，各风险因素是否得到充分识别并在政府和社会资本之间进行合理分配。绩效导向与鼓励创新指标主要考核是否建立以基础设施及公共服务供给数量、质量和效率为导向的绩效标准和监管机制，是否落实节能环保、支持本国产业等政府采购政策，能否鼓励社会资本创新。潜在竞争程度指标主要考核项目内容对社会资本参与竞争的吸引力。政府机构能力指标主要考核政府转变职能、优化服务、依法履约、行政监管和项目执行管理等能力。可融资性指标主要考核项目的市场融资能力。项目本级财政部门（或 PPP 中心）会同行业主管部门，可根据具体情况设置补充评价指标。补充评价指标主要是六项基本评价指标未涵盖的其他影响因素，包括项目规模大小、预期使用寿命长短、主要固定资产种类、全生命周期成本测算准确性、运营收入增长潜力、行业示范性等。

表 4	物有所值定性评价专家打分表		
指标		权重	评分
基本指标	全生命周期整合程度		
	风险识别与分配		
	绩效导向与鼓励创新		
	潜在竞争程度		
	政府机构能力		
	可融资性		
	基本指标小计	80%	
补充指标	项目规模大小		
	预期使用寿命长短		
	主要固定资产种类		
	全生命周期成本测算准确性		
	运营收入增长潜力		
	行业示范性		
	补充指标小计	20%	
合计		100%	

专家签字：

年　月　日

4.1.4　财政承受能力论证

为确保在财政中长期具有可持续性，要进行财政承受力论证。通过测算 PPP 项目全生命周期内的财政支出、政府债务等因素，对部分政府付费或政府补贴的项目，进行财政承受能力论证和评估。

财政承受能力论证，指清晰识别、测算 PPP 项目中的各项财政支出责任，科学评估项目实施对各个年度财政收支平衡状况的影响，为 PPP 项目财政预算管理提供依据。PPP 项目全生命周期的不同阶段对应的财政支出责任不同，主要包括股权投资、运营补贴、风险承担和配套投入等。地方政府财政部门在对单个 PPP 项目的财政支出责任进行识别和测算后，汇总年度全部实施或拟实施的 PPP 项目，进行财政承受能力论证。财政承受能力论证采用定性分析和定量分析两种方法。

　　财政部门根据项目全生命周期内的财政支出、政府债务等因素，对部分政府付费或政府补贴的项目，开展财政承受能力论证。每年政府付费或政府补贴等财政支出不得超出当年财政收入的一定比例。通过对特定 PPP 项目的财政承受力测算，得出基本的结论，测算和评估需要承受的当地财政负担，确保每年政府付费或政府补贴等财政支出不得超出当年财政收入的一定比例。

　　开展财政承受能力论证是 PPP 项目可持续发展和政府有能力履约的重要保障，有利于规范 PPP 项目财政支出管理，有效防范和控制财政风险。通过对 PPP 储备项目的物有所值和财政承受能力论证与测算，如果达到了物有所值评价和财政承受能力论证要求，该项目就可以进入项目准备阶段。

背景资料　吴维海博士参加中交集团"轨道交通项目 PPP 模式研究"课题中期验收会

　　2016 年 12 月 26 日，吴维海博士受邀参加中交集团华东区域总部组织召开的"轨道交通项目 PPP 模式研究"课题中期验收会。会议由区域总部总经理、党工委书记赵晖主持。青岛地铁集团副总会计师陈洪顺、清华大学教授王守清、国家发改委国际合作中心研究员吴维海博士、中咨集团副总经理张德芬、华东投资公司总会计师王艳丽等参加了会议。

　　赵晖对中国交建基本情况、发展现状及课题进行了简单介绍，赵晖指出：为了跟上市场发展的潮流，把握拓展市场的先机，轨道交通项目 PPP 模式研究很有必要，不论是对于中国交建的市场开发，还是地方政府选择轨道交通项目的合作模式均具有现实的意义。

　　王守清从立项背景、研究目标、技术路线、成果形式、协作单位分工和报告完成进度等方面对课题进展情况及目前的研究成果进行了汇报。

　　评委专家与课题组成员就研究的角度和定位、成果的推广性、融资模式的选择，特别是配套土地一级开发模式可行性，运营商的选择等进行了沟通和讨论。吴维海博士提出，清华与中交集团课题组应优化和调整本课题的研究架构，强化 PPP 风险指标分析，加大对融资额度及投资评估等政府关心的重点领域的深度研究。与会评委专家总体认为，该课题涉及面宽泛，研究内容具体、体系深入，切合实际，希望课题研究成果有良好的推广价值，利于各地政府的投资决策。

"轨道交通项目 PPP 模式研究"课题由中交集团区域总部和青岛地铁集团以已开展合作的青岛地铁 13 号线项目为基础，联合国内顶尖学术机构清华大学，三方合作进行创新性研究。青岛地铁 13 号线项目是中国交建进入青岛轨道交通市场的第一个项目，也是青岛市对轨道交通 PPP 模式的探索，具有一定的创新性和可借鉴性。

青岛地铁集团有限公司、区域总部综合管理部、财务部，清华大学相关人员参加了会议。

（来源：中交集团提供，2016 年）

4.2 项目准备

项目准备阶段主要包括：管理架构组成、实施方案编制和实施方案审核。

管理架构包括：建立协调机制、组建项目实施机构。在开发准备环节，由社会资本（即项目方）在项目识别阶段的项目建议书和初步实施方案的基础上编制项目实施方案，内容包括：项目概况、风险分担与收益共享、项目运作方式、交易结构、合同体系以及监管架构等。在这个阶段，审核评估实施方案、验证与评价物有所值和财政承受能力是重点。

4.2.1 项目管理架构

管理架构组成。县级（含）以上地方人民政府成立 PPP 项目工作小组，建立健全 PPP 项目协调机制，具体负责 PPP 项目评审、组织协调和检查督导等重点事项。

PPP 项目工作小组的主要职责：

（1）项目评审

地方政府财政、发改等职能部门牵头，对本级政府各部门或下级政府提交的 PPP 项目，进行评估和审查。重点审核 PPP 运作方式、采购程序、交易结构、风险分配、监管架构和物有所值等是否符合要求。

（2）组织协调

建立健全重大工程协调和调度机制，定期跟踪和检查重点工程的实施进度、社会投资、项目建设等情况。

（3）检查督导

地方发改或财政等部门组织有关专家和机构人员，对 PPP 项目的执行和项目开展质量等进行动态的监控。地方财政及行业主管邀请 PPP 项目实施机构、社会资本参与方、融资机构等参与 PPP 项目的督查。检查内容包括：项目概况、实施进度、履约安排、监督机制、项目进度表、风险控制等，并形成项目督导意见。

各级政府或其职能部门、事业单位等作为项目实施机构，负责项目准备、采购、监管和移交等重点事项。

4.2.2 实施方案编制

项目通过物有所值评价和财政承受能力论证之后，组建管理架构，根据项目建议书和初步实施方案等资料，编制和批准实施方案。项目实施方案的内容包括：项目概况、风险分配、运作方式、交易结构、合同体系、项目监管、项目评估，等等。

其中：

项目概况。包括项目基本情况、经济指标、项目公司股权结构等。基本情况包括项目目的、意义、项目范围和内容、必要性和可行性等。经济技术指标包括区位、面积、建设内容资产界定、投资规模、资产价值、产出和资金来源等。项目公司股权情况包括项目公司及公司股权结构等。PPP 项目概要应体现 PPP 项目参与方的主体地位平等、利润可控和风险分担的原则。

风险分配框架。统筹考虑政府风险管理、项目回报和市场风险等要素，对政策风险、汇率风险、技术风险、财务风险、营运风险、市场风险、道德风险等各类风险进行适当分担。风险识别与合理分配应当体现权责对应、公平、合理等基本原则，将风险分配给相对最有利承担的合作方。PPP 项目风险分配的基本原则：项目设计、建造、财务和运营等商业风险由社会资本承担，法律、政策和最低需求等风险由政府承担，不可抗力等风险由有关政府和社会资本合理共担。PPP 项目的市场需求风险、法律政策变化风险、竞争风险等要进行相应约定，确保风险分担的约定条款清晰、完整，可操作。

利益共享。PPP 项目涉及当地政府、社会化机构和公众等利益，政府公共部门代表社会公众，追求公平，需要控制社会资本方的项目收益；社会资本追求高效率、高收益；社会公众希望享受低成本、高质量的公共产品和服务。国内基础设施特许经营的 PPP 项目，社会资本的预期内部收益率一般为 8% ~12%。地方政府一般希望收益率在 10% 以内（在低利率的金融形势下，收益率更低）。

项目运作方式。关于我国 PPP 的运作模式，国家财政部文件指出，PPP 的运作模式包括：委托运营（O&M）、管理合同（MC）、建设—运营—移交（BOT）、建设—拥有—运营（BOO）、转让—运营—移交（TOT）、改建—运营—移交（ROT）。国家发改委文件指出，PPP 的运作模式包括：建设—运营—移交（BOT）、建设—拥有—经营—转让（BOOT）、建设—拥有—运营（BOO）。PPP 运作方式的选择主要由收费定价机制、项目投资收益水平、风险分配基本框架、融资需求、改扩建需求和期满处置等因素决定。

交易结构。项目交易结构包括：项目投融资结构、回报机制和相关配套安排。项目投融资结构主要说明项目资本性支出的资金来源、性质和用途，项目资产的形成和转移等。项目回报机制包括使用者付费、可行性缺口补助和政府付费等支付方式。相关配套安排主要说明由项目以外相关机构提供的土地、水、电、气和道路等配套设施和项目所需的各类服务。

回报机制。回报机制是 PPP 项目交易结构的重要组成部分。使用者付费指由公共设施或服务的最终使用者直接付费购买公共产品和服务，这种方式通常用于经营性较高、财务效益良好、直接向最终使用者提供服务的供水、燃气、收费公路等基础设施项目。可行性缺口补助，指使用者付费不足以满足社会资本或项目公司回收成本及获得合理回报的要求，由政府以财政补贴、股本投入、优惠贷款等给予社会资本或项目公司的经济补助，通常用于医院等经营性较低、财务效益不良、直接向最终使用者提供服务但收取的服务费用无法覆盖投资和运营成本的基础设施项目。政府付费指政府直接付费购买公共产品和服务，通常用于不直接向最终使用者提供服务的污水处理、垃圾发电等基础设施项目。

监管架构。监管架构主要包括授权关系和监管方式。授权关系主要是政府对项目实施机构的授权，以及政府直接或通过项目实施机构对社会资本的授权。监管方式包括履约管理、行政监管和公众监督等。政府、社会资本或项目公司依法公开披露项目相关信息，保障公众知情权，接受社会监督。政府应公开不涉及国家秘密、商业秘密的政府和社会资本合作项目合同条款、绩效监测报告、中期评估报告和项目重大变更或终止情况等。社会公众及项目利益相关方发现项目存在违法、违约情形，可向政府职能部门提请监督检查。

采购方式选择。根据《中华人民共和国政府采购法》及相关制度，采购方式包括公开招标、竞争性谈判、邀请招标、竞争性磋商和单一来源采购。

其中：

公开招标。公开招标指招标人在公开媒介上以招标公告的方式邀请不特定的法人或其他组织参与投标，并在符合条件的投标人中择优选择中标人的一种招标方式。它适用于核心边界条件和技术经济参数明确、完整、符合国家法律法规和政府采购政策，且采购中不作更改的项目。

竞争性谈判。竞争性谈判指采购人或采购代理机构直接邀请 3 家以上供应商就采购事宜进行谈判的方式。它适用于在依法制定的集中采购目录以内但未达到公开招标数额标准的货物、服务；依法制定的集中采购目录以外、采购限额标准以上，且未达到公开招标数额标准的货物、服务等项目。

邀请招标。邀请招标指采购人根据供应商或承包商的资信和业绩，选择一定数目的法人或其他组织（不能少于 3 家），向其发出招标邀请书，邀请它们参加投标竞争，从中选定中标的供应商。它适用于技术复杂、有特殊要求或者受自然环境限制，只有少量潜在投标人可供选择；采用公开投标方式的费用占项目合同金额的比例过大等项目。

竞争性磋商。竞争性磋商指采购人、政府采购代理机构通过组建竞争性磋商小组与符合条件的供应商就采购货物、工程和服务事宜进行磋商，供应商按照磋商文件的要求提交响应文件和报价，采购人从磋商小组评审后提出的候选供应商名单中确定成交供应商的采购方式。它适用于政府购买服务、技术复杂或者性质特殊，不能确定详细规格或具体要求等项目。

单一来源采购。单一来源采购指达到限额标准和公开招标数额标准，但所购商品的来源渠道单一，或属专利、首次制造、合同追加、原有采购项目的后续扩充和发生了不可预见的紧急情况不能从其他供应商处采购等情况。它适用于只能从唯一供应商处采购；发生不可预见的紧急情况不能从其他供应商处采购等项目。

国家发改委、财政部、住房城乡建设部、交通运输部、水利部、中国人民银行《基础设施和公用事业特许经营管理办法》（国家发改委令第 25 号）明确，实施机构根据经审定的特许经营项目实施方案，应当通过招标、竞争性谈判等竞争方式选择特许经营者。特许经营项目建设运营标准和监管要求明确、有关领域市场竞争比较充分的，应当通过招标方式选择特许经营者。实施机构应当在招标或谈判文件中载明是否要求成立特许经营项目公司。

4.2.3　实施方案审核

各级政府根据 PPP 项目的行业分析数据和报告，确定外部环境对 PPP 项目的支持及操作可行性，以及政府应采取的措施和实施策略等。

在 PPP 项目正式实施前，要审核 PPP 方案。重点审核物有所值评价（VFM）及财政承受能力验证。其中：财政部门对项目实施方案进行物有所值和财政承受能力验证。如果通过验证，由项目实施机构报政府审核；如果未通过验证，返回提交单位进行方案调整，并重新验证；重新验证仍不通过的，放弃 PPP 模式。通过验证的提交地方政府审核，并组织实施。地方政府或授权部门可邀请相关部门和专家审核实施方案，并进行公示。

PPP 项目合同体系包括项目合同、股东合同、融资合同、履约合同等。项目合同是最核心的法律文件。项目边界条件是项目合同的核心内容，包括权利义务、交易条件（项目合同期限、项目回报机制、收费定价调整机制和产出说明等）、履约保障和调整衔接（应急处置、临时接管和提前终止、合同变更、合同展期、项目新增改扩建需求等）等约定。

PPP 项目合同。PPP 项目合同是项目实施机构与社会资本签订（需要成立专门项目公司的，由项目实施机构与项目公司签订）的约定项目合作主要内容和双方基本权利义务的协议。其目的合理分配项目风险，保障双方权利、义务，确保项目顺利实施。PPP 项目合同是其他合同产生的基础，也是整个 PPP 项目合同体系的核心。

股东合同。股东合同由项目公司的股东签订，用以在股东之间建立长期的、有约束力的合约。股东合同通常包括：前提条件，项目公司的设立和融资，项目公司的经营范围，股东权利，履行 PPP 项目合同的股东承诺，股东的商业计划，股权转让，股东会、董事会、监事会组成及其职权、股息、违约、终止及终止后处理机制、不可抗力等。

融资合同。融资合同包括项目公司与贷款方签订的项目贷款合同、担保人就项目贷款与贷款方签订的担保合同、政府与贷款方和项目公司签订的直接介入协议等多个合同。其中，项目贷款合同是最主要的融资合同。

工程承包合同。项目公司依法与单一承包商签订总承包合同，也可以与不同承包商签订合同。为转移项目建设期间的风险，项目公司通常与承包商签订固定价格、固定工期的合同，将工程费用超支、工期延误、工程质量不合格等风险转移给承包商。工程承包合同一般还明确履约担保和违约金条款，督促承包商履行合同义务。

运营服务合同。项目公司将项目全部或部分运营和维护事务外包给运营商，与其签订运营服务合同。PPP 项目合同中约定的项目公司运营和维护义务并不因项目公司将全部或部分运营维护事务分包给其他运营商而豁免。

原料供应合同。为防控原料风险，项目公司通常与原料主要供应商签订长期原料供应合同，约定相对稳定的原料价格。原料供应合同一般包括：交货地点和供货期限、供货要求和价格、质量标准和验收、结算和支付、合同双方权利义务、违约责任、不可抗力、争议解决等。

产品采购合同。根据付费机制的不同，项目产品或服务的购买者可能是政府，也可能是最终使用者。

保险合同。PPP 项目公司及相关参与方通常需要对项目不同阶段、不同类型的风险分别投保。可能涉及的保险种类包括货物运输险、建筑工程险、对设计或其他专业服务的专业保障金、对间接损失的保险、第三人责任险等。

其他合同。PPP 项目还涉及其他的合同，如与中介机构签署的咨询服务合同等。

4.2.4 项目准备工作

1. 项目实施机构

县级（含）以上地方人民政府建立专门协调机制，负责项目评审、组织协调和检查督导。政府或其指定的有关部门或事业单位可作为项目实施机构，负责项目准备、采购、监管和移交等事宜。

国家发改委、财政部、住房城乡建设部、交通运输部、水利部、中国人民银行《基础设施和公用事业特许经营管理办法》（国家发改委令第 25 号）明确，县级以上地方人民政府应当建立各有关部门参加的基础设施和公用事业特许经营部门协调机制，负责统筹有关政策措施，组织协调特许经营项目实施和监督管理。

2. 专业咨询机构

可聘请专业机构，共同研究 PPP 项目模式、项目结构，进行财务分析，选择财务模型，编制项目实施方案。组织专家论证，主要考虑项目融资方式和财政负担能力，分析项目是否适合 PPP 方式，拟定项目协议。

3. 项目尽职调查

由专业咨询机构在当地政府或企业的配合下，对项目和企业历史数据、管理人员背景、市场风险、管理风险、技术风险和资金风险等进行审核，重点分析环境、市场、主体、项目等风险。其中：宏观经济风险包括宏观经济波动带来的影响，区域经济规划、地位、产业结构、人口流动和市场结构的调整等风险。参与主体风险包括政府方、项目运营方和融资方的客观风险和道德风险。项目技术风险重点关注项目技术条件、项目作业计划等。

背景资料　轨道交通项目 PPP 模式研究课题组青岛调研

2017 年 3 月 9～10 日，中交集团华东区域总部组织"轨道交通项目 PPP 模式研究"课题组赴青岛地铁集团和青岛轨道交通 13 号线工程项目总经理部考察调研。

　　3月9日下午，调研组在青岛地铁大厦召开座谈会，区域总部总经理、党工委书记王永强，副总经理朱守祥、华东投资有限公司总会计师王艳丽，青岛市财政局 PPP 中心王键，经建处杜明，清华大学教授王守清及国家发改委国际合作中心研究员、政府 PPP 顾问吴维海博士等专家出席会议。会议由青岛地铁集团副总会计师陈洪顺主持。

　　王永强对中国交建整体情况，大型综合项目开发经验特别是轨道交通项目开发经验做了介绍。王永强指出，中国交建具备良好的投资施工能力和丰富经验，希望在 PPP 模式中与地方政府实现共赢。

　　陈洪顺介绍了青岛市轨道交通发展进程，王守清、王键和杜明分别从各自的角度谈了对 PPP 模式理解，各专家评委围绕合作模式、运营问题发言。吴维海博士对地方地铁项目采用 PPP 模式的融资创新和风险控制也谈了自己的看法。

　　调研期间，课题组听取了青岛地铁 13 号线项目总经理部对项目基本情况介绍，专家评委与项目总经理部就施工中具体问题进行沟通交流，并实地察看了青岛地铁 13 号线施工现场和地铁 3 号线。

　　青岛地铁集团、清华大学，华东区域总部市场开发部、财务部、山东省部、青岛地铁 13 号线工程项目总经理部相关人员参加上述活动。

本研究课题获得"杰出项目管理研究奖"。在 2016 年 11 月 26~27 日举行的 2016 中国项目管理大会上，中交华东投资有限公司、青岛地铁集团有限公司、清华大学与中国公路工程咨询集团有限公司合作研究的《城市轨道交通 PPP 模式应用研究——以青岛地铁 13 号线二期为例》课题成果斩获"中国项目管理成就奖——杰出项目管理研究奖"。

4.3 项目采购

项目采购阶段。需要确定交易管理者，确保项目实施过程的持续、透明、及时。要与潜在竞标人进行正式的沟通，防范竞标人为自身利益对 PPP 进行潜在操纵。通过竞标会议和招标文件协商，就重点问题进行解释和答复，确保磋商的公正性、公平性。

4.3.1 资格预审

PPP 项目资格预审需三个步骤。首先，编制投标文件、合同、营销文件，与社会公众和潜在竞标人进行项目沟通的基本规程。其次，开展 PPP 项目公告，组织竞标人的资格预审。最后，发布项目正式通知，在本地和法律法规认可的印刷媒体和电子媒体（如招标网站）发布项目信息，告知社会公众参与项目。资格预审可以采用评价矩阵模式，设定规范的评分标准、分值及各指标的权重，确定评分标准，淘汰不符合条件的投标机构，并且保证足够的投标机构数量。

资格预审重点审核投标机构是否符合 PPP 项目要求的专业、资金实力和实践能力，并鼓励一定数量的投标者参与竞标。

资格预审文件包括但不限于：项目信息和实现的目标、项目主要特征、项目目标和实施环境、投标流程及评标标准说明书等。

潜在投标者应提供的资质和文件包括但不限于：工商税务注册、项目案例与经验、财务与盈亏、资金实力、项目实施实操等。

项目实施机构根据 PPP 项目需要的主要资料和核心文件，发布资格预审公告，邀请专业机构或专家组预审，提交财政机构备案。资格预审的重点包括：机构资质、项目案例和经验、财务指标、信用水平等。

一般来说，项目只要有 3 家以上社会资本通过本项目的资格预审，就能够开展采购文件的准备。如果通过资格预审的机构不足 3 家，可以调整方案之后重新预审。经重新资格预审仍不够 3 家投标机构的，可以依法调整原有的采购方式。

资格预审公告需要在省级以上政府财政部门指定和认可的媒体发布。提交资格预审申请文件的时间自公告发布之日起一般不少于 15 个工作日。

4.3.2　采购文件编制

项目采购文件包括采购邀请、竞争者须知、竞争者资格、资信及业绩、采购方式、政府授权、实施方案批复、项目审批文件、采购程序、响应文件编制要求、提交响应文件截止时间、开启时间及地点、保证金、评审方法、评审标准、政府采购政策、项目合同草案及其他法律文本等。

采用竞争性谈判或竞争性磋商采购方式的，应明确采购需求中的技术、服务以及合同草案。采用公开招标、邀请招标、竞争性谈判、单一来源采购方式的，按照政府采购法律法规进行。

项目采用竞争性磋商采购方式的程序：

1. 采购公告发布及报名。在省级以上人民政府财政部门指定的媒体发布竞争性磋商公告，公告应包括项目实施机构，项目名称，项目结构和边界，报名条件，审查原则，项目产出，响应文件，获取采购文件的时间、地点、方式，采购文件售价，提交响应文件截止时间、开启时间及地点。提交响应文件的时间自公告发布之日起不得少于 10 个工作日。

2. 资格审查及采购文件发售。对项目报名机构进行资格预审或审查。采购文件的发售期限自开始日起不少于 5 个工作日。

3. 采购文件的澄清或修改。项目实施机构在公布的期限内对发出的采购文件进行澄清或修改，澄清或修改的内容作为采购文件的组成部分。澄清或修改内容可能影响响应文件编制的，项目实施机构在提交首次响应文件截止时间至少 5 日前，以书面形式通知所有获取采购文件的报名机构；不足 5 日的，顺延截止时间。

4.3.3 响应文件评审

项目采购的评审方法一般包括：非应标建议书或直接谈判（独家采购）、竞争性谈判、竞争性投标。

1. 非应标建议书或直接谈判

包括：直接同供货商谈判；买下项目概念并与投标者竞标；给创新报价的提出者事先确定的有利条件，并公开竞标。

2. 竞争性谈判

竞争性谈判邀请投标者参与结构化谈判。这种谈判成本低，可能有很好的报价。但筛选投标者的流程不透明，很难选出最好的投标者，可能存在腐败，决策时需兼顾透明与价值。

3. 竞争性投标

竞争性投标能够保证投标过程的透明，避免项目腐败，并提供根据既定标准选择最优报价的机制。

竞争性投标流程包括：公开发布投标通知；对潜在投标者发出邀请：路演、投标前专题会议和投标咨询；预选；投标资格预审；投标、谈判与签订合同；过渡与支付。

4.3.4　项目评审

项目实施机构选取本单位代表和评审专家，一般是 5 人以上的单数组成评审小组，其中：评审专家不少于评审小组成员总数的 2/3。项目实施机构代表不得以评审专家身份参加评审。

评审小组组织专业人员进行提交方案审核和综合评分。评审小组评价的依据是《政府采购货物和服务招标投标管理办法》及有关规定。通过评估，对社会资本进行打分，形成初步意见。

项目约定社会资本提交履约保证金的，需要以支票、汇票、本票或金融机构、担保机构等出具的保函等缴纳保证金。

4.3.5　谈判与合同签署

PPP 项目采购过程的基本步骤：成立谈判工作组；确认合同；签署谈判备忘录；公示采购结果和合同文本；签署协议。

合同包括：签约方；内容解释；协议范围、属地管辖权和期限；合同目标；合同订立、完成、修改及终止条件；承包商的权利义务；政府权利义务；保证金；保险；担保；法律后果；服务质量，绩效、维护目标与日程；监管职权；承包商和政府职责；报酬的支付形式；风险管理；承包商权利义务；测量、监控与施工步骤；协调投资规划的步骤；环境责任；争议约定；延迟条款；不可抗力；PPP 合同实质性更改合同条款的步骤；赔偿条款；知识产权保护；利益冲突和解决机制；解除合同；关键变更；互动机制；承包商的规定；立约条件；等等。

当地政府参与项目谈判，记录谈判内容。政府或项目实施机构成立谈判小组。与候选社会资本及其合作金融企业谈判，与中选的社会资本签署确认谈判备忘录，公示采购结果和合同文本，公示期不得少于 5 个工作日。合同文本按照国家有关保密管理规定进行。公示期满无异议，通过政府审核并签署、实施。需设立项目公司的，由项目公司与项目实施机构重新签署项目合同，或签署补充合同。

4.4 项目执行

PPP 项目执行的流程包括：项目公司设立、融资管理、绩效监督与支付和中期评估等环节。

4.4.1 项目公司设立

项目公司设立由社会资本参与。政府职能部门参股项目公司设立，政府项目实施机构及财政部门监督各方的公司出资。

如果是新设项目公司，需要明确公司注册资金、办公地址、组织形式、股东结构、董事会、监事会及决策机制等机制与制度。如果政府参股项目公司，需要明确政府出资人代表、股权比例、权益、利润、股东否决权等重大事项。

4.4.2 项目融资管理

融资管理是项目执行的重要环节。PPP 项目实施需要的资金由社会资本或项目公司筹措。融资对象包括企业、银行、信托、证券、基金、担保公司及外国投资机构等。这时期的主要工作是项目融资策划与设计、潜在机构的谈判、合同签订和融资交割等。政府财政（政府和社会资本合作中心）和项目实施机构主要进行监督管理，防止企业债务向政府转移等违规行为。

通过契约和法律架构确认并协调 PPP 项目各方，合理分配各方的成本、收益等。财政可提供有限的担保，政府不兜底成为 PPP 模式的重要特征。

融资管理是 PPP 项目实施的核心工作。如果不能按照约定计划实现融资，出现重大财务风险或侵害债权人利益的情形出现，按照约定条款进行处理。

4.4.3 绩效监督与支付

绩效监督与支付对于 PPP 项目的实施至关重要。PPP 项目合同一般会约定政府支付条款和具体金额，这些约定事项应该纳入同级政府预算，并严格履行有关支付责任。应建立本级政府支付台账，以便及时监督支付规模和实践，主动规避财政风险。由 PPP 项目实施机构监督项目各方的履约进展，监测 PPP 项目的投入产出、利润分配，安排或编制有关季报、年报，报有关部门备案。按照绩效考核办法的有关规定，如果项目绩效达到预定条件，应兑现奖励或补贴。

合同履行。严格履行 PPP 有关合同，强化动态管理，重点抓好合同实施、合同修订、违约责任和争议解决等事项。

合同修订。按照 PPP 项目合同约定的具体条款和修订程序，根据外部宏观环境、社会公共服务需求等，提出具体的修订申请，经有关部门审核同意之后执行。

违约责任。如果某个项目参与方没有履行约定的合同义务，应承担违约责任，并采取停止侵害、消除影响、支付违约金、赔偿损失、解除合同等补偿措施。

争议处理。在 PPP 项目执行过程中，项目参与各方对发生的争议可以协商解决。协商不成的，可进行仲裁或依法诉讼。

紧急处理。如果项目一方违反合同约定，威胁公共服务和社会安全，或者危害国家安全与重大公共利益，政府可临时接管。由此产生的费用，由违约方单独承担或各责任方分担。

4.4.4　中期评估

中期评估是政府对 PPP 项目进行监管与调控的手段。每 3～5 年，项目实施机构组织项目中期评估，重点评价项目环境变化、项目运行进展、项目实施风险、项目总结经验、项目合规与适应性、项目风险变化等，根据评估结果，制订改进措施，报财政部门等审核或备案。

4.5　项目移交

PPP 项目在合同约定的特许经营期满，或者达到某一条件时，将项目所有权或经营权移交当地政府，项目公司要做好移交准备。PPP 项目移交的内容，包括但不限于：项目建筑或设施、土地使用权、其他动产或权利，项目实施人员，运维技术，项目手册、图纸和资料等。项目移交阶段重点关注移交准备、性能测试、资产交割和绩效评价等事项。

4.5.1　移交准备

PPP 项目移交时，政府机构通过期满终止移交或者提前终止移交，收回 PPP 项目合同约定的资产及权益等。PPP 项目的补偿方式有：无偿移交和有偿移交。移交内容包括但不限于：项目资产、专业人员、主要设备、项目文档和知识产权等。有偿移交应该按照 PPP 项目合同约定进行。PPP 项目合同若没有约定或约定不明的，应该遵循"恢复相同经济地位"的移交原则，拟定具体补偿方案，提交有关政府审核和实施。

4.5.2　性能测试

政府与社会资本或 PPP 项目公司确认移交情形、补偿方式，制定资产评估和性能测试方案。可以委托资产评估机构对移交资产和项目，按照严格的流程组织评估，开展性能测试，提交测试报告。如果经过性能测试和评估没有达到预期，进行恢复性修理、重置或提交移交维修的保函。

4.5.3　资产交割

资产交割是项目移交的第三个环节。主要包括：准备项目资产、知识产权清单及技术法律文件、法律过户及项目管理权移交等。

资产交割的主要风险点如下：

程序合法严谨。根据协议约定的标准，进行项目验收和手续查验等，确保符合验收标准；

项目建设达标。严格审核项目建设质量，确保项目可实施、可运行。

项目评估效果符合预期。从投入、产出、效益和监控等方面，进行项目执行效果评估，确认项目建设效果。

4.5.4　绩效评价

1. 评估实施部门

政府财政部门等对 PPP 项目建设、项目管理、项目产出、成本效益、监管进展、可持续性等进行综合评价，并公开评价结果。

2. 评估重点思路

厘清评估思路。政府组织 PPP 项目的产出/结果评价,督促特许经营者提供的产品及服务达到规定的质量、效率要求。重点监管包括:项目内部质量(由特许经营者负责),项目质量审查(由公共部门负责)和用户反馈(向公共部门举报)等。

主要监管措施包括:政府公开绩效标准,产品和服务质量、数量;建立质量控制制度,监控过程和结果;过程监管和评价。

确立评审标准。PPP 示范项目评审包括定性和定量评审,具体应灵活使用。

(1) 定性评审标准

主要审查项目合规性,包括主体、客体、程序等合规评估。

主要审核:PPP 参与主体是否合格。有下列情形之一的,不再列为备选项目:

【政府方】国有企业或融资平台公司作为政府方签署 PPP 项目合同的;

【社会资本方】未按国办发〔2015〕42 号文要求剥离政府性债务、并承诺不再承担融资平台职能的本地融资平台公司作为社会资本方的。

项目的适用领域、运作方式、合作期限是否合规。有下列情形之一的,不再列为备选项目:

【适用领域】不属于公共产品或公共服务领域的;

【运作方式】采用建设—移交(BT)方式实施的;

【合作期限】合作期限(含建设期在内)低于 10 年的;

【变相融资】采用固定回报、回购安排、明股实债等方式进行变相融资的;

项目实施程序是否合规。有下列情形之一的,不再列为备选项目:

【规划立项】项目不符合城市总体规划和各类专项规划的;新建项目未按规定程序完成可行性研究、立项等项目前期工作的;

【论证】未按财政部相关规定开展物有所值评价或财政承受能力论证的;

【政府采购】已进入采购阶段或执行阶段的项目,未按政府采购相关规定选择社会资本合作方的。

(2) 定量评审标准

定量评审指标如下:

项目材料规范性。项目是否经过各级部门审核把关，申报材料真实性、完整性、规范性是否符合要求。

项目实施方案。项目实施方案内容是否完整，交易边界、产出范围及绩效标准是否清晰，风险识别和分配是否充分、合理，利益共享机制能否实现，运作及采购方式选择是否合理、合规，合同体系和监管架构是否健全、高效等。

项目物有所值评价。是否通过物有所值评价，定性评价的方法和过程是否科学、合理、准确；是否开展物有所值定量评价，定量评价方法和过程是否科学、合理和规范。

项目财政承受能力。是否通过财政承受能力论证，论证方法和过程是否科学、规范。

项目实施进度。项目方案论证、组织协调等前期准备是否充分，立项、土地、环评等审批手续是否完备，所处阶段及社会资本是否参与，是否具备在入选一年内落地的可能性。

项目示范推广价值。项目是否符合行业或地区发展方向和重点，是否有创新价值和推广示范。

5. PPP 定价与收益

定价与收益管理是 PPP 项目的重点环节，也是 PPP 项目各方利益分配与职责确定的关键，定价管理主要从定价原则、定价方法、定价机制、定价模型和定价策略等方面进行研究。项目收益测算主要从收益模式、收益实现等维度实现。

5.1 定价原则

5.1.1 定价研究

PPP 定价机制是 PPP 模式运行的核心与基础。PPP 定价直接影响 PPP 项目运营的现金流和项目投资的价值评估，是投资参与方最关心的问题，直接决定 PPP 项目的成败。公众关心价格是否能被社会接受；政府关心 PPP 项目的开发、运行是否符合法律法规、生态环境和可持续发展；项目投资方关注在可控范围内的投资收益率。若定价高于投资方与社会预期，社会公众无法承受，将影响项目收益；若定价过低，相关项目方没有盈利，甚至亏损，将导致 PPP 项目失败。

在我国推进 PPP 模式中，现行成本加成定价模型存在不少缺陷，需在实践中研究和改善。

5.1.2 PPP 定价原则

归纳 PPP 项目定价应遵循的原则，包括但不限于：

1. 保护公共利益原则

从公共选择论的角度来说，在定价时，要注重社会公众利益，让项目服务人民。

2. 合理收益原则

在社会有关参与方可承受的范围内，保证项目公司合理收益及风险控制。

3. 适度灵活原则

地方政府需改进定价政策，给予项目企业一定的定价权，提高企业内部效率，降低成本，实现利益最大化。

4. "谁受益，谁支付"原则

通过区别使用者、受益者，分担项目建设及运营成本，保障项目运营和公众消费。

5.2 定价方法

PPP 定价要体现社会效益，按照保本或薄利定价等原则，采取边际成本定价法、平均成本定价法、二部定价法等方法。

5.2.1 边际成本定价法

"边际成本指增加单位水量所引起的总供水成本的增加量。其一般分为短期边际成本和长期边际成本，就是每增加一个单位产量所引起的成本增量。它是成本对产量的导数。"如用 MC 表示边际成本，C 表示成本，Q 表示产量，可得到以下公式：

$$P = dC/dQ$$

这种定价方法是在健全的信息和完善的市场竞争体系（不受垄断、外部性等其他扭曲的因素影响）的环境下，使 PPP 产品或者服务的定价等同于其边际成本。可以达到资源优化配置的目的。但是一般情况下，PPP 项目产品或服务有垄断性或者外部性。在这个前提下，边际成本呈现递增趋势。这种定价法或许使企业不能获取足够利润收回成本，损害企业参与 PPP 项目的积极性。以城市交通轨道为例，此行业有边际成本递减的特点，按边际成本的收费方式进行，可能会使项目亏损。政府应该实施财政补贴。

5.2.2 平均成本定价法

在项目运行中，如果运用边际定价法，政府没有给企业相应的补贴，企业为了维持收支平衡会实行等同于平均成本或者稍高于平均成本的定价法进行定价，这叫平均成本定价法。运用平均成本定价法，企业可维持收支平衡进而获取合理利润。其公式如下：

$$P = C/Q$$

其中，C 表示成本，Q 表示产量，此成本就是西方经济学中的成本概念，包括生产成本、流通费用、税金和利润等。

5.2.3 二部定价法

边际成本法、平均成本定价法可能在实施中存在缺陷，二部定价法是对边际成本定价法的修正。二部定价法是运用较广的定价方法，是为了让企业控制生产成本，使高于边际成本的部分在大众消费中分摊、弥补，而不用通过政府补贴。二部定价法是将价格分为固定费和从量费两部分的定价方法。固定费按通常情况下消费者人数计算的平均固定成本确定，这部分费用与消费数量无关；从量费按边际成本等于边际效用的原则确定，与消费数量直接相关。二部定价法是定额定价和从量定价二者合一的定价体系，也是反映成本结构的定价体系。从社会效益的角度来看，二部定价法虽然不至于成为最优选择，但却比平均成本法更适合 PPP 的定价。因为运用边际成本法定价，亏损由政府税收补贴，但二部定价法由消费者承担。从社会效益来说，二部定价法是最优选择。因此，在受管制的行业如电力、煤气、自来水、电信行业都运用这种定价法。

5.2.4 峰值定价法

电力、公路等不同行业的公共事业产品有不同特点，大众需求在某些时段达到高峰，在某些时段消费量较低。电力等行业的生产力是由用量高峰值决定的而非平均值。峰值定价法以需求为基础，在充分考虑平均成本的前提下，当需求高峰（低谷）来临时，采取对应的定价，高峰高定价，低谷低定价。目的是把高峰时间的需求挪到低谷，以消除拥挤、缓解用量紧张的状况，以节约资本，优化资源配置。

5.2.5 合理收益定价法

PPP 项目主管政府部门对 PPP 参与企业的利润进行控制，其目的是让项目参与企业定价稍高于成本价，使其可以获得适当的利润，但不允许企业的利润率超出政府规定的范围。这种方法的关键是收益率如何确定，以往的企业收益率都是企业和政府互相商讨的结果。

以上是现有的 PPP 定价方法，PPP 模式特有的属性使其既可以避免垄断定价也可以回避边际定价，因为垄断定价法的价格会损害大众利益；边际定价导致企业难以收回成本。PPP 产品的定价与服务是在保证公众利益的前提下使项目公司合理收益并适当控制风险。

5.3 定价机制

5.3.1 PPP 定价机制

PPP 定价机制是从社会、经济、管理等领域进行定义。社会学中的机制指一定机构或组织的功能，以及这个机构或组织与其功能之间的相互作用关系。经济学中的机制把社会经济活动当作一个生命机体看待，研究这个经济机体及其结构和功能。管理学中的"机制"指系统的组织原理及构造和运行变化的规律，是事物系统结构及其运行机理的解释、管理、协调和决策的全过程。定价机制是一个过程，在这个过程中，产品或服务的价格及结构、产品或服务价格的影响因素等进行协调、决策。

PPP 的定价机制在很大程度上影响着项目的风险，是项目实施过程中的重要内容。如政府部门在定价标准和程序的制定上有失偏颇，项目实施过程中就包含很多潜在风险。随着项目推进，这些问题会暴露出来进而影响项目的质量、进程。因此，公平合理的定价机制是 PPP 项目顺利实施的重要一环。PPP 项目的定价机制是在分析产品或服务价格的制定、变更程序的前提下，制定相应的策略，使该 PPP 的社会效益、经济效益达到最大化。因此，把握 PPP 项目定价机制自身的动态运作规律尤为必要，这里从定价前、定价中、定价后三个方面研究其机制（参见图 5-1）。

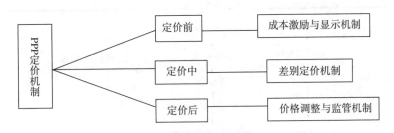

图 5-1 PPP 定价机制

定价前——成本激励与显示机制。自 PPP 立项到确定价格前，实施成本激励与成本显示机制，该机制也称为"成本激励与显示机制"。

定价中——差别定价机制。为满足不同群体的项目需求，既要依据 PPP 项目的地理位置、建设运营等因素制定价格策略，又要兼顾各参与方支付能力，定价要动态调整，运用差别定价策略。

定价后——价格调整与监管机制。PPP 项目政策、经济、环保等条件不断变化，要提前掌握，召开听证会，接受社会监督，进行 PPP 项目或服务的价格评估与优化调整，确保价格和调价的公平、公开和公正。

5.3.2 PPP 定价机制运行规律

定价机制主要依靠当地政府和项目企业的紧密合作，首先要做好前期的项目沟通与合同谈判、专业交流，必须考虑定价过程中的全部因素和可能出现的风险等，进而制定必要的应对和解决措施，才能做好定价前后的协调和互动。这一机制根据时间维度，可分为定价的三个阶段，每个阶段有其运行规律和工作重点，见图 5-2。

运用此机制有利于挖掘和发挥 PPP 模式的独特优势，实现资源的优化配置，增强项目适应能力，消除外部不利的影响因素，提前防范企业和政府的项目风险，激发和调动社会力量参与实施与监督，防范和监督企业、政府的"不当"行为，提高 PPP 项目成功率。

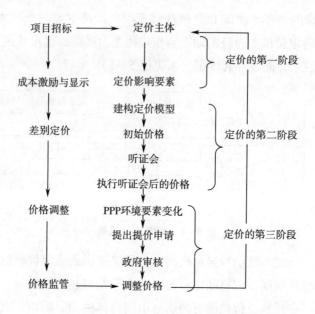

图 5 - 2　PPP 定价机制流程

5.4　定价模型

5.4.1　国外 PPP 定价模型

国外已有的 PPP 定价模型，包括但不限于：

1. 投资回报率管制模型

该模型主要被运用在美国。该模型是前期制定 PPP 价格和中后期调整 PPP 价格的重要依据，是衡量 PPP 项目价格合理与否的重要标准。该模型根据影响价格因素的变化情况来确定企业的合理回报率，最后确定其利润额。该模型的公式为

$$R\left(\sum_{}^{n} p_i q_i\right) = c + s(RB)$$

公式中，R 表示企业的收入，R 取决于 p（产品价格）、q（数量），C 表示成本，S 是政府限制下的投资回报率，RB 表示投资总额。

该模型有助于激发企业投资的热情，但是，也有三大缺陷：项目参与企

业为追求利润而加大不必要的资本投资，使成本加大，生产效率下降；容易导致政府和项目企业讨价还价，增加不确定性；项目回报率的矛盾。如果企业根据不变的投资回报率确定价格，政府管制对提高效率的激励机制将丧失。此种模型需确定合理的回报率、投资回报基数，这直接影响项目企业收益和消费者利益。

2. 最高限价管制模型

英国的 PPP 项目定价模型为最高限价管制模型，即

$$P_{t+1} = P_1(1 + RPI - X)$$

RPI 为通货膨胀率。此法充分考虑了企业的生产成本、物价、技术发展水平，进而限制最高价。在这种情况下，企业有自主决定的权利。在这个模型中，政府部门不用通过限制企业的利润率掌控价格的涨幅。企业可在最高限价的前提下，提高生产率获取更多的利润。既可以保障社会公众的利益，也可促进企业加强内部管理，提高效率，其操作也简单，还能降低不确定因素对价格和项目企业收益的各种影响。

3. 总成本原则定价管制模型

日本的 PPP 定价模型为总成本原则管制模型，即在有效的经营中以合理的成本加适当的利润。

营业总成本的范围主要包括：营业费、营业外费用以及营业报酬三者之和扣除掉副产品收入、营业外收益以及提高效率的目标额三者之和的余额。营业报酬的核定，主要按企业的资本回报率进行，确定资本回报率主要考虑企业资本的构成（自有资本和他人资本在总资本中所占的份额）以及资本市场利息率等因素。除了上述因素外，政府对 PPP 产品或服务的价格还根据生产、消费等各种因素制定相应的销售价格。如在交通行业，公交票价的制定是单一的价格形式，电力和自来水等行业实施两部制价格形式。

4. 收支平衡管制模型

该模型主要运用在法国的 PPP 中，其价格管制需要通过市政会审议。政府部门始终掌控价格并由中介测算之后确定。如法属苏伊士里昂水务公司供应巴黎生活水的价格为 17F/m^3，这 17 法郎包括：水的成本、利润、污水处理费和税。除此之外，政府还对项目价格及企业的收入定时复审、调整。如

有争议，有仲裁机制予以解决。这个模型的监督很大程度上靠体制、机制，私营企业重视自身品牌、生存和约束机制较完善。

以上是国外主要的 PPP 定价模型，但国内未必适用，需评估选择。

5.4.2 多目标规划的 PPP 定价模型

1. 模型介绍

多目标决策方法是 20 世纪 70 年代中后期出现的。在社会经济系统的研究控制过程中我们所面临的系统决策问题常常是多目标的，PPP 项目/服务的定价属于多目标的案例，可以用此方案解决 PPP 定价问题。

在定价过程中，政府、项目参与企业、社会大众是 PPP 项目的三个主要利益相关者，价格决策从以上三个客体出发，确定目标。a. 主导机构——政府：政府主导 PPP 项目，其结果是服务于民，用有限的资源创造无限的价值，使其社会效益最大；b. 参与企业——以利润为主：企业追逐利润。在项目参与中，他们想方设法降低成本获取更多利益；c. 社会大众——PPP 项目产品、服务的体验者：社会公众期望以最少的消费得到最高质量的产品或服务。但是，以上三方目标在某种程度上存在矛盾。所有目标不可能同时实现，此情况下将其转化为某个较易解决的单个目标。典型的如约束模型。其公式为

$$MAX(MIN)Z = F_1(X_1, X_2, X_3, \cdots, X_N)$$
$$\Phi(X) \leqslant G;$$
$$f_1 \leqslant f \leqslant f_1^{MAX}$$

2. 模型建构

①假设前提

建构模型的前提：a. PPP 项目投资的负面效应（外部）的损失能量化；b. PPP 相关政府能平衡市场、确保信息分布均衡，企业提供的成本信息真实可靠；c. 时间不在建模考虑的范围内；d. 项目牵扯的限制性的参数设置的客观合理。

②目标函数的建立

上述的三个决策目标聚集起来就是 PPP 项目的社会效益目标。公共经济学

认为 PPP 项目/服务附带的社会效益由三部分组成：社会大众（消费者）剩余、生产者剩余和负外部效应。因此，基于社会效益最大化的目标函数得以建立：

$$\text{MAX} \quad S = \underbrace{\overbrace{p_1 * Q}^{\text{收入}} - \overbrace{C}^{\text{成本}}}_{\text{企业利润}} + \underbrace{\overbrace{p_0 * Q}^{\text{货币量}} - p * Q}_{\text{实际支付量}} - \overbrace{E}^{\text{负外部效应}} \quad \text{且：} \quad P \le P_1 \le P_0, \ p * Q + \overbrace{W}^{\text{政府补贴额度}} = p_0 * Q$$

③约束条件：

a. 政府对价格的限制条件

在价格限制方面，通常有价格上限和价格下限，设前者为 p^{max}，后者为 P^{min}，约束条件可表示为

$$P^{min} \le p \le p_1 \le p_0 \le p^{max};$$

b. 社会需求的约束

PPP 项目的产品/服务的需求与价格之间有着很大的关联，不同的产品或服务有不同的函数关系，但一般来说其条件为：$Q = X(p)$，$Q^{min} \le Q \le Q^{max}$，$Q^{min}$ 表示社会的最低需求，Q^{max} 是生产者最大生产能力；

c. 社会公众承受力的约束：$p \le CA$

d. 企业的适当利润的约束

PPP 项目不似一般的商品单纯为盈利而生，其特殊公益性限制企业的利润范围，设其合理地范围是在（a，b）区间，$a \le p_1 * Q - C \le b$；

e. 政府补贴限制

政府的财政承担力是有限的，因此才会使用 PPP 模式来建设项目。在补贴的时候要充分考虑财政承担力度，合理地进行补贴和优惠以促进项目的顺利进行。$0 \le w \le w_0$

综上所述，PPP 项目定价的多目标规划模型和约束条件，如表 5 - 1 所示。

表 5 - 1　　　　　　　　多目标规划模型约束条件

约束条件：	$P^{min} \le p \le p_1 \le p_0 \le p^{max}$
$0 \le w \le w_0$	$p \le CA$
$a \le Q * p_1 - C \le b$	$Q^{min} \le Q \le Q^{max}$
$Q = X(p)$	$Q * p + w = p_0 * Q$
多目标规划模型	MAX　$S = p_1 * Q - C + p_0 * Q - p * Q - E$

5.5 定价政策

5.5.1 定价相关法规

　　《价格法》明确规定，公用事业价格的监督主要是物价局（地方）或发改委（中央），其他部门也有可能参与公用事业价格的制定、监督。企业申报成本价格后，政府测算价格进行调价，大致按照成本外加适当利润的原则实施。适当的利润是事先就确立的，并且在短时期内不会有大的变化。如《城市供水价格管理办法》明确说明企业盈利的平均水平是其净资产利润率的8%到10%，这也就意味着，PPP项目企业的成本就成了制定价格时的第一参考因素。但在这个过程中，可能会存在信息分布不均的情况，定价主体无法确定项目企业申报的成本是否是真实的，因此会导致制定的价格缺乏合理性、科学性这样的情况。这导致确定PPP项目的成本价就成了判断政府对价格监管是否到位的主要标准。

　　《价格法》规定，涉及群众切身利益的公用事业的定价必须召开相关的听证会。价格听证制度是政府主管部门在定价过程中，针对那些与群众生活息息相关的公用事业价格、公益性服务价格，以及自然垄断经营的商品价格，对自身所采取的定价或指导价的科学性和可行性进行论证的制度。这就对企业和政府提出了要求，对于企业来说应该公开成本信息，对政府来说要严格规范听证方面的管理。只有企业信息的公开和透明，参与听证会的代表才能真正了解项目的成本，在此基础上提出合理的价格制定建议。虽然目前听证制度在某种范围内得以推广，但也有一些缺陷：（1）相关制度的不健全致使监管不到位；（2）听证会的程序不规范使其更像一个形式；（3）参加听证会的代表们的意见可能会被忽略致使他们的代表身份形同虚设；（4）最终做出的定价决定不是听证会所得出的结论。

5.5.2 价格听证制度

　　为强化价格评估和管理，政府应完善听证会的制度、程序，使其可以在PPP定价中发挥有效的调节作用。政府应开放听证会的网络、电话等渠道，通过舆论调查、投诉等形式对 PPP 的定价进行监管。

5.6 定价策略

5.6.1 定价影响因素

定价策略，是指在定价原则确定的前提下，定价主体根据市场的供求关系、需求弹性、外部环境、项目成本、PPP 项目消费主体的消费水平等具体因素采取的价格制定对策。

1. 供求关系

公用事业的服务供给在一般情况下较稳定，但是如果市场供求平衡的状态被打破，出现供给大于需求或者供给小于需求，就应该根据具体的情况制定不同的对策。如供给大于需求，政府在定价时应该考虑刺激需求；当需求小于供给，应该考虑制定企业可以获得适当利润的价格。

2. 需求弹性

定价时，针对不同需求弹性的时段采取不同的价格策略。如在电力行业，用电高峰时期和用电低谷的电价差别很大。用电高峰可以采取高于平均水平的价格策略以达到限流；对于用电低谷来说，定价稍低于平均水平，可刺激人们错开用电的时间，减轻高峰时期的用电量。

3. 消费水平（公众承受能力）

PPP 项目是服务于大众的，在制定价格时，要考虑当地的经济发展状况，尤其是消费主体的收入水平和消费水平。若定价过高，超过大众的消费水平，则 PPP 项目的资源浪费；定价太低，致使企业无法收回成本导致财政困难，也无法使 PPP 项目维持过长。

4. 经济环境

（1）通货膨胀。PPP 项目建设和维护周期一般在 10 年以上，发生通货膨胀的概率高，使企业的投资风险加大，应关注通货膨胀率。（2）外汇汇率。货币贬值和汇率变化可能影响 PPP 项目和企业投资收益。（3）成本补偿政策。政府通过直接转移（直接提供补贴）、间接转移（对企业在政策上进行优惠等）支付等方式对 PPP 项目进行补贴。

5.6.2　定价操作策略

价格制定要遵循市场规律，接受政府职能部门监督，依据预期流量等，制定动态的定价策略。以客车运输为例。

项目开工时段的策略。项目开工初期，客流量一般低于项目设计的承载量，主要价格策略是吸引客流量，最好政府主导投入建设。

培育客流阶段的策略。客流逐步增加，PPP 项目的成本降低，但是由于客流有限，离收回成本有差距，需要政府补助弥补亏损。同时，项目市场占有率扩大，在与其他交通竞争中逐步出现优势，应采取"适度低价"的定价策略，培养和维护乘客黏度。此阶段的定价策略以客流量稳定为主。

客流量稳定后的策略。乘客的依赖习惯逐步形成，竞争优势多于其他出行方式。居民对该类交通价格不再敏感，可推行"按质付费"的定价策略。细分乘客群体，推出不同服务满足差异化需求，既满足乘客需求又增加了收入。企业参与 PPP 的效益扩大，政府补助逐渐减少，PPP 的运营模式优势体现。

上述定价策略使风险在一定范围内可控，提高了企业参与项目的积极性，保证了三方的利益平衡。

5.6.3　价值管理

PPP 项目价值管理的流程包括：确定价值管理在全生命周期的介入点（决策阶段、设计阶段、早期运营阶段、PPP 移交时）；识别各介入点的利益相关者及需求；分析各介入点的价值流，明确价值管理思路；实施分层价值管理。

5.7　PPP 收益模式

5.7.1　PPP 项目利益相关方

PPP 项目的参与者包括地方政府、项目发起人、项目公司、贷款人、承包商、运营商、承购商、供应商、担保方、保险商以及专业的咨询顾问等利益的相关方。其中：

地方政府：在项目前期主要负责项目的招议标，制定法律法规，提供PPP项目的税收、担保、交通运输和项目实施等优惠，并对项目质量、进度、环保、定价等监管。

项目发起人：一般是投资公司、银行、建筑公司、运营机构及供应商等。

项目公司：是在项目发起人得到了特许权后成立的自负盈亏、自主经营的公司。项目取得的收益按照股东所占的股份分配。

贷款人：在PPP项目中承担的风险较大，一般由多家银行共同贷款。

承包商：受项目公司委托，进PPP项目的设计和工程建造等。主要风险包括：完工风险、质量不合格风险、成本超支风险等。

运营商：受项目公司委托，按照运营合同规定，对完工项目进行运营、管理和维护，主要风险包括市场需求变化、原材料供应、销售等风险。

承购商：主要是承诺购买项目产品的部门或机构，保证产品销售渠道，有稳定的现金流。

供应商：主要为项目提供材料和设备，过程可能包含建造和运营两个阶段。

担保方：项目公司为了保障项目进行，需要参与项目的承包商、运营商、供应商、承购商等项目参与者提供担保。

保险商：给项目的稳定提供工程保险、项目保险等，从而分散项目风险。

咨询机构：聘请财务、税务、技术、法律、市场、融资、管理以及保险专家为PPP项目提供专业的建议，解决项目开发和运营中的问题。

5.7.2　PPP 收益分配原则

互惠互利原则。充分考虑公私两个部门期望的投资收益，以不损害其他参与方的应得收益为原则；

风险、收益和投入相匹配原则。以公私双方共担风险、共享收益为基础，确定收益分配方案；

结构利益的最优原则。充分考虑各种影响因素，合理确定利益分配的最佳比例，促使参与各方积极合作、建立激励机制及相互信任机制，协同做事；

公平效率原则。兼顾公平和效率，制定公平的收益分配方案，调动 PPP 参与者的积极性，避免相互之间的矛盾与冲突。

5.7.3 PPP 收益影响因素

PPP 项目收益分配的影响因素，包括：固定性因素和灵活性因素。其中：

固定性因素包括收益总额度、投入比重和风险分摊系数等。灵活性因素包括：项目参与度、合同执行度和贡献度等。

一般来说，投资者的投资越大，获得报酬越多。风险和收益正相关，风险越大，期望的收益越大。合同执行度作为影响收益分配的重要影响因素，能够避免单方面的消极行为，有利于项目实现帕累托最优。为了处理突发情况，可能要求双方中的任何一方暂时做出利益的牺牲，从而保证项目利益的最大化。

5.7.4 PPP 收益分配模式

传统的收益分配主要有：固定支付模式、产出分享模式和混合模式。

固定支付模式指项目成员依据其他成员承担的任务按事先约定的酬金支付其他成员固定的报酬，核心成员享有合作的其余全部收益，承担相应的全部风险。这种分配模式与市场交易模式接近。

产出分享模式指参与合作的成员按照一定的分配比例从 PPP 项目的最终收益中分享应得收益，这属于风险分担与收益分离的模式。

混合模式指将前两种模式综合利用，PPP 项目中的核心企业向其他成员支付固定报酬的同时，还要按一定比例从项目的总收益中支付报酬。在 PPP 项目中，公私两大部门是收益共享和风险均担的，采用混合模式更适合项目。

物有所值（Value For Money，VFM）评价是在项目选用 PPP 模式前重要的环节，是作为是否选择 PPP 模式的重要评判工具。在评价方法上，定量与定性结合的评价方法比单独定性评价的应用更广泛。我国 PPP 项目 VFM 评

价程序尚不完善。可借鉴国际先进的 PPP 主管部门或者《机构 PPP 项目
VFM 评价实施指南》（或手册），结合我国 PPP 项目现状，完善基于我国
PPP 项目决策制度的 VFM 评价程序。

国外常用的 VFM 评价方法有两种：

一是成本效益分析法。通过分析项目的全部成本和效益来评估项目价
值，进而确定投资决策上以最小成本获得最大效益，主要用于评估可以量化
的公共事业项目的价值。净现值（NPV）是较常用的评价指标，即：所有者
收益现值与成本现值之差。该方法的缺点是，需要大量数据和假设，计算工
作量大，数据来源、定价准确性等存在缺陷。目前国际上使用成本效益法评
价基础设施项目的国家不多，其中：澳大利亚使用该方法。

二是公共部门比较基准（PSC）。在使用 PSC1 量化评价方法的国家中，
VFM 通常用于对 PPP 模式的项目前期决策。在招投标前进行 PSC 分析和计
算，要求投标人按照 PSC 编制投标文件，计算投标价格，对比投标价格，两
者之差就是 VFM 的量化表现形式。当 VFM > 0 时，说明 PPP 模式比传统采
购模式有效率，应采取 PPP 模式；当 VFM < 0 时，说明 PPP 模式与传统模式
比较，不能提高效率，故放弃 PPP 模式。PSC 由于简单易用，成为评估项目
物有所值的重要工具。

5.8 PPP 退出模式

5.8.1 股权回购

股权回购指政府职能部门或下属机构在项目建设完工之后，以合理的价
格回购建筑工程承包商持有的项目股权。这种模式类似 BT 模式，在地方政
府工程中一度经常使用。在 2015 年国办发〔2015〕42 号文件后不再孤立和
允许地方政府采取这种模式。

5.8.2 股权转让

股权转让指社会资本根据合同约定，将持有的股权让渡给社会资本第三
方，收回项目垫付或投入建设专项资金等的一种方法。实现这种退出结果，

需要按照合同约定的期限，并且要找到对股权估值认可的购买方。

5.8.3　上市退出

上市退出指 SPV 公司通过 IPO、新三板等融资模式，在二级市场以上市公司股权的形式予以退出。这种模式需要国家资本运作等管理制度的修订和 SPV 公司的包装，使其满足上市条件。

5.8.4　经营期满回购或转让

PPP 项目公司中的社会资本，在履行了合同约定的条款，或者特许经营权达到规定的时间期限，可以将特许经营权等转交第三方或政府指定机构，或者以政府回购的方式实现交割，进而获得预期收益或合理的利润。

5.8.5　资产证券化

资产证券化指将有稳定现金流的 PPP 项目收益权进行证券化，实现社会化资本有序退出的目标。具体可以探索交易所 ABS 和银行间市场 ABN 两种证券化模式之一。其中：交易所 ABS 方式是典型的资产证券化结构，一般步骤是：将 PPP 项目基础资产（收费权等）打包，以资产汇集的方式构筑资产池；设立资产证券化的新 SPV，承接上述资产，风险相应转移；SPV 在债券承销商等参与下发行资产支持证券 ABS，向投资者募集资金；资产证券化后的资金管理，包括：资产池的现金收集、资金划拨、纳税等。

6. PPP 的政府责任

在 PPP 项目实施过程中，政府在 PPP 模式中扮演什么样的角色，不同的政府角色将带来什么样的政府责任，是各界关注的重点。

6.1 PPP 的主要目标

在中国经济新常态下，PPP 模式对于政府部门、社会资本等各方具有不同的目标和要求，可以简要阐述。

6.1.1 政府部门的目标

政府部门实施 PPP 项目，可以融通社会资本或外部资金，优化政府债务机构，强化财政预算管理，促进基础设施等公共服务项目开发与运营，提高基础设施等项目开发质量，同时，增加公共开支的透明度和规范性。

6.1.2 私营部门的目标

私营部门参与 PPP 项目，可以参与政府主导的基础设施等公共服务项目，提高投资收益水平。同时，扩大业务范围，提高市场占有率，塑造良好品牌。

6.1.3 社会公众的目标

社会公众关注 PPP 项目，促进政府改善基础设施投资环境，完善公共产品、公共服务的提供方式，整合社会资源、激发社会投资活力，促进地方经济转型升级，改善公共服务水平和提供模式。

6.2 政府的项目责任

在 PPP 项目运作过程中，政府责任是多方面的，也是 PPP 项目需要关注的重点内容。

6.2.1 项目发起阶段

PPP 项目以基础设施建设及公共服务为主。在发起阶段，政府扮演项目发起人的角色，并重点进行 PPP 项目评估和模式设计工作。

PPP 模式的价值。政府主要推动"物有所值"（Value for Money, VFM）评价。物有所值评价由财政牵头，召集行业主管部门，重点从定性和定量两方面开展。运用定性评价方法，对比分析项目采用 PPP 模式与采用政府传统采购模式在增加供给、优化风险分配、提高运营效率、促进创新和公平竞争等方面存在差异性。运用定量评价方法，对比 PPP 项目全生命周期内政府支出成本现值与公共部门的比较值，计算项目的物有所值量值，判断 PPP 模式是否降低项目全生命周期成本。

PPP 模式的可行性。政府考察社会资本的承受能力，对 PPP 项目实施过程中的风险分配（Risk Allocation）进行合理的安排。

6.2.2 项目准备阶段

政府组建项目公司和协调机构，负责 PPP 框架设计和目标项目的准备、采购、监管和移交等。该工作由各级财政部门或者其下属 PPP 项目中心等负责，并可聘请 PPP 咨询机构参与。

6.2.3 招标投标阶段

政府负责 PPP 项目招投标，对拟引入的私人机构进行筛选。在该过程中，政府对投标单位提供的投标方案、投标资质、投标财务预算和成本收益等进行考察，择优选出候选人并向社会公布。在中标之后，政府与中标单位谈判并签订特许经营权协议。在招标投标阶段，政府责任主要在于对拟引入私人部门的筛选方面，对风险分担进行合理、具体、系统地安排。

6.2.4 项目融资阶段

PPP 项目需要大额的资金，地方财政难以承受，也超出私人部门自有资金能力。进行 PPP 项目融资，需要构建良好的资本市场，使私人部门在资本市场上以较低成本和较快的速度获得融资。

在融资阶段，地方政府与私人部门共同承担金融风险，政府采取措施降低利率风险、外汇风险和通货膨胀风险等，减少双方承担的金融风险。

在取得项目资金后，政府职能逐步转变。资金将由中标的私人部门使用，政府对项目资金的使用作出安排。地方政府与私人部门、金融部门联合成立 PPP 项目母基金等方式，有效使用项目资金。政府在 PPP 项目母基金下设若干子基金。通过设立子基金的方式，提高项目资金的使用效率，分散项目风险。

从 PPP 的发展看，政府鼓励引入海外投资或外汇资本。国家各部委出台相关政策，引进各类资金，规避信息不对称风险，降低甚至消除政治风险、国别风险等，保持政策协调性、连续性。

6.2.5 实施阶段

项目实施的职责主要由私人部门承担，政府主要承担监督者的角色。政府遵循社会公众利益最大化的原则，对项目进行监督，确保私人部门合理利润，妥善保护社会公众利益。

为确保私人部门的收益，地方政府与私人部门共同承担价格风险、需求风险、利率等风险，地方政府帮助私人部门化解适当的市场风险和收益风险。

为保护社会公众利益，地方政府可以对 PPP 项目选择多家社会公司实施，政府重点审核 PPP 项目的实施进度、完成质量等，避免 PPP 项目工程的层层转包。政府制定风险控制预案，与中标单位签订合同，约束中标单位的工程外包行为。

为进行 PPP 项目定价，地方政府应确定合适的公共服务产品价格，避免私人部门为了追求利益最大化，损害社会公众利益，参见图 6 −1。

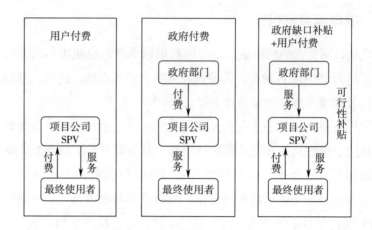

图 6 – 1　PPP 项目收费机制分类

6.3　政府协调管理

在 PPP 模式中，地方政府和私人投资者形成了平等的伙伴关系，政府承载 PPP 项目的监督、指导及合作角色，通过 PPP 项目的主动引导、各方协调和动态管理，推动 PPP 项目开展。

政治与社会风险。重点是降低国家风险、政治经济风险、环保风险等。国家风险包括：政治体制、项目国有化等风险；政治经济风险主要包括：税收、经济形势变化风险等；环保风险，主要是产能压缩、工厂关闭等环保变化导致项目失败的风险。

政策与法律保障。主要是明确 PPP 模式的适用范围、设立程序、招投标、评标程序、特许权协议、风险分担、权利义务、监督管理、争议解决方式和适用的税法、劳动关系法等。

宏观环境建设。主要指 PPP 项目实施的原材料与能源，税收、外汇、土地等优惠政策，知识产权保护等。

过程监督。SPV 公司根据特许合同开展筹资、项目建设和经营，政府履行合同约定，为 PPP 项目提供支持，并通过事前、事中和事后监管，全过程地监管 PPP 项目的建设与运营。

金融服务。当地政府推动和构建投融资服务平台，引导金融机构签订协议，承诺按照与特殊目标公司签订的合同支付约定费用，使特殊目标公司顺利取得金融机构贷款或投资。

收益风险分担机制。当地政府根据 PPP 项目特点，制定交易结构和风险分担机制，通过预测 PPP 项目现金流，确保项目收入覆盖所有支出并实现预期回报。按照"最优风险分配原则"，合理分配项目风险，确保社会投资机构获得合理的收益。

审慎承诺。当地政府按照严谨、规范的财务测算，确定科学、规范的 PPP 项目承诺，约定投资回报、收费标准、终止合同条件、汇率和利率变化等，明确投资承诺的调整机制，确保 PPP 项目可持续。

6.4 政府角色与责权

PPP 项目过程中的政府和社会资本，作为参与的主要双方，二者之间形成了特定项目的合作伙伴。

6.4.1 政府的角色

主要从宏观和微观、财政承诺和契约机制三大维度，界定政府在 PPP 模式中的角色。

1. 宏观与微观角色

（1）宏观角色

政府主要在公共管理、公共财政和公共风险领域扮演各类角色。

政府在公共管理领域的角色。政府通过转变自身职能，减少生产和服务职能，增加代理人监督的角色，选择 PPP 项目和引导项目规则。

政府在公共财政领域的角色。通过实施 PPP 项目，创新公共服务模式，减轻政府的预算压力，提升基础设施的投融资效率，改善风险管理机制。在这个过程中，政府作为 PPP 项目的"借款人"，掌握项目主动权，是资金募集和使用的主导者。

政府在公共风险领域的角色。政府为消除公共风险，进行 PPP 模式的制度安排。PPP 模式是社会资本在公共产品供给的实践运用，公共产品的公共风险使得其供给需要政府部门完成，政府扮演公共产品供给者的角色。

政府贯穿 PPP 项目发起、选择、资金募集、使用及最终运行的全过程，发挥公用产品供给和监督的基本职能。

（2）微观角色

政府在 PPP 参与中的角色。政府出台政策引导社会资本参与，并保障其基本权益。社会资本对投资收益和投资者权益的影响，包括：融资模式、投资收益、合同制订、绩效管理、信用管理、担保机制等。

政府在 PPP 收益中的角色。社会资本在参与过程中承担相应的风险，政府为企业提供良好的政策环境。

综合分析，在 PPP 模式中，政府与社会资本是平等合作的关系。政府在 PPP 项目中占据主导地位，扮演公共产品供给者、监管者和政策提供者的角色。

2. 财政承诺

PPP 模式是一种公共产品的供给机制，政府在 PPP 模式运行中扮演领导者、指导者和监管者的角色，这体现了政府的财政承诺（Fiscal Commitment）。为设计科学的制度安排，政府应该成立 PPP 管理机构，主要负责 PPP 政策制定、项目评估、交易管理、合同管理、评估监测等事项，强化 PPP 项目的质量管理、政策优化、技术创新、标准化与典型推广，发挥 PPP 项目监督和评测职责。

3. 契约机制

PPP 模式是政府与私人部门的长期合作关系。需要政府遵守契约精神，承担项目发起、维护公平和持续监督的职责。

竞争性谈判。为了解决 PPP 模式的复杂性和操作性，政府要引入竞争性谈判和招投标等。

项目公开透明。为保证 PPP 项目的公开、透明，降低各种风险，政府应构建公开、公平、有序、竞争的项目实施格局。在私人部门退出后，政府重点履行监管职责，并发挥公共利益维护者的职能。

6.4.2　政府责任的特殊问题

1. 减少腐败

在 PPP 模式之下，政府是公共管理者，承担着维护社会利益最大化的责任。在实际操作中，地方政府为了自身利益，可能突破既有规则，为本单位争取特定利益。项目成员为了追求权力和金钱，也可能违反管理制度和规则，谋求权力寻租。在 PPP 模式下，政府个体成员为了个人谋利，可能收受贿赂，贪污腐败。

为减少或杜绝腐败，需要完善监督约束机制，加强法制教育，规范 PPP 项目的实施流程、审批机制、监督模式，确保各个部门设置和审批流程的规范、完整、严谨、公开，避免各类腐败行为。

2. 国有资产管理

在 PPP 模式中，政府与私人部门共同提供 PPP 项目所需的资金。政府出资可能是固定资产，这就可能出现国有资产"贱价"评估的风险。通过腐败贪污行为，把国有资产转移到私人资本手中。

3. 明确政企职责

PPP 项目中的国有企业一般由国资部门监管。PPP 项目一般由财政部、发改委的部门发起。这些部门的行为边界很难界定，易出现扯皮现象。需要规范资产评估机制，培养专业修养，强化廉洁教育，提高项目操作的规范性、公开性。

4. 倡导公平公正

政府是 PPP 项目的引导者和监督者，承担着确保 PPP 项目公平、公开和可持续的责任。私营部门牟利的本性容易忽视社会公众利益。这就需要政府部门的监督和引导。

6.5　公共部门比较值的应用

6.5.1　公共部门比较值概念

公共部门比较值（Public Sector Comparator，PSC）指在全生命周期内，

政府采取传统采购模式提供公共产品和服务的全部成本的现值。

PSC 值的计算内容包括：在合理确定基本贴现率的基础上，根据全寿命周期成本确定初始 PSC；转移风险与保留风险现值计算及调整竞争性中立因素识别及调整。

PSC 值是以下三项成本的全生命周期现值之和：参照项目的建设和运营维护净成本；竞争性中立调整值；项目全部风险成本。

PSC 是 PPP 项目立项的评价依据。公共部门比较值包括四个方面：初始值 PSC、竞争中立调整、转移风险和自留风险。

PSC = 初始 PSC + 竞争中立调整 + 转移风险 + 自留风险。

6.5.2　公共部门比较值编制步骤

主要包括初始 PSC、竞争中立调整、转移风险和自留风险的识别与计算。

1. 初始 PSC

主要包括：直接成本、间接成本和第三方收入。

其中：直接成本指政府采用传统采购、经营模式下的最佳方案的直接成本与费用，包括直接资本成本和直接运营维护成本。间接成本包括：运营费用中的企业管理成本、设施经营成本、人员工资、设备管理费、租赁费等。第三方收入指第三方购买服务支付的费用。

2. 竞争中立调整

主要指社会资本不具有的政府采购优势，包括：税收差别、国家监管成本等。

3. 风险调整

风险调整指对风险进行识别、量化和分解等，如转移、自留。其中：转移风险是指 PPP 模式下准备转移给社会资本的风险。自留风险是指不适合转移给社会资本的风险，需要政府自担。

6.5.3　公共部门比较值应用

公共部门比较值应用包括：建立时点、专家参与、PSC 公布和公众参与等步骤。

公共部门比较值的作用是为 PPP 项目前期立项提供评价依据，其基本特征是：

PSC 方案提供与相应 PPP 方案相同的产品或服务；PSC 计算是基于政府部门的成本历史数据；PSC 假设政府部门使用最有效率的方式提供产品或服务，在成本和收入数据选取时，要充分考虑效率；PSC 衡量的生命周期应和 PPP 标书提出的特许权期限一致；PSC 需要考虑全生命周期的风险成本和收益；PSC 的各种影响因素通过定量方法计算，构成现金流模型，并进行计算。

7. PPP 公司治理

公司治理是 PPP 项目实施和运营管理的保障，也是政府、企业、投资人等关注的重点，是各参与者按照 PPP 项目合同等分工负责和承担特定的角色，参与和实施项目开发的组织形式。

7.1 PPP 公司形式

7.1.1 一般形式

根据《基础设施和公用事业特许经营管理办法》和《财政部关于印发〈政府和社会资本合作模式操作指南（试行）〉的通知》相关规定，社会资本可依法设立项目公司，政府可指定相关机构依法参股项目公司。SPV 的股东为中标社会资本与政府指定的参股机构（多数情形为融资平台公司及其他代表公共利益的机构）。

由中标社会资本增资入股进入已有国有控股公司的情形下，SPV 将出现政府方、中标社会资本方和国有控股公司中的非国有方。根据《公司法》相关规定，股东各方将在公司中享有与认缴出资额相应的平等股权，并委派相应代表对公司行为进行监督管理。在此种情况下，国有控股公司本身的股东将对项目公司的经营行为享有表决权。

上述两种模式的股东结构有本质区别。公司由取得特许经营权的投资者和政府平台公司或代表政府权益的国有企业等共同出资组建。

在 PPP 模式下，政府持股比例应低于 50% 并不具有实际控制力和管理权。PPP 项目公司对外融资只以该项目公司为主体，确保与投资人和政府有效隔离。通过 PPP 项目公司实现各方权利和义务的分配。

7.1.2 PPP 资金来源

项目公司的资金由政府和民营资本共同组成。政府方由政府财务拨款出资，民营资本机构方由企业自有资金和外部贷款等构成。

PPP 项目融资包括银行贷款、基金、证券、信托、金融租赁等融资和发债等模式。

7.1.3 PPP 模式下的商业银行服务

在 PPP 项目中，银行参与 PPP 项目分析，帮助设计风险分配方案，发放财政补贴，策划 PPP 项目，参与银团贷款、股权投资，开展项目贷款、资产证券化、夹层融资等服务，参与利润分配和还款，提供项目收益票据、租赁保理服务，与保险公司联合开展专项债权投资及保证保险业务，为承建商提供保理融资、建设贷款服务，为项目使用人提供理财融资服务等。

项目公司组建阶段：为地方政府引入项目合作伙伴，为项目相关参与方设计收益分配及风险分担交易结构和操作方案、无追索或有限追索融资方案，通过股权结构化融资提供项目资本金。

项目建设阶段：根据 PPP 项目特点，提供贷款承诺函、保函、项目贷款、银团贷款、中间信贷、项目收益票据、中期票据、非公开定向债务融资工具、股权结构化融资、保理、融资租赁等金融服务产品，引入信托、证券、保险、理财等资金来源。

项目运营阶段：根据 PPP 项目特点，提供营运期贷款、资产支持票据、并购债、并购贷款、融资租赁等金融服务产品。

7.2 PPP 公司治理

7.2.1 公司股东

PPP 项目公司股东可以是国有企业、金融投资公司、工程承包商、设备或技术提供商，以及运营管理商等机构。

其中：

政府投资平台或国有企业代表政府参与 PPP 项目公司管理和项目开发，获得投资收益等；金融投资机构参与 PPP 项目投资和风险分担；工程承包商承担工程建设和施工，确保工程质量；技术或设备商提供项目需要的技术或设备；运营管理商参与项目运营和日常管理，规避相关风险。

PPP 项目的不同时期，股东的股权比例有所侧重和调整。如：特许经营权项目中，在项目前期，金融投资机构股权占比高，需要投资建设项目，并获得必要的收益；项目投产并运营结算阶段，运营管理商可以提高股权比例，获得必要的运营收益。固定资产投资额小的项目，发起阶段股东主要是地方政府和工程承包商；运行阶段的股东主要是地方政府投资平台和工程承包商。固定资产投资大的项目，在项目发起阶段，股东是地方政府投资平台、金融机构、工程承包商和运营管理商；在项目运行阶段，股东主要是政府投资公司、金融投资机构和运营管理商、工程承包商。对于核心技术项目，发起阶段的股东是政府投资公司、设备或技术提供商、金融投资机构、工程承包商和运营管理商；运行阶段的股东是政府投资公司、设备或技术提供商、金融投资机构、工程承包商和运营管理商。

PPP 项目公司的权益比例设计原则：发挥股东专业技术和管理优势；按照实施的不同阶段分担专业技术和管理风险；合理调整每个阶段不同股东的股权比例，满足各股东短期或长期的投资收益，提高 PPP 项目实施效率。

在项目建造阶段，发挥投资公司的投资和管理优势，发挥建筑机构的工程建设和总承包施工优势，适当分散风险和成本。各参与机构在协议和公司章程中对股权转让、资金筹措和担保等关键内容进行明确。项目建设完成后，建筑承包商和投资机构可逐步转让股权给设备供给商等，并获得投资收益、专业利润等。

项目运营阶段，设备供给商持有较大的股份，发挥其专业优势，获得投资收益、行业利润等。

7.2.2 公司管理团队

PPP 项目公司组建核心管理团队，负责日常经营和项目开发等工作。通过政府和民营资本共同处理项目公司在项目开发和运营的各种重大问题，在项目变更、审计、结算等方面提供制度保障。

项目公司可设立办公室、项目开发部等职能部门，负责相关 PPP 项目的策划、招标、考核、评估等重点工作和对外经营活动。

根据组织结构相关理论，PPP 公司组织结构分为职能型、项目型、矩阵型、网络型。

职能型组织架构是以部门制为特征，在总经理下面设立不同职责的部门，各部门分工负责，总经理统管各部门和业务。职能型组织架构适用于批量、流程化和小项目。

项目型组织架构是针对不同的项目设立不同项目单元，各单元之间相互独立，单元内部有全套的职能运作机制、人员。在特定项目完成后转向下一个项目、解散后回到原单位等，该类组织有临时性。项目型组织架构适用于大项目。

矩阵型组织架构是职能型、项目型的组合，是在职能制的基础上，增加横向的项目管理层，职能部门经理和项目经理对单个项目共同负责、调配资源。矩阵型组织架构适用于特定大的 PPP 项目。

网络型组织架构是职能型和项目型的组合，各组织之间联系更复杂。该组织结构在保证专业化的基础上，共享职能部门的资源，组织灵活、资源利用效率高。网络型组织架构适用于大中型项目、成熟的公司等。

7.2.3 专业委员会

项目公司设立协调委员会、战略委员会、薪酬委员会等决策支撑与辅导机构，用于支撑 PPP 项目结构设计和公司建设、项目运作，参与公司重大决策、风险控制等活动。

其中：协调委员会的设立和职责：该委员会由政府代表、专家顾问和民营资本一方管理层、施工层代表组成。协调委员会对于项目公司内外部利益冲突，进行协调解决，与政府相关部门进行协调沟通。对于项目开展中出现的冲突和矛盾，一般先由协调委员会进行协调与沟通，在前期沟通的基础上，由协调委员会下设的专家委员会进行专业性评判，最后，可以选择仲裁、诉讼等解决手段。

7.3 公司架构

PPP 项目公司根据项目需要和公司战略定位，可以设立股东会、理事会、董事会、监事会等公司治理体系，以及办公室、综合管理部、项目开发部等职能部门。可设立战略委员会、薪酬委员会、工程委员会等专业委员会，并设立各司其职的事业部、子公司和职能部门，制定部门职责和业务流程。

以下是某项目公司设立的智能部门和部门职责，仅作为 PPP 公司机构设立的参考。

在该案例中，PPP 项目公司设立了董事会、监事会、股东大会和经理层，并设立了办公室、运营策划部、综合管理部、项目开发部、安全保障部、计划财务部等部门，明确了各部门的工作职责。

7.3.1 部门职责

PPP 项目公司可根据需要设立不同的职能部门。不同行业或领域的 PPP 项目公司设立的职能部门可以不同。

1. 办公室

（1）负责起草全局性工作计划、工作总结、综合性文件和报告，以及各类会议材料，负责制定、落实、检查内部控制等各项制度；

（2）负责各类会议、论坛、大型活动的筹备和组织等工作；

（3）负责文件、公文、函件的接收、登记、保密、传递、保管、督办和文书归档等工作；

（4）负责编制和研究各种报告、编制和打印文件、复印等工作；

（5）负责公司品牌策划和宣传等重点事项；

（6）负责公司行政服务等具体工作。

2. 运营策划部

(1) 指导运营总公司对于该项目的建设方案；

(2) 定期向公司领导反映本项目的实施进度；

(3) 根据建设变化提供相应的运营对策；

(4) 协调各部门之间的项目和工作，促进项目实施到位；

(5) 制定营运管理的规范性制度和办法；

(6) 对于项目运营负有第一责任人的职责。

3. 综合管理部

(1) 研究拟订运营方案和公司战略，建设近期、中期、远期工作计划，编制和提交公司建设运营方案和岗位编配等方案；

(2) 负责建立和督促重点项目管理制度，并根据执行情况定期修订和完善；

(3) 制定季度经营计划、实施难点、特殊情况预处理的有关方案；

(4) 负责部门的信息管理和项目监督等工作；

(5) 维持部门办公和建设进度等协调与监督；

(6) 负责接待重要来宾，与外部媒体等单位建立良好的关系；

(7) 负责员工招聘、培训、考核、奖罚、调整、晋升、离职等人力资源管理与考核。

4. 项目开发部

(1) 贯彻公司和上级部署，组织实施项目招标和开发、建设等工作；

(2) 按照施工规范、设计图纸、甲方要求和监理意见等组织项目管理与监督；

(3) 及时向运营策划部反馈项目进展、开发和存在的问题，并提供书面的项目材料；

(4) 按照综合管理部制定的施工计划进行项目施工。

5. 安全保障部

(1) 对项目施工现场进行日常检查、维护、维修；

(2) 组织和实施公司安全、防火防水等预案及消防设备检查、维护等工作；

（3）负责施工范围内的水土保持和防火防灾等工作；

（4）负责施工范围内的清洁管理和安全保卫等工作。

6. 计划财务部

（1）负责计划编制、财务核算和会计等工作；

（2）负责项目部日常财务核算，参与公司的经营管理等；

（3）参与项目投资决算和融资决策等重要决策；

（4）做好施工采购材料、采购价格及各项费用市场询价调查等；

（5）搜集项目经营活动情况、资金动态、营业收入和费用开支的资料并进行分析、提出改进的建议，定期向上级主管报告；

（6）编制财务计划、投融资计划，拟定资金措施和使用方案等。

7.3.2　机构人员配备

根据项目需求、开发进度、公司战略、部门职责和工作量等，核定需要的岗位、人员和素质条件，进行人员招聘、选拔、聘用、考核、调整、晋升和辞退等，确保部门、人员设置符合公司发展和项目开发需要，并且确保经济、合理和可持续发展。

7.4　PPP 流程管理

流程是一组共同为顾客创造价值又相互联系、循序渐进的业务或决策活动。

企业流程按照活动的性质分为：管理流程和业务流程。其中：管理流程分为组织、人力和战略；业务流程分为：采购、生产（建设）、物流、销售等。不同类型的企业其流程分类和具体分类有所差别。

7.4.1　流程设计目的及特征

1. 流程设计目的

PPP 项目公司实施流程设计的目标是，实现项目开发和融资、运营等关键活动的质量、成本、时间和风险等方面的优化与控制。

质量：用适当的业务控制满足甚至超越客户对现在和未来的期望。

成本：减少冗余环节，降低运营成本，提高竞争水平。

时间：缩短业务处理时间，降低业务成本，超越客户预期，增加发展机会，提高服务质量。

风险：通过设立适当的关键控制点，降低各种可能的损失。

2. 流程设计的特征

PPP 公司的项目策划、投资决策、公司新设、招标采购、业绩评估、日常运营、评估考核、项目管理和监察监督等核心流程设计，主要体现为普遍性、结构性、整体性、目标性、层次性和动态性等基本特征。

普遍性：企业的任何决策和经营活动都是由流程组成的。

结构性：流程可以分为串联、并联和反馈等形式。

整体性：不同流程之间有较为一致的理念。

目标性：流程的设计要有明确的目标和对象。

层次性：流程可以分层级。

动态性：根据企业的变化和客户的需求而及时地调整流程。

3. 流程设计的关键成功因素

PPP 项目公司的流程设计是否成功，取决于：一是制定可行的流程优化与设计目标；二是需要有协调能力，对流程设计和优化充分了解的专业人才；三是分工明确，责权利清晰。

7.4.2　重点业务流程

PPP 项目公司的项目识别、开发等业务活动，按照其项目操作基本步骤，业务流程答题可以分为项目识别、项目准备、项目采购、项目执行和项目移交等五个方面。每个方面又分为不同的 2 级流程。具体如图 7 - 1 所示。

除了上述操作流程，PPP 公司还可以设计战略决策流程、信息处理流程和风险控制流程等管理流程。

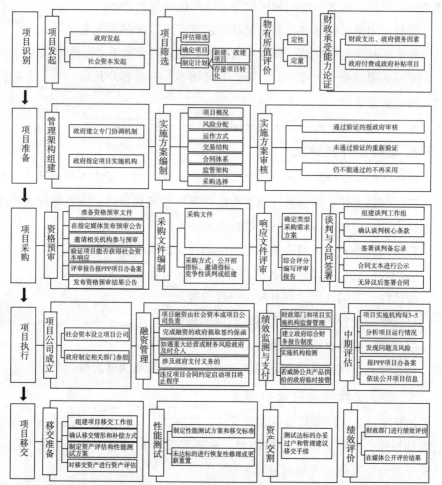

引自：http：//photo.blog.sina.com.cn/showpic.html#blogid = 612ac9df0102w7uy&url = http：//album.sina.com.cn/pic/003WVP8Ezy6XBEqkoJg16.

图 7－1　PPP 项目操作流程

7.5　PPP 公司人员

7.5.1　公司高层团队

根据 PPP 项目公司设计方案，地方政府的职能部门或相关国有机构等将派出高层人员担任 PPP 项目公司的董事长、股东等职位，并拥有相应的职权，承担相应的责任和义务，履行岗位规定的职责。

民营企业和其他社会资本将根据 PPP 公司的设立框架和业务要求，分别在董事会、监事会、股东会或总经理层面担任一定的职位，拥有必要的权利和责任，并根据公司要求开展经营活动。

7.5.2 公司运营层

公司总经理、副总经理、各部门和一般员工等，由新设立公司的董事会或股东根据公司章程和业务需求，根据人事管理办法选拔或推荐、任命公司总经理、副总经理，由经理层根据工作需要设立各职能部门，招聘并任命部门经理，招聘和引进一定数量的业务和管理人员，完成公司规定的岗位职责，实现公司发展的主要工作目标。

7.5.3 金融合作机构

对 PPP 公司或项目进行投资的商业银行、券商、担保公司等金融机构人员，一般扮演战略合作的角色，或根据合同约定，派出业务监督人员，对投资项目进行全过程或阶段性监督，并根据约定权限，参与投资和项目建设等重大会议、活动等，其人事关系一般仍在原有单位。

7.5.4 中介服务机构

会计师、律师、猎头公司等中介服务机构作为 PPP 项目公司的合作伙伴，主要承担专业咨询和中介服务等职责，并根据合作需要和公司要求，参与有关专业会议，与相关客户进行商务谈判等，完成约定的工作职责和合同任务。

7.6 PPP 公司薪酬

PPP 公司薪酬体系的制定和实施，既要考虑主要投资人（社会资本方）和当地政府（或其代理机构）的态度及意愿，综合分析和研究同行业的薪酬水平，适当兼顾行业特征、市场竞争和不同层级各类人群的素质与能力等要素，自行设计或聘请专业机构进行本公司的薪酬体系设计，进行各类人员的定岗、定责、定薪酬等。

7.6.1　薪酬标准确定

按照现有 PPP 公司薪酬体系的基本特征，其各类员工的薪酬水平因学历、能力、行业、区域等的差异而差别很大。一般来说，应该高于同行业平均水平，并且对于核心高管、核心技术人员和有较大贡献的骨干人员，除了基础工资、奖金和补贴外，还可探索年金、股权、利润分享等激励机制，以稳定高管和骨干团队，提高公司竞争力和经营管理水平。

7.6.2　薪酬考核与兑现

PPP 公司的薪酬考核，有不同的划分和考核办法，各公司可以自行制定并组织实施。

从管理层级来看，分别对公司股东、董事会、监事会和总经理的考核，以及对于公司其他人员的薪酬考核。对管理者的考核，应与公司总目标、重大风险和业绩等挂钩；对以一般员工的考核，更应该偏重于岗位目标和部门目标，以及个人贡献度等。

从职位划分来看，可以分为管理人员、技术人员和业务人员等不同类型，分别进行考核。管理人员的考核侧重于定性指标和公司总体指标等。技术人员的考核侧重于承担的技术职位和工作目标、工作质量等。业务人员考核侧重于营销指标、客户满意度、同行业竞争力，以及所在岗位的业务质量和进度等。

公司可以设立专门的部门如综合管理部、人力资源部等进行业绩评估和考核，也可以成立薪酬管理小组，定期评价工作业绩，提交评估结果，由经理层或董事会审议后予以执行和兑现。

7.7　PPP 财务管理

7.7.1　财务管理重点

PPP 项目公司财务管理重点不同于一般公司的财务管理，它在强调传统财务预算和资金管理的同时，还要结合 PPP 项目融资、建设、运营和移交等不同阶段的财务需求和基本特点，对项目融资、银行还款、期限错配和财政补贴等进行监督、协调和管理。同时，强化重点工程等开工建设和资金核算的跟踪管理，突出财务工作对项目策划、融资、建设、运营、移交等重点环节的财务监督、风险控制和管理决策等参谋支撑作用。

7.7.2　全过程税收管理

1. 项目公司组建阶段

PPP 项目公司多采用有限责任公司的形式。根据企业所得税法及条例规定，居民企业直接投资于其他居民企业取得的股息红利，免征企业所得税。

PPP 涉及 TOT 模式的项目可能出现国有资产转让问题，关于此类国有资产的转让，可以遵循国税总局 2011 年下发的 13 号文、51 号文对相关的涉税问题的解释，不缴纳营业税和增值税。

其中：

《国家税务总局关于纳税人资产重组有关增值税问题的公告》（国家税务总局公告 2011 年第 13 号）规定，纳税人在资产重组过程中，通过合并、分立、出售、置换等方式，将全部或者部分实物资产以及与其相关联的债权、负债和劳动力一并转让给其他单位和个人，不属于增值税的征税范围，其中涉及的货物转让，不征收增值税。

《国家税务总局关于纳税人资产重组有关营业税问题的公告》（国家税务总局公告 2011 年第 51 号）规定，纳税人在资产重组过程中，通过合并、分立、出售、置换等方式，将全部或者部分实物资产以及与其相关联的债权、债务和劳动力一并转让给其他单位和个人的行为，不属于营业税征收范围，其中涉及的不动产、土地使用权转让，不征收营业税。

以上执行免税的前提条件是资产连同负债和劳动力一并转让。在 TOT 项目中，政府方如需采用存量资产作价出资且原有债权债务关系较清晰，建议采用净资产作价出资的形式，以更好地减轻税收负担。

2. 项目建设运营阶段——流转税

PPP 项目建设运营阶段的流转税，由于所处行业的差别而不同。

其中：

根据财税〔2015〕78 号文及《资源综合利用产品和劳务增值税优惠目录》相关规定，涉及资源综合利用和环境保护的 PPP 项目，可以享受以下增值税优惠政策：污水、垃圾及污泥处理劳务实行增值税即征即退 70% 政策；再生水实行增值税 50% 即征即退政策。

除此（污水、垃圾及污泥处理、再生水）之外，财政部及国税总局对其他行业的 PPP 项目没有相关税收优惠或返还政策。如交通类 PPP 项目，"营改增"改革之后，这类项目公司作为增值税一般纳税人，尽管可以抵扣工程总包方开具的增值税专用发票及增值税进项税留抵，在进项税额抵扣之后仍需缴纳增值税。

3. 项目建设运营阶段——所得税

（1）建设运营可以减免企业所得税政策

其理由和依据是：

根据《中华人民共和国企业所得税法》（中华人民共和国主席令第 63号）、《中华人民共和国企业所得税法实施条例》（中华人民共和国国务院令第 512 号）、《财政部国家税务总局关于执行公共基础设施项目企业所得税优惠目录有关问题的通知》（财税〔2008〕46 号）及《国家税务总局关于实施国家重点扶持的公共基础设施项目企业所得税优惠问题的通知》（国税发〔2009〕80 号）、《财政部　国家税务总局　国家发展改革委关于公布环境保护节能节水项目企业所得税优惠目录（试行）的通知》（财税〔2009〕166号）相关规定，企业从事《公共基础设施项目企业所得税优惠目录》规定的港口码头、机场、铁路、公路、城市公共交通、电力、水利等项目投资经营所得以及《环境保护节能节水项目企业所得税优惠目录（试行）》规定的公共污水处理、公共垃圾处理、沼气综合开发利用、节能减排技术改造、海水淡化等项目的所得，自项目取得第一笔生产经营收入所属纳税年度起，第一年至第三年免征企业所得税，第四年至第六年减半征收企业所得税。

（2）投资抵免企业所得税

根据《中华人民共和国企业所得税法》（中华人民共和国主席令第 63号）规定，企业购置并实际使用《环境保护专用设备企业所得税优惠目录》《节能节水专用设备企业所得税优惠目录》和《安全生产专用设备企业所得税优惠目录》规定的环境保护、节能节水、安全生产等专用设备的，该专用设备的投资额的 10% 可以从企业当年的应纳税额中抵免；当年不足抵免的，在以后 5 个纳税年度结转抵免。

根据财税〔2008〕48 号的相关规定，企业利用自筹资金和银行贷款购置专用设备的投资额，可以按企业所得税法的规定抵免企业应纳所得税额；企业利用财政拨款购置专用设备的投资额，不得抵免企业应纳所得税额。企业购置并实际投入适用、已开始享受税收优惠的专用设备，如从购置之日起 5 个纳税年度内转让、出租的，应在该专用设备停止使用当月停止享受企业所得税优惠，并补缴已经抵免的企业所得税税款。转让的受让方可以按照该专用设备投资额的 10% 抵免当年企业所得税应纳税额；当年应纳税额不足抵免的，可以在以后 5 个纳税年度结转抵免。

（3）经营期间项目公司股利分配企业所得税优惠政策

根据《中华人民共和国企业所得税法》（中华人民共和国主席令第 63 号）的规定，经营期间项目公司股利分配享受以下企业所得税优惠政策：

①经营期间涉及股利分配，如果项目公司是境内居民企业间分配股利，免征企业所得税；境内居民企业分配股利给自然人股东，需代扣代缴 20% 个人所得税。

②如果项目公司有境外股东，跨境分配股息给境外非居民企业，一般适用 10% 的预提所得税，如果境外非居民企业与中国间有签订双边税收协定，在符合一定条件下能够适用税收协定安排下的优惠预提所得税税率。

4. 项目公司移交阶段

由于 PPP 项目中的项目公司获得的是一定期限的政府特许经营权，在特许经营权期限到后，全部资产一般是无偿移交政府，实质上不拥有设施的所有权，由于其无形资产的计税基础已在特许经营期限内摊销完毕，不作税收处理。

7.8 投资人关系管理

7.8.1 投资人关系

PPP 项目公司的投资人关系，主要包括：

当地政府或代理机构、民营企业或国有企业、商业银行、政策性银行、证券公司、信托公司、融资租赁公司、担保公司、建筑公司、税务部门、工商部门、会计师事务所、律师事务所、新闻媒体、当地居民和社会公益组织等各类组织和机构。

7.8.2 投资人关系管理

投资人关系管理，包括但不限于如下四个方面：

监督与管理关系。对有监督和管理职能的股东、董事会、监事会等的工作报告和重大决策提交审核，年度和阶段性工作的审核与汇报，以及公司高管的责任履行报告等。

领导与履责关系。对单位上下级的工作部署或汇报，重点工作环节的互动和衔接，以及岗位工作的绩效等考核关系，本单位的劳动纪律和部门协作、岗位分工等工作关系。

监督与服务关系。对社会公众、新闻媒体的监督和公开信息关系；对实现的 PPP 项目绩效的汇报和服务移交，以及对媒体监督的反馈和合作、危机处理等综合关系。

投资与合作关系。对于商业银行、信托公司、担保公司、建筑公司、民用企业等的投资合同履行、责任分工、利益分享和长期合作等关系。

对于投资人关系的维护和管理，应该分工到公司高层（公司外部高管和股东、董事会、监事会等）、职能部门和对口岗位等，分工负责，协调互动，分层交流，动态反馈，并对危机处理形成预案，确保不发生重大负面事故，及时消除潜在的、对公司不利的可能影响。

8. PPP 融资管理

PPP 项目融资管理是 PPP 工作的重要内容，包括对项目参与方、项目本身、项目风险和项目收益等进行全过程管理和监督。

8.1 项目融资概述

8.1.1 项目融资的内涵

项目融资是一个工具，通过项目融资可以为基础设施等重点项目解决建设开发需要的资金，包括高速公路、地铁系统、高铁建设等基础设施建设项目。

一般来说，项目融资是为重大项目进行长期债务融资的方法，是基于项目所产生的现金流而进行的借贷方式。

项目融资分为广义和狭义两种。广义的项目融资，指为特定项目的建设、收购以及债务重组进行的融资活动，即广义的项目融资指债权人对借款人抵押资产以外的资产有 100% 追索权的融资活动。狭义的项目融资指通过项目的期望收益或现金流量进行融资的活动，即债权人对借款人抵押资产以外的资产没有追索权或只有有限追索权的融资活动。一般谈到的项目融资仅指狭义的概念。

8.1.2 项目融资的特征

项目融资是一种无追索权或有限追索权的融资模式，可以理解为通过该项目的期望收益或者现金流量、资产和合同权益进行融资。

项目融资的一般特征，主要有：

1. 以项目为导向

项目融资主要依赖于项目的现金流量而不是依赖于项目的投资人或发起人的资信来安排融资。金融机构在项目融资中的注意力主要放在项目的贷款期间能产生多少现金流量用于还款，贷款的数量、融资成本的高低以及融资结构的设计都与项目的预期现金流量和资产价值直接联系在一起。

2. 以公司资产为基础的有限追索

PPP 项目一般采取有限追索或无追索，采用哪种模式取决于项目的具体情况，在 PPP 协议中约定。

采取有限追索项目融资，项目发起人或股本投资人只对项目的借款承担有限的担保责任，即项目公司的债权人只能对项目公司的股东或发起人追索有限的责任。追索的有限性表现在时间及金额两方面。时间方面的追索限制通常表现为：项目建设期内项目公司的股东提供担保，项目建成后，担保将解除，改为以项目公司的财产抵押。金额方面的限制可能是股东只按事先约定的金额对项目借款提供担保，其余部分不提供担保，或者只保证在项目投资建设及经营的最初一段时间内提供事先约定金额的追加资金支持。除此之外，无论项目出现任何问题，贷款人均不能追索项目借款人除该项目资产、现金流量以及所承担的义务之外的任何资产。

无追索项目融资，即借款人仅以项目财产权益、经济收益对债权人提供债务偿还，借款人的股东等投资人不对债权人提供担保，债权人不能向借款人以外的其他人追索。

3. 风险分担

融资主体的排他性、追索权的有限性，决定了其作为项目签约各方对各种风险因素和收益的充分论据。确定各方参与者所能承受的最大风险及合作的可能性，利用一切优势条件，设计出最有利的融资方案。

一般来说，风险分担是通过出具各种保证书或作出承诺予以实现的。保证书是项目融资的生命线，因为项目公司的负债率很高，保证书可以把财务风险转移到一个或多个对项目有兴趣但又不想直接参与经营或直接提供资金的第三方。

8.1.3　项目融资的参与者

项目融资的参与者，主要包括：

项目公司。项目公司是一个法律实体，它拥有这个项目，并负责开发、构造、运行和维护项目。

投资商。项目的投资商是管理项目的实体，是项目公司股权的所有者，并将通过权益的所有权或者管理合同获取利润。项目的投资商通常把其管理、运行和技术经验带到项目中，而且项目投资商可能会被要求为项目的一些债务和风险提供担保，以给予项目投资商适当的激励促使项目成功。

借款方。借款方可能会也可能不会成为项目公司股东，这取决于项目的融资结构以及项目的运行方式。一个项目可能事实上拥有多个借款方，如建筑公司、运营公司、给项目提供原材料的供应商及项目产品的购买者等。

放贷方。放贷人是项目所需资金的最主要提供者，由于采用项目融资的项目一般情况下投资规模较大，单一的贷款人很难独立提供全部贷款，对大型的项目进行融资通常有多个放贷人：商业银行、开发银行、信托基金和债券市场的投资人等。

财务顾问。财务顾问相对来说熟悉项目，对项目的法律要求和交易框架提供专业建议，确保贷款文件和财务结构合理有序。

技术顾问。技术专家向项目投资者和放贷方提供技术顾问，主要负责准备报告，同时也可为投资商和放贷方监控项目的进展。

律师。项目融资的律师提供各种关于项目的建议，包括需要遵守的法律法规，需要得到的许可证，项目实体的合法组织方式，商议并起草项目建设、运行、出售等方面的合同文件，税务、破产，以及其他事宜。

权益投资者。权益投资者可能是放贷方，也可能是项目投资商，他们不参与项目管理等活动，可能通过聘用自己公司成员到项目公司的董事会对项目进行管理。

管理机构。任何项目都要遵守当地的法律法规，这些法规中可能包括环境方面的、许可证照的申请并涉及相关的税法。

政府部门。项目所在国政府有时在项目融资中起到关键的作用。在发展中国家，政府在项目融资中发挥重要的作用，政府可以是项目的担保方，可以是项目产品或服务的购买者，还通过制定相关的税收政策为项目融资提供优惠。

建筑承包商。主要包括负责设计和建造项目的工程师和承包商，这些参与者的任何一方或者所有各方都可能是项目融资合同中的一方。项目的承包商主要负责项目建设的实体，它主要负担项目建筑阶段的成本。

供应商。供应商给项目提供原材料或其他收入，项目投资者和项目放贷方关注对供应安排的经济可行性及供应商执行合同的能力。

购买方。在大型基础设施建设项目中，项目公司追求签订长期协议，这些协议确保项目完工后其产品或服务由协议的另一方也就是购买方购买。项目产出的购买者对项目的信用起到重要的支持作用，他们有助于稳定项目原材料的购买，保护它们免于市场价格波动的影响。

租赁方。一个项目可以包含一个或多家租赁公司，这些租赁公司向项目公司出租资产并获取收益，通过这种租用资产的方式可以减少税费，并使资产不出现在项目公司的资产负债表里，相应美化了项目公司财务报表。

保险公司。很多项目规模很大，项目可能造成的负债和风险，需要保险公司提供必要的保险。

8.2 一般程序设计

8.2.1 项目评估的一般程序

项目评估的一般程序包括：组织评估小组—制定评估计划—调查收集资料和经济数据—技术经济分析—评估报告撰写和审核等。

8.2.2 项目评估的重点

1. 组织评估小组

项目公司或专业机构按照委托合同的具体约定，或者根据工作计划，组织评估专家小组。评估小组一般由 3～5 名项目评估人员和专家组成，小组成员要有行业分析、工程、律师、财务、营销和项目所属行业等领域的专业人员。

2. 制定评估计划

评估专家或工作小组根据项目评估计划、评估标准和时间要求，确定项目评估时间表，明确评估目的、标准、步骤和分工等，作出工作安排。

3. 调查、收集资料

评估小组根据批准的评估计划和项目要求，组织团队进行调研和交流。通过实地调查、专家咨询、查阅档案资料等工作渠道，调查、收集有关政策、设计文件、技术资料和数据等。

4. 技术经济分析

评估小组人员在总的工作安排下，根据调查结果，采用一定的评估办法，对项目技术、经济指标等进行分析、论证。

5. 评估报告撰写和讨论

根据调研结果，评估小组成员开始撰写评估报告。在对报告进行修改和讨论之后，再形成评估报告初稿。评估报告初稿应提交有关专家、部门审核。审核之后形成反馈意见，提交评估小组，进行讨论、修改和反馈，提交修改文本，并由项目组织方定稿确认。至此，项目评估工作完成。

8.3 借款人评价

8.3.1 借款人评价的内涵

借款人评价指对借款人的基本情况、行业特征、资本结构、组织结构、领导者素质、融资总额、资信水平、经营状况和财务指标等的全面分析、综合论证。

8.3.2 借款人评价的重点

1. 借款人的基本情况，包括成立时间、注册地点、历史沿革、隶属关系、注册资本、实收资本、经营范围、获得荣誉、经营期限、职工人数、开户及账号情况；

2. 借款人的资本结构，包括股权结构、股东变更、到位资金、外部投资等，以及公司实际控制人等；

3. 借款人的组织架构和高管情况，包括借款人的部门设立、法人治理结构、领导团队、经营业绩、管理能力、现有负债、行业信用等；

4. 借款人融资及资信研究，包括借款人目前的融资情况、借款人履约情况借款人近三年的债务履约和变化、借款人的经济纠纷和处罚等；

5. 借款人经营指标和财务分析，包括借款人近三年的经营业绩，近三年及最近一期的财务报告、借款人财务状况、负债情况、损益和现金流，以及财务变化和原因等说明；

6. 借款人的其他主要情况。

8.4 项目融资的概况评估

8.4.1 项目融资概况评估内涵

项目融资评估主要包括但不限于：对项目融资借款人/主要项目发起人资信；项目概况、建设必要性、建设条件、项目技术、设备及环保评估；项目产品市场；项目投资估算及融资方案；项目财务效益；不确定性分析；投资方效益和风险防范、存在问题等方面进行调查和分析，提出投资是否可行的意见或者建议，为投资决策提供依据。

其中：项目融资的概况评估是项目融资的重要环节，主要包括：对项目基本情况、建设进度、建设必要性、建设及生产条件、工艺技术和设备以及环境保护、国土资源、城市规划等方面进行分析和评估。

8.4.2 项目融资概况评估重点

1. 评估项目基本情况，主要包括：

（1）项目与国家产业政策、行业发展规划和区域规划的匹配性研究。重点评估项目是否符合国家经济和产业导向，是否享受或可能享受扶持政策，是否具有环保、就业政策等法律风险、市场风险；

（2）对于重点项目的产业趋势和社会效益分析，研究项目的社会价值和综合效益；

（3）项目组织模式和实施路径、产权和债权债务关系等分析；

（4）项目可行性研究，包括项目前景、技术先进性、融资便利性和是否达到经济规模；

（5）与同类项目、同行业的比较，通过综合分析，找到项目的竞争优势和劣势；

（6）项目是否满足投资方的需求，主要是投资回报和还款能力等。

2. 项目开工进度评估，包括项目立项的过程、依据是否充分，项目建设工期、进度、资金等是否到位，项目建设成果是否达到预期标准等。

3. 建设及工程环境评估，包括评估项目建设环境、用地、原材料、燃料、人力要素、交通运输、通信、购物等是否满足项目开发需要。

4. 项目工艺评估，包括分析项目流程和工艺设计单位是否满足行业管理要求，与同行业比较是否有竞争力，项目流程是否能够实现预期的质量控制目标，是否能够降低成本保护生态环境等。

5. 项目可用设备评估，包括对拟选择设备的成熟度、先进性、适用性和经济性，项目采购计划的合规性，以及借款人对设备使用等能力等。

6. 生态环境评估，包括调查项目是否符合生态环保政策，项目建设、生产等对社会生态环境有无不良影响，如：废水、废气、废渣等，项目有无环境治理措施，以及环保投资等。

7. 土地利用评估，包括调查土地规划、土地使用政策和产业方向等。

8. 总体规划评估，包括经济规划、城市规划等是否与拟开工工程一致。

8.5 项目市场评估

8.5.1 项目市场评估的内涵

项目市场评估，指对项目产品特性进行综合分析，系统研究国际、国内供求，竞争优势、技术路线及营销策略，确定项目是否有一定的发展潜力和较大的市场需求。

8.5.2 项目市场评估的重点

主要分析特定产品或项目的供求关系、市场容量、消费者偏好、运输条件、价格变化、市场激烈程度等，进而研判和编制融资方案，预测融资风险，确立可能的融资渠道等。

进行价格供求分析时，主要分析项目产品的国内、国际市场，研究分析价格变化过程及规律，分析价格形成机制，预测项目产品的供应量和需求量、以及供需平衡条件、价格走势等。

8.6 投资估算与融资方案评估

投资估算与融资方案评估，指对建设项目投资估算和各项资金来源的合理性和可靠性进行分析论证，以定量分析方法为主。

8.6.1 项目投资估算

（1）组成专业团队，对项目可行性研究报告或投资情况进行设计，组织可研报告审批，对项目总投资及分项投资进行评估等。

（2）组织进行项目总投资评估，包括固定资产投资评估与流动资金投资评估，形成评估报告或观点。

（3）评估固定资产投资，做好静态投资评估和动态投资评估。

①静态投资评估是按项目拟定建设规模、产品方案、建设内容，对项目建设所需费用进行的评估。评估的范围包括建筑工程费用、安装工程费用、设备购置费用、工程建设其他费用和基本预备费。

基本预备费的计算标准为：

基本预备费 =（建筑工程费用 + 安装工程费用 + 设备购置费用 + 工程建设其他费用）×基本预备费率

基本预备费率按照国家有关部门规定的标准执行。

②动态投资评估的范围包括项目建设期利息、汇率变动部分、固定资产投资方向调节税（目前暂缓征收）、涨价预备金及国家规定的其他税费。

其中，项目建设期利息和涨价预备金一般按下列公式进行计算：

项目建设期每年应计利息 = （年初投资累计 + 本年发放投资总额/2） ×
年利率

$$涨价预备金 = \sum_{t=1}^{n} I_t \left[(1+f)^t - 1 \right]$$

式中，n 为建设期；I_t 为建设期第 t 年的建筑工程费用、安装工程费、设备购
置费用之和；f 为建设期价格上涨指数；t 为第 t 年。

通过投资评估，判断是否符合国家及行业主管部门颁布的有关规定，工
程内容和费用是否齐全，取费是否合理、有无漏项或压低造价等问题，并对
投资概算据实调整。

对于改扩建或技术改造项目，重点评估企业原有固定资产的入账方法是
否合规。

对于项目流动资金评估，一般采用分项详细估算法，也可采用扩大指标
法估算。分项详细估算法是按照借款人的经营计划和经营的不同阶段对资金
占用的实际情况进行详细测算，确定其流动资金的需要量；扩大指标估算
法，是参照借款人以往的或同类企业的流动资金占用率，对借款人流动资金
需求量进行估算。可按照销售收入流动资金占用率、经营成本流动资金占用
率或单位产量流动资金占用率等进行测算。

通过分析项目建设和生产所需资金来源、构成及与投资匹配性，判断评
估项目融资方案是否合理、可靠、科学、可操作。

8.6.2 项目融资方案评估

项目融资方案评估包括权益类和负债类资金评估。

权益类资金指项目投资人对项目投入的资本金或其他无需返还的资金。
其形式有股东投资、实收资本、企业未分配利润、折旧、发行股票募集的资
金、财政投入等货币资金形式和实物、工业产权等非货币资金形式。

负债类资金，指银行等债权人投入项目需要还本付息的资金。其形式有
银行贷款、发行债券、融资租赁及其他有偿使用的资金。

（1）评估项目融资方案时，重点关注资金数量、负债结构是否符合国家
规定。以土地使用权、实物、知识产权或非专利技术等非货币资产作价出
资，应审查其价值是否经过资产评估机构评估且在有效期内，评估方法是否
符合有关法律、法规的要求，资金占比是否符合国家有关规定；货币资金部

分，应评估投资人近三年及最近一期的财务报表，分析投资人出资能力；负债类资金来源，应调查借款规模、筹资方式、筹资成本、还款计划等；行政事业收费等资金来源，应关注部门是否有权审批、收费金额是否可以足额还款等。

（2）审查到位资金时，重点审查验资报告或资金到位证明等。同时，要关注利率汇率风险，并作出说明。

8.6.3 评估项目资金成本

评估项目资金成本时，可采取计算项目的全部资金来源、资金成本和加权平均资金成本，据此作出决策判断。资金成本是企业为在项目建设过程中筹集资金和使用资金时所支付的各种费用，包括资金筹集费用和资金占用费用。对资金成本的分析一般采取资金成本率指标，即资金占用成本（利息、股息等）占全部融资额的百分比。资金成本率是一个项目必须获得的最低收益率。

8.7 财务效益评估

8.7.1 财务效益评估内涵

财务效益评估，指在基础财务数据测算与分析的基础上，根据国家财税政策和规定，测算财务状况，评估项目的盈利能力和清偿能力，判断项目是否财务可行。

财务效益评估的主要步骤，包括：选取财务评估基础数据与参数；估算成本费用，计算销售收入、各种税费和盈利性；编制财务评估报表；计算财务评估指标，进行盈利和偿债测算。

8.7.2 基础数据与参数

选取财务评价基础数据与参数：

1. 项目计算期。包括项目建设期和生产经营期。项目建设期原则上按照可行性研究报告或项目初步设计确定。

2. 生产能力利用率。指项目建成投产后各年实际产量与设计生产能力的比值。

3. 财务价格。以现行价格为基础进行估算。

4. 税费。包括增值税、营业税、消费税、资源税、所得税、城市维护建设税和教育费附加税等。评估时应说明税费测算标准及减免税优惠依据。

5. 税率、利率、汇率等国际风险、市场风险。

8.7.3 成本费用

主要评估项目总成本费用、经营成本、固定成本与可变成本。其中,总成本费用评估主要用于项目利润分析,经营成本评估主要用于项目现金流量分析,固定成本与可变成本评估主要用于项目盈亏平衡分析。

1. 总成本费用评估

总成本费用,指项目一定时期(如一年)内为生产和销售产品而花费的全部成本和费用。评估时可采用产品制造成本加期间费用估算法,或者,生产要素估算法两种方法之一:

一是产品制造成本加期间费用估算法,计算公式为:

总成本费用 = 产品制造成本 + 管理费用 + 财务费用 + 销售费用

其中,产品制造成本 = 直接材料费用 + 燃料及动力费用 + 直接工资及职工福利费 + 其他制造支出 + 制造费用

产品制造成本的各项构成计算方法如下:

(1)直接材料费用 = 单位产品材料消耗用量 × 产品年产量 × 材料单价

(2)燃料及动力费用 = 单位产品燃料及动力消耗用量 × 产品年产量 × 燃料及动力单价

(3)直接工资及职工福利费 = 直接工资 + 职工福利费,其中:

直接工资 = 项目人均年工资 × 项目设计定员

职工福利费 = 直接工资 × 当地职工福利费费率

(4)制造费用 = 折旧 + 修理费 + 其他制造费用

折旧费是将生产单位房屋建筑物及机器设备等的资本化成本转为费用的会计过程,计算方法采取直线折旧,即折旧费 = (固定资产原值 – 残值)/折旧年限,或采取加速折旧(双倍余额递减法),即折旧费 = 固定资产原

值 ×2/折旧年限。

对管理费用、财务费用、销售费用的具体核算方法和标准按照现行企业财务会计制度执行。

二是生产要素估算法，计算公式为：

总成本费用 = 外购原材料、燃料及动力费 + 人员工资及福利费 + 外部提供的劳务及服务费 + 修理费 + 折旧费 + 矿山维简费（煤炭、化工、冶金、林业等矿山采掘、采伐类项目计算此项费用）+ 摊销费 + 财务费用 + 其他费用

2. 经营成本估算评估

经营成本 = 总成本费用 − 折旧费 − 维简费 − 无形资产及长期待摊费用 − 财务费用

3. 固定成本与可变成本评估

（1）固定成本指不随产品产量及销售量的增减发生变化的各项成本费用，主要包括非生产人员工资及福利费、折旧费、无形资产及长期待摊费用摊销费、修理费、办公费、管理费等。

（2）可变成本指随产品产量和销售量增减变化成正比变化的各项费用，主要包括原材料、燃料、动力消耗、包装费、生产工人工资及福利费。

8.7.4 销售收入

销售（营业）收入指销售产品或者提供服务取得的收入。项目生产多种产品和提供多种服务的，应分别计算和评估各种产品和服务的销售收入。项目产出物有外销时，应计算和评估外汇销售收入，并按评估时汇率折算成人民币计入销售收入总额。

8.7.5 增值税、销售税金及附加

1. 评估增值税

增值税应纳税额 = 当期销项税额 − 当期进项税额

其中，当期销项税额 = 销售收入（不含税）× 税率

销售收入（不含税）= 销售收入（含税）/1 + 税率

2. 评估销售税金及附加。销售税金及附加主要包括与项目运营财务关系密切的消费税、营业税、资源税、土地增值税、城市维护建设税、教育费附加。

对各种税费评估，计算标准按照国家现行税收条例的规定执行。

8.7.6 利润及利润分配

利润及利润分配应按照现行财务制度进行评估。年项目利润总额、税后利润、税后还款利润的计算公式为

项目利润总额（年）＝产品销售（营业）收入－产品销售税金及附加－增值税－总成本费用

税后利润＝利润总额－所得税额

税后还款利润（未分配利润）＝税后利润－盈余公积金－公益金－应付利润（分红股利）

8.7.7 财务效益评估报表

编制财务效益评估报表，主要有总成本费用估算表、损益和利润分配表、贷款偿还期测算表、财务现金流量表。

1. 盈利能力分析。评估项目的盈利能力，即通过计算项目销售利润率、投资利润率、财务净现值、财务内部收益率等指标进行定量评估。根据项目所在行业不同特点，在评估时可以根据行业特点适当增加其他指标。

（1）项目销售利润率，计算公式为

项目销售利润率＝生产经营期年平均利润总额/生产经营期年平均销售收入×100%

（2）项目投资利润率，计算公式为

项目投资利润率＝生产经营期年平均利润总额/项目总投资×100%

（3）财务净现值，指将项目方案各年净现金流量折现到同一时点的净效益累加现值。计算公式为

$$NPV = \sum_{t=1}^{n} \frac{(CI - CO)_t}{(1 + r)^{-t}}$$

式中，

CI 指现金流入量，包括：产品销售（营业）收入、回收固定资产余值、回收流动资金、其他现金流入等；

CO 指现金流出量，包括固定资产投资、流动资金投入、经营成本、销售税金及附加、增值税、所得税、其他现金流出等。

可根据项目行业特点和实际需要可在现金流入和现金流出两类中增减内容；

$(CI - CO)_t$——第 t 年的净现金流量；

n——计算期年数；

r——折现率。按照基准收益率（同折现率）取值。

（4）财务内部收益率，指项目在计算期内各年净现金流量差额现值累计等于零的折现率（计算现金流出不包括财务费用及所得税）。这一指标反映项目所占用资金的盈利水平，是投资人衡量项目投资收益，决定项目取舍的重要指标。

计算公式为

$$\sum_{t=1}^{n} \frac{(CI - CO)_t}{(1 + IRR)^t} = 0$$

式中，IRR 为内部收益率，其他符号含义与 NPV 计算公式相同。

计算 IRR 可采用试算内插法，即，若

$$NPV(I_0) = A1 > 0, NPV(I_0 + 1\%) = A2 < 0,$$

则 $IRR = I_0 + [|A1| / (|A1| + |A2|)] \times 1\%$。

2. 贷款清偿能力分析。根据有关财务报表，计算项目贷款偿还期，评估项目贷款的清偿能力。

贷款偿还期是指借款人从支用第一笔借款之日起到还清全部借款本息之日止的时间。其计算公式为

贷款偿还期 = 贷款偿还完后出现盈余的年份 - 贷款开始支用的年份 + 当年偿还贷款数额/当年可用于还款的资金

3. 对基础设施建设以及学校、医院等公益性项目的财务效益评估，除按照本章规定的一般项目财务效益评估的方法执行外，可视行业特点和项目具体情况作适当调整。对于项目本身不收取费用或只收取少量费用，偿还贷款

来源主要依赖政府支持的项目，可以成本效用分析为主，并计算贷款偿还期，可不计算项目的财务内部收益率、财务净现值等指标。

4. 对于使用多种来源债务资金的项目，应按各种贷款或债务的还款条件计算贷款偿还期。在各种债务的偿还条件未确定的情况下，应按照各种来源渠道的贷款资金占贷款资金总额的比例，分摊偿还贷款的方式计算贷款偿还期。

8.8　不确定性预测

不确定性分析包括盈亏平衡分析和敏感性分析。

8.8.1　盈亏平衡分析

盈亏平衡分析指在一定的市场和生产（营业）条件下对项目成本与收益的平衡关系进行的分析，以盈亏平衡点表示。项目盈亏平衡点根据项目正常生产年份的产品产量或销量、可变成本、固定成本、产品价格和销售收入及税金的年平均数值计算得出，一般可以生产能力利用率表示。公式为

$$BEP(\%) = CF/(S - Cv - T) \times 100\%$$

式中，

BEP——用生产（营业）能力利用率表示的盈亏平衡点；

CF——年平均固定总成本；

S——年平均销售收入；

Cv——年平均可变总成本；

T——年平均销售税金及附加 + 年平均增值税。

8.8.2　敏感性分析

敏感性分析指通过定量测算项目财务效益指标随项目建设运营期间各种敏感性因素变化而变化的幅度，判断项目的抗风险能力。

1. 敏感性因素一般包括工期、总投资、生产负荷、投入物价格、销售价格和汇率等。

2. 财务效益指标取财务内部收益率和贷款偿还期。

3. 具体分析时，应根据项目具体情况，选择影响项目效益的几个最主要因素进行单因素敏感性分析，以了解和评估影响项目财务效益的最敏感因素，预测项目的潜在风险和抗风险能力。

（1）影响内部收益率、贷款偿还期的主要敏感性因素波动幅度可取该因素当前值或未来最可能值的正向和反向变动 5%、10% 和20% 计算。根据项目情况可将取值的浮动比例扩大，但一般不超过 ±30%。

（2）对利用外资（包括权益类资金和负债类资金）达到项目投资总额30% 以上的项目应将汇率作为敏感性因素进行敏感性分析。

4. 评估人员在对项目不确定性进行分析的基础上，须对项目的风险点作出判断。

8.9 投资效益和风险分析

主要内容包括分析项目贷款为银行带来的效益，及项目存在的风险和防范措施。

8.9.1 银行效益评估

银行相关效益评估，指在合理预测项目贷款收益的基础上，就项目贷款对相关效益的大小进行评估。效益评估的主要内容包括：

对项目贷款可以量化的银行收益及成本进行具体测算，区别分年度数和总额进行计算。

（1）可以量化的银行收益主要包括贷款转移收入、存款转移收入和中间业务净收入，计算公式分别为

贷款转移收入 = 贷款额（贷款的实际利率 - 内部资金转移价格）

存款转移收入 = 存款额（内部资金转移价格 - 存款付息率）

中间业务净收入是为借款人提供财务咨询、信息咨询等金融服务获得的净收入。

（2）具备条件的，应量化计算项目贷款的银行成本，主要包括项目贷款应分摊的管理成本以及该项目贷款的经济资本成本。

8.9.2　风险评估

风险评估指在分析项目风险的基础上判断银行贷款潜在的风险，提出银行分散、转移、化解或减轻贷款风险的措施和建议。

1. 项目主要风险包括市场风险、技术风险、资金风险、政策风险等。在评估时应说明项目的主要风险，逐项分析、判断。

2. 如借款人对项目贷款设定担保措施，评估时需根据《中华人民共和国担保法》等法律、法规和有关规定对各项担保措施的有效性、充分性、可行性和合理性进行评估。

3. 如借款人没有设定项目贷款担保措施，评估人员根据项目贷款和借款人情况分析是否需设定担保，提出可行的担保建议。

8.10　总评估结论

8.10.1　总体评估要素

通过对借款人/项目发起人资信状况、项目概况、项目产品市场供求、项目投资估算与资金来源、项目财务和风险防范与银行效益等的评估论证，分别得出各分项评估结论。对各分项论证结果归纳，形成评估总体结论。

1. 各分项评估结论和总体评估结论以评估分析为基础，符合投资方的信贷政策和制度，不得与国家的法律、法规相违背；

2. 总体评估结论应就项目贷款的主要有利因素和不利因素简要说明，并提出风险控制建议；

3. 总体评估结论应明确表明是否给予贷款及贷款的金额、期限、利率、担保方式，并就需注意的事项或建议做出专门说明。

8.10.2　PPP 评估报告撰写

撰写 PPP 项目评估报告，需要研究和确定报告目录和格式。PPP 项目评估报告的基本格式，包括但不限于以下的重点内容：

1. 报告主要内容

PPP 项目评估情况的简要介绍，内容包括但不限于：

（1）项目受理情况；

（2）项目可行性研究的主要结论（包括《可行性研究报告》结论、提示的主要风险、主要评价指标等）；

（3）贷款项目的评估结论（包括是否建议提供贷款，贷款的金额、期限、利率及贷款条件；项目的主要竞争优势和劣势；贷款的主要潜在风险及建议采取的主要风险防范措施；评估结论与可行性研究结论的对比分析等）；

（4）借款人/项目基本信息和数据摘要表。

PPP 项目评估报告的正文结构，一般如下：

第一章　前言

第二章　借款人评价

第三章　项目概况及建设计划

第四章　行业及市场分析

第五章　投资估算与融资方案评估

第六章　综合效益评估及预测

第七章　不确定性分析

第八章　投资预期与风险管控

第九章　总体评价

2. 报告附表

评估报告附表，包括但不限于：

评估表 1：固定资产投资估算表

评估表 2：固定资产投资资产分类表

评估表 3：投资计划与资金筹措表

评估表 4：总成本费用估算表

评估表 5：损益和利润分配表（新设法人项目）

评估表 6：损益和利润分配表（既有法人项目）

评估表 7：贷款偿还期计算表

评估表 8：借款人贷款综合偿还期计算表（既有法人项目）

评估表 9：项目现金流量表（新设法人项目）

评估表 10：项目增量现金流量表（既有法人项目）

评估表 11：无项目现金流量表（既有法人项目）

8.11　PPP 融资评估

PPP 项目融资可行性研究和系统评估，需要运用一定的研究模型和分析工具。

以下运用层次分析法，对某城际轨道交通工程 PPP 项目融资进行可行性评判。

8.11.1　PPP 融资评估步骤

PPP 融资评估的步骤，包括但不限于：

1. 构建融资指标体系

建立 PPP 项目融资指标体系，形成项目可行性评估机制。重点对借款人素质、项目概况、行业市场、投融资方案、财务效益、不确定性分析、综合效益与风险等进行评估，每一指数再包括不同的指标（见表 8-1）。

表 8-1　　　　　　　　　PPP 项目融资可行性评判指标体系

		基本情况评估
		资本结构评估
	借款人评价	公司治理、领导者素质评估
		融资及资信评估
		经营水平和财务评估
项目评估		业务情况评估
		项目进度评估
		项目开工运营评估
	项目概况评估	项目技术评估
		主要设备评估
		生态环境评估
		土地与资源评估
		规划匹配性评估

续表

项目评估	产品及市场分析	市场供应评估
		消费需求评估
		价格现状评估
		生产供应预测评估
		需求量预测评估
		价格预测评估
	投资估算与融资方案评估	固定资产投资评估
		流动资金投资评估
		资产评估
		负债评估
	财务效益评估	经营成本评估
		期间费用评估
		盈利性评估
		贷款清偿评估
	不确定性分析	盈亏平衡评估
		敏感性评估
	投资方相关效益与风险评估	投资收益评估
		投资成本评估
		市场风险评估
		技术风险评估
		汇率风险评估
		资金风险评估
		政策风险评估

根据层次分析结构模型的思路，构造判断矩阵。采用如下一致矩阵法确定指标的权重：同类的指标两两比较；采取相同的准则，评判各类指标，提高权重的准确性。标度方法如表 8 - 2 所示。

表 8 - 2   1~9 标度方法

标度	含义
1	表示两个因素相比，具有同样重要性
3	表示两个因素相比，一个因素比另一个因素稍微重要

续表

标度	含义
5	表示两个因素相比,一个因素比另一个因素明显重要
7	表示两个因素相比,一个因素比另一个因素强烈重要
9	表示两个因素相比,一个因素比另一个因素极端重要
2, 4, 6, 8	上述两相邻判断的中值

2. 确立指标矩阵

评估各指标并两两对比,形成借款人评价、项目评估、市场分析、投资估算与融资方案评估、效益评估、不确定性分析、投资方相关效益与风险评估等二级指标判断矩阵,以及基本情况评估、资本结构评估、组织结构、管理者素质评估、融资及资信评估、经营状况评估等三级指标判断矩阵。各判断矩阵表如表 8 - 3。

(1) 二级指标判断矩阵

表 8 - 3   **项目评估综合指数判断矩阵**

指标分类	借款人评价	项目概况评估	产品及市场分析	投资估算与融资方案评估	财务效益评估	不确定性分析	投资方相关效益与风险评估
借款人评价	1	3	1	3	1/3	5	5
项目概况评估	1/3	1	3	1	1/3	3	3
产品及市场分析	1	1/3	1	3	1/3	5	5
投资估算与融资方案评估	1/3	1	1/3	1	1/3	3	3
财务效益评估	3	3	3	3	1	7	7
不确定性分析	1/5	1/3	1/5	1/3	1/7	1	1
投资方相关效益与风险评估	1/5	1/3	1/5	1/3	1/7	1	1

注:陈辉,《PPP 模式手册》,知识产权出版社,2015 年。

该矩阵最大特征值为 7.532,CI = 0.089,RI = 1.320,CR = 0.067,CR = 0 < 0.1,一致性检验通过。权重向量 = (0.201, 0.127, 0.147,

0.093，0.355，0.038，0.038）。

（2）三级指标判断矩阵

表 8 – 4   借款人评价判断矩阵表

指标分类	基本情况评估	资本结构评估	组织结构和领导者素质评估	融资情况及资信情况评估	经营状况和财务状况评估
基本情况评估	1	3	3	1/3	1/3
资本结构评估	1/3	1	1	1/3	1/3
组织结构和领导者素质评估	1/3	1	1	1/5	1/5
融资情况及资信情况评估	3	3	5	1	1
经营状况和财务状况评估	3	3	5	1	1

该矩阵最大特征值为 5.147，CI = 0.037，RI = 1.120，CR = 0.033，CR = 0 < 0.1，一致性检验通过。权重向量 =（0.161，0.083，0.068，0.344，0.344）。

表 8 – 5   项目概况评估判断矩阵表

	基本情况评估	建设进度评估	建设及运营条件评估	项目技术评估	主要设备评估	环境保护评估	国土资源评估	城市规划评估
基本情况评估	1	1	1/3	1/3	1/3	3	3	1
建设进度评估	1	1	1/3	1/3	1/3	3	1	1
建设及运营条件评估	3	3	1	1	1	7	7	3
项目技术评估	3	3	1	1	3	7	7	5
主要设备评估	3	3	1	1/3	1	7	7	5
环境保护评估	1/3	1/3	1/7	1/7	1/7	1	1	1/3
国土资源评估	1/3	1	1/7	1/7	1/7	1	1	1/3
城市规划评估	1	1	1/3	1/5	1/5	3	3	1

该矩阵最大特征值为，CI = 0.136，RI = 1.410，CR = 0.096，CR = 0 < 0.1，一致性检验通过。权重向量 =（0.081，0.071，0.229，0.280，0.213，0.042，0.034，0.051）。

表 8 – 6 产品及市场分析判断矩阵表

	供应现状评估	需求现状评估	价格现状评估	供应量预测评估	需求量预测评估	价格走势预测评估
供应现状评估	1	1/3	1	1	1/3	1/3
需求现状评估	3	1	3	3	1	1
价格现状评估	1	1/3	1	1	1/3	1/3
供应量预测评估	1	1/3	1	1	1/3	1/3
需求量预测评估	3	1	3	3	1	1
价格走势预测评估	3	1	3	3	1	1

该矩阵最大特征值为 6.000，CI = 0.000，RI = 1.240，CR = 0.000，CR = 0 < 0.1，一致性检验通过。权重向量 = （0.083，0.250，0.083，0.250，0.250）。

表 8 – 7 投资估算与融资方案评估判断矩阵表

	固定资产投资评估	流动资金投资评估	权益类资金评估	负债类资金评估
固定资产投资评估	1	1/5	1/3	1/3
流动资金投资评估	5	1	3	3
权益类资金评估	3	1/3	1	1
负债类资金评估	3	1/3	1	1

该矩阵最大特征值为 4.043，CI = 0.014，RI = 0.900，CR = 0.016，CR = 0 < 0.1，一致性检验通过。权重向量 = （0.078，0.520，0.201，0.201）。

表 8 – 8 财务效益评估判断矩阵表

	经营成本评估	期间费用评估	盈利能力评估	贷款清偿能力评估
经营成本评估	1	3	1/3	1/3
期间费用评估	1/3	1	1/3	1/3
盈利能力评估	3	3	1	1
贷款清偿能力评估	3	3	1	1

该矩阵最大特征值为 4.153，CI = 0.051，RI = 0.900，CR = 0.057，CR = 0 < 0.1，一致性检验通过。权重向量 = （0.163，0.094，0.371，0.371）。

表 8 - 9 不确定性分析判断矩阵表

	盈亏平衡评估	敏感性评估
盈亏平衡评估	1	5
敏感性评估	1/5	1

该矩阵最大特征值为 2.000，CI = 0.000，RI = 0.000，CR = 0.000，CR = 0 < 0.1，一致性检验通过。权重向量 = （0.833，0.167）。

表 8 - 10 投资方相关效益与风险评估判断矩阵表

	投资方收益评估	投资方成本评估	市场风险评估	技术风险评估	资金风险评估	政策风险评估
投资方收益评估	1	1	1/3	1/3	1/5	1/3
投资方成本评估	1	1	1/3	1/3	1/5	1/3
市场风险评估	3	3	1	1	1/3	1
技术风险评估	3	3	1	1	1/3	1
资金风险评估	5	5	3	3	1	3
政策风险评估	3	3	1	1	1/3	1

该矩阵最大特征值为 6.058，CI = 0.012，RI = 1.240，CR = 0.010，CR = 0 < 0.1，一致性检验通过。权重向量 = （0.059，0.059，0.161，0.398，0.161）。

3. 指标隶属度的确定

从政府机构、研究机构、高校及企业等机构选择聘请 15 位 PPP 项目从业或研究经验丰富的人员作为评判专家。由以上 15 位专家对 PPP 项目的可行性程度进行 5 级评判，评判级别分别为低、较低、中等水平、较高、高，分别用等级 1、2、3、4 和 5 表示。对专家的打分进行汇总，得到如下评判集。

表 8-11　某城际轨道交通工程 PPP 项目融资可行性评判表

指标			项目融资可行性程度评估				
			低	较低	中等	较高	高
项目评估	借款人评价	基本情况评估	0/15	4/15	7/15	4/15	0/15
		资本结构评估	0/15	6/15	6/15	3/15	0/15
		组织结构和领导者素质评估	1/15	2/15	6/15	6/15	0/15
		融资情况及资信情况评估	0/15	3/15	8/15	4/15	0/15
		经营状况和财务状况评估	1/15	6/15	5/15	3/15	0/15
	项目概况评估	基本情况评估	0/15	3/15	7/15	5/15	0/15
		建设进度评估	2/15	5/15	5/15	3/15	0/15
		建设及运营条件评估	1/15	4/15	6/15	4/15	0/15
		项目技术评估	0/15	3/15	6/15	5/15	1/15
		主要设备评估	0/15	1/15	7/15	6/15	1/15
		环境保护评估	1/15	3/15	6/15	5/15	0/15
		国土资源评估	0/15	2/15	4/15	8/15	1/15
		城市规划评估	1/15	2/15	4/15	7/15	1/15
	产品及市场分析	供应现状评估	2/15	6/15	4/15	3/15	0/15
		需求现状评估	0/15	0/15	5/15	8/15	3/15
		价格现状评估	0/15	2/15	9/15	4/15	0/15
		供应量预测评估	0/15	3/15	4/15	7/15	1/15
		需求量预测评估	0/15	0/15	3/15	11/15	1/15
		价格走势预测评估	0/15	2/15	9/15	3/15	1/15
	投资估算与融资方案评估	固定资产投资评估	0/15	3/15	6/15	6/15	0/15
		流动资金投资评估	0/15	2/15	5/15	8/15	0/15
		权益类资金评估	0/15	2/15	7/15	4/15	2/15
		负债类资金评估	0/15	4/15	5/15	6/15	0/15
	财务效益评估	经营成本评估	0/15	0/15	3/15	11/15	1/15
		期间费用评估	0/15	0/15	2/15	9/15	4/15
		盈利能力评估	0/15	4/15	7/15	4/15	0/15
		贷款清偿能力评估	0/15	3/15	5/15	7/15	0/15
	不确定性分析	盈亏平衡评估	0/15	4/15	5/15	5/15	1/15
		敏感性评估	2/15	4/15	4/15	5/15	0/15
	投资方相关效益与风险评估	投资方收益评估	2/15	3/15	6/15	3/15	1/15
		投资方成本评估	0/15	2/15	7/15	5/15	1/15
		市场风险评估	1/15	1/15	5/15	7/15	1/15
		技术风险评估	1/15	3/15	6/15	4/15	1/15
		资金风险评估	0/15	1/15	4/15	6/15	4/15
		政策风险评估	0/15	0/15	6/15	7/15	2/15

4. 模糊综合评价

进行一级模糊评价，使用模糊集对 PPP 项目的可行性程度进行描述。则

$$B_1 = \begin{bmatrix} 0.161 & 0.083 & 0.068 & 0.344 & 0.344 \end{bmatrix}$$

$$\begin{bmatrix} 0/15 & 4/15 & 7/15 & 4/15 & 0/15 \\ 0/15 & 6/15 & 6/15 & 3/15 & 0/15 \\ 1/15 & 2/15 & 6/15 & 6/15 & 0/15 \\ 0/15 & 3/15 & 8/15 & 4/15 & 0/15 \\ 1/15 & 6/15 & 5/15 & 3/15 & 0/15 \end{bmatrix}$$

$$= \begin{bmatrix} 0.027 & 0.292 & 0.434 & 0.247 & 0.000 \end{bmatrix}$$

$$B_2 = \begin{bmatrix} 0.081 & 0.071 & 0.229 & 0.280 \\ 0.213 & 0.042 & 0.034 & 0.051 \end{bmatrix}$$

$$\begin{bmatrix} 0/15 & 3/15 & 7/15 & 5/15 & 0/15 \\ 2/15 & 5/15 & 5/15 & 3/15 & 0/15 \\ 1/15 & 4/15 & 6/15 & 4/15 & 1/15 \\ 0/15 & 3/15 & 6/15 & 5/15 & 1/15 \\ 0/15 & 1/15 & 7/15 & 6/15 & 1/15 \\ 1/15 & 3/15 & 6/15 & 6/15 & 0/15 \\ 0/15 & 2/15 & 4/15 & 8/15 & 1/15 \\ 1/15 & 2/15 & 4/15 & 7/15 & 1/15 \end{bmatrix}$$

$$= \begin{bmatrix} 0.031 & 0.191 & 0.404 & 0.340 & 0.039 \end{bmatrix}$$

$$B_3 = \begin{bmatrix} 0.083 & 0.250 & 0.083 & 0.083 & 0.250 & 0.250 \end{bmatrix}$$

$$\begin{bmatrix} 2/15 & 6/15 & 4/15 & 3/15 & 0/15 \\ 0/15 & 0/15 & 5/15 & 8/15 & 3/15 \\ 0/15 & 2/15 & 9/15 & 4/15 & 0/15 \\ 0/15 & 3/15 & 4/15 & 7/15 & 1/15 \\ 0/15 & 0/15 & 3/15 & 11/15 & 1/15 \\ 0/15 & 2/15 & 9/15 & 3/15 & 1/15 \end{bmatrix}$$

$$= \begin{bmatrix} 0.011 & 0.094 & 0.377 & 0.444 & 0.089 \end{bmatrix}$$

$$B_4 = \begin{bmatrix} 0.078 & 0.520 & 0.201 & 0.201 \end{bmatrix}$$

$$\begin{bmatrix} 0/15 & 3/15 & 6/15 & 6/15 & 0/15 \\ 0/15 & 2/15 & 5/15 & 8/15 & 0/15 \\ 0/15 & 2/15 & 7/15 & 4/15 & 2/15 \\ 0/15 & 4/15 & 5/15 & 6/15 & 0/15 \end{bmatrix}$$

$$= [0.000 \quad 0.165 \quad 0.365 \quad 0.443 \quad 0.027]$$

$$B_5 = [0.163 \quad 0.094 \quad 0.371 \quad 0.371]$$

$$\begin{bmatrix} 0/15 & 0/15 & 3/15 & 11/15 & 1/15 \\ 0/15 & 0/15 & 2/15 & 9/15 & 4/15 \\ 0/15 & 4/15 & 7/15 & 4/15 & 0/15 \\ 0/15 & 3/15 & 5/15 & 7/15 & 0/15 \end{bmatrix}$$

$$= [0.000 \quad 0.173 \quad 0.342 \quad 0.448 \quad 0.036]$$

$$B_6 = [0.833 \quad 0.167]$$

$$\begin{bmatrix} 0/15 & 4/15 & 5/15 & 5/15 & 1/15 \\ 2/15 & 4/15 & 4/15 & 5/15 & 0/15 \end{bmatrix}$$

$$= [0.022 \quad 0.267 \quad 0.322 \quad 0.333 \quad 0.056]$$

$$B_7 = [0.059 \quad 0.059 \quad 0.161 \quad 0.161 \quad 0.398 \quad 0.161]$$

$$\begin{bmatrix} 2/15 & 3/15 & 6/15 & 3/15 & 1/15 \\ 0/15 & 2/15 & 7/15 & 5/15 & 1/15 \\ 1/15 & 1/15 & 5/15 & 7/15 & 1/15 \\ 1/15 & 3/15 & 6/15 & 4/15 & 1/15 \\ 0/15 & 1/15 & 4/15 & 6/15 & 4/15 \\ 0/15 & 0/15 & 6/15 & 7/15 & 2/15 \end{bmatrix}$$

$$= [0.029 \quad 0.089 \quad 0.340 \quad 0.384 \quad 0.157]$$

再次，进行二级模糊综合评判。

$$A = [0.201 \quad 0.127 \quad 0.147 \quad 0.093 \quad 0.355 \quad 0.038 \quad 0.038]$$

$$\begin{bmatrix} 0.027 & 0.292 & 0.434 & 0.247 & 0.000 \\ 0.031 & 0.191 & 0.404 & 0.340 & 0.039 \\ 0.011 & 0.094 & 0.377 & 0.444 & 0.089 \\ 0.000 & 0.165 & 0.365 & 0.443 & 0.027 \\ 0.000 & 0.173 & 0.342 & 0.448 & 0.036 \\ 0.022 & 0.267 & 0.322 & 0.333 & 0.056 \\ 0.029 & 0.089 & 0.340 & 0.384 & 0.157 \end{bmatrix}$$

$$= [0.013 \quad 0.187 \quad 0.374 \quad 0.386 \quad 0.041]$$

向量 A 表示基于模糊综合评价法得到了对 PPP 项目融资可行性程度的描述。

最后，对于本模型评判指标的处理采用加权平均法。加权平均法在评判对象是非定量性的定性指标时，需先将评判集中的元素量化。规定评语集对应的分数 $V_1 = 20$，$V_2 = 40$，$V_3 = 60$，$V_4 = 80$，$V_1 = 100$，则最终评判结果 V' 的计算公式是

$$V' = BV$$

采用加权平均法处理评判指标时，最终评价结果是一个代数值，其值介于 20 和 100 之间，越接近 100，说明 PPP 项目可行性程度越高，越接近 0，说明 PPP 项目可行性程度越低。可得：非常低、较低、中等水平、较高、非常高，

$$V' = 0.013 \times 20 + 0.187 \times 40 + 0.374 \times 60$$
$$+ 0.386 \times 80 + 0.041 \times 100 = 65(分)$$

8.11.2　模糊评价结果的应用

把 PPP 项目可行性程度分为五档，即 A 级、B 级、C 级、D 级、E 级，得分越高，风险越大。其中，A 级的范围为（0 – 20]，B 级的范围为（20 – 40]，C 级的范围为（40 – 60]，D 级的范围为（60 – 80]，E 级的范围为（80 – 100]。

表 8 – 12　　　　　　　　信用等级判断标准

评价等级	A 级	B 级	C 级	D 级	E 级
评语集	可行性低	可行性较低	可行性中等	可行性较高	可行性高
分数	(0 – 20]	(20 – 40]	(40 – 60]	(60 – 80]	(80 – 100]

对于得分 40 分以下的 A 级和 B 级 PPP 项目，融资风险较高，对于 C 级 PPP 项目，还需要充分调查其经营情况，核实资料的真实性，分析其未来的经营趋势。对于 60 分以上的 PPP 项目，可以直接对其进行融资，其中对于 80 分以上的 E 级 PPP 项目，可给予一定的优惠利率。本案例对某城际轨道交通工程 PPP 项目融资的可行性评判为 65 分，融资风险较小，可对其进行融资。

8.12　PPP 产业基金

PPP 产业基金是 PPP 项目实施的重要类型，是解决政府基础设施建设资金需求的重要渠道。这里以环保产业基金为例作简要阐述。

8.12.1　环保产业基金类型

环保产业基金一般分为区域性环保产业基金和单一产业环保产业基金。区域性环保产业基金主要投资到流域水环境保护领域、城市环境保护基础设施等领域，以及地方政府可替代能源与清洁技术、高边际收益的生产型企业、环保新材料及新材料技术、环保运输、节能减排等服务、咨询、环保物流等。单一产业环保产业投资基金主要投资于特定环保产业的投资基金。

8.12.2　环保产业基金特征

1. PPP 环保产业基金与一般 PPP 项目的区别

PPP 环保产业基金投资于由一系列重点项目组成的项目包，项目包内的项目可以来自多个产业，这些产业链互相衔接互相呼应，使中低利润的环保项目通过产业链的互补与协同设计降低风险，提高项目包的整体收益。项目包内分为高、中、低利润项目群，将中低利润项目与高利润环保项目捆绑在一起，通过各产业链的呼应降低风险、提高项目包的整体收益。

2. PPP 环保产业基金与一般产业基金的区别

PPP 模式环保产业基金具有贯穿 PPP 模式的以项目为基础、以合同为核心、以特许经营权的让渡为手段，集项目融资、建设与运营为一体的特征。该基金项目包在合同中予以规定，通过特许经营权让渡和合同管理，为该项目包专门组建的项目公司必须接受环境目标，以及为达到该环境目标必须实施的所有项目，包括中低利润项目和无利润项目。

3. PPP 环保产业基金的特征

PPP 环保产业基金主要解决中低利润环保项目的融资困境。PPP 环保产业基金可以实现政府资本、社会资本和环保企业三方共赢。它解决了政府的环境项目多数低利润、无利润，政府财力不足的难题。通过 PPP 环保产业基金的实施，实现了绿色金融创新，整合了商业模式和金融手段，延伸了产业链，降低了融资成本，实现了融资、建设与运营于一体的利润整合，提高了中低利润环保项目的收益率，提高了地方政府融入社会资本的能力。

PPP 环保产业基金有 PPP 模式的核心特征，它与一般产业基金的区别在于，PPP 环保产业基金的设立目标是面对一个流域、一个地区的总体环境目标，以及为实现环境目标需要的各类项目形成的项目包。PPP 环保产业基金发挥着为该项目包的建设和运营进行融资的平台作用，它建立的基金投资公司承担融资和建设运营项目于一体的职责，打破了基金不参与项目建设运营的惯例，它是一种非典型的创新的产业基金模式。

PPP 产业基金的打捆项目包集项目包的融资、建设与运营为一体的模式，与环保企业积极推动自身融资、建设与运营于一体的经营模式的转型升级的方向相匹配。环保企业通过这种模式，以打包服务的方式获得了融资利润、建设利润和运营利润，从而降低了环保公司参与低利润环保项目的经营风险。三种类型的利润互相呼应和互补，发挥了环保企业融资、建设和运营三结合的优势。环保企业主动参与设计产业链，通过产业链的延伸设计和引进现代商业模式提高了项目包的整体收益率，确保了环保事业的目标实现。

8. 12. 3　PPP 环保产业基金设计要点

责权明晰、风险分担、利益共享的 PPP 契约是 PPP 环保产业基金设计的基础。

第一，地方政府与 SPV 之间签署合约。合约要明确 SPV 主体；要明确 SPV 的环境责任和目标；明确出让的特许经营权范围；确定具体可操作的考核指标；明确政府与 SPV 之间的责权利规定。

第二，设计项目包内各产业链的模式。设计项目包内产业链是提升环保项目利润，吸引社会资本的重点。区域或流域 PPP 环境保护基金，把特定区域或流域的环境保护作为一个大项目，里面的各种产业链作为子项目，各产业链互相呼应，使原来并不赢利的环保项目，通过财政的参与，复合产业链的设计，使整个项目包的总利润达到可以吸引社会资本的水平。

第三，设计基金的融资方案。基金的融资方案设计是降低融资成本、获得社会资本投入的重点。良好的融资方案的设计可以降低项目融资成本、扩大项目融资范围、降低项目融资风险。

8.13 案例： 某高速公路项目 PPP 融资管理

8.13.1 项目概况与融资概述

该项目共包含东段和西段两条高速公路，建设总规模约为 300 公里，估算总投资约为 400 亿元。河北省政府于 2016 年对该项目社会投资人进行公开招标，由中国交通建设股份有限公司、中国建筑股份有限公司组建的联合体合法中标该项目。该项目政府出资人代表为河北交通投资集团公司，联合体与河北交投共同出资组建项目公司，项目公司作为独立法人负责该项目的投融资、建设、运营和移交等工作。

按照协议要求，联合体与河北交投按 51:49 的比例共同出资 100 亿元人民币作为该项目资本金，中央车购税补贴为 45 亿元，剩余 255 亿元为项目负债性资金，由项目公司负责筹集。鉴于该项目资本金政府承担部分使用国家专项建设基金，项目公司承诺非资本金部分融资的 49% 使用国家开发银行贷款（融资成本不高于同期同业水平）。

8.13.2 融资程序

1. 贷款申请。由项目公司提出申请，同时提供相关资料。

2. 受理与调查。银行对项目公司的合法性、安全性、盈利性等情况进行调查。

3. 风险评价。对项目预期风险和项目公司对风险的处置能力进行评估。

4. 贷款审批。银行按审贷分离、分级审批的融资管理制度进行贷款审批。

5. 合同签订。银行与项目公司签订融资合同。

6. 贷款发放。银行按融资合同规定按期发放贷款。根据融资合同，该项目贷款在建设期按 2:3:3:2 比例流入项目公司。

7. 贷后检查。银行对项目公司执行借款合同情况及项目公司经营情况进行追踪调查和检查。

8. 贷款归还。在运营期项目公司应按时偿还贷款本息，如要展期应在借款到期日之前，向银行提出贷款展期申请，是否展期由银行决定。

8.13.3 借款人评价

1. 资金筹措能力评价

该项目借款人为高速公路项目公司（SPV 公司），注册资本金为 100 亿元人民币，由股东方按照股比认缴出资。根据项目《投资协议》规定，项目公司股东方对该项目资金筹措负有连带责任。各股东出资情况见表 8 – 13。

表 8 – 13

股东姓名（或名称）	认缴出资额（万元）	出资方式	持股比例（%）	认缴出资时间
河北交通投资集团公司	490 000	货币资金	49	2020 年 10 月
中国交通建设股份有限公司	300 000	货币资金	30	2020 年 10 月
中国建筑股份有限公司	210 000	货币资金	21	2020 年 10 月
合计	1 000 000		100	

项目公司股东为：中国交通建设股份有限公司，中国建筑股份有限公司，河北交通投资集团公司。其中，中国交建和中国建筑两家公司均为全球领先的大型国有控股上市公司，其母公司均为中央直管企业，经济实力较强且发展较好。河北交投为河北省大型国有企业，注册资金达到 300 亿元，当前资产总量达到 710 亿元以上，财务状况良好。三家股东公司均无借款逾期现象发生，无不良信用记录。

2. 管理能力评价

项目公司设股东会、董事会、监事会和经营管理层，董事会设立董事长，董事长为项目公司法定代表人。

董事长＊＊＊，50 岁，教授级高级工程师，有 30 多年的高速公路建设和公司管理经验，对政策形势有远见卓识，能准确把握公司发展方向并制定正确的公司发展策略。

总经理＊＊＊，47 岁，教授级高级工程师，有丰富的高速公路建设管理经验，同时有丰富的公司管理经验，负责主持公司的生产经营管理工作，组织实施董事会决议，并定期向董事会报告工作。

公司经营管理层人员由各股东方推荐，均为多年从事高速公路投资建设领域的专业人才，人员履历满足河北省交通运输厅相关要求。

综合分析，借款人拥有较强的融资能力、付息能力、偿债能力和管理能力。

8.13.4 项目融资的概况评估

该项目资金来源分为股东自有资金、中央车购税补贴和银行贷款。其中股东自有资金出资100亿元，中央车购税补贴出资45亿元，银行贷款255亿元。

由于该项目银行贷款金额超过30亿元，因此需采用银团的方式进行项目融资。银团由国家开发银行作为牵头银行，中国工商银行作为副牵头银行，中国银行、中国建设银行、中国农业银行等作为参加银行。各银行贷款比例和贷款额如表8－14所示。

表 8－14

银行名称	比例（%）	贷款额（亿元）
国家开发银行河北省分行	49	124.95
中国工商银行河北省分行	15	38.25
中国建设银行河北省分行	9	22.95
中国农业银行河北省分行	9	22.95
中国银行河北省分行	9	22.95
中国邮储银行石家庄分行	9	22.95
合计	100	255

经评估，该项目资金筹措方案可行，资本金比例正常，银团规模较大且实力雄厚，未来风险可控，综合评估该项目融资情况较为合理。

8.13.5 项目产品市场评估

1. PPP 项目市场分析

该项目属于交通运输类 PPP 项目。目前，PPP 模式可投资领域主要为通信、能源、交通运输与环保水务四大类。在我国已实施 PPP 项目中，通信与能源领域项目占比居前，投资金额占比约七成；交通运输及环保水务项目占比靠后，随着我国粗放式经济的转型与新型城镇化推进，交通领域类 PPP 项目有望得到爆发式增长，国家会提供相应的政策支持。

从投资额来看，高速公路项目额度最高为 3.3 万亿元，占全部交通运输类 PPP 项目的 31%，这说明我国政府在利用 PPP 引导投资的时候有很明确的方向性。因此，在交通运输类 PPP 项目的各行业中，高速公路 PPP 项目被市场主要看好参见图 8-1。

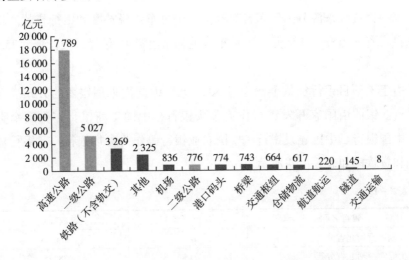

数据来源：财政部

图 8-1　截至 2016 年交通运输类 PPP 项目投资总额

2. 河北省高速公路市场分析

河北省地处环渤海和京津冀地区，区域经济与社会发展较快，机动车保有量增速不断增加。截至 2015 年年底，全省机动车保有量超过 1 400 万辆，增速不断上涨；河北省承担来自京津两地的绝大部分交通流量，京哈高速、京藏高速等目前既有通道压力过大；与该项目形成竞争关系的高速之一京哈高速受政策影响，每年夏季限行大型货车，导致夏季通向东北方向的车辆严重拥挤；该项目的建成必将吸引、分流部分其他通道上的车辆进入该项目。

通过委托第三方专业评估机构对该项目未来交通量进行预测，可以预计未来该项目通行费收入较为可观。

8.13.6 投资估算与融资方案评估

1. 投资估算评估

该项目总里程约 300 公里，估算总投资约 400 亿元，其中建安工程费 230 亿元，征地拆迁费 95 亿元，其他费用 75 亿元。单公里造价 1.33 亿元，投资估算情况较为合理。各条段高速公路投资估算情况如表 8 – 15 所示。

表 8 – 15

单位/内容	西段高速公路	东段高速公路	合计
估算投资约（亿元）	176	224	400
建安工程费（亿元）	98	132	230
征地拆迁费（亿元）	44	51	95
其他费用（亿元）	35	40	75

2. 融资方案评估

该项目资本金约 100 亿元，由河北交投按 49% 出资约 49 亿元，社会投资人按 51% 出资约 51 亿元。如该项目概算总投资超过估算总投资，项目资本金不足 25% 时，不足部分由河北交投和社会投资人按 49∶51 股比增资。中央财政车购税补贴资金约 45 亿元，目前已经批复，剩余约 255 亿元为项目负债性资金，由项目公司负责筹集。

综合分析，该项目造价合理，资本金比例正常，另有中央车购税补贴已批复，且股东方对资金筹措负有连带责任，因此该项目融资方案可行。

8.13.7 财务效益评估

1. 收入评估

该项目收入分为两部分，第一部分为运营期营业收入，包括通行费收入、服务区和广告牌等多种经营收入等；另一部分来自政府可行性缺口补贴，即当西段高速公路通行费收入达不到批复的《工程可行性研究报告》中预测值的 90% 时，不足部分由政府财政进行补贴。

经过第三方专业评估机构对该项目未来收入进行预测，结果显示未来营业收入较为可观，能够完全覆盖成本并有一定收益。

2. 成本评估

该项目成本构成主要为：养护及大修费用、管理费、水利基金和固定资产折旧等，第三方专业评估机构预测未来运营成本稳定，在批复的《工程可行性研究报告》基础上略有上浮，无较大波动风险。

3. 边界条件及参数选取

高速公路运营期为 25 年；交通部车购税补贴 45 亿元（建设期进入）；资本金占总投资 25%；建设资金 4 年按 2∶3∶3∶2 方式进入；营业税金及附加暂按 3.36% 考虑，所得税率为 25%。

4. 财务指标评估

经评估，该项目财务内部收益率（IRR）为 6.5%，财务净现值（FNPV）为 230 000 万元，投资回收期为 21 年，贷款偿还期为 19 年。

财务指标表明该项目盈利能力较好，经济上可行。投资回收期及贷款偿还期正常，表明项目具有较强的还贷能力。

8.13.8 不确定性预测

1. 盈亏平衡分析

该项目为收费收入项目，以实际收费收入占比（即运营期平均年收费收入占批复的《工程可行性研究报告》中预测的平均年收费收入比重）盈亏平衡点进行其盈亏平衡分析。

项目实际收费收入占比的盈亏平衡点 BEP

＝年平均固定成本/工可收费收入 − 年平均可变成本 − 年平均销售税金及附加）

＝6 900 000/（10 010 000 − 420 000 − 280 000）

＝74.11%

即项目实际收费收入占工可通行费收入比重达到 74.11% 时，项目就可保本。

2. 敏感性分析

为找出对项目经济基础评价指标影响较大因素，并判断其对项目投资效益的影响程度，我们假设实际收费收入下降 5%、建安费上浮 5% 或征拆费上浮 5%（其他因素均不改变），考察反映项目投资效益的经济评价指标对此的敏感程度。

表 8 – 16

项目 \ 方案	基本方案	实际通行费收入下降 5%	建安费上浮 5%	征拆费上浮 5%
财务内部收益率	6.5%	4.9%	5.5%	5.4%

以上敏感性分析显示，实际收费收入、建安费和征拆费用是影响整个项目财务经济指标的三个敏感因素，尤其是收费收入。建安费上浮或征拆费上浮对该项目有一定影响。

8.13.9 投资效益和风险分析

1. 经济效益分析

①借款人在贷款成功后，在运营期 25 年贷款期限内总计可带来利息收入 2 270 000 万元，经济效益十分可观。

②经评估，项目计算期正常年份营业收入为 8 460 000 万元人民币，税后利润为 3 810 000 万元人民币，表明项目有较好的盈利水平。

根据分析，预测该项目实施后财务运营状况良好，能为企业提供较好的利润，具有较强的贷款偿还能力和抗风险能力，经济分析该项目可行。

2. 社会效益分析

该项目是河北省高速路网的重要组成路段，项目建成后能加强山西、内蒙古、东北等地区与京津冀、东南港口以及沿海工业地区的经济往来，为西部地区和东北地区与首都北京联系提供更多的渠道。项目的建成能够极大地缓解既有线路的交通压力，又能够带动区域经济和社会快速发展。综合分析，该项目具有良好的社会效益。

3. 风险分析

①交通量的不确定性风险：本项目对西段高速公路保底，对东段高速公路无保底，实际交通量可能与预测存在差距；

应对措施：东段高速公路竞争通道交通量已经过大，此项目为河北交投参股项目，存在推进竞争通道全年限行大货车的政策机会。

②征拆超概算导致总投资增加的风险：招标文件规定，征地拆迁工作由项目公司负责，如征地拆迁费在5%以内，超支部分由项目公司承担；如超出5%以外，超出5%以外的超支部分先由项目公司代政府承担，政府在收费期第11年至第20年逐年偿还项目公司，按同期银行基准贷款利率给予相应的财务成本。如实际征拆费用增加，则总投资会相应增加。

应对措施：通过项目公司与政府协商，由政府方负责征拆工作，按批复概算中征拆费包干使用，从而有效降低该风险。

8.13.10 总评估结论

该项目为河北省"十三五"规划重点项目，也是京津冀一体化示范性项目。投资人实力较强，中央补贴已经批复，项目公司在资金、人才、技术、政策等方面有优势。该项目财务效益良好，有较好的投资效益和社会效益，风险基本可控。综合分析，该项目融资方案可行（来源：案例由中交集团提供）。

9. PPP 风险管理

风险管理对 PPP 项目目标的实现至关重要，政府部门和私营部门研究和评估整个项目生命周期的潜在风险，以确保风险分担的公平性和合理性。

9.1 项目风险类别

9.1.1 项目主要风险

风险，指在某一特定环境下，在某一特定时间段内，某种损失发生的可能性，是实施者所期望达到的目标与实际出现的结果之间的距离或偏离。PPP 模式周期长、投资大、成本高、风险多且风险后果损失大，风险的辨识与合理分配是成功运用 PPP 模式的关键。

目前，学者们对 PPP 模式的研究主要集中在 PPP 项目本身风险分担机制的问题，对商业银行或其他金融机构在 PPP 项目参与方式及风险管理方面的研究并不多。

借鉴已有成果，我国 PPP 项目的风险包括但不限于：政府信用风险、政治风险、建设运营风险、商业风险、不可抗力风险以及金融风险等。

政府信用风险：指政府不履行或拒绝履行合同约定的责任和义务而给项目带来直接或间接的危害。政府信用风险的影响因素有两个方面：一是政府的契约精神和契约意识不高；二是履约能力差，没有能力保证履约，如果没有财政预算机制的支持，政府将会在 PPP 项目中违约。

政治风险：一般指项目东道国的政治条件、法律制度发生变化或者有关政府行为而导致项目失败、项目投资不能回收或回报降低等方面的风险。政治风险主要包括：东道国政权出现动荡与更迭；项目公司的资产、股权被征收或国有化；法律不完善及法律变更，主要指在外商投资、税收、劳动、外汇管制及环保等重要方面缺乏清晰法律规定，给投资者收回投资带来困难及不确定性，或相关法规出现对投资者及项目公司不利的变更，导致成本增加、收益降低乃至项目违法或不可行等后果等。

建设运营风险：项目能否按期建成、投入商业运营是投资者收回投资和获取利润回报的核心。因此，项目因成本超支、延期完工或者完工后无法达到预期成果及运行维护标准所产生的建设运营风险是 PPP 项目的核心风险。该等风险对项目的负面影响主要表现在建设成本的增加、贷款偿还期限的延长、利息支出的增加以及市场机会的错过，甚至导致整个项目的失败。

商业风险：PPP 项目的商业风险一般指因东道国市场经济条件出现变化或因项目公司经营决策失误而导致项目不能获得正常收益的风险，主要包括：项目成果市场需求量下降，价格下降，建造成本和运营维护成本的增加，例如原材料价格、设备费用、人工费用上涨、出现通货膨胀等。

不可抗力风险：PPP 项目的不可抗力事件指当事人所不能预见、不能避免并且不能克服的事件，通常包括自然事件和社会事件。不可抗力容易造成工程事故、停工或损害，导致建设工期延误、工程成本增加甚至项目终止的严重后果。

金融风险：PPP 项目的金融风险主要表现为外汇风险和利率风险。外汇风险是指在东道国当地获取的电价收入不能按预期汇率兑换成外汇、外汇汇出受到限制以及汇率变化等风险。利率风险主要是指由于项目相关国家的金融市场利率发生波动（特别是发生与预测情况相反的变化）时造成的投资者需要增加融资成本的风险。

其他风险：环保风险、利率风险、融资风险、残值风险、费用支付风险、市场风险等。

9.1.2　项目风险分配原则

在 PPP 模式的风险分配中，须遵循以下原则：（1）由对风险最有控制力的一方承担相应风险；（2）承担的风险程度与所得的回报大小相匹配；（3）承担的风险要有上限。

根据以上原则，政府可能承担的风险如表 9 - 1 所示。

表 9 –1　　　　　　　　　PPP 模式中政府分担的风险

承担程度	风险类别	举例
独立承担	政治风险	国家主权风险、法律法规风险、政策风险
与私人部门共同承担	不可抗力风险	
	金融风险	利率风险、外汇风险、通货膨胀风险
	市场和收益风险	价格风险、需求风险、市场竞争风险
与私人部门分别承担	环境风险	
	信用风险	

由于政府有能力对政治环境进行掌控，政治风险被划为由政府独立承担的风险。其中，国家主权风险即国家政局是否稳定的风险。战争、国际关系变化、政权更迭等政治事件，可能导致 PPP 项目的实施和未来收益受到损害，从而致使项目终止；法律法规风险指 PPP 项目的法律法规（比如环境立法、财产立法等）的变动而产生的风险；政策风险指政策变动带来的风险。

金融风险及市场和收益风险是政府和私人部门需要面对的，由政府与私人部门共同承担。不可抗力风险是政府和私人部门都不可控制的，也被划为此类。金融风险及市场和收益风险分担原则注重"由对风险最有控制力的一方承担相应风险"。在风险分担的安排上，政府更多的是承担着金融风险的消除，私人部门更多的是承担着市场和收益风险。

环境风险和信用风险在 PPP 项目建设中时有发生，其承担依据应注重承担的风险程度与所得的回报大小相匹配。这两种风险被划为政府与私人部门分别承担的风险类别。

9.2　项目风险度测量

9.2.1　项目风险测量模型

关于 PPP 项目风险测量模型，国内外有些探索和研究。其中：Rodel et al. （2001）构建蒙特卡洛模拟模型进行核电项目风险评价。Wibowo et al. （2005）分析了印度尼西亚收费公路财务风险，从项目贷款方、承办方和发起方的角度运用拉丁立方体随机模拟技术进行风险评价。Thomaset al.（2006）运用德尔菲法和故障树法，归纳出了评价框架体系，内容是关于风险发生的概率和风险影响的。Zhang & Zou（2007）通过模糊层次分析方法，讲述了合作投资的项目处于的风险环境。Lyer & Sagheer（2010），为了确定印度公路部门 PPP 项目在开发阶段遇到的 17 个风险，运用解释结构模型和MICMAC 分析方法，建立相关联系，明确风险的关联性与影响力。范小俊等（2004）在模糊集理论的基础上，提出了一种动态评价方法，针对大型基础设施建设项目融资存在的风险进行分析。张曼等（2004）提出了一种风险评价体系，包括 B 指标监控法、NPV 指标监控法与融资风险指标监控法。戴大双等（2005）利用定量方法对某污水处理厂进行了综合评估，具体评估了以下几个风险：通货膨胀、原材料供应、利率和汇率、需求风险。赵旭（2005）提出在商业房地产项目融资中，利用层次分析方法对其风险进行指标划分，然后运用模糊综合评价法对其风险进行评价。冀伟等（2006）构建PPP 融资项目三维风险的度量模型并将它引入到项目的决策分析中，结合了信息测度存在的不确定性、风险概率和风险对收益的影响。谢伟东、何雯（2006）提出选择适宜的金融产品控制利率风险是该种模式融资成功的关键之一，并为 PPP 模式在城市轨道交通领域的运作提供参考（参考：贾丽丽、和鑫、王辉：《城市轨道交通 PPP 融资模式风险评价研究》，《石家庄铁道大学学报》（社会科学版）2013 年第 12 期）。何健（2008）结合了模糊评价理论与层次分析法将风险分类，明确不同风险因素的权重系数，构建了一个多层次的模糊综合评价模型，引入到水电基础设施项目融资中去。桑春艳（2010）在公共基础设施项目融资过程中采用遗传算法优化神经网络法，评估预测 PPP 融资模式存在的风险。

9.2.2 政府风险防范路径

严把资质认证。主要是进行投标人的资质认证审核。对于优先公私合作的项目进行可行性研究，明确社会资本参与投资工程项目的审批流程。

优化风险结构。合理分解政府等各方风险，在设计项目风险分担方案时要考虑方案是否具有吸引力。根据各方获利考虑承担相应的风险，使项目参与方能够接受。

完善监管进程。以政府机构为主体，社会监督参与的方式进行项目风险监督。同时，完善 PPP 相应法律规定，对项目设计、融资方式、运营管理、维护等采纳公共意见，约束各方利益主体。

9.3　风险因素和规避原则

9.3.1　风险因素

风险因素是一种不确定性因素，是损失的可能性或概率性事由。由于 PPP 模式投资规模大、持续时间长，涉及政府和社会资本不同的特点，密切相关社会公共利益，因此 PPP 模式也存在比较复杂的风险因素，能否有效控制 PPP 模式的风险是一个重点、难点问题。对此，国发 60 号文要求对 PPP "充分论证，完善合同设计，健全纠纷解决和风险防范机制。建立独立、透明、可问责、专业化的 PPP 项目监管体系，形成由政府监管部门、投资者、社会公众、专家、媒体等共同参与的监督机制"。

9.3.2　风险规避原则

PPP 模式风险防范应把握的原则：

风险识别。项目风险识别是项目风险控制的前提。在项目前期，要进行充分研究并确定关键风险点和风险类别等。

风险论证及评估。风险论证及评估是风险对策的决策依据。要组建专门机构或团队，进行项目风险评估，为科学决策提供基本的依据。

风险承担原则。合理的风险承担原则是 PPP 模式的重要特征。风险承担应考虑到参与者的诉求和收益，进行恰当分配。

风险防范措施。风险防范措施是否完善事关项目成败，应制定可行的风险控制机制和实施策略。

风险与收益及回报挂钩。在承担风险的同时，获得相应的回报，要体现风险与收益相匹配的基本理念。

风险防范监督机制。重点从技术、组织、计划实施、内外参与、法律责任等方面建立健全风险防范监督机制，确保风险可控。

9.4 风险识别防范

9.4.1 风险识别方法

风险识别指通过系统了解和分析与项目有关信息资料，认清项目融资活动中潜在的各种风险和可能发生的各种损失，诊断出项目面临的风险及其性质，把握其发展趋势的行为。

PPP 项目风险识别的一般方法，主要有：专家调查法、生产流程分析法、工作分解结构法、财务报表法、幕景分析法、决策分析法、动态分析法、标准调查表法、流程图法、SWOT 分析、故障树法、头脑风暴、敏感性分析、项目工作分解结构法等。这里介绍三个基本的方法：

专家调查法。专家调查法也称为德尔菲法。该方法能够充分利用专家的智慧，对其想法综合考虑，保证风险识别的准确性。专家调查法还可以将专家的分歧充分表达，采纳其中的合理条款，这一方法主要用于大型基础设施工程。

财务报表分析法。财务报表分析法指风险管理人员结合 PPP 项目资料，进行定价、风险、建设等分析，辨别其风险，针对风险带来的可能损失，确定采取的风险规避和化解措施。

工作分解结构法。工作分解结构法主要应用于中小 PPP 工程项目。利用该方法对项目范围、施工建设的进度、成本等进行有效管理。

由于 PPP 项目有周期长、复杂和多样性的特点，没有一种最优的风险识别方法对所有 PPP 项目进行风险管理。PPP 项目的风险识别不是单纯依靠一种风险识别方法，而是对几种风险识别方法进行组合使用，发挥多种识别方法的优势，弥补单一识别方法的劣势，全面、系统识别风险因素，实现风险分担和应对提供决策参考。

9.4.2 风险防范方式

PPP 项目的风险防范方式，主要有四种：

项目监督。对 PPP 项目和工程活动进行有效监督，保证按照预先确定的各种项目设计、施工方案、实施工程建设。

项目跟踪。通过整理分析 PPP 工程设计方案和实际工程资料，获取工程的进展和差异。可以对工程进展报告、工程费用表等与工程计划表等比较和校对，找出两者的差别。如果差异很大，即表示偏离目标大，反之接近设计的工程目标。

偏差分析。重点分析是否产生了执行的偏差，判断特定 PPP 工程的实际执行与目标间的偏离程度，分析研究偏差产生的原因，评估偏差对 PPP 项目或重点工程的影响。

偏差调整。对重点项目的偏差进行纠正，缩小执行的偏差，确保重点工程目标的实现。

9.4.3 风险规避策略

主动规避。预先对 PPP 项目风险进行科学评估，做好风险识别工作，对于风险很大的 PPP 项目，设计和采取风险回避措施，进行风险规避。如：主动监督、放弃信用度不高的合作伙伴，终止特定项目开发等。

降低风险。针对无法回避的 PPP 风险，采取事前调研、关键环节跟踪控制、分散合作伙伴等有效的风险预防措施。

接受风险。通过事先评估 PPP 风险的性质和影响力，在可接受的程度下，提前准备应对措施接受风险，如：预留风险准备金，用于弥补可能的风险。

转移风险。通过研究设计风险规避措施，实现风险转移，如：对外汇汇率等实行套期保值交易，规避汇率风险，采取转包的方式，分散风险；要求保险公司投保，转移部分风险到保险公司；设立项目风险应急资金、备用资金贷款等，防范风险。

9.4.4 风险识别案例

1. 案例概况

北京市某市政建设项目采用 PPP（BOT）的模式，项目由 A 公司出资，政府立项推动，涉及金额 50 亿元，由 A 公司进行运营，到一定时间后政府回购。

2. 风险识别过程

A 公司为推动本项目的实施，研究和形成了项目风险清单，包括政策、法律、市场、技术等领域，分析了历史经验和案例教训，组织了专家讨论、行业访谈等，对风险进行了分类，划分了政治风险（政府延期付款、政府换届、政策变更、审批延误、政府无法跟进等）、法律风险（合同变更）、建设风险（物价上涨、成本超支、项目质量、土地拆迁、工期延迟等）、融资风险（成本提升、资金筹措不足、回购款无法回收等）、环境风险（地质结构、环保测评、气象灾害等）。

进行项目风险评估。结合行业政策和项目诉求，根据风险发生的程度和影响程度对风险进行轻重缓急排序，通过专家评判法和头脑风暴法，结合层次分析法，将风险归类和评分，建立风险评估矩阵，确定风险评估小组，参与项目设计及招投标和尽职调查，通过评判风险发生的概率及公司的风险承受能力分析，对项目风险进行评判。

制定风险分担和转移策略。在研究分析各种风险之后，确定政府延期付款、成本超支和工期无法控制、回款无法到账等重点风险，制定风险转移和规避策略：

一是加强政府公关，要求政府前期开始分期付款，形成利益共同体；二是项目公司股权让渡给地方企业，做通政府工作让政府财政保障项目还款，共同分享收益，规避项目风险，提高回款能力；三是与当地政府谈判，争取政府支持，共同防范风险；四是对于质量要求高的工程由下属企业施工，降低了成本，防范了工程质量风险。

9.5 风险管理模型

PPP 项目一般包括准备阶段、招投标阶段、合同组织阶段、融资阶段、建造阶段、经营和移交等阶段。

9.5.1 项目各阶段风险

在项目准备阶段，政府部门在调查项目需求的基础上，通过对案例研究或请教行业专家，识别项目潜在的风险因素并进行风险评估，制定项目可行性研究报告。政府根据风险分析结果判断政府和私营部门控制的风险，评估双方无法控制的风险清单，列出各类风险清单，等待下阶段评估和协商分担。对于政府部门最有控制力的风险，由政府分担。其他风险适当转移给私营部门。

政府在初步分析和分担风险结果的基础上，制定招标文件，并发布招标公告。

在招投标阶段，私营部门对招标文件的初步风险分担结果进行自我评估，主要评估资源、技术、人才等要与政府部门转移的风险相匹配。如果认为对该风险可控，就进行风险报价，并体现在投标报价中；如果认为风险不可控，就选择转移给第三方（如邀请保险公司共担风险），初步估计转移成本，同时反映在投标报价中。

政府部门根据准备阶段的风险估值，比较各投标人的投标报价以及投标人经验、能力等非价格因素，确定合适的中标人。

采用 PPP 模式，政府要主动承担必要的风险，降低风险管理成本。政府承担风险主要通过权利义务的界定和付款机制予以实施，通过合同条款进行定义。

在合同组织阶段，政府和项目公司对特许权协议进行合同谈判，确定双方的权利义务、服务定价和调整机制。

在签订特许权协议后，项目公司与其他专业分包商/放贷方/保险方等进行合同谈判，将掌控不了的风险转移给对该风险有控制力的第三方。

9.5.2 风险测量模型

1. ALM（资产负债管理）

ALM 依赖报表分析的形式进行风险分析和测量。该方法缺乏针对的时效性，利用方差与 β 系数来衡量风险，过于抽象，且只能反应市场的波动幅度。

2. CAPM（资本资产定价模型）

CAPM 很难与金融衍生品种相匹配，无法精确定义金融风险。

3. VAR（在险价值）

VAR 指在市场正常波动下，在一定的概率水平（置信度）下，某一金

融资产或证券组合在未来的特定的一段时间内的最大可能损失。用公式可表示为

$$Prob(\Delta P > VAR) = 1 - a$$

其中：Prob 表示资产价值损失小于可能损失上限的概率；ΔP 表示某一金融资产在一定持有期 Δt 的价值失额；VAR 表示给定置信水平 a 下的在险价值，即可能的损失上限；a 表示给定的置信水平。

运用 VAR 测量风险的基本步骤：

一是进行单位根检验；二是协整检验；三是滞后期确定；四是建立 VAR 模型：（因果关系检验），检验其平稳性，通过了平稳性检验，就可以做脉冲响应、方差分解等；如果没有通过平稳性检验，就不能直接做脉冲响应和方差分解，可以以差分变量做 VAR 模型，再做脉冲响应和方差分解，建立 VAR 模型。

9.5.3　风险分担

1. 风险分担误区

在实践中，有些政府部门错误地认为"采用 PPP 模式就是要把尽量多的风险转移给私营部门"和"承担更多的风险就可以获得更多的回报，从而把承担风险看成是获得高额回报的机会"。某些金融机构总想采取各种担保和抵押等手段把项目风险留给政府或企业，自己不想承担任何风险。这种观点是错误的。

从 PPP 项目实施来看，随着政府部门转移给私营部门的风险增加，项目效率不断上升，总成本不断下降，资金价值不断上升。但是当风险转移到一定程度后，项目效率下降，总成本上升，资金价值也下降。总体来看，可将风险分担对项目总体成本的影响归结为三个效应：生产成本效应、交易成本效应和风险承担成本效应。其中：

生产成本效应，指风险分担可激励承担者有效控制风险，降低风险的发生概率，减少项目的生产成本；交易成本效益，指如果具有明确的风险分担准则和格局，避免双方在这个问题上的复杂谈判，减少谈判时间和成本；风险承担成本效应，指承担风险的一方会要求相应的风险补偿，导致项目成本增加。

如果在招标公告中，政府部门转移给私营部门的风险越多，投标人在特许报价中主张的权利也越多，如要求自由调整价格，获得更高的风险补偿，导致特许价格更高，会增加项目的风险承担成本，导致资金价值降低。如果让私营部门承担无法承担的风险，一旦风险发生时又缺乏控制能力，必然降低提供公共设施/服务的效率和增加项目的生产成本（事实上也将增加政府部门的成本），甚至导致项目的中止。

2. 风险分担建议

投资机构和民营企业应根据风险发生的程度和发生后产生的影响程度对风险进行轻重缓急排序，结合企业自身的需求进行综合分析，开拓重点业务和特定市场。

通过对项目资料、背景信息等分析，初步建议：

（1）项目公司应承担项目融资、建设、采购、经营和维护等风险（项目公司应再将相关风险分别转移给承包商、供应商、运营商或银行等）。

（2）相关政府应承担公共政策、法律变更等风险。

（3）金融机构等应承担利率变化和物价上涨等相关风险。

（4）不可抗力风险由各方共同承担。

9.6 金融机构 PPP 风险

9.6.1 项目盈利性

PPP 项目为商业银行提高盈利水平提供了新机遇。在 PPP 项目中，政府部门持有项目的股权，与私人企业共同承担项目建设和运营，风险防控机制贯穿在项目的全生命周期。政府的参与、监管降低了商业银行贷款的违约风险。银政企三方作为利益共同体，减少了政策波动和作废引发的政策风险及法律风险。

金融机构参与 PPP 项目，应该分析项目的收入实现形式，明确融资项目是属于经营性项目、准经营性项目，还是非经营性项目。应该研究和分析项目收费机制和盈利测算是否合理、科学，评估特许经营期限、收费机制变更的补偿机制、项目唯一性等条款。对于准经营性项目，需要考虑政府补偿机制、环境变化对项目现金流的诸多影响。

9.6.2 项目退出安排

在 PPP 模式下，资金来源趋于多元化，社会资本参与其中并持有项目股份。在很多情况下，金融机构项目从一开始就介入 PPP 项目。PPP 模式下，金融机构须考虑退出机制，如在项目建设期资管计划先期介入，待完成建设施工，项目开始运营后再由银行发放贷款，置换原资管计划的融资。对于采取资管计划 + 有限合伙基金的方式实现资金注入基础设施项目的，通过基金赎回、资管计划受益权转让、有限合伙份额转让等形式退出。

9.6.3 投资的流动性

由于银行、保险、基金等金融机构的资金通常都有一定的投资期限，PPP 项目周期可能 10 年甚至更长时间，为确保资金的流动性，金融机构在设计融资方案时可进行结构化分层，安排流动性支持者以增加流动性。通过结构化分层，对优先级份额设定较短期限，期限届满时投资者有权选择向流动性支持者转让份额实现退出；对于次级投资者持有份额一直到产品到期，同时，获得较高的超额收益。

9.6.4 项目增信措施

在 PPP 模式下，项目审核的关键点是 PPP 项目的整体盈利性、项目运营主体的建设经营能力和财务状况，还款来源依赖于项目的现金流和相应的增信措施。在实际操作中，可以采用股权质押、基础设施项目应收账款收益权、项目公司资产、其他社会资本方保证等增信措施，降低投融资风险。在基础设施施工建设阶段，项目无现金流入时，可考虑超额募集或由次级投资者补足资金的形式用于支付期间收益。

在 PPP 项目融资过程中，商业银行的角色发生根本性变化，成为资金的组织者，负责调配各部门资金的使用情况等。对于商业银行来说，PPP 模式与传统融资模式存在很大的差别：

一是 PPP 模式在法律上是有限追索权融资，债权人的追索对象只能限于项目本身的资产及现金流。

二是 PPP 模式下的融资对象是由项目发起人专门设立的独立的项目公司。

三是 PPP 模式的主要还款来源是项目本身的盈利能力和资产质量，它不再是地方财政资金。

四是 PPP 项目风险需采用全面风险管理模式。

9.6.5 项目财务监督

PPP 项目建设资金有多样化的来源渠道，为确保投入资金被用于项目建设，现金流入能偿还负债，金融机构应对项目运作过程进行财务监督，确保专款专用，及时掌握项目的经营情况。金融机构可以委派财务人员，采取设立专门账户的形式监管，如果有可能还可向项目公司委派董事和监事，参与项目公司的经营决策和监督。如与银行签订专门账户，项目经营收入专户监督使用，在合同约定的范围内支付项目经营开支，剩余资金作为债务偿还的准备。

9.7 PPP 合同

9.7.1 PPP 合同体系的合同主体

PPP 作为政府主体与私人主体之间就某一公共产品的提供达成的长期合作安排，由多个主体之间签署的不同种类的合同构成，形成了 PPP 合同体系。

按照合同的审批和实施主体，分为政府主体、社会资本主体。具体如下：

1. 政府主体

政府承担了通过 PPP 项目而提供公共产品、公共服务购买和协调、审批并推动项目实施等的三重作用。

2. 社会资本主体

广义的社会资本主体，是所有参与 PPP 项目的私人主体，包括 PPP 项目承包商，项目融资方，项目设计、建设、运营的承包商与分包商，原材料供应商，产品或服务购买方，保险公司及其他专业机构等。

狭义的社会资本主体指接受政府主体授权，直接承包 PPP 项目，并根据特许经营权建立项目公司的项目承包商。

社会资本主体可以是法人资格的企业，包括私营企业、国有企业、外商投资企业及外国企业。

项目公司直接与政府主体签订 PPP 项目合同，并在 PPP 项目合同的基础上与其他私营主体之间根据 PPP 项目的需要签订其他合同。项目公司及控制项目公司的社会资本主体均为 PPP 合同体系的核心主体。

9.7.2　PPP 合同体系的合同类型

1. PPP 合同体系的核心合同

项目合同是 PPP 合同体系的核心，由政府主体与代表社会资本主体的项目公司签订，内容包括 PPP 项目的整个阶段各个主体之间关键的利益分配与风险分配。

项目合同的基本特征：政府主导性、责任与权益多元化、合同传导性、模式多元化。

2. PPP 合同体系中的主要合同

股东协议。股东协议，指社会资本主体在建立项目公司的过程中签订的合同，项目公司基于该合同建立公司章程。股东协议包括一般公司设立时约定的内容，以及股东对 PPP 项目履行的承诺、PPP 项目的商业计划、股权发生重大变更时的处理机制、争议解决方式等。

融资合同。主要包括金融机构贷款合同、担保合同等。

设计合同、建设合同、运营合同。PPP 项目实施过程中，需要签订设计、建设、维护、运营、维护等各类合同。

原材料采购合同、产品购买合同。原材料采购合同与产品购买合同指在 PPP 项目的运营过程中原料供应商、产品购买商与项目公司签署的采购合同与销售合同。

3. PPP 合同体系的次要合同

PPP 合同体系的次要合同，指那些不是由 PPP 项目公司直接签订，但与其存在一定关联的合同，如 PPP 项目的运营商与保险公司签订的保险合同，设计、建设、运营商与分包商签订的分包合同，PPP 项目过程中各主体与专业技术主体签署的专业技术服务合同等。

PPP 合同根据其功能，可分为：服务合同、管理合同、租赁合同、特许经营权、BOT 等。其中：

服务合同，是那些政府主导，社会资本参与，完成一个或多个特定任务而签订的合同，时间一般为 1~3 年。该类合同社会资本的风险小，竞争激烈，费用可以根据合同一次或者分次支付。

管理合同，是那些管理整个项目或主要项目的合同，一般为 2~5 年，主要由社会资本承担实施责任。社会资本的风险较小，费用相对固定，竞争一般是一次性的，管理层可能无法控制核心资源，一般通过政府购买服务等形式实现。社会资本获得约定的劳务费或运营费等，管理合同下的社会资本还可能获得部分利润。在管理合同模式下，承包商不拥有自主权。

租赁合同，是那些有一定投资需要且社会资本提供资金，并承担满足特定服务的标准或义务的合同。如：标准厂房、港口租赁等。其期限一般为 10~15 年。

特许经营权，是允许社会资本运营商在指定区域内负责全面公共服务，包括运营、维护、收费、管理、建设等，并负责投资建设。如：铁路、天然气等项目合同。其有效期限一般为 25~30 年。

BOT 和类似安排，是那些以特殊的经营权做内容，社会资本按照设定的标准进行融资和建设，重点是基础设施建设等。如垃圾转运站等项目。合同期满，项目所有权归政府，但政府可以选择将运营责任承包给开发商，或与新的合作伙伴签订新的合同。BOT 的变种形式有：BTO（建设—转让—运营）、BOO（建设—拥有—运营）、DBO（设计—建设—运营，项目所有权在整个过程中不属于社会资本）等。

合资企业，指成立由政府和企业共同运营的特定企业，通过这个公司进行项目开发、管理和项目实施等。

混合安排，指通过 PPP 模式，实现多个合同的不同属性的整合，实现风险分担和项目实施。如管理合同安排、包干制委托经营租赁合同等。

9.8 案例：南京市丰子河 PPP 项目风险管理

9.8.1 项目概况

一、项目区域位置及投资环境

南京市浦口区丰子河路建设工程 PPP 项目（以下简称本项目）为新建道路项目，起点为现状西江路，终点为桥林大道，全长约 13.254km，道路红线宽 60m，两侧各有 20m 宽绿化带，桩号 K3 + 340 ~ 终点约 10km 与宁和城际一期共线（宁和城际在建）。本项目位于江北新区城市发展轴上，北起西江路南至桥林大道，是江北新城主干路网的重要组成部分，连接桥林新城及浦口中心城。与本项目相接的浦滨路，北已建至珍珠南路，远期将向北沟通，贯穿整个江北新区，形成江北新区重要的城市发展轴。同时本项目贯穿整个桥林新城，是桥林新城"五横七纵"主干路网中的一横，主要承担着桥林新城与浦口方向以及宁合、宁连高速公路的联系，同时服务桥林新城内部的交通需求，如图 9 - 1 所示。

图 9 - 1　丰子河路效果

二、项目招商方

项目招商方为江苏省南京浦口经济开发区管理委员会（以下简称"浦口

经济开发区管委会"），行政上归江苏省南京市浦口区管辖。

南京 2015 年末人口 823.59 万人，GDP 为 9 721 亿元，较上年增长 9.3%；一般公共预算收入 1 020 亿元，较上年增长 12.9%；一般公共预算支出 1 045 亿元，较上年增长 13.5%。江北新区为国内第 13 个、江苏省首个国家级新区。

2015 年，浦口区实现地区生产总值（GDP）713.69 亿元，较上年增长 10.5%，位列全市各区排名第 5 名，财政总收入 173.82 亿元，其中一般预算总收入 93.6 亿元，同比增长 11.6%。城镇居民人均可支配收入 4.37 万元，比上年增加 3 398 元，增长 8.4%。2015 年，浦口板块政府性基金收入 749 792 万元，同比增长 19%，其中土地出让收入 667 772 万元. 根据现行财政体制，考虑上下级结算事项、上年结转收入和上级专项补助后，浦口板块政府性基金财力 778 990 万元；政府性基金支出 702 402 万元，结转下年 76 588 万元，专款专用如表 9 – 2 所示。

表 9 – 2　　　　　　2013—2015 年浦口区 GDP 及财政情况

项目/年份	2013	2014	2015
GDP（亿元）	524.94	635.96	713.69
GDP 同比	12.7%	10.9%	10.5%
财政总收入（亿元）	112.96	127.92	136.60
财政总收入同比	11.3%	13.3%	6.8%
一般预算总收入	93.68	83.09	75.37
一般预算总收入同比	10.7%	10.2%	14.9%
政府性基金（亿元）	—	630 717	749 792
政府性基金同比	—	—	19%

三、项目内容

本项目主要建设内容包括道路工程、桥梁工程，排水工程、照明工程、交通安全设施工程、绿化工程、管廊工程及其他综合管线工程等。本项目用地面积约 1 353 亩（道路红线扣除宁和城际征地）。根据项目招标文件，本项目静态投资估算总额为 458 497 万元，其中工程建安费 322 389.85 万元，征地拆迁费 74 415.00 万元，工程前期费 13 551.25 万元，工程其他费 19 690.39 万元，工程预备费 28 450.52 万元。

道路工程。本项目道路工程北起西江路，南至桥林大道，全长约 13.254km，一般道路红线宽为 60m，本项目道路等级为一级公路兼城市主干路功能，设计速度为 60km/h。道路工程建设包括路面工程和路基工程，其中路面工程建设包括机动车道、非机动车道、人行道、路缘石；路基工程建设包括土方工程、边坡防护（植草）、挡墙防护。

桥梁工程。本项目共新建桥梁 10 座，跨径总长 2 658.6m（含坡道桥），其中新建大桥 3 座，跨径总长 2 489.6m；新建中小桥 7 座，跨径总长 169m。

排水工程。本项目排水工程采用雨、污分流制，全线雨、污水管道双侧布置，共计 4 根管线。其中雨水管道就近排向现状河道或规划河道。污水管为该片区主管道，兼顾收集片区污水，污水最终流向新星大道污水管网内。

照明工程。本项目机动车道路灯拟选用单臂路灯，单臂路灯布置在道路两侧侧分带上，双侧对称布置，非机动车道灯具拟选用庭院灯，庭院灯分别布置在道路两侧人行道上，对称布置。交会区路灯选用宽角泛光灯。

绿化工程。本项目绿化设计范围全长约 13.254km，包括道路红线范围内中分带、侧分带及人行道树，绿化总面积约 25.9 万平方米。

管廊工程。本工程包含 8.65km 长综合管廊和 1 座控制中心。综合管廊主线为 3 舱断面，分别为电力舱、水信舱和燃气舱。综合管廊标准断面的外尺寸为 10.8m 宽×3.7m 高，一般段落覆土厚度 2.5m，下穿越 7 处河道。电力舱和燃气舱均划分为 45 个防火分区，水信舱划分为 23 座防火分区，每个防火分区设置一个进风口、一个排风口、二个（人员出入口）逃生口，每 400 米左右设置一个吊装口。配建一座控制中心，用于后期维护、运行管理。控制中心位于秋韵路交叉口的公园绿地内，地上建筑面积 1 500m²。根据项目实施方案数据，工程建安费 322 389.85 万元主要为：路面工程 35 534.70 万元，路基工程 64 319.12 万元，雨污水工程 20 858.38 万元，桥梁工程 80 586.64 万元，涵洞工程 1 432.90 万元，照明工程 3 754.29 万元，交叉工程 8 050.00 万元，交通工程 3 048.42 万元，绿化工程 14 245.00 万元，公交站台 2 275.00 万元，管廊工程 82 196.90 万元，管综工程 6 088.50 万元。

四、PPP 项目进展

2016 年 4 月，上海××土建工程咨询有限公司出具了浦口区丰子河路（西江路—桥林大道）建设工程的项目建议书，项目可行性研究报告处于编制阶段。

2016 年 4 月 29 日南京市浦口区人民政府第四次常务会议纪要，浦口区政府已经同意实施南京市浦口区丰子河路建设工程 PPP 项目并批准了本项目实施方案。

2016 年 5 月 27 日，咨询机构通过南京市政府招标采购网公布资格预审公告。为顺利入围，扩大竞争优势，明确以中国交建名义参与项目资格预审。

2016 年 6 月，上海××土建工程咨询有限公司出具了本项目建设工程的项目可行性研究报告。

2016 年 7 月 8 日组织了资格预审评审，共 3 家单位通过，分别为：中国交通建设股份有限公司、中国建筑股份有限公司和中国中铁股份有限公司。

2016 年 7 月，本项目选入 PPP 项目江苏省省库及 2016 年度 PPP 省试点项目。

2016 年 9 月 13 日，南京浦口经济开发区管理委员会通过南京市政府招标采购网公布本项目招标公告，本项目进入招标采购程序。

2016 年 10 月 11 日开标，经评审中国交通建设综合排名第一位。

2016 年 10 月 13 日发布公告确定中国交通建设为预备中标人。

9.8.2 项目风险管理

一、项目风险管理

项目风险管理一般包括风险识别（风险因素识别）—风险评估（风险度测量）—风险应对—风险监控四个阶段，这种管理过程是相对静态的风险管理过程。当前的项目风险管理都是采用动态的风险管理方法，就是在项目实施的各个阶段不断跟踪、检查，及时对出现的风险因素进行有效管理。针对南京市丰子河 PPP 项目，中国交通建设拟采用动态与静态相结合的风险管理方式进行项目风险管理。具体的管理流程如图 9 - 2 所示。

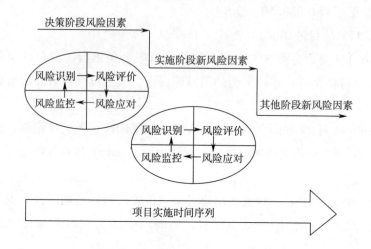

图 9 - 2　丰子河项目风险管理流程

二、PPP 项目风险识别

PPP 项目投资规模大、周期长、项目参与方多、合同组织关系复杂，与相关社会公共利益密切相关，风险多且风险后果损失大。针对南京市丰子河 PPP 项目面临的风险因素，邀请了中交集团内部专家委员会对南京市丰子河 PPP 项目的风险因素进行识别。经过多轮数据整理和统计，在专家们对风险因素的意见趋于统一的基础上，汇总得到南京市丰子河 PPP 项目风险因素清单如表 9 - 3 所示。

表 9 - 3　　　　　　　南京市丰子河 PPP 项目风险因素识别表

第一层风险	第二层风险
政治风险（r_1）	F1：政府信用风险（r_{11}）
	F2：政策法律变更风险（r_{12}）
	F3：政府决策延误风险（r_{13}）
	F4：政府干预风险（r_{14}）
经济风险（r_2）	F5：通货膨胀风险（r_{21}）
	F6：利率变更风险（r_{22}）
	F7：汇率变动风险（r_{23}）

续表

第一层风险	第二层风险
合同风险（r_3）	F8：合同条款约定不明确风险（r_{31}）
	F9：合同当事人违约风险（r_{32}）
运维期风险（r_4）	F10：项目付费及调整风险（r_{41}）
	F11：项目提前回购风险（r_{42}）
	F12：项目移交风险（r_{43}）
	F13：运维成本偏高风险（r_{44}）
建设风险（r_5）	F14：征拆延误风险（r_{51}）
	F15：审批风险（r_{52}）
	F16：工期拖延风险（r_{53}）
	F17：投资超额风险（r_{54}）
	F18：设计变更风险（r_{55}）
	F19：施工安全风险（r_{56}）
	F20：施工质量风险（r_{57}）
管理风险（r_6）	F21：合作保障风险（r_{61}）
	F22：各方沟通协调不畅风险（r_{62}）

1. 政治风险

（1）政府信用风险

政府信用风险，主要表现在政府方及其授权实施机构对项目合同的履行能力和契约意识，是社会资本决定参与本项目的首要考虑因素。该风险主要关系到政府能否按约定支付服务费用，关系到社会资本能否顺利收回投资成本及回报。

（2）政策法律变更风险

本项目属于市政道路桥梁类基础设施项目，政策法律变更主要涉及项目建设及运营方面的工程质量、土地、税务、环保标准、产品/服务收费等方面，从而给项目的正常建设和运营带来损害，导致社会投资人成本与收益的测算发生变化，从而影响项目的利润和回报的取得，甚至直接导致项目的中止和失败的风险。

（3）政府决策延误风险

由于 PPP 项目在我国的发展时间不长，政府部门相关经验的缺乏，导致实际运用能力、项目控制能力、得不到有效的信息以及前期准备和办事效率低下，会造成浦口区政府以及实施机构对丰子河 PPP 项目的决策时间会较长。

（4）政府干预风险

政府各职能部门根据行政职权对本项目享有法定监督管理权力，但如果监管界限不清，过度干预社会资本的日常经营管理，必然影响社会资本投资管理能力的发挥，降低项目运行效率，违背政府与社会资本的合作初衷。

2. 经济风险

实施 PPP 项目很大的原因是因为其经济效益的优势，可以使政府和社会资本在经济上实现共赢：就政府而言可以减少因基础设施和公共设施建设而带来的巨大财政负担；就社会而言可以通过投资来获得合理的收益。说到底 PPP 模式也是一种经济行为。因此，同其他的经济活动一样，它同样面临着不可避免的经济风险。

（1）通货膨胀风险

我国在 21 世纪初期阶段的经济发展中一个重要的特征就是通货膨胀，同时伴随着世界经济的下滑。这会直接影响到项目融资、投资、建设以及运营维护的成本。此外，政府为应对通货膨胀所采取的宏观调控经济政策，给经济带来了巨大的震荡，直接影响南京市丰子河 PPP 项目的经济收益。

（2）利率变动风险

政府的宏观调控政策主要包括货币政策和财政政策。而利率调整就是重要的货币政策，如果在南京市丰子河 PPP 项目实施期间经济发展不平稳，政府需要调节利率来保证经济平稳发展。所以，利率的变动会直接影响项目的收益以及成本的变化。

（3）汇率变动风险

该风险包括外汇汇率波动风险和外汇兑换风险，汇率的变动和我国当时经济发展形势有关，汇率变化大，说明国内经济发展形势发生了很大变化，这会对南京市丰子河 PPP 项目产生很大的影响。

3. 合同风险

南京市丰子河 PPP 项目会签订很多新合同，项目参与方的权利和义务都是通过合同条款约定的，该项目参与方多，合同关系复杂，所以合同条款是否完备直接影响到该项目的实施。

（1）合同条款约定不明确风险

PPP 项目在我国的发展时间不是很长，可以借鉴的成功案例也不多，更没有比较权威的合同模板可以参照，相比较一般项目，南京市丰子河 PPP 项目可利用的合同文件也不是很多。正因为如此，合同文件出现错误、权责模糊不清、条款设计缺乏弹性等现象是在所难免的，其中包括实施机构与社会资本风险分担不合理、责任与义务界限模糊等风险。

（2）合同当事人违约风险

南京市丰子河 PPP 项目参与方多，合同关系复杂，建设周期长，就必然导致不确定性因素太多，而且具有很大的突发性。此外参与方的目标利益不同，当合同参与一方发现不能得到自己的目标利益就会出现违约的现象。如果一方违约，会给该项目带来相应的损失。

4. 运维期风险

（1）项目付费及调整风险

项目付费及调整关系到项目的收益回报，决定了社会资本的投入是否能够达到预期收益。根据 PPP 项目的付费主体不同，项目付费机制可以分为三类，即政府付费机制、使用者付费机制、可行性缺口补助机制。

本项目属于不向用户收费的市政道路工程，采用政府付费机制。合同明确约定政府付费与项目公司运维绩效评价挂钩，如果项目公司未能达到约定的绩效标准，则会扣减政府付费总额。

（2）项目提前回购风险

PPP 项目合作期限较长，引起政府提前收回项目的因素很多，需要从多个角度考虑各方的责任（哪一方违约导致提前终止）、项目建设情况（建设期还是运营期，项目设施是否已经可直接使用）、项目融资情况等，并需要计算提前终止补偿款的问题。如果项目被政府提前回购，虽然政府会给予一定的补偿，但仍然会造成社会资本的投资损失。

（3）项目移交风险

PPP 项目移交既可采取资产移交，也可采取股权移交。在资产移交的方式中，重点可能涉及资产转让相关税收的风险。而采用股权移交的方式，由于往往是将股权转让给政府的平台公司或国有企业，因而还需考虑是否符合国有资产管理相关法规的风险。

丰子河 PPP 项目约定采用资产无偿移交的方式，社会投资方的合理投资收益已经通过前期政府的支付及补贴收回，无偿移交避免了相关税收的风险。另外，在移交过程中应注重资产移交范围、移交时间、各种资产移交标准及需要提供与本项目后期安全运营所需要的其他事项，减少移交风险。

（4）运维成本偏高风险

本项目运用维护风险主要表现为，社会资本或项目公司在项目运营期间，能否按照国家有关技术规范、行业标准的规定和谨慎运营惯例，对本项目道路工程、桥梁工程、排水工程、结构工程、照明工程、绿化工程等进行维护养护在内的服务，确保各项设施正常使用。

南京市丰子河 PPP 项目建设完工交付使用后，运维范围广，需要运营和维护的人员较多，随着我国劳动力成本逐年提升，会使得运营维护阶段成本势必会很高。

5. 建设风险

在建设阶段遇到的突发事件最多，相应风险也较多，与建设有关的风险在项目建设阶段都有可能会出现。

（1）征拆延误风险

征地拆迁是南京市丰子河 PPP 项目不可避免的程序，而征地拆迁阶段的时间长短，会直接影响项目工期，拆迁户对拆迁费用的期望较高往往会导致政府部门或项目公司与拆迁户之间签署的补偿协议比较高，这也会直接影响到项目的成本。

（2）审批风险

南京市丰子河 PPP 项目规模大，建设单位和施工单位需要办理各种复杂的审批手续。我国处于市场经济的发展阶段，各种流程的简化需要改革，这是一个比较漫长的过程，所以该项目的建设阶段审批延误现象也会在所难免。本项目涉及的审批内容主要为城市基础设施的基本建设程序相关审批，审批完成时间难以控制，存在不能按照预定时间开工建设的风险。政府不承担由于国家宏观政策、区域战略规划等非地方政府可控因素致使其审批受阻、延误的风险

（3）工期拖延风险

南京市丰子河 PPP 项目规模大，施工技术比较复杂，建设工期紧张。由于前面所述的风险因素，以及结合我国的实际情况，工期拖延很可能会发生。

（4）投资超额风险

在我国工程建设项目经常会出现"三超"问题。就是设计概算超投资估算，施工预算超设计概算，竣工结算超施工预算。所以总的投资超出预期是很有可能发生的。国家体育场项目工期紧，质量要求高，投资超额风险还是比较大的。本项目涉及的工程建设投资额较大，对于工程造价的控制至关重要。其风险主要来自工程量增加、工期延长，人工、材料、机械台班、各种费率、利率的提高，从而增大投资，形成一定的投资风险。

（5）设计变更风险

在项目建设过程中设计变更是不可避免的，由于在勘察阶段不能完全摸清当地的自然环境，导致设计工作出现问题，到施工阶段不能正常施工。同时项目周期长会有很多新的情况发生，比如新的技术应用、勘测是未发现的地质情况以及交叉施工等等，这些都会涉及设计变更。

（6）施工安全风险

建设项目安全管理是工程项目管理的一个重要方面，施工项目只有安全的进行才能保证建设人员的生命和财产。南京市丰子河 PPP 项目建设内容有道路及综合管廊，会增加项目的危险性，因此，在项目管理中应做好安全管理。

（7）施工质量风险

施工质量管理是建设项目管理中的一项重要工作，建设项目质量等级关系到后期使用和维保。丰子河项目中建设道路、桥梁和综合管廊，对质量有着较高要求，质量的优劣在于施工过程，所以应该做好施工过程中的质量控制工作。

6. 管理风险

建设项目的成功实施离不开科学的管理，PPP 项目也是一种建设项目，只有对工程科学的管理才能达到预期的效益。南京市丰子河 PPP 项目对管理者的要求是很高的，所以在工程管理的层面上，该项目面临的风险也不会小。

（1）合作保障风险

南京市丰子河 PPP 项目需要各个参与方的合作，认真履行合同条款才能使项目得到成功实施。在项目的实施过程中，各参与方的合作是非常重要的，在合作的过程中会出现各种情况，所以就需要各个参与方的共同协作管理。

（2）各方沟通协调不畅风险

南京市丰子河 PPP 项目参与单位较多，这给项目管理的沟通协调造成了很大困扰。一个建设项目如果没有良好的沟通，各个参与方各自为政，信息就不能很好地公开。这不仅会使项目推进困难，甚至会导致项目的失败。所以说，对项目来说，良好的沟通协调是成功实施项目的保障。

9.8.3 PPP 项目风险度测量及评估

在对南京市丰子河 PPP 项目的风险因素进行识别之后，采用物元评估法和层次分析法对风险因素进行评估。

一、确定指标和权重

采用邀请专家和问卷的形式取定各风险因素的指标权重，具体数据如表 9-4 所示。

表 9-4 丰子河项目风险因素权重表

第一层风险	第二层风险	发生可能性的大小	应对难易度	影响危害性的大小
政治风险（r_1）	F1：政府信用风险（r_{11}）	10	85	80
	F2：政策法律变更风险（r_{12}）	30	65	55
	F3：政府决策延误风险（r_{13}）	50	40	45
	F4：政府干预风险（r_{14}）	85	80	80
经济风险（r_2）	F5：通货膨胀风险（r_{21}）	45	50	65
	F6：利率变更风险（r_{22}）	45	40	45
	F7：汇率变动风险（r_{23}）	55	30	20
合同风险（r_3）	F8：合同条款约定不明确风险（r_{31}）	85	70	75
	F9：合同当事人违约风险（r_{32}）	30	40	20

续表

第一层风险	第二层风险		发生可能性的大小	应对难易度	影响危害性的大小
运维期风险（r_4）	F10：项目支付及调整风险（r_{41}）		20	60	75
	F11：项目提前回购风险（r_{42}）		10	70	70
	F12：项目移交风险（r_{43}）		30	40	50
	F13：运维成本偏高风险（r_{44}）		50	60	50
建设风险（r_5）	F14：征拆延误风险（r_{51}）		90	80	75
	F15：审批风险（r_{52}）		45	20	40
	F16：工期拖延风险（r_{53}）		65	85	55
	F17：投资超额风险（r_{54}）		75	50	40
	F18：设计变更风险（r_{55}）		65	55	45
	F19：施工安全风险（r_{56}）		20	80	30
	F20：施工质量风险（r_{57}）		20	45	45
管理风险（r_6）	F21：合作保障风险（r_{61}）		10	75	75
	F22：各方沟通协调不畅风险（r_{62}）		35	50	30

设风险等级域为 D，风险特征指标集为 B。

则 $D = [d_1, d_2, d_3, d_4]$

d_1 = 一级风险，d_2 = 二级风险，d_3 = 三级风险，d_4 = 四级风险。

$$B = [b_1, b_2, b_3]$$

b_1 = 发生可能性的大小，b_2 = 应对难易度，b_3 = 影响危害性的大小。

其中，一级风险、二级风险在项目实施过程对应的后果为严重、较严重，是项目实施过程中必须重视的风险因素，并需要采取合理相应措施应对，三级风险、四级风险在项目实施过程中对项目的影响相对较小，但是也不能忽视，必要时需采取措施应对。

丰子河项目风险因素指标属于各个独立指标，可以设各级风险指标的范围在 0 ~ 100。

对于 b_1 来说，数值越高表示风险发生的可能性就越大，则风险等级越高；

对于 b_2 来说，数值越高表示处理应对的难度就越大，则风险等级越高；

对于 b_3 来说，数值越高表示影响的危害性就越大，则风险等级越高。

可以把经典域表示如下：

$$R_{01} = \begin{bmatrix} 一级风险 & b_1 & (80,95) \\ 0 & b_2 & (80,95) \\ 0 & b_3 & (80,95) \end{bmatrix}$$

$$R_{02} = \begin{bmatrix} 二级风险 & b_1 & (55,80) \\ 0 & b_2 & (55,80) \\ 0 & b_3 & (55,80) \end{bmatrix}$$

$$R_{03} = \begin{bmatrix} 三级风险 & b_1 & (25,55) \\ 0 & b_2 & (25,55) \\ 0 & b_3 & (25,55) \end{bmatrix}$$

$$R_{04} = \begin{bmatrix} 四级风险 & b_1 & (5,25) \\ 0 & b_2 & (5,25) \\ 0 & b_3 & (5,25) \end{bmatrix}$$

可以把节域表示如下：

$$R_D = \begin{bmatrix} 项目风险 & b_1 & (0,100) \\ 0 & b_2 & (0,100) \\ 0 & b_3 & (0,100) \end{bmatrix}$$

标注：当某一风险数值不在 0~100 内不做讨论；

当某一风险数值大于 95 时，表明该风险因素会导致项目失败，是不可接受的风险因素；

当某一风险数值小于 5 时，表明该风险因素不会对项目产生什么影响，可忽略不计。

二、风险评估指标量化处理

待评估事件的物元表示如下：

政治风险

$$R_{11} = \begin{bmatrix} r_{11} & b_1 & 10 \\ & b_2 & 85 \\ & b_3 & 80 \end{bmatrix} \quad R_{12} = \begin{bmatrix} r_{12} & b_1 & 30 \\ & b_2 & 65 \\ & b_3 & 55 \end{bmatrix}$$

$$R_{13} = \begin{bmatrix} r_{13} & b_1 & 50 \\ & b_2 & 40 \\ & b_3 & 45 \end{bmatrix} \qquad R_{14} = \begin{bmatrix} r_{14} & b_1 & 85 \\ & b_2 & 80 \\ & b_3 & 85 \end{bmatrix}$$

其他风险因素的物元表示同上。

通过咨询专家,确定评估指标对项目影响的权重为

$$\sigma_1 = 0.4 \qquad \sigma_1 = 0.2 \qquad \sigma_1 = 0.4$$

三、物元模型关联度计算

以 r_{11} 为例

$$K_1(r_{11}) = \frac{\left| 10 - \frac{95+80}{2} \right| - \frac{95-80}{2}}{\left| 10 - \frac{100+0}{2} \right| - \frac{100-0}{2} - \left(\left| 10 - \frac{95+80}{2} \right| - \frac{95-80}{2} \right)}$$

$$= -0.875$$

上式中 $K_1(r_{11})$ 表示风险因素 r_{11} 与风险等级 d_1 的关联度。同理,可以计算出风险因素 r_{11} 另外两个特征向量关于 d_1 的关联度以及 r_{11} 的各个特征向量关于 d_2,d_3,d_4 的关联度。

按照以上步骤计算其他风险因素的关联度。

确定待评估风险因素 r_{11} 关于四个风险等级 j 的关联度:

$$K_1(r_{11}) = (-0.875) \times 0.4 + 0.5 \times 0.2 + 0 \times 0.4 = 0.25$$

同理:$K_2(r_{11}) = -0.221$ $K_3(r_{11}) = -0.596$ $K_4(r_{11}) = -0.027$

由 $\overset{MAX}{\underset{j \in (1,2,3,)}{}} k_j(r_{11}) = -0.027$,确定 r_{11} 的风险等级为 d_4,同理可以计算其他风险因素的关联度,由关联度确定各风险因素的风险等级如表 9-5 所示。

表 9-5 丰子河项目风险因素等级判别表

第二层风险	等级判别
F1:政府信用风险(r_{11})	四级
F2:政策法律变更风险(r_{12})	三级
F3:政府决策延误风险(r_{13})	三级
F4:政府干预风险(r_{14})	一级
F5:通货膨胀风险(r_{21})	三级

续表

第二层风险	等级判别
F6：利率变更风险（r_{22}）	三级
F7：汇率变动风险（r_{23}）	四级
F8：合同条款约定不明确风险（r_{31}）	一级
F9：合同当事人违约风险（r_{32}）	三级
F10：项目付费及调整风险（r_{41}）	四级
F11：项目提前回购风险（r_{42}）	四级
F12：项目移交风险（r_{43}）	三级
F13：运维成本偏高风险（r_{44}）	二级
F14：征拆延误风险（r_{51}）	一级
F15：审批风险（r_{52}）	三级
F16：工期拖延风险（r_{53}）	三级
F17：投资超额风险（r_{54}）	三级
F18：设计变更风险（r_{55}）	二级
F19：施工安全风险（r_{56}）	三级
F20：施工质量风险（r_{57}）	三级
F21：合作保障风险（r_{61}）	四级
F22：各方沟通协调不畅风险（r_{62}）	三级

四、第一层风险因素指标权重确定

对于第一层风险因素权重的确定，可以采用层次分析法，通过上文二级风险因素风险等级确定，可以确定丰子河 PPP 项目风险等级。本次风险因素权重的确定是在通过向专家发放问卷和现场咨询的方式确定的，所咨询的专家都是在行业领域具有丰富的工作经验。

表 9-6 政治风险各子风险因素判断矩阵

r_1	r_{11}	r_{12}	r_{13}	r_{14}
r_{11}	1	1/3	1/3	1/5
r_{12}	3	1	1/2	1/3
r_{13}	3	2	1	1/3
r_{14}	5	3	3	1

（表格标题上方跨列：政治风险）

表 9 – 7   经济风险各子风险因素判断矩阵

经济风险			
r_2	r_{21}	r_{22}	r_{23}
r_{21}	1	3	5
r_{22}	1/3	1	3
r_{23}	1/5	1/3	1

表 9 – 8   合同风险各子风险因素判断矩阵

合同风险		
r_3	r_{31}	r_{32}
r_{31}	1	5
r_{32}	1/5	1

表 9 – 9   运维期风险各子风险因素判断矩阵

运维期风险				
r_4	r_{41}	r_{42}	r_{43}	r_{44}
r_{41}	1	1	3	5
r_{42}	1	1	2	5
r_{43}	1/3	1/2	1	3
r_{44}	1/5	1/5	1/3	1

表 9 – 10   建设风险各子风险因素判断矩阵

建设风险							
r_5	r_{51}	r_{52}	r_{53}	r_{54}	r_{55}	r_{56}	r_{57}
r_{51}	1	5	5	3	4	3	5
r_{52}	1/5	1	1	2	3	4	2
r_{53}	1/5	1	1	3	5	2	1
r_{54}	1/3	1/2	1/3	1	3	4	2
r_{55}	1/4	1/3	1/5	1/3	1	3	1
r_{56}	1/3	1/4	1/2	1/4	1/3	1	3
r_{57}	1/5	1/2	1	1/2	1	1/3	1

表 9 – 11   管理风险各子风险因素判断矩阵

r₆	r₆₁	r₆₂
管理风险		
r_{61}	1	3
r_{62}	1/3	1

表 9 – 12   南京市丰子河 PPP 项目风险因素判断矩阵

r	r₁	r₂	r₃	r₄	r₅	r₆
项目风险						
r_1	1	2	3	7	5	6
r_2	1/2	1	2	6	4	5
r_3	1/3	1/2	1	5	3	4
r_4	1/7	1/6	1/5	1	1/3	1/2
r_5	1/5	1/4	1/3	3	1	2
r_6	1/6	1/5	1/4	2	1/2	1

以南京市丰子河项目中政治风险为例计算权重系数：

表 9 – 13   政治风险各子风险因素判断矩阵求和计算结果

r₁	r₁₁	r₁₂	r₁₃	r₁₄	
政治风险					
r_{11}	1	1/3	1/3	1/5	$\sum = 1.867$
r_{12}	3	1	1/2	1/3	$\sum = 4.833$
r_{13}	3	2	1	1/3	$\sum = 6.333$
r_{14}	5	3	3	1	$\sum = 12$
		$\sum = 25.033$			

其判断矩阵 A 记为

$$\begin{bmatrix} 1 & 1/3 & 1/3 & 1/5 \\ 3 & 1 & 1/2 & 1/3 \\ 3 & 2 & 1 & 1/3 \\ 5 & 3 & 3 & 1 \end{bmatrix}$$

特征向量为

$$\omega_1 = 1.867/25.033 \quad \omega_2 = 4.833/25.033$$
$$\omega_3 = 6.333/25.033 \quad \omega_4 = 12/25.033$$

故 $w = (0.075 \ 0.193 \ 0.253 \ 0.479)^T$

一致性检验

$$\begin{bmatrix} 1 & 1/3 & 1/3 & 1/5 \\ 3 & 1 & 1/2 & 1/3 \\ 3 & 2 & 1 & 1/3 \\ 5 & 3 & 3 & 1 \end{bmatrix} \times \begin{bmatrix} 0.075 \\ 0.193 \\ 0.253 \\ 0.479 \end{bmatrix} = \begin{bmatrix} 0.319 \\ 0.703 \\ 1.023 \\ 2.19 \end{bmatrix}$$

计算 $\lambda_{max} = 4.133$

$$C.\ I.\ = 0.044$$

$\dfrac{C.\ I.}{R.\ I.} = \dfrac{0.044}{0.89} = 0.05 < 0.1$，一致性检验通过，该权重系数有效。

R. I. 通过查表可知为 0.89

根据第二层风险因素关联度的计算结果和第一层风险因素关于第二层风险因素权重为基础，求出丰子河项目各层风险因素的风险等级以及整个项目的风险等级。

以政治风险为例计算：

$$E_1 = A_{11} \times D_{11}$$
$$= (0.075 \quad 0.193 \quad 0.253 \quad 0.479)$$
$$\times \begin{bmatrix} -0.25 & -0.221 & -0.596 & -0.027 \\ -0.453 & -0.102 & 0.036 & -0.324 \\ -0.425 & -0.425 & 0.19 & -0.311 \\ 0.2 & -0.28 & -0.28 & -0.28 \end{bmatrix}$$
$$= (-0.118, -0.278, -0.124, -0.277)$$

则

$$E_1(r) = \mathop{MAX}_{p_i \in (1,2,3,)} E_1 = (-0.118, -0.278, -0.124, -0.277)$$

其他计算结果如表 9 - 14 所示。

表 9 – 14　　　　　　　　　　丰子河项目风险因素等级表

风险因素	子风险险集	子风险权重	子风险关联度判断矩阵				关联度计算结果				风险等级
			d_1	d_2	d_3	d_4	k_1	k_2	k_3	k_4	
r_1	r_{11}	0.075	−0.25	−0.221	−0.596	−0.027	−0.118	−0.278	−0.121	−0.277	一级
	r_{12}	0.193	−0.453	−0.102	0.036	−0.324					
	r_{13}	0.253	−0.425	−0.425	0.19	−0.311					
	r_{14}	0.479	0.2	−0.28	−0.28	−0.28					
r_2	r_{21}	0.605	−0.359	0.107	0.114	−0.269	−0.296	−0.048	0.201	−0.245	三级
	r_{22}	0.291	−0.066	−0.267	0.469	−0.3					
	r_{23}	0.103	−0.575	−0.345	−0.04	−0.05					
r_3	r_{31}	0.75	0.15	−0.02	−0.493	−0.69	−0.05	−0.141	−0.34	−0.512	一级
	r_{32}	0.25	−0.65	−0.503	0.12	0.021					
r_4	r_{41}	0.391	−0.433	−0.083	−0.262	−0.08	−0.465	−0.174	−0.182	−0.047	四级
	r_{42}	0.352	−0.5	−0.203	−0.44	−0.04					
	r_{43}	0.189	−0.5	−0.409	0.372	0.021					
	r_{44}	0.068	−0.367	0.109	0.067	−0.077					
r_5	r_{51}	0.325	0.333	−0.227	−0.6	−0.76	−0.128	−0.191	−0.103	−0.497	三级
	r_{52}	0.165	−0.525	−0.362	0.247	−0.165					
	r_{53}	0.165	−0.163	−0.033	0.222	−0.533					
	r_{54}	0.14	−0.163	−0.033	0.222	−0.533					
	r_{55}	0.077	−0.367	0.06	−0.25	−0.416					
	r_{56}	0.071	−0.55	−0.436	−0.031	−0.373					
	r_{57}	0.057	−0.563	−0.364	0.092	−0.031					
r_6	r_{61}	0.75	−0.467	−0.127	−0.484	0.013	−0.483	−0.091	−0.282	0.001	四级
	r_{62}	0.25	−0.531	0.018	0.326	−0.035					
r_7	r_1	0.345	−0.118	−0.278	−0.124	−0.277	−0.186	−0.167	−0.09	−0.312	三级
	r_2	0.266	−0.296	−0.048	0.201	−0.245					
	r_3	0.199	−0.05	−0.141	−0.34	−0.152					
	r_4	0.034	−0.465	−0.174	−0.182	−0.047					
	r_5	0.097	−0.128	−0.191	−0.103	−0.497					
	r_6	0.059	−0.483	−0.091	−0.282	0.001					

从表 9 – 14 数据可以看出，南京市丰子河 PPP 项目总体风险等级为三级，其中一级风险有政治风险和合同风险，三级风险有经济风险、建设风

险，四级风险有市场风险和管理风险。本项目整体风险等级不高，项目风险因素在可控范围之内，主要对项目一级风险因素进行重点控制。

9.8.4 PPP 项目风险应对

通过计算可看出南京市丰子河 PPP 项目总体风险等级为三级，其中政治风险和合同风险为一级风险，经济风险和建设风险为三级风险，运维期风险和管理风险为四级风险。项目整体风险等级是可控的。但是在项目实施过程中没有采取有效措施应对风险，将会导致项目没有获得很好的收益。

丰子河项目涉及的 22 个风险，风险等级计算结果如下：

一级风险有政府干预风险、合同条款约定不明确风险和征地、拆迁延误风险；二级风险有运营维护成本偏高风险和设计变更风险；三级风险有政策法律变更风险、政府决策延误风险、通货膨胀风险、利率变动风险、合同当事人违约风险、项目移交风险、审批风险、工期延误风险、投资超额风险、施工安全风险、施工质量风险、各方沟通协调不畅风险；四级风险有政府信用风险、汇率变动风险、项目支付及调整风险、项目提前回购风险、合作保障风险。

一级、二级风险对于项目管理者来说是必须要特别注意的，如果应对不合理很可能会导致整个项目的失败。三级、四级风险对项目的影响相对较小，在项目实施过程中给予一定的重视程度即可。项目风险应对策略包括风险利用、风险回避、风险转移、风险分散、风险缓解、风险自留，对于丰子河项目的风险可采取某一种应对策略或者是几种方式组合的应对策略。

9.8.5 PPP 项目风险监控

风险监控是贯穿于项目风险管理的始终，在项目的各个阶段都会有风险监控的工作。在风险管理的过程中，在某些特定的情况下，风险控制的工作往往比其他风险管理工作更重要。对南京市丰子河 PPP 项目进项有效的风险管理就需要有效的风险监控工作，就更需要建立风险监控预警机制。对项目风险因素进行提前识别和判断，根据丰子河项目风险评估结果，针对不同的风险以及造成不同的后果，进行分级预警，以便采取有效措施，把风险降到最低。风险预警框架如图 9 - 3 所示。

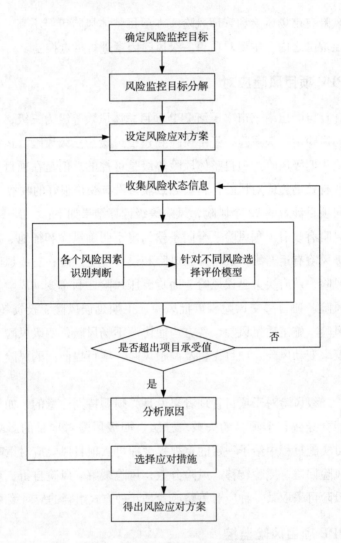

图 9 – 3 丰子河项目风险监控流程

该风险监控预警的流程图反映了风险事前监控的思想，从开始设定应对方案再到风险分析后的应对方案，就表现出来事前控制的思想。所以在项目公司中应成立专门机构，由专人负责风险监控工作。随着项目的不断推进，风险监控需要积极配合风险识别、风险评估、风险应对等工作，根据风险监控流程图，在风险还未发生时提出预警，提醒项目管理者采取措施，保证丰子河项目顺利进行（来源：本案例由中交集团提供，2017 年）。

10. PPP 缺陷及改进

PPP 项目涉及的内容和参与者很多，运作周期很长。同时，它还不成熟，在实施过程中可能存在一些缺陷，需要及时评估和发现缺陷，采取有效改进措施。

10.1 项目缺陷分析

随着我国经济发展和金融改革深化，PPP 模式逐渐被社会各界接受。但总体来说，PPP 在我国的起步较晚，试点项目在探索中暴露出了不少问题。主要从政府、市场和项目本身等分析和发现 PPP 存在的缺陷。

10.1.1 PPP 的本质与特征

1. PPP 本质

PPP 作为公共部门和私人部门合作提供公共产品或服务的模式，它推动了公共项目从传统融资进入项目融资模式。PPP 项目以项目前景为基础，以契约体系和法律架构维系并协调项目各方利益，未来还款主要依靠项目的预期收益，有助于引导和推动公共项目的私人资本参与。PPP 模式以特许权协议为基础，公共部门通过特许权安排掌握项目主动权，借助私人部门的专业能力，实现向私人资本的风险分散；私人部门通过项目运营和特许权，或者税收优惠等附带收益，参与项目评估、决策、投融资、建设和运营全程。

2. 我国 PPP 模式结构的特点

目前，我国 PPP 模式结构的主要特点：

一是政府部门和社会资本各有分工。我国推广的 PPP 模式强调政府与社会资本的合作和风险共担原则，政府职能主要体现在招投标和质量监管、价格监督等方面，社会资本需承担包括设计、建设、运营、维护、融资的大部分职能。

二是合作形式以特许经营类为主。国务院《关于加强地方政府性债务管理的意见》（国发〔2014〕43 号）指出，鼓励社会资本通过特许经营等方式，参与城市基础设施等有一定收益的公益性事业投资和运营。

三是以特殊目的公司为载体。投资者按照市场化原则出资，按约定规则独自或与政府共同成立特别目的公司建设和运营合作项目。

认识和分析 PPP 项目的本质，可以准确把握 PPP 的关键要素，找准 PPP 存在的缺陷，为改进工作提供参考。

10.1.2　PPP 项目政府的缺陷

总体来看，各地在推动 PPP 项目过程中，主要缺陷体现在：

PPP 契约精神不足。PPP 是公共服务的融资变革，它不是单纯的融资工具和稳增长工具。目前，一些地方既当"运动员"，又当"裁判员"，这不利于责任界定和公司运营。另外，少数地方政府将 PPP 看做解决地方债务的"灵丹妙药"，作为转嫁公共服务责任、减轻财政负担的融资手段，缺少契约精神和合作意识。为了获得社会资本，弄虚作假，过于粉饰 PPP 项目，导致地方政府的诚信度不高，存在政府换届之后"新官不理旧账"的问题，损害了政府信用，增加了项目失败风险。

专业能力不足。我国多数地方政府缺少 PPP 专门管理机构，没有可操作的 PPP 政策和规则，没有界定好公私部门在 PPP 项目中的角色和责任，缺少规范的文本和合同指南，缺少对 PPP 项目的有效监管。一些地方政府的各部门之间缺少高效、紧密的合作，存在跨部门分割现象，审批程序繁琐，决策程序随意性大，对 PPP 项目运营与公共服务的监管薄弱，无法根据市场变化对项目进行动态调整。不少地方政府缺乏懂政策、善管理、懂财务的 PPP 专业人员，PPP 项目操作经验少，容易在商业谈判中陷入决策失误。

项目运作模式不规范。我国 PPP 项目应用领域窄，融资方式和项目实施方式单一，以银行贷款居多，这不符合 PPP 项目投资规模大、周期长，多是非标准化和非证券化项目的特征。另外，PPP 资产转让市场不健全，PPP 项目投资者风险转移困难。PPP 项目的风险控制依赖于财政补贴或政府承诺，增加了财政风险。

法律与评估机制不完善。PPP 项目依赖于完善的政策法规和合约约束。当前，我国 PPP 法律法规不健全，在执行的地方及部门政策权威性弱，一些政策文件间存在冲突。如：财政部、国家发改委均认为 PPP 项目适用《政府采购法》《招标投标法》，都推出了各自的项目库及相关政策，使得地方政府、社会资本难以适应。地方政府对于 PPP 项目建设和运营缺乏明确的绩效评估体系，存在投入产出率低、项目进展缓慢、财务控制失控等潜在风险。

10.1.3 PPP 项目市场的缺陷

根据对 PPP 项目影响的大小，可以将市场划分为基础市场、专业市场和服务市场。基础市场是 PPP 项目实施的大市场环境，专业市场是 PPP 项目的运营市场，服务市场是支持和服务 PPP 项目的要素市场。在实践中，PPP 项目在市场方面存在明显的问题和不足。

基础市场机制不完善。地区财力、政府担保等对 PPP 项目影响较大。经济发达地区的 PPP 项目，收益有保障和现金流稳定，地方政府倾向将此类项目交给本地企业。由于体制机制原因，出现了项目审批和融资的"玻璃门""弹簧门"现象。大型企业和外企在市场进入、资本融通等方面优于民营企业。社会资本融资渠道窄、成本高、规模小等，严重影响投资基础设施和公共事业的积极性。由于 PPP 项目资产专用性高、金融资本市场不发达等，运营项目的企业又面临退出机制缺失的困境。

价格机制不完善与垄断。采用 PPP 模式的公共品和服务有排他性、非竞争性，公共服务价格形成机制不完善，难以形成合理的市场价格。资产证券化、股份融资、专项基金支持等政策较少。一些企业在取得经营权后将前期的交易费用转嫁到消费者身上，导致公用事业由原来的政府垄断转变为特许经营背景下的企业垄断。

服务市场发展滞后。国内 PPP 专业服务机构少，在项目识别、策划、论证、融资等方面与国际先进水平差距较大，中介咨询服务行业的行业自律与监管有待提高。PPP 专业咨询机构相对集中在一线城市，服务集中在培训、项目咨询策划等层次，不利于服务市场的全面拓展。

公共信息安全受到威胁。在推进 PPP 项目中存在信息不对称与信息不安全，如信息源占有不平衡、信息处理能力和处理成本差异等问题。在 PPP 项目中，政府将部分公共权力委托给社会参与方，社会参与方有较多机会接触公共信息、公民个人隐私等，存在信息泄露等风险。

10.1.4 PPP 项目运行的缺陷

PPP 项目的产权不清晰。产权界定是合约实施的基础。目前，我国 PPP 项目相关利益主体的权责利边界不清，难以实现合作各方的责任划分，风险共担、利益共享。项目公司在合同规定的建设与营运期内能否获得项目资产的所有权存在争议，内资、外资政策也存在差别，项目公司用地也存在不确定性。

PPP 项目合约执行不规范。由于专业技术欠缺或对项目合约重视不够，部分地方的 PPP 项目合同订立趋于程式化，忽视了项目本身的独特性，合约条款设计不科学、内容不周详，政府不履行或拒绝履行合同约定的责任义务情况时常出现，企业也可能出于自身利益违背承诺或不愿再履行合约。

合约再谈判机制易被滥用。再谈判，是针对实际变化的合理应对措施。再谈判次数过多，恶意的再谈判会对 PPP 项目产生不利影响。再谈判往往耗费合作方时间、精力和资源，增加交易费用，再谈判也容易导致投机行为，让效率低下的竞标者有了投机的机会。

合约失效的处理机制不完善。失效合约的裁决主要通过诉讼和仲裁方式实现，但存在 PPP 合约属于民事合约还是行政合约的争议，并影响后续处理。如果定为行政合约，诉讼会在当地法院进行，就有"民告官"难以得到公正裁决的问题。政府与社会资本合作行为没有被行政行为法吸纳，有关纠纷的法律救济渠道缺失，难以有效保护公私合作法律关系中公共利益和合法权利。

10.2 项目风险问题

风险问题存在于 PPP 项目的各阶段，来自于项目外部环境、内部合作以及技术操作等领域。

在我国 PPP 项目实施的过程中，法律变更、政府信用、权力寻租、审批与融资延误、外汇汇率与价格调整等的风险尤为突出。

10.2.1　PPP 项目的外部环境风险

项目的外部环境风险，指项目因受到外部宏观环境变化的影响而遭受的风险。宏观环境涉及自然环境和社会环境两大方面，PPP 项目的社会环境风险又可以细分为经济（市场）环境风险、政治环境风险、法律环境风险。

自然环境风险。自然环境风险主要指受飓风、地震、火山喷发等自然灾害的影响，造成 PPP 项目遭受损失或难以继续正常运行的风险。气候变化带来的风险，也属于自然环境风险，即自然环境变化给 PPP 项目所带来的风险。

社会环境风险。社会环境风险指经济社会环境、社会观念习俗与社会文化的变化带来的风险，具体如下。

经济（市场）环境风险。经济（市场）环境风险，指 PPP 项目受到国际国内宏观经济态势的不利影响，以及受到市场变化的不利影响而带来的风险。经济危机、货币供应、汇率利率等变化给 PPP 项目带来的风险，就属于经济环境风险。产业链上下游变动带来项目收益损失的风险，新的竞争对手加入的风险，主要消费群体的消费偏好发生变化的风险，就属于市场环境风险。

政治环境风险。政治环境风险包括国内国际政局变动、国家政策调整如资产国有化、外汇管制、税收调整、市场管控等，对 PPP 项目运行的影响。

法律环境风险。法律环境风险，指 PPP 项目受到既有法律漏洞危害的风险，也指 PPP 项目遭受到法律调整的潜在危害。

10.2.2　PPP 项目合作风险

项目的内部合作风险，指项目由于参与主体的合作或者经营管理能力而带来的风险。按照风险来源，可以划分为政府主体行为风险、社会主体行为风险等类别。

政府主体行为风险。政府主体行为风险，指 PPP 项目因政府主体的能力或行为而遭受损失的风险。例如，政府项目选择失误、政府人员寻租、项目监管能力缺失等带来的风险。

社会主体行为风险。社会主体行为风险指 PPP 项目因社会主体的能力或行为而遭受损失的风险。例如，工程质量不达标、项目管理经验不足、采取投机行为等带来的风险。

公私合作关系风险。政府与社会资本合作问题的风险指因公私合作关系问题而使项目遭受损失的风险。例如，政府与社会资本合作双方发生纠纷、PPP 项目公司的控制权争端、再谈判问题等带来的风险。

10.2.3　PPP 项目的技术操作风险

项目的技术操作风险，指因为项目的实施条件不具备、操作不规范、环保不达标等而导致失败的风险。具体表现在：

项目实施条件。PPP 项目的实施需要很多辅助条件。为避免项目难以运营，需要有完善的配套设施，如交通、供水、供电等。项目方有必要通过招、拍、挂的方式取得土地的使用权，否则在项目运营周期内将面临土地使用权问题。同时，资金融通也需要得到有效保障和实施。

项目操作。PPP 项目需要财务融资保障和技术支持。如果财务融资方案设计不可行，项目将很难筹集到建设和运营的资金。如果技术条件不足，技术水平不满足建设运营要求，也使项目面临工程质量问题乃至失败的风险。

项目环保。生态文明是基本国策，国家对环保提出了更高的要求，社会各界对污染监督日趋严格。在这种情况下，项目环保不达标可能导致项目被处罚甚至叫停的风险。

10.3　项目缺陷改进策略

分析可知，政府、市场和项目本身是影响 PPP 项目成功的关键因素。三个方面密切联系、不可分割，其中起主导作用的是政府。

针对各地区 PPP 项目开展过程中存在的缺陷，提出如下的改进策略。

10.3.1　提升对 PPP 的认识

加强宣传和培训。提高各地区对 PPP 项目的再认识，增强守信主动性和自觉性。实践证明，PPP 模式有助于提高公共产品、公共服务的供给效率与质量，加快政府职能转变。各级政府应以 PPP 项目开发为契机，提高思想认识，主动转变观念，强化契约精神，主动研究和推出合适的 PPP 项目，引导和激发社会资本的参与热情。

树立系统工程的观点。PPP 项目涉及各个领域，众多参与者，需要各方统一思想，共同参与，遵守金融信用、商业信用和政务信用，共同努力推动PPP 项目的顺利实施。同时，完善法律规则，健全融资环境，培育资本市场、提升项目运作能力，统筹部署和推进。积极推动公共部门与民营企业等在资本、技术、管理、人力、土地等要素领域的广泛合作。

10.3.2　建立 PPP 管理机构

加快专业机构建设。针对政府部门多头管理、PPP 衔接不紧密、项目操作不规范等缺陷，尽快建立 PPP 项目协调管理体制，组建由政府牵头，财政、发展改革、规划等部门参与的领导小组，召开部门联席会议，统筹推动PPP 项目的重大事项决策和工作协调。

完善项目管理机制。从横向管理（合同管理、绩效监控和关系管理）和纵向管理（招标筹备期、工程建设期、项目运营期和项目交割期）两个维度加强综合管理，逐步完善项目协调、运作、监管、评估等运行机制。培养精通 PPP 法律、预算编制、项目管理等专业的复合型人才，逐步实现系统化、规范化、专业化的 PPP 项目管理和运营。

10.3.3　严格履行合同

严选 PPP 项目合作伙伴。利用政府采购信息平台发布项目清单、招选合作伙伴的信息，做到信息公开发布，操作规范高效。

组建 PPP 项目评审专家库。利用政府采购平台，建立由专业人员组成的PPP 项目评审专家库。明确审批程序，选择诚信、可靠、专业的项目评估合作伙伴。

严格履行合同关键条款。强化政府诚信意识，完善合同条款，明确 PPP 项目的绩效标准、资金结算、定价调价、争议程序等关键条款，规范合同内容，规避合同执行的各种风险。

10.3.4 厘清政府和市场边界

调整政府定位。实施事权清单管理，改变公共产品和服务的政府自产自供格局，推动社会参与，提高公共财政资源使用效率。加大基础设施和公共事业的社会资本投资，构建政府和企业等权、责、利均等的合作关系。

调动社会资本热情。出台有关政策文件，鼓励社会资本参与，优化产业政策和管理办法，实施民营企业与国有经济同等待遇，完善金融、外汇、用地、保险等相关政策，鼓励民营企业参与 PPP 重点项目。统筹项目建设周期、投资回报等，严格执行项目准入、项目审批、项目运营、项目融资等优惠政策，增强政府公信力。

10.3.5 完善 PPP 项目市场

建立公开公平市场。主动破除地方保护主义，构建全国统一市场，规范项目招投标流程，杜绝 PPP 项目的地方保护主义。

完善金融资本机制。强化 PPP 政策、机制研究，创新工作思路，完善 PPP 项目的资产证券化、股份融资、专项基金等政策，建立健全 PPP 项目竞争机制，解决 PPP 项目垄断与排外现象。

完善服务市场。强化全球化人才和 PPP 金融人才的培训与服务，构建高端 PPP 咨询智库。鼓励地方政府购买 PPP 服务，加强对 PPP 咨询自律与监管，提高专业服务水平。

10.3.6 推动试点示范

实施试点改革。以提升 PPP 项目的创新能力为目标，选择重点地区、重点领域，实施试点示范 PPP 项目。通过试点示范，积累实践经验，完善 PPP 运行规则，为各地 PPP 提供决策参考。

总结改革经验。以国家和地方经济规划、产业布局、民生改善为重点，选择公共产品与服务、基础设施建设、公共教育、保障性住房、新型城镇化、医院改革、健康养老、特色小镇等重点领域，实施 PPP 创新和实践探索。在试点示范基础上，在全国推广，减少社会资本的担忧，引进低成本资金，实现公共产品与公共服务项目开发。

10.3.7　完善绩效考评监管体系

构建绩效考核体系。采取公开竞争的方式，聘请咨询机构、专家、法律和财务顾问，为 PPP 项目评估、伙伴筛选、方案设计等提供专业化服务。研究和确定绩效评价的指标、标准及权重，强化 PPP 项目的测算、运营、资金、工程质量等绩效评价，完善项目公司法人治理结构，健全激励约束机制，提高 PPP 项目的综合效益。

强化社会监督。丰富 PPP 项目实施的监督渠道，鼓励媒体、公众和利益相关者关注、参与 PPP 项目的全过程监督，做好政务信息公开，鼓励社会公众参与 PPP 项目评议，提高 PPP 项目公开监督水平。

加强财政审计监督。完善对重点 PPP 项目的财政审计、核算和验收，强化 PPP 项目运维成本、责任风险分担、投融资方案、财政补贴等审计，增强项目的公开、公平和可持续。

10.3.8　完善 PPP 法治保障

优化法律法规。总结和提炼 PPP 项目经验，针对项目存在的缺陷和风险，梳理和修订《政府采购法》《招投标法》《合同法》《公司法》《仲裁法》等与 PPP 有关的法律条款，优化 PPP 项目实施的法律环境。

强化 PPP 立法。研究现有法律体系和 PPP 实践，制定统筹、完善、前瞻的法律法规，提高政策的稳定性，减少社会资本对地方政策缺少连续性的担忧。

明确各方法律地位。完善 PPP 法律条款，规范政府和社会资本的法律地位，构建市场为主导，政府与社会资本参与的行为规则，严格执行合同，规范责权利和风险分担，促进 PPP 项目实施。

10.3.9　健全 PPP 制度体系

强化市场综合开放。融合国家"一带一路"战略，推动资本市场的对外开放，强化政府负面清单管理，实施公共服务领域的对外开放，引进电力、铁路、电信等领域的非国有资本和外资。

优化制度环境。树立全球化战略，完善市场规则和环境，修订政策制度，规范政府采购、预算管理、服务价格、风险分担、流程管理和争议解决等程序，构建有利于 PPP 市场开放、公开透明、可持续的制度环境。

11. PPP 项目评价

对 PPP 进行项目评价，要重点做好项目实施过程的规范性、项目实施效果的匹配性，以及项目风险、管理质量、经济效益和综合效益等评估。

11.1 项目实施过程

PPP 是对公共部门与私营机构合作的各种方式的统称，核心是利用政府与民营机构投资者的各自优势，在合作中实现优势互补。PPP 项目主要用于投资规模大、建设周期长、投资回收期长、风险较大、社会效益及经济效益较大的基础设施项目建设，或是提供公路、桥梁、医院等公共事业和服务领域。

11.1.1 选择适宜的项目

PPP 模式适用于特定项目和特定的合作条件。PPP 模式中的社会资本提供产品和服务，开发商统筹考虑市场需求和企业投资，确定企业预期利润。政府研究公共设施基础建设需求、项目风险分担、政府责任和项目难度等。

选择适合的 PPP 项目，一般具有如下的条件：有一定的开发价值，有较好的投资价值、社会效益和经济效益；可持续对特定项目进行综合评估，确定该项目的市场需求、项目特点和潜在价值；政府支持，有开发价值和法律依据，受到社会各界的认可。

11.1.2 选择适宜的投资者

PPP 项目在筛选和确定后，需根据该项目的特点和性质，选择适宜的投资机构和模式。在选择项目投资方时，需要综合考虑项目特点、开发目标等，选取经济效益、社会效益与项目风险之间的平衡点。

11.1.3 选择科学的融资结构

PPP 项目主要的融资方式包括银行贷款、股权转让、发行债券、融资租赁等，也可采取组合的融资模式，逐步形成期限错配的新型融资结构。融资方式的选择要考虑财政负担、项目期限、项目收益等多种因素，以合理的收益率和合作模式，减少项目风险，降低开发成本，达到项目开发目标。

11.1.4 完善 PPP 合同协议

在 PPP 项目中，项目涉及设计、建设、融资、运营及后期维护等环节，其中有些环节需要民营机构负责。为了项目顺利实施，需要对项目合作方的责任进行划分，明确项目风险和收益分配机制。对政府部门、项目发起人、项目公司、银行及金融机构、建造承包商、保险公司及其他参与人（包含运营公司、供应商、担保人等）签订不同的项目合同或服务协议，以规范主体关系、开发目标和各方的利益，保护各方合法、合理利益，体现参与方的核心利益。

11.1.5 全程跟踪管控

PPP 项目具有实施过程长，多方运营、融资结构复杂等特征。在制定合同时，应尽可能完善有关条款，明确各方风险和责任，落实监督检查机制，严格按合同约定执行。

11.2 项目实施效果评估

当前，PPP 项目已成为国家发改委、财政部、地方政府和民营机构广泛关注的融资模式。PPP 项目在实施过程中也出现了一哄而上、政府兜底等问题，需要尽快研究和逐步解决。

11.2.1 重点影响因素（风险点）

PPP 政策不完善，项目落地率不高。当前，少数地方政府和职能部门对

PPP 模式的政策、操作等了解并不多，对最新 PPP 合同和应用条件等研究也不多，在工作中存在畏难情绪，制约了 PPP 项目的应用。

法律法规不健全。PPP 模式属于新生事物，它与银行贷款等融资方式相比，实施主体和法律关系有特殊性且不规范。PPP 项目实施主体包含建设、融资、经营、转让等一系列内容，涉及关系复杂，须建立符合我国国情的技术标准、准入规范、价格限制和法律法规。

法规条例存在矛盾。PPP 项目需要国家和地方政策法规等保持一致性与规范性。现阶段，我国缺乏专门适用的 PPP 法律法规，现有法律法规具有时滞性，地方操作办法与上层法规存在相互矛盾的条款，客观造成国际 PPP 项目惯例与我国法律及惯例相冲突。

垄断影响民间资本参与。PPP 项目实施过程中，垄断行业、垄断部门或大型央企，具有规模、信用或资金优势，他们占据了 PPP 项目合作的优势，并且从自身利益考虑，阻挠民营资本的参与。政府有控制权的市政、交通、能源等行业，民营资本实力弱，市场准入门槛高，不利于民营资本的参与和发展。

监管机制匮乏。目前，我国缺少 PPP 项目规范管理的制度与机制，政府部门在 PPP 项目开发中分工不清，存在交叉监管或者监管盲区，导致 PPP 项目难以顺利实施。

11.2.2　实施效果评估案例

案例：法西铁路 PPP 项目

1995 年，欧洲各国达成了最终协议，决定引入 PPP 模式运用在欧洲 TEN—T 铁路连接网的建设中。在该协议下，法国政府联合西班牙政府，建设了从法国佩皮尼昂至西班牙菲格拉斯的跨国铁路。项目总投资 10 亿欧元，其中 32% 用于隧道修建的费用。

该项目的建成改善了两国之间的交通状况，客运和货运分别缩短了十小时和两小时左右。

主要经验：

政府之间紧密合作。两国政府之间合作的重要性体现在了项目招投标过程中。为了对招标过程进行有效监管，两国政府联合成立了跨政府工作委员会。

责任分工。项目设计由政府部门负责，建设和融资由社会资本方负责。社会资本方在特许经营期内负责铁路正常运营。

风险分担。政府和社会资本之间共同协作，两者均在降低项目风险方面作出了努力。政府在融资方面给予补贴，为社会资本方提供银行担保等资金支持。

主要借鉴：

合理分担风险。合理的风险分担应考虑政府和社会资本方的风险偏好及承受能力。在本案例中，政府有效分配了项目风险，从而降低了项目风险。

制定高效、可执行的招标程序。为负责监管招标，两国政府共同成立"跨政府工作委员会"，政府对该项目给予积极的支持，作出了必要的承诺。

明确界定权责。项目对合作双方承担的责任进行了明确的划分。

11.3 项目风险综合评估

11.3.1 项目风险构成

PPP 项目的风险类别，包括但不限于宏观风险、运营风险、市场风险、建造风险、环境风险、技术风险、道德风险等。PPP 项目的风险分布在各个实施阶段，不同的参与者面临不同的复杂的项目风险。对这些风险的分析和控制，应作为项目开发与管理的重点工作。

其中宏观风险包括法律法规调整、政府政策变更、政府信用、利率变化及汇率风险等；运营风险包括原料供应、运营管理、实施方违约、价格变化等风险；市场风险包括市场需求、成本波动、收益变动、技术升级、行业竞争等风险；建造风险包括工程事故、成本超预算、施工质量、进度延期等风险；环境风险包括生态环境、政策约束、违章整改、违法处理等风险；技术风险包括施工技术、资金实力、技术偏离等风险。

11.3.2 项目风险评估步骤

PPP 项目风险需要定期进行综合评估，重点从项目性质和实施进度等要素出发，进行全方位的规划、设计和统筹。

一是针对项目参与者的类别，划分可能的风险因素。

二是明确风险量化的标准和条件。

三是根据风险发生的概率及产生的影响进行风险评价，依据标准进行量化和初步评估。

四是分析风险量化的结果，获取有效的风险信息。对决策影响较大的风险因素、风险因素之间的关联关系等进行系统分析。

五是根据风险评估和分析结果，作出最佳的风险选择。与此同时，应根据需要调整风险权重，获取各种假设条件下的情景计算结果，分别作出风险评估、分析和实践决策。

11.3.3 项目风险的对策

应对 PPP 项目风险的措施，包括但不限于：

市场调研。政府和民营资本等组织 PPP 项目的初步调研，作出合理评估和预测。政府应保证测评的独立、公正。民营机构应考虑市场需求与预期收益。适当考虑风险分担和收益测算。

PPP 项目探索。PPP 项目依赖于政府的支持。政府应加大项目测算能力，减少政府直接投资比重，为民营机构参与 PPP 项目提供便利和支持。政府部门重点做好 PPP 项目的法律法规和政策优化，加强公益性专业培训，为 PPP 项目实施提供稳定的政策环境。政府运用好收费调价机制、退出接管机制及股权持有等方式，保证公共服务项目质量与效率。加强 PPP 项目公开度和透明度，拓宽公众参与的渠道。重大项目的决策要以人民为中心。

公平合理的风险分担机制。政府对于政治风险、法律变更、基础设施服务风险、系统性风险等把控能力强，重点分担这类风险。项目公司重点承担融资风险、运营风险、技术风险等。

责任与风险界定。完善相关制度和项目设计、融资、运营、管理和维护等运行机制，确保 PPP 项目实施。政府部门、民营企业、金融机构等应各自承担相应的责任、义务和风险，保护各方权益。完善法律法规，加强 PPP 项目立法，提高 PPP 项目的运作规范性，实现相关法律法规的规范。

11.4　项目管理质量评估

由于 PPP 项目参与主体很多，项目管理难度大，需要对 PPP 合同进行科学、系统的设计。

11.4.1　强化 PPP 项目合同设计

项目的合同设计对 PPP 项目至关重要，是 PPP 项目实施的保障。完备的合同条款是对项目各方参与者的约束和指引。

项目合同设计及管理，应重点关注以下内容：

明确责任及运行流程。有效的 PPP 合同设计有助于厘清合同双方的责任义务，并帮助合同双方及时发现项目执行过程中的偏差，避免在项目执行中，因沟通理解偏差、评判标准不清等原因，导致合同争议或法律纠纷。合理的合同设计有助于项目参与者有效管理项目的日常运营，并确保项目参与各方明确地理解各自责任义务、项目工期、利益分享等事项。

项目合同的质量管理。PPP 项目合同的质量管理注重两个部分：风险管控和绩效管理。风险管控，指在合适时间采取适宜的措施消除风险，或将潜在的风险控制在可以接受的范围内；绩效管理主要保障项目递交的服务质量、数量与合同要求一致，并在可行情况下通过科技水平提高项目资源配置能力及项目质量。

项目合同的关系管理。PPP 项目参与者的关系管理对政府和参与各方来说，具有重要的作用。良好、互助、互补的合作关系，有利于政府与民营机构投资者的长期、友好合作。良好的关系来自于多方相互理解、坦诚交流、信息共享及对彼此目标的认可。在项目合同前期设计中，需注重对多方关系的培养和保持，在合同中体现公正和公开，有助于项目顺利进行，出现时也能够沟通与解决矛盾。

11.4.2　强化 PPP 参与方的信用建设

在项目实施过程中，为保障 PPP 项目实施，既需要多方参与者自我把控，也需要各方互相监督、控制。

一般情况下，政府应注重政务信用建设，重点在项目整体把控上发挥牵头管理的作用，具体落实时可通过第三方监管的方式，发挥有效把控与动态监管。地方政府应对自身职能定位作出准确判断，有效履行约定的责任，对项目中的所有参与者发挥监管与引领的作用。社会资本和民营投资者应恪守商务信用，关注外部市场及政策变化，强化项目施工管理，关注政府部门的监管风险（如：项目招投标过程是否透明，合同的价格制度是否遵守，投资者运营权利是否得到保证，政府是否按时划款等）。通过有效的管理控制措施，保障项目各方遵守合同，对违背承诺的参与方按照合同约定的条款进行惩罚。

11.5　经济绩效评价

当前，中国经济增长速度放缓，地方政府逐渐进入偿债高峰期，各级政府面临经济建设和债务偿还的双重压力。在这样的大背景下，将促进地方政府融资平台的发展，PPP 模式成为地方政府融资的主要工具之一。

11.5.1　评估维度

PPP 项目属于长期的合作关系，其吸引民营投资的前提在于建立稳定可预期的政策环境，降低政策风险。对于民营机构投资者来说，在满足项目建设和运营服务质量的前提下，要追求相对稳定的收益和回报率，对于公共部门来说，要从提高服务质量和效率的角度出发，平衡项目的风险和收益，避免出现暴利和亏损，达到"激励相容"效果。

PPP 项目不同参与者追求的目标各有偏重，需要从效益、费用等指标，分析各参与主体的实际分配。PPP 项目一般由政府部门、民营机构投资者、项目完工后的就业人员、PPP 项目的消费者和受益群体等组成。可以将政府部门、民营机构的现金流量及就业者工资和福利调整等分别统计,将其中的转移支付互相抵消并加总,从而得出 PPP 项目的净流量。

由于基础设施项目带有公益性质,在项目开发过程中及运营初期往往需要政府补贴,这就要求合作各方建立"收益共享、风险共担"合作机制,确保收益与风险处于相对均衡的状态。

利益分配的核心在于定价。理想的定价标准是让民营资本有利可图但不暴利。目前的 PPP 项目通常在项目的前期论证、可行性分析等准备阶段进行,主要由政府完成,较难准确估算项目未来现金流,大多没有在协议中对私人收益作出可后期调整的相关条款,易导致项目在实施中产生暴利或者亏损。

11.5.2 评估指标

实践中,一些 PPP 项目在运营过程中,或多或少存在定价机制、收益分配机制不合理的问题。在实际操作中,地方政府为了引进社会化资金,往往对社会资本作出过多的承诺,甚至过多地承担市场风险,这可能导致承诺不落实,或者风险承担不合理等后果。

PPP 模式涉及政府和民营资本的经济效益,也牵扯政府和公众的社会效益,既要避免社会资本利润超出合理区间,公共服务价格过高引发公众不满,又要保障社会资本的合理回报,确保项目可持续,要有适当的衡量尺度。

政府可以建立动态的收费定价或政府补贴机制。通过定价和补贴机制的建立,对社会资本产生足够的吸引力,形成长期稳定的投资回报预期。要建立严格的绩效考评机制,对项目在建设、运作、公共服务质量和资金使用效率等方面进行综合考核评价。

从上可知,进行项目阶段性经济效益和社会效益评价,要考虑 PPP 项目参与各方的利润等经济效益,也要平衡 PPP 项目中地方政府和社会公众的综合效益,重点考虑就业、环保、税收、风险等多重因素。

11.6   社会效益评价

11.6.1   评估维度

PPP 项目既要解决社会公众的就业，又要考虑政府税收和环境保护，还要考虑社会公平和各方利益，其投资规模巨大，周期长；受影响群体广泛；参与者众多，协调难度大，风险高；主要用于基础设施项目。这些特点体现了 PPP 项目注重社会效益的宏观性和长远性，外部效益的多角度、多层次、多目标。运用层次分析法，可以确定 PPP 项目各个指标影响的权重值，两两比较各指标的相对重要性，经过整理和测算，使得 PPP 项目的定量与定性指标同时体现，避免对定性指标的复杂论证及定量难于准确量化的情况。

由于 PPP 项目涉及基础设施、公共服务、民生保障等方面，项目投资规模较大，长期合同关系清晰责任分明，收益相对稳定，市场发展空间广，对改善政府财务、融资难等有重大意义。PPP 项目对增强区域发展和经济转型，有显著的推动作用。

11.6.2   评估指标

我国绝大部分城市处于转型发展阶段，财政缺口大、融资模式单一、融资规模和效益无法满足经济社会发展的需要。构建良好的融资环境，更好地发挥社会资本的作用，是地方政府亟需解决的重大难题。

通过 PPP 项目调动社会闲散资本，让民营企业参与，既减轻政府财政压力，也加强了地方基础设施建设。在稳定经济增长的同时，优化了经济结构，推动了新旧动能转换，提高了经济发展的质量和效率，为人民提供更好的公共服务，让人民成为最大的受益者。

为推动 PPP 项目发展，政府应处理好投资与结构改革的关系，完善政策环境，维护市场公平秩序，增强政府公信力，树立政府权威，形成良性循环。

民营投资者参与 PPP 项目，有助于提高其知名度和盈利能力，在追求自身经济利益的同时，也承担了社会责任，提升了社会效益。通过 PPP 项目，民营机构在新领域积累了品牌和案例，提升了企业竞争力。

PPP 项目建设与完工之后，进入运营阶段。PPP 项目将在这一阶段发挥增加就业、稳定社会、提供公共基础设施服务等作用。

11.7 综合效益评价

11.7.1 评估维度

PPP 模式最大的优势在于解决政府融资难题，充分发挥市场机制作用，提升公共服务的供给质量和效率，实现公共利益最大化。

PPP 项目效益评估应该和预期产出目标相比较，包括但不限于如下的评估：

1. PPP 提供的产品或服务质量和数量评估

重点对比和评估 PPP 项目的计划方案和实际执行的差异以及实际表现，是否达到了预期要求或标准。

2. PPP 项目产品或服务价格评估

重点对比分析 PPP 项目实际执行的价格和成本是否达到预期的要求。

3. PPP 项目特许权期限设计合理性评估

重点分析 PPP 项目特许经营权的期限是否与各方利益相一致，是否符合有关规定和行业规则。

4. PPP 项目的可操作性评估

重点分析 PPP 项目的规则、流程、价格、风险分解等事项是否满足项目的可操作和顺利实施。

5. 政府收益的评估

重点分析 PPP 项目实施方案等能否实现政府预期的收益和效果等。

11.7.2 评估指标

推广 PPP 模式，要制定标准化的操作规程和规范的评估标准，逐步推进并试点。具体可以选择收益稳定、投资规模大、合同关系清楚、技术发展成熟的市政、污水、垃圾等重点市政项目，进行试点示范，然后在更大范围内推广。

在实际操作过程中，应强化 PPP 顾问团队和专业机构合作，创新和完善 PPP 管理机构，规范效益评估标准，加强风险管控，强化市场竞争，履行政府合理承诺，规范后续合同管理等办法，构建适合我国 PPP 发展的通道和机制。总结典型案例，建立规范、严谨的 PPP 项目制度设计和操作框架。

12. PPP 项目后评估

PPP 项目后评估是 PPP 项目管理的重要内容。包括项目验收、竣工评估、后评估等方面，同时，要制定和实施各类指标的对比与管理。

12.1 项目验收或竣工评估

PPP 项目验收及移交管理方案如下：

1. 前期准备

（1）相关人员的培训

在工程竣工后投入使用前，组织专业人员和有关设备设施的厂家技术人员对发包人的物业管理人员进行操作和维护的培训，以确保物业管理人员在工程投入使用后能立即独立进行必要的操作、维护和故障排除。

（2）工程使用说明书的准备

准备好相应的《工程使用说明书》，包括维修手册和操作说明等；维修手册和操作说明作为竣工培训的主要参考文件。按照本招标文件要求编写《工程使用说明书》，编写的《工程使用说明书》能够真实、完整、详尽地反映本工程的实际情况。在竣工验收前将编写的《工程使用说明书》初稿报给发包人和总监理工程师审核，发包人和总监理工程师审核后，认真修改、整理《工程使用说明书》，并将修改后的《工程使用说明书》报发包人和总监理工程师审核。《工程使用说明书》的最终稿经发包人、总监理工程师和承包人三方共同签字确认，承包人必须在三方签字确认后一周内将正式的《工程使用说明书》（包括电子版）移交给发包人。

（3）竣工图的编制

竣工图基于合同图纸、变更指令、经审批的施工作业图、大样图和配合图以及过程质量记录等进行准备和制作；此类图纸以总监理工程师批准的格式及档案管理部门的规定进行准备和递交。提供竣工图电子文档、晒印蓝图，所提供竣工图图纸的数量和格式、装订方式等满足业主的要求。

分包人和其他承包人（如果有）制作自己的竣工图和整理自己的竣工资料；发包人将要求分包人和其他承包人（如果有）的竣工资料随工程进度逐步提交给承包人，由承包人统一分类整理。

在工程实际竣工前，发包人、承包人和总监理工程师审核后，根据发包人和总监理工程师的审核意见进行修改并提供完整的竣工图给总监理工程师、发包人。竣工图在竣工移交证书颁发前提供。

（4）竣工验收的规章承诺

应在整个过程中严格依照政府相关法规、规章和合同文件要求，认真做好质量保证、材料的进货检验、分部分项工程的隐预检等与质量记录和竣工资料的收集整理相关的工作。

2. 竣工验收综合调试的组织

在竣工前对所有各系统进行整体调试（包括由专业分包人完成的部分），并在发现问题后进行整改直至符合要求为止。

（1）检验工作流程

（2）综合调试的组织

①人员组织

项目成立联合调试小组，由项目总工程师担任本工程综合调试组长，负责协调各单位及对专业分包的监督和管理，项目机电专业人员作为小组骨干，专业分包均要求派4~5名专业人员作为小组成员，确保综合调试按时、保质完成。

②综合调试

3. 竣工交验和移交移交计划表格（略）

12.2　项目实施后评估

12.2.1　项目后评估概念

项目后评估，指对已经完成的项目（或规划）的目的、执行过程、效益、作用和影响所进行的系统的、客观的分析；通过项目活动实践的检查总结，确定项目预期目标是否达到，项目或规划是否有效，项目的主要效益指标是否实现；通过分析评价找出成败的原因，总结经验教训；并通过及时有效的信息反馈，为未来新项目的决策和提高完善投资决策管理水平提出建议，同时也为后评价项目实施运营中出现的问题提出改进建议，从而达到提高投资效益的目的。此过程需遵循公正性、独立性、可信性、实用性、透明性、可比性、探索性、反馈性与监督性等一般性原则。

一般来说，PPP 项目后评估可分为实施效果评价和影响评价。

项目实施效果评价，指项目竣工以后一段时间之内所进行的评价（一般认为，生产性行业在竣工以后 2 年左右，基础设施行业在竣工以后 5 年左右，社会基础设施行业可能更长一些）。这种评价的主要目的是，检查确定投资项目或活动达到理想效果的程度；总结经验教训，为新项目的宏观导向、政策和管理反馈信息。评价要对项目层次和决策管理层次的问题加以分析和总结。同时，为完善已建项目、调整在建项目和指导待建项目服务。

项目影响评价，指在项目后评价完成一段时间之后所进行的评价。项目影响评价是以后评价报告为基础，通过调查项目的经营状况，分析项目发展趋势及其对社会、经济和环境的影响，总结决策等宏观方面的经验教训。行业或地区的总结都在这类评价的范围之内。

12.2.2　评估方法

1. 对比法

对比法是项目后评估的基本方法，分为前后对比和有无对比。

前后对比，是指将项目前期的可行性研究和评估的预测结论与项目的实际运行结果相比较，确定项目原定各指标的实现程度，以直接估量项目实施的相对实效，并分析引起变化的原因。

有无对比，指将项目实际发生的情况与若无项目可能发生的情况进行对比，以度量项目的真实效益、影响和作用，其重点在于分清项目作用的影响与项目以外作用的影响。由于无法确定度量无项目时可能发生的情况，评价者只能采取一些方法去预测。目前最理想的做法是在项目受益范围外找一个类似的对照区（该地区的基本条件应与项目启动前项目区的基本条件相近）来进行模拟和比较。

2. 逻辑框架法

逻辑框架法是美国国际开发署在 1970 年开发并使用的一种设计、计划和评价的工具，它将项目目标及因果关系划分为四个层次，并由此形成 3 个垂直逻辑关系及水平逻辑关系：垂直逻辑用于分析项目计划做什么，弄清项目手段和结果，确定项目本身和项目所在地的社会、物质、政治环境中的不确定因素；水平逻辑用于衡量项目的资源和结果，通过确立客观的验证指标及其指标的验证方法来进行分析，并对垂直逻辑四个层次上的结果作出详细说明。逻辑框架法的基本模式如表 12 - 1 所示。

表 12 - 1　　　　　　　　　逻辑框架法的模式

层次描述	客观验证指标	验证方法	重要外部条件
目标	目标指标	监测和监督手段及办法	实现目标的主要条件
目的	目的指标	监测和监督手段及办法	实现目的的主要条件
产出	产出物定量指标	监测和监督手段及办法	实现产出的主要条件
收入	投入物定量指标	监测和监督手段及办法	实现投入的主要条件

由于逻辑框架法能更明确地阐述项目设计者的意图，便于分析各评价层次之间的因果关系，明确描述后评价与其他项目阶段的联系，并适用于不同层次的管理需要，此外逻辑框架法能够帮助评价者抓住项目的关键因素和问题，并对其作出系统的分析。目前，它已成为国外后评价的主要方法（三分之二的国际组织采用 LFA 作为援助项目后评价的主要方法），一般用来进行目标评价、项目成败的原因分析以及项目可持续评价等。逻辑框架法需要翔实的数据，并且过分对照原定目的和目标，有可能忽视实际可能发生的变化。到目前为止，逻辑框架法还没有成为我国项目后评价的主要方法。

3. 成功度评价法

成功度评价法也就是打分法，依靠评价专家或专家组的经验，根据项目各方面的执行情况并通过系统准则或目标判断来评价项目总体的成功度。进行成功度评价，首先要根据项目建立一套指标体系，确定各指标的权重，然后根据项目评价成功度等级表（见表 12 - 2），对各指标进行专家打分，最后得到项目的综合得分或综合评级。

表 12 - 2　　　　　　　　　　项目成功度等级标准

等级	内容	标准
1	完全成功	项目各项目标都已全面或超额实现；相对成本而言，项目取得巨大效益和影响
2	成功	项目的大部分目标都已经实现；相对成本而言，项目达到了预期的效益和影响
3	部分成功	项目实现了原定的部分目标；相对成本而言，只取得了一定的效益和影响
4	不成功	项目实现的目标非常有限；相对成本而言，几乎没有产生正面效益和影响
5	失败	项目的目标是无法实现的；相对成本而言，项目不得不终止

成功度评价法的关键在于根据专家的经验，结合项目的实际情况建立合理的指标体系，并采用适当的方法对各指标进行赋权，对人的主观判断进行量化处理。常用的赋权法有主观经验赋权法、德尔菲法、两两对比法、环比评分法、层次分析法（AHP）等。

12.3　指标体系

12.3.1　指标体系构建原则

PPP 投资项目后评价的指标体系是决定项目后评价是否顺利开展的前提条件，指标设置要反映 PPP 项目效果的好坏，也要体现投资项目后评价的系统性和评价水平。

为了科学、准确、全面、合理地设置 PPP 项目后评价体系，要遵循科学性原则、对应性与可比性原则、实用性原则，以及全面性和层次性原则。

科学性原则指在设置 PPP 项目后评价指标时，必须符合合理性、准确性、全面性、系统性这四个要求。合理性要求指围绕后评价的目的，结合项目本身的独特性来设置后评价指标，充分反映后评价 PPP 项目从准备到投产运营的客观情况。准确性要求指后评价指标的形式和内容必须能够正确地反映项目各个方面的真实情况。全面性要求指建设项目后评价指标设置的完整性，从不同侧面反映项目的决策、设计、实施、管理和运营等方面的水平，揭示项目存在的问题。系统性要求指建设项目后评价各指标之间必须具有有机的联系，每个具体的指标都要与 PPP 项目后评价的总目标或者上一级目标保持一致性和关联性。

对应性原则，是评估 PPP 项目的重要原则之一。它保证了 PPP 项目后评价指标体系与 PPP 项目前期评价、实施过程评价指标体系的一致性，有助于将项目的实际运行与项目前期可研数据进行比较，做出较为客观、公正的评价结论。

实用性原则，指在设计 PPP 项目后评价指标体系时要以实用为原则，据实反映 PPP 项目的决策质量、管理水平、效益和影响；设置的后评价指标应具有可操作性和可行性，即能定量计算或具体的定性描述，做到定量为主，定性为辅；设置的后评价指标体系时应尽量做到既有适用于各类 PPP 项目后评价的通用性指标，又有结合个别建设项目特点的专用性指标。

全面性和层次性原则，指既要考虑宏观要素，又要兼顾消费者和社会公众的关注点，要从不同层次设计项目实施和项目考核指标，全面反映 PPP 项目指标体系内在结构及关键问题，确定有效的应对措施。

12.3.2 项目效果评价指标

根据 PPP 项目运行的全过程，可以将 PPP 项目过程后评价指标分为三类：PPP 项目策划阶段后评价指标、PPP 项目实施阶段后评价指标、PPP 项目运营后评价指标。

参考普通建设项目的过程后评价指标体系，融入 PPP 项目独有的特点，可以构建出 PPP 项目后评价指标体系，如表 12-3 所示。

表 12-3   PPP 项目后评价指标体系

PPP 项目策划阶段指标体系	立项决策工作	PPP 项目实际决策周期
		PPP 项目决策周期变化率
		可行性研究的质量与费用
		决策程序的合理性
		决策方法的科学性
	投招标工作	投招标的独立性
		投招标的公正性
		工作效率
		合同质量

续表

		PPP 项目承接企业的资质
	勘察设计工作	勘察设计的费用
		方案设计优化
		实际设计周期
		设计周期变化率
	资金与物资落实工作的质量	—
PPP 项目 实施阶段成功度	工期	实际建设工期
		竣工项目定额工期率
		单位工程平均定额工期率
		关键设备按期到货率
	建设工程质量与安全控制 水平	实际工程合格品率
		实际工程优良品率
		实际返工损失率
		施工安全效果
	建设投资与成本控制	项目资金到位率
		实际建设成本
		实际建设成本变化率
		成本变化的合理性
		实际投资总额
		实际投资总额变化率
		实际单位生产能力投资
	竣工验收工作质量	主要考察竣工验收的组织工作及其效率；竣工验收是否符合国家有关规定；竣工验收是否遵循国家规定的标准；交接工作的质量；收尾工作质量
建设项目运营 阶段成功度	达产情况	实际达产年限
		实际达产年限变化率
		拖延达产年限损失
		超前达产年限收益
		项目生产能力实际利用率
	产品质量	合格品产值率
		一等品产值率

续表

建设项目运营阶段成功度	产品质量	优等品产值率
		品种合格率
		品种一等品率
		品种优等品率
	成本	实际总成本及其变化率
		实际经营成本及其变化率
		实际产品成本及其变化率
		实际有关成本支出率及其变化率
		实际无关成本支出率及其变化率
	业务工作	客户到达数及其偏离度
		市场占有率及其偏离度
		业务规模支持及其偏离度
		功能实现及其偏离度
	资产运营	项目资金到位率
		项目投资膨胀率
		总资产周转率
		项目流动资金周转率
		项目流动资金周转天数
		项目流动资金占用率
		存货周转率
		应收账款周转率
	偿债能力	实际资产负债率
		实际流动比率
		实际速动比率
		实际借款偿还期
		实际借款偿还期变化率
	经济效益评价	实际产品价格变化率
		实际销售收入及其变化率
		实际销售利润变化率
		实际投资利润率
		实际投资利润率变化率
		实际投资利税率

建设项目运营阶段成功度	经济效益评价	实际投资利税率变化率
		实际资本金利润率
		实际资本金利润率变化率
		实际资本金净利润率
		实际资本金净利润率变化率
		实际净现值
		实际净现值变化率
		实际净现值率
		实际净现值率变化率
		实际投资回收期
		实际投资回收期变化率
		经济外汇净现值（ENPV）
		经济换汇成本
		经济节汇成本
		实际内部收益率（RIRR）
		实际内部收益率变化率

13. PPP 的竞合策略

我国 PPP 模式主要应用于公共服务建设领域。PPP 项目参与者之间既有竞争，也有合作。明确各参与者的职能及专业分工，制定可行的实施策略，是 PPP 管理的重要内容。

13.1 主要参与者

13.1.1 各参与方

PPP 模式是由公共部门与私人部门围绕某一特定项目展开的合作关系，主要参与者可分为政府相关部门及私人参与部门。

1. 公共部门

公共部门主要包括：一是各级政府。不同级别政府负责本级政府的公共投资项目，中央政府负责国家层面的 PPP 项目，但这种项目较少，一般都是由相关职能部门承担这一职责。二是政府职能部门，如教育部、教育厅、教育局；水利部、水利厅、水利局；交通部、交通厅、交通局；卫生部、卫生厅、卫生局等，这类机构一般以 PPP 项目的政府方面合作人角色出现。三是执行机构。能够代表政府公共部门的其他机构，如医院、学校等。

2. 私人部门

根据参与环节的差异，私人部门包括：

一是投资方，主要是各类投资机构，如投资公司等；二是融资方，主要是由银行或非银行金融机构构成；三是设计方，主要负责项目的设计，如设计院等；四是建设方，各类项目施工单位，如建筑公司等；五是运营方，项目的运营管理公司，如污水处理公司、自来水公司、地铁公司等；六是第三方，各类咨询机构，如会计事务所、律师事务所、咨询公司等。

13.1.2 职责界定

为了兼顾各方利益，平衡政府部门及社会参与机构的专业性、利益诉求等，有必要对 PPP 模式各参与主体进行职责明确和界定。

1. 各级政府

各级政府部门（政府或者政府授权的部门、公司）一般承担 PPP 项目发起人的角色，在法律上不拥有项目，也不经营项目，他们负责授予项目的特许经营权和一定数额的从属性贷款或贷款担保等，作为特定项目建设、开发和融资安排的基础支持。政府及其部门重点对特定项目进行可行性研究和分析，组织 PPP 项目招标，对投标企业和有关机构进行筛选与评估、比较与权衡，按照特定的工作流程和评价规则，确定 PPP 项目开发主体。如：在交通建设项目中，当地政府财政、交通等职能部门主要承担和确保项目公司在特许经营期内无偿使用道路建设范围内的土地，协助项目公司获得法律许可的与履行项目协议相关的税收和优惠政策，为项目开发和运营提供必要的支持，这也是 PPP 项目实施的前提条件。

2. 私营企业（或国有企业等）

私营企业（或国有企业等社会资本）与代表政府的股权投资机构合作成立 PPP 项目公司，投入的股本形成公司的权益资本。政府部门在选择私人投资机构时，一般要求私人投资机构有雄厚的资金实力、良好信誉，一定的管理能力。为了拿到 PPP 项目，私营机构（或国有企业）一般会组建项目团队，进行特定项目的可行性研究和方案准备，并着手参与项目投标等工作。各项目成员共同成立项目公司，形成初步的合作意向和分工，以合同形式初步确定出资比例和出资形式，研究和建立项目领导小组，负责 PPP 项目公司正式注册前的重点事项。参与 PPP 项目的人员要求有一定的资金管理经验或项目实施能力。

3. 项目公司

PPP 项目公司是为 PPP 项目建设及运营而设立的，一般由当地政府和社会投资者联合建设。PPP 项目公司作为 PPP 项目的实施者，主要职责包括但不限于：与当地政府或授权机构沟通和项目合作，获得项目建设和经营项目的特许权，负责 PPP 项目融资、设计、建设和运营，直至 PPP 项目移交等全过程管理和运营。PPP 项目特许期结束，经营权或所有权转移时，根据章程和协议规定进行清算或解散等工作。

4. 商业银行

PPP 项目的多数资金来自银行和其他金融机构贷款及融资。商业银行作为 PPP 项目最重要的资金提供方，为 PPP 项目提供资金融通、投资银行、现金管理、项目咨询、夹层融资等服务。

资金投放。商业银行可以对 PPP 项目的参与主体，如政府投资机构、参与企业等参与主体在 PPP 项目设计、建设、运营等过程中需要的资金进行借贷策划与对接。在审核 PPP 项目或实施主体的资信状况、现金流、增信措施等基础上，为项目公司提供投资银行贷款等金融投放服务，具体可以采取项目贷款、贸易融资、保理、福费廷、银团贷款等方式，通过供应链金融，提供借款结构和期限设计等增值服务。

投行业务。商业银行依托自身的销售渠道和专业能力，参与和实施 PPP 项目公司的短融票据、PPN 等融资工具的承销发行，通过理财直接融资工具直接参与 PPP 项目融资。通过上述融资方式，实现商业银行表外融资，形成创新性强、流动性大、可市场估值、信息披露较透明的金融工具，降低非标债权投资比率。或者，利用产业基金、信托、资产管理、租赁、理财等渠道，实现表内投资或表外理财资金对接 PPP 项目公司的融资需求。

现金管理。PPP 项目运营时间长，资金流量大，商业银行可发挥传统业务优势，为 PPP 项目及参与机构提供现金管理等服务。如：对特定机构提供资金结算、现金管理、资金监管、代发工资等服务，通过协定存款、企业理财等提高 PPP 机构的闲置资金综合收益。

项目咨询。商业银行通过整合金融、会计、法律等资源，为 PPP 项目参与方提供在项目策划和实施等方面的合同订立、现金流评估和项目运营等专业服务。

夹层融资。商业银行提供项目夹层融资。夹层融资的风险和回报介于普通债务和股权融资之间，融资结构可根据不同项目的融资需求进行适当调整。对于 PPP 项目的参与方（融资者）来说，夹层融资具有期限长、结构灵活、限制少和成本低等优点，对于投资者而言，夹层融资能够兼顾项目的安全性和收益性。

商业银行的 PPP 融资模式创新。全国商业银行目前采取与产业基金合作等方式，积极参与 PPP 项目和相关产业融资。如：2014 年，河南省政府与建设银行、交通银行、浦发银行签署"河南省新型城镇化发展基金"战略合作协议，总规模 3 000 亿元，重点项目包括："建信豫资城镇化建设发展基金""交银豫资城镇化发展基金"和"浦银豫资城市运营发展基金"等。2015 年，中信银行郑州分行联合中信产业基金分别与郑州市污水净化有限公司、上海实业环境控股有限公司、MTI 环境集团有限公司签署《合作框架协议》；中信银行郑州分行联合中信产业基金与郑州地产集团有限公司、中电建路桥集团有限公司、中铁十八局集团有限公司签署《合作框架协议》等，就属于商业银行参与 PPP 项目的具体案例。

商业银行参与 PPP 项目的期限和风险。商业银行参与 PPP 项目，需要研究和防范期限错配和信用风险。PPP 项目以基础设施建设和公共服务领域为主，融资周期比一般工商企业贷款期限长，以存款为负债来源的商业银行，容易出现期限错配的风险；PPP 项目涉及地方政府、项目公司等主体，这些机构的诚信水平直接影响项目现金流、盈利能力和融资项目的信用风险，进而影响商业银行的贷款回收和融资流通等信用风险。

5. 政策性银行

专项融资。国家开发银行、农业发展银行等政策性银行通过研究和参与地方政府推动的 PPP 项目，发挥中长期融资优势，为相关 PPP 项目提供投资、贷款、债券、租赁、证券等金融服务。

联合融资。政策性银行可联合商业银行、保险公司等机构，采取银团贷款、委托贷款等方式，拓宽 PPP 项目的融资渠道，分散项目风险。政策性银行还可以对国家重点扶植的水利、污水处理、棚户区改造等基础设施项目提供优惠利率贷款等特殊扶持。

专业咨询。政策性银行可以整合各方面的资源和机构，为 PPP 项目提供规划咨询、融资顾问、财务顾问等专业服务，提前介入并主动帮助各地政府和机构进行项目策划、融资方案设计、融资风险控制、社会资本引荐等辅助性工作，提高 PPP 项目的运作效率和成功率。如：2014 年，国家开发银行全资子公司国开金融与南京雨花台区政府签署铁心桥—西善桥"两桥"地区城市更新改造暨中国（南京）软件谷南园建设发展投资合作协议，参与南京旧城成片更新改造。国开金融及其控股的上市公司——中国新城镇发展有限公司，以现金出资形式直接入股，成立注册资本金为 10 亿元的南京国开雨花城市更新发展有限公司，国开金融及中国新城镇发展有限公司通过对国开雨花选派专业运作团队参与项目公司的运作与管理。

6. 保险公司

保险公司参与 PPP 项目承包。由于 PPP 项目需要的资金量大、生命周期长，在项目建设和运营期间面临很多风险，因此，项目公司以及项目的社会资本方、融资方、承包商和分包商、原料供应商、专业运营商都希望引进保险降低自身风险。保险公司通过开发满足 PPP 需要的信用险种，为 PPP 项目的履约和运营提供风险保障，进而增强 PPP 项目结构设计的灵活性，降低、化解和转移 PPP 参与方的各种风险。

保险公司参与 PPP 方式。从保险资金的运用来看，基础设施项目建设周期长，险资通过专项债权计划或股权计划，可以为大型 PPP 项目提供融资。如：2014 年新华保险与广州市政府共同成立广州（新华）城市发展产业投资基金，基金规模 200 亿元，用于广州市基础设施和城市发展建设项目。该基金投向城市更新、城市产业、城市生活、城市动力等板块：包括南沙新区建设、棚户区改造、传统交易市场转型升级在内的城市更新板块；面向主导型、创新型产业孵化器、产业园区在内的城市产业板块；面向安居工程、医疗卫生工程、垃圾处理工程在内的城市生活板块；面向新能源、物流、供水供电在内的城市动力板块。

项目保险的一般条件。由于保险资金追求安全性，有期限长、规模大等特点，比较适合基础设施、物业项目等投资，但险资对项目的担保和增信要求较高，大型保险机构一般都要求项目资产的评级达到 AAA 级，且有大型金融机构或大型央企国企、政府机关提供担保等条件。

7. 证券公司

证券公司主要为 PPP 项目公司提供 IPO 保荐、并购融资、财务顾问、债券承销等投行业务，也可以通过资产证券化、资管计划、另类投资等方式介入 PPP 项目。

资产证券化。具有未来稳定现金流的资产就可能被证券化，很多基础设施类的 PPP 项目，如供热、供水、供电、污水处理、公共交通、高速公路等具有稳定的现金流，是良好的证券化基础资产，企业资产证券化采取备案制后，简化了证券化项目设立和发行手续，交易所的挂牌转让和协议式回购也提高了产品的流动性，证券公司（包括基金子公司）可以通过成立资产支持专项计划，对有稳定现金流的 PPP 项目进行证券化，运用现金流分层等结构性金融技术，发行不同期限和信用等级的资产支持证券，为 PPP 项目融资。2015 年，基金业协会发布《资产证券化业务基础资产负面清单指引》（下文简称《指引》），对不适宜采用资产证券化业务形式、或者不符合资产证券化业务监管要求的基础资产进行列明。《指引》明确将以地方政府为直接或间接债务人的基础资产列入负面清单。但地方政府按照事先公开的收益约定规则，在政府与社会资本合作模式（PPP）下应当支付或承担的财政补贴除外，这一规定为 PPP 项目的资产证券化提供了政策可能。如民族证券成立的"濮阳供水收费收益权资产支持专项计划"，通过设立资产支持专项计划（SPV），发行 1~5 年不等的五档优先级资产支持证券，所得收入用于购买濮阳市自来水公司的供水合同收益权，投资者收益来源于濮阳市自来水公司的供水收费，并由濮阳市自来水公司担任差额补足义务人，在现金流不足以支付投资者本息时承担差额补足义务，此类项目为 PPP 项目的资产证券化提供了良好的解决方案。

项目收益债。国发 43 号文明确项目收益债是 PPP 项目的融资方式之一。项目收益债券是与特定项目相联系的，债券募集资金用于特定项目的投资与建设，债券的本息偿还资金完全或基本来源于项目建成后运营收益的债券。项目收益包括但不限于直接收费收入、产品销售收入、财政补贴以及因项目开发带来的土地增值收入。如：2014 年 11 月，"14 穗热电债"成功簿记建档，中标利率 6.38%，低于五年期以上贷款基准利率的 6.55%，成为发改委审批的首单项目收益债。"14 穗热电债"规模 8 亿元，期限为 10 年，从第三年起分期还本。资金投向广州市第四资源热力电厂垃圾焚烧发电项目，发行人是项目建设运营主体广州环投南沙环保能源有限公司。项目收入来源包括垃圾处理费收入、发电收入、金属回收收入和即征即退增值税等，通过专户专项归集。同时，发行人股东及实际控制人分别对债券本息提供差额补偿，确保债券的本息偿付，债项信用等级为 AA。证券公司可以为符合条件的 PPP 项目公司设计债券结构，通过发行项目收益债进行融资。但是与此同时证券公司受制于资金来源和牌照等限制，主要会以服务中介的形式参与 PPP 业务，其介入程度无法和银行、保险相比。

8. 信托公司参与 PPP

信托公司参与 PPP 项目可以通过直接和间接两种模式。直接参与，指信托公司直接以投资方的形式参与基础设施建设和运营，通过项目分红收回投资。主要形式是发行产品期限较长的股权或债权信托计划，资金来源主要是银行、保险等机构资金；间接参与，指信托公司为 PPP 模式中的参与方融资，或者与其他社会资本作为联合体共同投资项目公司，采取明股实债的方式，在约定时间由其他社会资本回购股权退出。信托公司还可以为 PPP 项目公司提供融资，通过过桥贷款、夹层融资等形式介入。如：2014 年，五矿信托与抚顺沈抚新城管委会、中建一局（集团）签订合作框架协议，由五矿信托、沈抚新城管委会、中建一局共同注资成立项目公司，注册资本 10 亿，其中五矿信托为项目公司控股方，投资标的为包括河道治理、土地平整、环境绿化等在内的综合性片区建设项目。政府按约定承担特许经营权、合理定价、财政补贴等相关责任，但不对债务进行兜底。在该合作框架下，信托公司将整个项目的建设周期，按不同环节进行切割，选择具有强资信优势的建设商予以分包。每一个"分包商"须对自己完成的局部工程建设目标负责，如若未达成目标，则需要承担相应的违约责任。

相比银行和券商，信托公司的资金成本比较高，在公益性或准公益性的 PPP 项目中很难找到成本收益匹配的项目。此外，信托公司也不具备项目收益债等债券的承销资格，PPP 项目短期内无法成为原有政信合作项目的替代。

9. PPP 产业基金

PPP 产业基金，指以股权、债权及夹层融资等工具投资基础设施 PPP 项目的投资基金，可以为基金投资人提供一种低风险、中等收益、长期限的类固定收益。PPP 产业基金通常与承包商、行业运营商等组成投资联合体，作为社会资本参与 PPP 项目投资运营。

在 PPP 产业基金模式下，金融机构可与地方政府和项目运营方签订产业基金合同，对能够产生稳定现金流并且收益率较为合理的基建项目进行合作，通过设立有限合伙制 PPP 产业基金的形式参与基础设施建设。金融机构可以自有或募集资金设立 SPV，作为有限合伙基金的优先合伙人（LP）。如：2015 年兴业基金管理有限公司与厦门市轨道交通集团签署了厦门城市发展产业基金合作框架协议，基金总规模达 100 亿元，将投资于厦门轨道交通工程等项目。该基金采用 PPP 模式，由兴业基金全资子公司兴业财富资产管理有限公司通过设立专项资管计划，与厦门市政府共同出资成立"兴业厦门城市产业发展投资基金"有限合伙企业。兴业财富和厦门轨道交通集团各出资 70% 和 30%，分别担任优先级有限合伙人和劣后级有限合伙人，厦门轨道交通集团按协议定期支付收益给优先级有限合伙人，并负责在基金到期时对优先级合伙人持有的权益进行回购，厦门市政府提供财政贴息保障。

近来成立的 PPP 产业基金出现了新的动向，很多 PPP 产业基金投向土地一级开发、保障房等非经营性项目，还款来源依赖于土地出让收入，以明股实债的形式保证固定收益，资金主要来源于银行理财，财政兜底。这些基金有政府隐形的担保，只是城投债的新的表现形式。

10. 咨询公司

PPP 项目运作参与合作者众多、资金结构复杂、项目开发期较长、风险较大，需要专业咨询公司的介入。专业咨询公司在 PPP 项目中的职责包括：组织尽职调查、设计基础设施 PPP 项目方案，设计项目交易结构和招商程序，设定边界条件、遴选标准等，建立财务模型，组织商业预测和分析，编制项目招商文件，组织实施招标或竞争性谈判等公开竞争性招商程序，参与商务谈判，协助签订项目特许经营协议等。主要职能如下：

（1）提供政策咨询

由于项目的运作涉及国家的产业政策、行业政策、税收、金融等政策，专业咨询机构可以帮助 PPP 项目公司研究和利用相关政策，按照有关政策要求，设计项目框架，规避项目的政策风险，实现各方利益和诉求。

（2）制定融资方案

PPP 融资方案是项目成功的重要因素。专业咨询机构可以发挥自身的专业优势和研究能力，分析归纳市场信息、案例经验，帮助 PPP 项目公司设计合适的融资计划，确定合适的融资结构。

（3）制定风险预案

PPP 模式需要研究和检测的风险很多，如政策风险、市场风险、操作风险、融资风险、收益风险等。为了监测和控制风险，合理化解和转移风险，需要聘请专业咨询机构，对项目全生命期内风险进行事前、事中和事后的监测、预测与控制，制定合理的风险分配方案和风险化解预案，确保项目风险得到有效控制和管理。

（4）选择合作伙伴

PPP 项目需要有众多的社会合作伙伴参与，包括但不限于项目策划机构、项目设计单位、工程建设单位、项目监理单位。专业化的咨询机构可以协助 PPP 项目公司选择信誉卓越、技术精专的合作伙伴，协助进行重点工程的流程等优化和资金等安排，有效控制工程的进度、成本和质量等。

（5）协助项目开发运营

专业咨询机构可以为 PPP 项目公司提供长期的、持续的市场分析和项目预测，帮助设计规避市场风险的有效方案和策略，可协助项目公司进行项目开发报告、各种文件及重要会议等安排和策划。

11. 其他参与机构

除了上述的各级政府、银行、私营企业等利害关系者之外，设计单位、保险公司、运营公司、建设单位、材料供应商等也是 PPP 项目的重要参与者，并且在项目实施过程中发挥着重要的作用。

13.2 政府行为与策略

政府要发挥核心职能，明确各方职责权限，平衡各方关系，确保必要的项目回报率，并兼顾项目的公益性，防止项目投资回报过高。因此，政府的角色定位决定了 PPP 项目的成功与否。

13. 2. 1 　政府角色定位

为避免政府在参与 PPP 项目时出现越位问题，在筹划 PPP 项目中的政府行为与角色时，要明确政府的角色定位。

顶层设计者和架构者。政府在 PPP 模式设计与运行过程中，负责统筹设计与架构创新，规划先行，科学筛选 PPP 项目，结合当地规划布局和开发时序，注重项目的全流程管理，以人民利益为优先考虑，满足公共服务的需求。

政策制定者及法规护航者。政府在 PPP 模式应用及推广中对特许经营法、环境保护法、土地法等法律进行规范和优化，并做好法律法规的执行与实施。

项目审核批准者。政府在推动 PPP 模式时，要担负项目和合同的审核批准者的职责，要完善项目审批审核机制，强化项目与法规、产业一致性的审核、审批，审核和建立 PPP 项目库，推动 PPP 模式的实施。

标准制定和项目监督者。政府承担着制定标准体系和项目监督管理的任务，政府应制定绩效考核指标，提升项目进度和质量。

13. 2. 2 　政府行为与策略

由于中央政府与地方政府的行政权限存在差异，二者的行为策略选择也随之不同。国家层面，中央政府行为选择更多集中于法律制定、完善、修订等外部环境优化方面，更多地涉及国家立法层面的内容。地方层面，省市级地方政府以服务于 PPP 项目的实践及操作为主，更加关注实施过程中的风险防控。

地方政府的 PPP 行为重点，如下：

一是优化政策，完善服务。主要从经济和行政两方面推动。经济方面包括：（1）要素支持：原材料供应、劳动力等；（2）优惠政策：税收优惠、外汇优惠、土地优惠等；（3）收益担保：如约束性长期协议，提供附加收益等。行政方面包括：（1）放管服改革。简化审批手续，提高服务效率；（2）组织体系。成立专项小组或者明确主管部门负责 PPP 项目，协调各方利益。

二是权衡项目模式，理顺合作关系。研究 PPP 模式下的外包、特许经营、私有化三大类别，理顺公私合作关系，确定双方在整个生命周期的利益及风险分配。

表 13 - 1   PPP 项目主要分类表

分类	模式名	含义
外包	服务协议	公共部门与私人部门签订服务协议，由私人部门提供某项公共服务
	设计—建造（交钥匙）	私人部门按照协议约定设计并建造基础设施，建成后将其交给公共部门运营管理
	设计—建造—主要维护	私人部门承担基础设施的设计、建造和主要维护
	经营和维护	私人部门与公共部门签订协议，代为经营和维护公共部门拥有的基础设施
	设计—建造—经营	私人部门承担基础设施的设计、建造和运营，但不涉及转移
特许经营	转让—经营—转让	私人部门经营或购买已有的公共基础设施，经过一定程度的更新、扩建后经营该基础设施，期满后转交给政府
	建设—租赁—经营—转让	私人部门与公共部门签订长期租赁合同，有私人部门投资建设基础设施，在租赁期内经营该基础设施，获取利润，合同期满后交给公共部门
	建设—拥有—经营—转让	私人部门投资、建设、经营基础设施，在特许期内具有该基础设施的所有权，特许经营期结束后交给公共部门
私有化	购买—建设—经营	私人部门购买现有基础设施，经过更新扩建后经营该设施，并拥有永久经营权
	建设—拥有—经营	私人部门投资、建设并永久拥有、经营某基础设施，并接受政府监督

三是创新改革，试点示范。积极推动 PPP 模式之下的混合所有制和私人融资计划，创新 PPP 融资新模式。

四是规范监管，防控风险。加强对项目各阶段风险预测和评估，合理分解风险，主动承担风险，推动公私双方的双赢。

13.3 投资人行为与策略

13.3.1 投资人主体资格确定

参与 PPP 模式中的社会资本不仅包括私人资本，还包括国有控股、参股、混合所有制企业，尤其地方融资平台作为地方政府参与公共服务领域项目建设的依托，承担了包括项目投融资等在内的众多职能。由于 PPP 项目大多带有不同程度的公益性，因此私人部门投资人的主体资格确定极为重要。

PPP 项目社会资本合作主体的选择，主要考虑：

（1）信誉良好。投资人要有良好的银行资信、财务状况及相应的偿债能力；重合同、守信用，具有社会责任感。（2）具有建设营造、经营管理、运营维护同类工程的业绩、资质或经验。社会资本合作伙伴或其联合体要有良好的业绩与技术能力，必须具备相应的专业资质资格，经验丰富。（3）资金充足，具有较强的财务与融资能力。具有良好的银行资信、财务状况，相应的偿债能力及同类项目成功的盈利模式和竞争模式。（4）专业知识与技术力量雄厚。具备专业的 PPP 人才、技术人才、财经人才与管理人才团队。（5）设备配置等要素实力良好。拥有专业的设备及完成服务所必须的其他重要要素资源。（6）质量安全管理体系完善。近三年内没有发生过重大生产安全和质量事故，主动防范的意识强、措施得力，合规性较好。具有独立法人资格；能遵从合同合法合规运营。

由于 PPP 项目通常具有资金需求量大、建设周期长、成本回收慢等特点，专注于投资 PPP 项目的产业投资基金将成为未来 PPP 项目的投资主体。

13.3.2 投资人行为与策略

目前，投资人投资 PPP 项目主要包括直接投资 PPP 项目、投资于 PPP 项目运营的运营公司两种。前者的项目选择主要集中于轨道交通、市政供水等有稳定现金流的项目，后者以股权方式介入，风险及回报率较前者都高，因此，在选择被投公司时要对目标公司进行尽职调查和评估。

第一，投资时机选择。私人部门可选择除 PPP 移交阶段之外的任意环节介入，不同阶段对投资人的要求不同。因此，投资者进入的选择很重要。在实力较强的情况下，投资人可在项目初始阶段参与，加强与政府的沟通合作，提高私人部门的参与度，提高投资者对项目的认识程度，为后续合作奠定基础。

第二，选择恰当的合作模式。发挥双方优势。实现优势互补是成功的关键。私人投资者在规划设计、市场分析等方面具有比较优势，项目不同对

PPP 模式的选择也不一样。目前，投资者参与较多的项目多为经营性项目，该类项目有以下模式供选择。

（1）BOT（建设—经营—转让）：

①项目选择评估阶段：项目发起人通过调研，准确预测需求、市场容量等指标，对项目作出评价，同时决定是否实施该项目。

②项目招投标阶段：项目发起人向全社会发起招商/招标公告，同时有意向的投资人向项目发起人投标。

③特许权授予阶段：项目发起人以公平、公正、公开为原则，通过对候选人经营能力、支付能力等进行综合评价，来确定项目投资人。同时，严密制定全面的特许权合同。

④建造与运营阶段：投资人按照项目要求，选择合适的工程承包商；建设完成后，投资人进行运营管理和控制。

⑤移交阶段：特许经营权到期后，投资人将技术和资产都无偿交还给政府，并且承担维修担保。

（2）TOT（移交—经营—移交）：

①项目建设阶段：政府根据准确预测需求、市场容量等指标建设某一项基础设施。

②项目选择评估阶段：项目发起人通过专业评估并且根据国家有关规定，编制项目建议书，在征求行业主管部门（或原投资部门）的意见后，按照现行的有关规定，上报有权审批部门批准。同意实施后还要编制可行性研究报告并上报审批部门批准。

③项目招投标阶段：项目发起人向全社会发起招商/招标公告，同时有意向的投资人向项目发起人投标。

④特许权授予阶段：项目发起人以公平、公正、公开为原则，通过对候选人经营能力，支付能力等进行综合评价，确定项目投资人。同时，严密制定全面的特许权合同。

⑤运营阶段：投资人按照项目要求进行运营管理和控制。

⑥移交阶段：特许经营权到期后，投资人将基础设施交回政府，政府开始下一轮的 TOT 项目融资。

（3）BOOT（建设—拥有—运营—移交），这种方式明确了 BOT 方式的所有权，使项目公司在特许期既有经营权又有所有权。BOOT 是一种投资连带承包的方式，一般由项目所在国政府或者所属机构为项目的建设与经营提供一种特许权协议，由获取特许权的公司作为项目的投资者和经营者负责安排融资，在特许权期内，对项目进行开发、建设并获取商业利润；在项目特许权期末，根据之前所制定的特许权协议由项目所在国政府或者所属机构支付一定量资金（或者无偿）从项目的投资者和经营者手中取得项目。

（4）BTO（建设—转让—经营），项目的公共性很强，不宜让私营企业在运营期间享有所有权，须在项目完工后转让所有权，其后在由项目公司进行维护经营。也是由 BOT 演变的一种投资方式。政府与私人企业签订协议，由私人企业负责基础设施的融资与建设，完工后将设施转移给政府。然后，政府把该项基础设施再租赁给该私人企业，由其负责基础设施的营运，获取商业利润。

（5）BOO（建设—拥有—运营），是一种正在推行中的全新的市场化运行模式，即由企业依据特许权协议投资并承担工程的设计、建设、运行、维护、培训等工作，硬件设备及软件系统的产权归属企业，而由政府部门负责宏观协调、创建环境、提出需求，政府部门每年只需向企业支付系统使用费即可拥有硬件设备和软件系统的使用权。获取特许权的首要条件是，获得特许权的企业必须接受政府在定价和运营方面的种种规制。

（6）BBO（购买—建设—经营），政府将原有的公共基础设施出售给有能力改造和扩建基础设施的民营部门。民营部门在特许权下，永久性经营这些基础设施，类似于政府撤出其资本，让撤资后的公司在特许权下运营。与其他特许权的授予一样，在出手前的谈判中，公共部门可以通过特许权协议对基础设施服务的定价、安全、质量和将来的发展作出规定，实施政治控制。

第三，平衡风险及收益。不同的合作模式影响到双方风险和收益分配。各类风险分配遵循"最优承担"原则，由最有能力处理的一方来承担。有利于降低风险的边际成本，实现 PPP 项目资金的最优使用价值。

PPP 项目在执行中的风险类型主要有技术风险、建设风险、运营风险、收入风险、财务风险、法规风险、政治风险、环境风险、不可抗力风险等导致的项目失败风险。投资者判断 PPP 模式下的投资风险，可以从政府财力、社会资本实力、项目收益等角度分析和判断，并遵循以下原则：

（1）区县级以上 PPP 项目的优先次序是：政府和外国资本—政府与国有资本—政府和有实力的私人资本—政府与一般私人资本合作。从地区看，发达地区的项目优先于落后地区的项目。

（2）省级及省级以上、有极强市场前景的 PPP 项目最具投资价值，其次为有良好市场前景的地市级和区县级 PPP 项目。

（3）没有现代企业运作机制而由政府官员主导的地级和县级 PPP 机构尽量不参与，乡镇级 PPP 项目尽量不参与，除非其市场前景和管理机制卓越。

（4）项目收益不能覆盖其建设运营成本，又无其他可靠项目收益或政府购买为付费来源的 PPP 项目，尽量不投。

应引入商业保险。用于转移不确定性大、损失额度大的风险，如某些不可抗力事件导致的项目重大损失。风险分配在签约性谈判阶段已经完成，并体现在合同及特许经营协议中。在建设经营阶段，主要是发挥经营管理层和协调委员会的作用，及时识别、转移、化解相应风险。

13.4 社会攸关方行为与策略

除了政府部门及投资者外，PPP 模式的运行还需要金融机构、咨询公司、建筑单位等社会攸关方。

13.4.1 金融机构

金融机构通常作为 PPP 项目的融资方出现。该类金融机构与投资人的差别在于金融机构更加关注项目的收益能力及风险水平，其行为重点也聚集在模式选择及风险防范等方面。

1. 金融机构参与 PPP 的操作要点

（1）项目盈利性分析

金融机构参与 PPP 项目，首先需要分析项目的收入实现形式，明确所要提供融资项目是经营性项目、准经营性项目，还是非经营性项目，不同项目类型的盈利能力差别很大。其次分析项目的收费机制和项目盈利测算的合理性和可实现性，重点关注特许经营期限、收费机制变更的补偿机制、项目唯

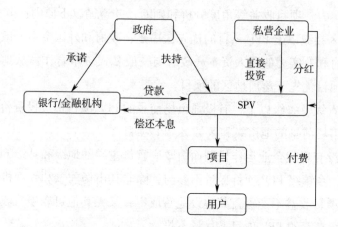

图 13-1 商业银行对 PPP 项目全寿命周期的风险识别与防范

一性等条款，对于准经营性项目，还需考虑政府补偿机制、社会环境变化对项目现金流的影响程度。

（2）项目退出安排

在很多情况下，金融机构在项目开始介入 PPP 项目，PPP 模式之下未必存在股权回购安排，政府出于项目长期性的考虑也会限制短期资金的进入，金融机构必须考虑退出机制，如在项目建设期由资管计划先期介入，待完成建设施工，项目开始运营后再由银行发放贷款，置换原资管计划的融资。对于采取资管计划＋有限合伙基金的方式实现资金注入基础设施项目的，可以通过基金赎回、资管计划受益权转让、有限合伙份额转让等形式退出。

（3）投资的流动性

由于银行、保险、基金等金融机构资金通常都有一定的投资期限，PPP 项目周期可能有 10 年甚至更长时间。为解决资金的流动性问题，金融机构在设计融资方案时可以进行结构化分层，安排流动性支持者以增加流动性。通过结构化分层，对优先级份额设定较短期限，期限届满时投资者有权选择向流动性支持者转让份额实现退出；对于次级投资者则持有份额至产品到期，同时获得较高的超额收益。

（4）增信措施

过去，金融机构在和政府或政府平台进行融资合作时，主要关注政府的财力、增信措施、是否纳入财政预算和出具安慰函，在 PPP 模式下，项目审核的关键点转变为 PPP 项目的整体盈利性、项目运营主体的建设经营能力和财务状况，还款来源依赖于项目的现金流和相应的增信措施。在实际操作中，可以采用股权质押、基础设施项目应收账款收益权、项目公司资产、其他社会资本方保证等增信措施，降低投融资风险。在基础设施施工建设阶段，项目无现金流入时，可以考虑超额募集或由次级投资者补足资金的形式用于支付期间收益。

（5）财务监督

PPP 项目建设资金有多样化的来源渠道，为了保证各类机构的投入能够达到预期目的，必须确保投入资金被用于项目建设，同时相关的现金流入能用以偿还负债。因此金融机构必须对项目运作过程进行财务监督，确保专款专用，并及时掌握项目的经营情况。金融机构可以委派财务人员，并采取设立专门账户的形式进行监管，如果有可能还可向项目公司委派董事和监事，参与项目公司的经营决策和监督。例如和银行签订专门账户，项目的经营收入先进入该专门账户，除在合同约定的范围内可以支付项目经营开支外，剩余资金必须作为债务偿还的准备。

2. 金融机构参与 PPP 的风险应对

根据《关于推广运用政府和社会资本合作模式有关问题的通知》（财金〔2014〕76 号），PPP 项目风险按照"风险由最适宜的一方来承担"的原则，项目设计、建设、财务、运营维护等商业风险原则上由社会资本承担，政策、法律和最低需求风险等由政府承担。金融机构在参与 PPP 项目中，面临诸多风险。

（1）项目建设风险

PPP 项目需要在规定的时间内建设完成达到可使用状态，才能在后续的经营中获得现金流和利润，尤其对于政府采用可用性付费方式直接购买产品和服务的非经营性项目，项目的"可用"是付费的前提条件。因此金融机构在对项目方融资时可以将建设施工方的资质要求列入合同条款，要求选择具有较强实力的工程施工企业参与项目建设，通过合同约定或者购买保险，由建设公司或者保险公司承担项目建设延期、不合格等引起的损失。

（2）项目经营管理风险

在实际运营过程中，由于基础设施项目的经营状况或服务提供过程中受各种因素的影响，项目盈利能力往往达不到预期水平而造成较大的营运风险。比如供水、供热、供电等项目的在面临运营成本上升需要提高价格时，由于民众反对或政府出于维稳的目的不予调整等。杭州湾跨海大桥项目和鑫远闽江四桥则是由于出现了竞争性项目而导致项目收入无法达到预期，而政府又无法按约定给予补偿，影响了社会资本的收益情况。

银行、保险等金融机构一般仅以资金方或财务投资者的身份参与 PPP 项目，PPP 项目的建设、管理、运营等并不擅长，若项目一旦出现经营不善或管理纠纷，会直接影响收益的实现。因此，金融机构在向项目公司提供融资之前，应对融资主体和管理团队进行详尽的尽职调查，寻找具有良好口碑的合作方，对项目的运营及未来现金流收入进行财务分析和测算，确保可行性缺口补助和政府付费项目纳入政府的全口径预算管理，并通过相关协议争取参与重大事项决策的权利。

（3）增信措施落实风险

PPP 项目融资可能涉及房地产抵押、信用保证、股权质押、应收账款质押等多种增信方式，实际操作中可能存在增信方式不能落实的风险。尤其对于非上市公司股权质押和基础设施收益权应收账款质押等一些需要政府登记的增信方式，各地在执行中的口径尺度会有很大差异。根据我国现行的《担保法》，可用于质押的收费权类型局限于公路、桥梁、隧道、渡口等"不动产收益权"范围，因此在融资协议签订之前就要对不同地区的抵押登记政策进行了解，把担保方式的落实作为放款的前提条件，并尽量采用多种增信方式进行组合，在选择担保物时也要优先考虑易于处置变现的标的。

（4）政策风险

PPP 项目运作在很大程度上受政府政策影响，在青岛威立雅污水处理项目中，当地政府在签约后又单方面要求重新谈判以降低承诺价格；长春汇津污水处理厂项目中，政府废止了当初指定的管理办法，导致实施机构拖欠合作公司污水处理费最终项目失败；廉江中法供水厂项目中供水量和水价都未达到当初合同规定的标准，此外，法律的变更也会给 PPP 项目融资带来负面影响，例如江苏某污水处理厂采用 BOT 融资模式，原计划于 2002 年开工，但由于 2002 年国务院颁布《关于妥善处理现有保证外方投资固定回报项目有关问题的通知》，项目公司必须重新与政府就投资回报率进行谈判。上海大场水厂和延安东路隧道也遇到了相同的问题，均被政府回购。从以往失败的案例来看，政府缺乏经验，违反财政补贴机制和项目唯一性的承诺，往往造成社会资本无法收回投资本金或取得合理的利润。对于政府的政策风险，必须从当地产业结构、财政实力、市场化程度、过往资信记录等多方面进行考量，并通过签订详细的法律合同，降低地方政府"随意签约，肆意毁约"的概率，在区域选择优先考虑沿海经济发达地区和内地省会城市和财政实力较强的其他城市。

（5）财政可承受能力风险

根据最新颁布的《政府和社会资本合作项目财政承受能力论证指引》（财金〔2015〕21 号），地方政府每一年度全部 PPP 项目需要从预算中安排的支出责任，占一般公共预算支出比例应当不超过 10%。金融机构需要密切关注特定地区（尤其是列入地方政府性债务风险预警名单的高风险地区）的财政收入状况、PPP 项目目录，并密切跟踪各级财政部门（或 PPP 中心）定期公布的项目运营情况，包括项目使用量、成本费用、考核指标等信息，确保所参与项目涉及的地区政府整体 PPP 支出控制在一定比率内。

（6）信用风险

金融机构对 PPP 项目的投资能否收回本金和获得合理的利润，很大程度上依赖于项目实施主体等交易对手的信用状况，对于获得特许经营权的项目实施主体，应选择有较高施工资质、项目经验丰富的专业机构，并对其资金实力、财务经营状况和信用资质进行分析。

（7）财务风险

财务风险，是指基础设施经营的现金收入不足以支付债务和利息，债权人主张债务而导致项目公司破产，造成 PPP 模式应用的失败。财务风险既可能由于政府不守信而造成，也可能因为运营主体经营管理不佳，或者随着社会经济和文化的改变而影响原有业务模式的需求而导致。社会资本可能必须独自承担此类风险，所以金融机构在为项目融资时尽量要求由政府或融资担保机构提供担保，由政府部门和融资担保机构分担部分财务风险。

（8）国有股权转让的法律风险

在部分项目中，金融企业向项目公司增资扩股或购买原有股权的方式取得项目公司的股权，合同约定期限到期时，国有股东或国有资产监督管理部门通过回购方式受让项目公司股权，在实际操作时两次股权转让大多未经过资产评估程序，而且多采用协议转让方式。根据《企业国有资产法》《企业国有资产评估管理暂行办法》《关于企业国有产权转让有关事项的通知》，相关国有股的转让需要通过资产评估，并在产权交易场所公开进行交易，因此该类操作具有一定的法律风险。金融企业在项目开始之初就必须考虑国有股权转让的程序问题。

13.4.2　产业投资基金

PPP 产业基金，是指以股权、债权及夹层融资等工具投资基础设施 PPP 项目的投资基金，可以为基金投资人提供一种低风险、中等收益、长期限的类固定收益。PPP 产业基金通常与承包商、行业运营商等组成投资联合体，作为社会资本参与 PPP 项目投资运营。

专注于投资 PPP 项目产业投资基金具备投资、融资双重性质的社会攸关方。

（1）PPP 产业投资基金运作模式

在 PPP 产业基金模式下，金融机构可与地方政府和项目运营方签订产业基金合同，对能够产生稳定现金流并且收益率较为合理的基建项目进行合作，通过设立有限合伙制 PPP 产业基金的形式参与基础设施建设。金融机构可以自有或募集资金设立 SPV，作为有限合伙基金的优先合伙人（LP）。产业投资基金即可直接投资于 PPP 项目，也可投资于 PPP 项目的运营公司。

在各地不断涌现的 PPP 产业投资基金中，根据基金发起人的不同而分成三种模式。

模式一：由金融机构联合地方国企发起成立有限合伙基金，一般由金融机构做 LP 优先级，地方国企或平台公司做 LP 的次级，金融机构指定的股权投资管理人做 GP。这种模式下整个融资结构是以金融机构为主导的。

模式二：有建设运营能力的实业资本发起成立产业投资基金，该实业资本一般都具有建设运营的资质和能力，在与政府达成框架协议后，通过联合银行等金融机构成立有限合伙基金，对接项目。

模式三：由省级政府层面出资成立引导基金，再以此吸引金融机构资金，合作成立产业基金母基金。各地申报的项目，经过金融机构审核后，由地方财政做劣后级，母基金做优先级，杠杆比例大多为1:4。地方政府做劣后，承担主要风险，项目需要通过省政府审核。这种模式，一般情况下，政府对金融机构还是有隐性的担保，其在河南、山东等地运用比较广泛。

（2）产业投资基金参与 PPP 的还款来源

准经营性项目：使用者付费不足以使社会资本获得合理的回报，政府会通过可行性缺口补助给予补贴收入，如在污水处理、垃圾处理等项目中，政府通过补贴的方式来保障参与项目的社会资本达到合理的收益。

经营性项目：经营性项目的收入完全来源于项目运营，主要依赖项目本身的运营管理，在保证特许经营协议约定质量基础上，通过提升效率、节约成本来获取盈利，主要由商品或者服务的使用者付费，供电、供水等一般属于此类项目。

公益性项目：市政道路、排水管网、生态环境治理等项目没有收入或者只有很少收入，社会资本的收入主要来源于政府的资产服务购买收入，如需要政府支付服务费用或购买资产。

（3）PPP 模式下产业投资基金的退出方式

资产证券化退出，是指产业投资基金资金投入到 PPP 项目公司后，在项目运营成熟后，通过将项目公司资产注入上市公司、发行资产证券化产品或海外发行房地产投资信托基金（REITs）等资产证券化方式，获得投资收益，实现投资的退出。

股权回购/转让退出，是指产业投资基金资金投入到 PPP 项目公司后，在项目投资公司完成项目任务（或阶段性投资任务后）后，由政府、开发运营公司进行股权回购；或将股权转让给政府、开发运营公司或其他投资者。

项目清算退出，指产业投资基金资金投入到 PPP 项目公司后，在项目投资公司完成项目任务（或阶段性投资任务后）后，通过项目投资公司清算（或注册资本减少）的方式，返还产业投资基金应当获取的股权收益，实现投资的退出。

14. 典型案例

PPP 模式起源于欧洲收费公路建设计划，逐步向发展中国家推广，成为公共项目运营、融资的新兴模式之一。研究 PPP 模式的案例很有必要。

14.1 国内案例

PPP 模式在我国最早起源于 1995 年原国家计委正式批准的 BOT 项目，伴随着 PPP 模式在国内更多场景的应用，国内关于 PPP 模式经验的积累不断增多。

14.1.1 济南海面城市 PPP 项目

1. 项目概况

济南是山东省会，国家历史文化名城，也是国家首批海绵城市试点之一，中心城区总面积 1022 平方公里。济南市泉水枯竭、内涝多发、水源不足、水质污染等问题突出，亟须整治。

2. 总体框架

济南海绵城市试点区域总面积 39 平方公里，由新老城区组成，共 44 个项目，总投资 76.11 亿元。通过水生态工程、水安全工程、水资源工程、水环境工程等工程措施，实现年径流总量控制率达到 75%、雨水资源利用率不低于 12%、河道水质达到 IV 类水质等目标。济南海绵城市试点项目中根据"流域打包、就近整合"的原则，选择 3 个汇水片区采用 PPP 模式运作，即十六里河流域、兴济河流域和玉绣河流域，总投资 38.5 亿元，占试点建设项目总投资的51.3%。PPP的具体运作模式如下：济南市政府授权市政公用局为实施机构，全权负责项目的实施，通过公开招标方式选择社会资本，由资产运营公司代表政府与社会资本共同出资成立项目公司，负责项目的融资、建设、运营维护，期满无偿移交给政府。

3. 实施要点

流域打包。由于海绵城市项目众多，属性复杂，为了取得连片效应和形成整体优势，济南海绵城市PPP立足地理条件，按照汇水分区整合划分，每个汇水分区均包括新建工程和存量工程，涵盖流域内道路、污水理、水系、小区、园林等各类项目，采用总承包方式，统筹规划项目全生命周期环节，选择具备投资、融资、建设、运营维护能力的社会资本统一负责设计、投融资、建设、运营维护等工作，发挥整体效益。

项目公司组建。济南海绵城市PPP项目公司由济南市政府授权济南市政公用资产管理运营有限公司作为政府出资机构与社会资本共同组建，其中社会资本出资90%，政府出资机构出资10%。政府股份不参与分红，但对项目公司具有监督权，对涉及重大公共安全、公共利益的事项具有一票否决权。

回报机制。根据海绵城市的特征属性和政策环境，济南海绵城市PPP中项目公司的收益来源主要包括：政府基础设施建设资金、经营性项目收费（如污水处理费）和经营性资源收入（如停车场、广告）等。

付费机制。济南海绵城市PPP为政府可行性缺口补贴模式，采用了与绩效考核挂钩的按效付费机制，考核指标包括总体目标和单体目标两个层级，总体目标包含流域内最终水质、水量控制等指标；单体目标包含道路、桥梁、河道、排水、园林绿化等专业指标。由政府部门组成的考核小组进行打分，根据考核结果按年度付费。

社会资本选择标准。济南海绵城市PPP在社会选择标准上着重从实施方案（包括建设管理方案、运营维护方案和移交方案等）、类似项目业绩、商务方案（包括项目公司设立、融资方案、财务模型、合同文件等）、报价（在限定的政府付费和项目内部收益率上限的基础上竞争报价）4个方面设置评审标准和办法，考察社会资本的综合情况，选择最适合的社会资本与政府进行合作。

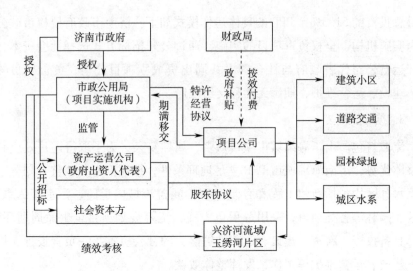

图 14 - 1　济南市海绵城市 PPP 结构

14.1.2　4 号地铁 PPP 项目

1. 项目背景

地铁 4 号线建设始于北京申奥后的轨道交通建设计划。根据北京市地铁线路规划图，4 号线贯通南北，途经众多重要站点，在北京市轨道交通规划中的地位重要，4 号线的建设需要筹措资金。

北京轨道交通项目以往的建设均采用"国有国营"模式，项目基本不盈利，地铁运转依靠财政补贴。地铁 4 号线建设试图创新机制体制，解决项目融资和项目建成后的运营难点。与此同时，全球轨道建设项目模式都在积极创新，如何实施模式创新，实现资金来源多元化是北京市政府受邀考虑的因素。

为引进社会投资，北京市政府 2001 年成立专项领导小组，聘请专家顾问对 4 号线项目筹资、建设、运营等进行论证。2003 年明确轨道交通项目的政府投资与社会投资 7∶3，颁布《北京市城市基础设施特许经营条例》，编制《北京地铁四号线 PPP 运作报告》，2006 年 4 月签署合作协议。

2. 项目概况

地铁 4 号线长度 28.65 公里，共设地铁车站 24 座，线路穿越丰台、宣武、西城、海淀 4 个行政区，是北京市轨道交通线网中的骨干线路和南北交通的大动脉。该项目于 2003 年底开工，2009 年正式通车运营。项目总投资 153 亿元人民币，分为 A 部分 107 亿元土建投资和 B 部分 47 亿元的机电投资。

3. 项目参与者

PPP 模式通过特许经营公司将政府部门及私人部门结合起来，且 PPP 项目有公益性特征，因此，在筹建 PPP 项目的过程中，对投资者具备的条件、特许公司中公司双方的股权结构要有相对明确的规定。

根据《北京市城市基础设施特许经营条例》规定，政府通过竞争性谈判选择投资经营者，并对投资经营者应具备的条件做了具体规定：

（1）在境内外依法注册的独立的法人实体，或由多个法人实体组成的联合体；

（2）有投资、建设和运营轨道交通项目的经验和业绩；

（3）资信情况良好，拥有运作本项目所需的财务实力；

（4）具有良好的声誉，在法律方面无重大的不良记录。

特许公司的组建遵循了法律法规和实施方案要求。如果特许公司是内资企业，根据《国务院关于固定资产投资项目试行资本金制度的通知》（国发（1996）35 号文件）规定，资本金比例应不低于总投资的 35%；如果特许公司是外商投资企业，遵守《国家工商行政管理局关于中外合资经营企业注册资本与投资总额比例的暂行规定》的规定，且中方投资者占有的权益不应小于 51%。资本金以外的部分由特许公司通过融资解决。在正式签署《特许协议》之前，特许公司应签署有关融资协议。

基于轨道交通的行业特点及 30 年的特许经营期规定，政府在选择社会投资者时，采用了竞争性谈判的方式，是考虑到项目的专业性，虽经过多次招商但没有选到适合的投资者。资本金比例的要求，直接影响社会投资者的股权投资回报率。因此，地铁 4 号线在确定项目参与者、参与模式、特许经营公司的股权结构等方面做了统筹的设计。

4 号线工程投资建设分为 A、B 两个相对独立的部分：A 部分为洞体、车站等土建工程，投资额约为 107 亿元，约占项目总投资的 70%，由北京市政府国有独资企业京投公司成立的全资子公司四号线公司负责；B 部分为车辆、信号等设备部分，投资额约为 46 亿元，约占项目总投资的 30%，由 PPP 项目公司北京京港地铁有限公司（简称"京港地铁"）负责。京港地铁是由京投公司、香港地铁公司和首创集团按 2:49:49 的出资比例组建。

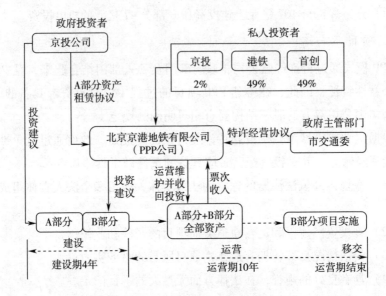

图 14 - 2 地铁 4 号线 PPP 模式示意图

如图 14 - 2 所示,项目结构的设计,考虑了地铁 4 号线原计划要求在 2008 年奥运会前竣工,在 PPP 运作过程中,为保证工期 4 号线的土建部分已经开工,社会投资者无法参与 A 部分建设,国外类似项目土建部分通常由政府负责。把工程项目在物理上划分成两部分造成的问题是,建设过程中出现了两个业主。A、B 部分工程的界面衔接和建设期工程管理的协调有挑战。鉴于 4 号线公司已将 A 部分工程的建设管理委托给北京市轨道交通建设管理公司(以下简称"建管公司"),在项目实施过程中倾向于特许公司也能将 B 部分的建设管理工作委托给建管公司。

4. 项目过程

4 号线 PPP 项目实施过程分为两个阶段,第一阶段为由北京市发改委主导的实施方案编制和审批阶段;该项目已经国家发改委批准立项(批准文件文号发改投资〔2003〕600 号),《北京地铁四号线可行性研究报告》(以下简称"可研报告")已经国家发改委批准。地铁 4 号线项目总投资额为 153 亿元。

第二阶段为由北京市交通委主导的投资人竞争性谈判比选阶段。经市政府批准,北京市交通委与京港地铁于 2006 年 4 月 12 日,正式签署了特许经营协议。

考虑到轨道交通项目投资大、回收期长，根据财务模型计算的投资回收期并考虑一定合理的盈利年限，项目组将特许期分为建设期和特许经营期。建设期从特许协议正式签订后至正式开始试运营前一日；特许经营期分为试运营期和正式运营期，自试运营日起，特许经营期为30年。

4号线项目竣工验收后，特许公司根据与4号线公司签订的资产租赁协议，取得A部分资产的使用权。特许公司负责地铁4号线的运营管理、全部设施（包括A和B两部分）的维护和除洞体外的资产更新，以及站内的商业经营，通过地铁票款收入及站内商业经营收入回收投资。

特许经营期结束后，特许公司将B部分项目设施无偿移交市政府指定部门，将A部分项目设施归还4号线公司。本项目为社会资本设计了退出机制，主要考虑到轨道交通的公益性，在投资者无法盈利的情况下，为保证正常系统安全运行，政府有义务介入以维护公众利益。

特许权的终止和处理：

（1）特许期届满，特许权终止。

（2）发生市政府或特许公司严重违约事件，守约方有权提出终止。如果因市政府严重违约导致特许协议终止，市政府将以合理的价格收购B部分项目设施，并给予特许公司相应补偿；如果因特许公司严重违约事件导致特许协议终止，市政府根据特许协议规定折价收购B部分的项目设施。

（3）如果市政府因公共利益的需要终止特许协议，市政府将以合理价格收购B部分项目设施，并给予特许公司合理补偿。

（4）因不可抗力事件导致双方无法履行特许协议且无法就继续履行特许协议达成一致，任何一方有权提出终止。政府将以合理价格收购B部分项目设施。

（5）如果客流持续3年低于认可的预测客流的一定比例，导致特许公司无法维持正常经营，且双方无法就如何继续履行特许协议达成一致意见，特许协议终止。市政府将根据特许协议的规定按市场公允价格回购B部分项目资产，但特许公司应自行承担前3年的经营亏损。

5. 项目的VFM评价

本项目进行了VFM评价，基本达到了预期的目标。

6. 项目的绩效评级

一是地铁 4 号线为政府节省初始投资 46 亿元、追加投资 6 亿元、更新改造投资 40 亿元，弥补了建设资金不足，加快了地铁建设速度。

二是 4 号线 PPP 模式的成功对全国大城市轨道交通建设起到示范效应，提升了城市综合竞争力。

三是投资、建设、运营主体明确，可以促使 PPP 项目公司在保证工程质量和运营安全的前提下，努力降低建造成本和运营成本。同时，在项目建设和运营的整个周期内均以合同的方式固定政府和公司的权利及责任。公司具有充分的经营自主权，政府也有明确的监管权力，可以最大限度地避免由于权责不清产生的问题。

四是以 PPP 模式引入竞争机制，通过适度竞争，可以不断完善轨道交通领域的市场规则，从而提高轨道交通建设和运营的整体水平。

五是 PPP 项目的运作过程中，政府的角色由单纯的监管者变为既监管，又参与的市场主体，提高了政府的服务意识和行政效率。PPP 模式的推广需法律、金融、财务等知识复合型人才，因此，地铁 4 号线项目为轨道交通事业培养了高素质人才。

7. 项目合作双方的互动

特许经营协议是 PPP 项目的核心，为 PPP 项目投资建设和运营管理提供了依据和法律保障。4 号线项目特许经营协议由主协议、16 个附件协议以及后续的补充协议共同构成，涵盖了投资、建设、试运营、运营、移交各个阶段，形成了完整的合同体系。

（1）市政府在特许协议下的权利和义务

市政府的权利：

①制定 4 号线项目 B 部分的建设标准（包括设计、施工和验收标准），在特许协议中予以明确。

②建设期内，根据需要或法律变更情况对已确定的 B 部分建设标准进行修改或变更。

③根据特许协议规定的 B 部分建设标准，对工程的建设进度、质量进行监督和检查。

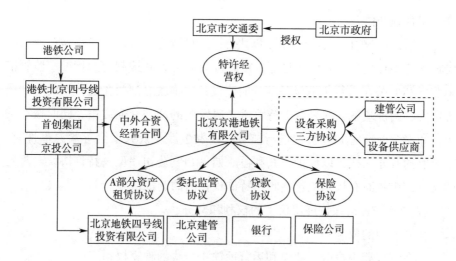

图 14 – 3　地铁 4 号线协议体系

④监督 4 号线项目的试运行和竣工验收，审批竣工验收报告。

⑤制定试运营期和正式运营期的运营标准，在特许协议中予以明确。特许期内，根据法律变更对运营标准进行变更。

⑥根据有关价格法律法规，制定和颁布四号线的运营票价，监督特许公司执行。

⑦要求特许公司报告项目建设、运营相关信息。

⑧在发生特许协议约定的紧急事件时，统一调度、临时接管或征用 4 号线的项目设施。

⑨特许期满，无偿取得特许公司 B 部分项目设施的所有权。

⑩如果发生特许公司一般违约的情况，要求特许公司纠正违约、向特许公司收取违约金或采取特许协议规定的其他措施。

市政府的义务：

①根据特许协议，为特许公司投资、设计、建设和运营 4 号线项目设施提供支持条件。

②确保 4 号线 A 部分建设任务按规定的建设标准按时完成。

③协调特许公司和其他线路的运营商建立按乘坐里程进行收入分配的分账机制及相关配套办法。

④因政府要求或法律变更导致特许公司建设或运营成本增加时，给予特

许公司合理补偿。

分析：市政府有关部门将与 PPP 公司签订特许协议，明确在建设期内政府将支持 4 号线公司确保土建部分按时按质完工，并按制定的标准、监管措施监督 PPP 公司进行机电设备部分的建设；明确政府部门在运营期的地铁票价定价、调价政策，并采取支持轨道交通发展的公共交通政策，同时按有关运营和安全标准对 PPP 公司进行监管。在发生涉及公共安全等紧急事件时，市政府拥有介入权，以保护公共利益。如果 PPP 公司违反《特许协议》规定的义务，市政府有权采取包括收回特许权在内的制裁措施。

（2）特许公司在特许协议下的权利和义务

特许公司的权利：

①在特许期内投资、建设和运营地铁 4 号线的独家权利。

②根据特许协议的规定，为 B 部分建设融资的目的，将 B 部分资产和项目收益权向贷款银行进行抵押或质押的权利。

③根据特许协议和资产租赁协议的规定，获得 A 部分资产的使用权；利用 4 号线项目设施自主经营，提供客运服务并获得票款收入；根据需要将客运服务中的辅助性工作委托给第三方。

④根据特许协议规定，在项目设施范围内（不包括地上部分），在遵守相关适用法律，特别是运营安全规定的前提下，直接或委托他人从事广告、通信等商业经营，取得相关收益。

⑤根据有关规定，有偿使用北京市轨道交通指挥中心（TCC）和自动售检票系统清算管理中心（ACC）等轨道交通运营公用设施。

⑥因市政府要求或法律变更导致特许公司投资或运营成本增加时，根据特许协议约定获得补偿。

⑦在市政府违反特许协议情况下，根据特许协议约定获得补偿或赔偿。

⑧特许期结束后，如市政府继续采用特许经营方式选择经营者，特许公司享有在同等条件下的优先权。

特许公司的义务：

①筹集 B 部分建设所需的全部资金，按照特许协议的规定保证建设资金按时到位。

②按照适用法律和特许协议规定的工期和建设标准，完成 4 号线项目 B

部分的建设任务，具体包括：

第一，采用先进的建设管理模式，组织建设施工和设备采购安装调试；

第二，按照特许协议规定的建设协调和争议解决机制，与 4 号线公司建立有效的工作机制，确保 A 部分和 B 部分建设工作的协调进行。

③按适用法律和特许协议的规定购买 B 部分建设期保险。

④执行因市政府要求或法律变更导致的 B 部分建设标准的变更。

⑤在 4 号线公司的配合下，组织和完成 4 号线项目的试运行；及时组织竣工验收，保证 4 号线按期开始试运营。

⑥在试运营期内，逐步达到规定的运营标准。试运营期最长不超过 2 年。

⑦在正式运营期内，按照特许协议及适用法律（包括相关行业办法、规章等）规定的运营标准，保持充分的客运服务能力，不间断地提供客运服务。未经市政府同意，不得将客运服务中的主要工作委托给第三方。

⑧执行因法律变更导致的运营标准的变更。

⑨按照《北京市城市轨道交通安全运营管理办法》的规定，建立安全管理系统、制定和实施安全演习计划、制订应急处理预案等措施，保证地铁的安全运营；在项目设施内从事商业经营时，遵守相关的安全规定。

8. 项目效益

采用 PPP 模式，实施地铁 4 号线项目，达到了项目建设的目标，对全国基础设施建设和 PPP 创新起到了示范效应。

第一，通过分割投资方式解决投资回报低的弊端。

轨道交通投资大，因有公共事业性质，投资回报低甚至亏损。为解决投资回报低的问题，4 号线投资被分割为 A 和 B 两个部分，其中关于征地拆迁、洞体结构等土建工程的投资大，由政府平台公司投资，这部分投资为无收益的纯粹公共支出。

对于与运营有关的车辆、信号、自动售检票系统等机电设备投资采用 PPP 模式，该部分资产需要良好的运营才能产生效益。该部分投资额较小，可产生稳定的现金流，使 B 部分投资有较好的投资回报。

通过分割投资的方式，北京市将 4 号线有经济效益的资产和业务单独分割出来，引入社会资本，成功解决了轨道交通的投资回报低的问题。

第二，PPP 项目公司架构设计体现了各方制约和平衡。

港铁公司、首创集团和京投公司成立 PPP 项目公司——北京京港地铁有限公司，港铁公司、首创集团和京投公司三方比例分别为 49%、49% 和 2%，港铁公司占 49% 的股份。港铁公司是由香港政府控制的上市公司，世界城市轨道领域最优秀的公司之一，其 30 多年香港地铁开发和运营经验是中标 4 号线投资的重要因素。首创集团是北京市国资委所属的特大型国有集团公司，主要投资于房地产、金融服务和基础设施三大领域，在投资 4 号线以前，参与了地铁 13 号线和 5 号线的投资建设。京投公司是北京市基础设施投融资平台，代表北京市政府参与 4 号线的投资，也代表政府对 4 号线运营的情况进行监督管理，同时平衡中外企业在项目公司的权益。

PPP 项目公司设立 5 名董事，其中；京投公司委派 1 名，首创委派 2 名，港铁委派 2 名，京投公司委派的董事担任董事长。一旦港铁和首创发生意见分歧需要投票决定时，京投可以从中协调，且京投的一票至关重要。

从股权结构和董事会设计上，政府和社会资本均可以对项目公司运营产生重大影响，体现了制约和平衡，有利于项目公司的健康运营。

第三，通过项目贷款提高 PPP 项目公司股东回报。

B 部分总投资共计 46 亿元，由项目公司负责筹集，其中股权投资约 15 亿元，由港铁公司、首创集团和京投公司分别按投资比例出资。其余 31 亿元由京港地铁公司向国家开发银行贷款融资，期限 25 年，执行基准利率。建设期贷款属于项目融资贷款，京港公司以拥有的资产（包括动产、不动产、特许经营收入或收益权等）抵押或质押。通过项目贷款进一步提高了项目公司股东投资投资回报。

第四，通过政府补贴运营解决低票价问题。

4 号线与北京其他轨道交通线路一样，实行全程 2 元的低价票价制（2015 年前后，北京市政府统一提高了全市地铁票价）。为保证京港公司的盈利性，政府在基期即成票价的基础上，测算了一个合理票价，对该合理票价与实际票价的差额进行补偿，该项补偿约每年 6 亿~7 亿元。

这种方式既解决了低票价问题，又充分体现了使用者付费和政府补充付费相结合的特点，起到了良好的社会效果。

第五，通过资产租赁费平衡项目公司收益。

在方案设计上，北京市政府担心项目公司收益过高，而作为合作方港铁公司也担心 4 号线投入后客流量不足，所以双方设计了一个调节项目公司投资回报的平衡机制，即项目公司与北京市平台公司签署了资产租赁协议，即项目公司租用 A 部分资产，租金水平与客流量相关联，在客流量高的时候，租金水平高，当 4 号线客流量低的时候，租金予以减免。

上述方式有效平衡了项目公司收益，既避免社会资本投资回报过高，又对社会资本的投资回报起到了保障作用。

第六，提前触发回购机制保障社会资本投资安全。

在方案设计上，为保障社会资本港铁公司的投资安全，安排了提前回购机制。特许经营期限是 30 年，但是如果开通后客流量持续 3 年低于认可的预测客流的一定比例，导致特许公司无法维持正常经营，北京市政府将根据特许协议的规定按市场公允价格回购 B 部分项目资产，但特许公司应自行承担前 3 年的经营亏损。

该方案即考虑了极端情形，即客流量与可行性研究预测差距较大的情况下造成项目公司无法正常经营，社会资本可以通过要求政府回购的方式提前退出，使社会资本的投资安全得到了一定程度的保障。

9. 项目实施中的缺陷和问题

地铁 4 号线在运用 PPP 开发运营的过程中，出现的问题主要集中在三个方面：

一是轨道交通业财政补贴机制。北京地铁 4 号线项目引入社会资金 46 亿元，但每年的政府补贴却达到 7 亿元左右，运用 PPP 模式目的是节约政府资金，但有可能将短期负债变为长期负债，不能充分发挥 PPP 应有的作用。

二是营业税、印花税等重复缴纳。北京地铁 4 号线项目实施过程中，由于社会投资方介入较晚，京投公司垫付了部分款项，缴纳了部分营业税，在社会投资方介入后，牵涉到营业税重复缴纳的问题，要把合同变更到社会投资方，要重复缴纳印花税。实行"营改增"后，在同样是由京港地铁公司特许经营的 14 号线项目中，又出现了增值税进项抵扣的新问题，包括进项税变更到京港地铁公司等。

三是项目审批时间过长。北京地铁 14 号线项目 2012 年草签协议，直到 2014 年 2 月才正式通过审批。一方面，许多繁冗的审批程序拖延了社会投资方介入项目的时间，对项目工期完成的要求迫使京投公司垫款，导致税款重复缴纳。另一方面，许多社会投资方对建设阶段更感兴趣，但介入时间晚导致部分投资方错过了建设阶段，降低了 PPP 项目吸引力。

10. 项目小结

（1）建立有力的政策保障体系

北京地铁 4 号线 PPP 项目的成功实施，得益于政府方的积极协调，为项目推进提供了全方位保障。

在项目实施过程中，政府由领导者转变成了全程参与者和全力保障者，并为项目配套出台了《关于本市深化城市基础设施投融资体制改革的实施意见》等政策。为推动项目有效实施，政府成立了由市政府副秘书长牵头的招商领导小组；市发改委主导完成了 4 号线 PPP 项目实施方案；市交通委主导谈判；京投公司在这一过程中负责具体操作和研究。4 号线 PPP 项目招商组织架构如图 14－4 所示。

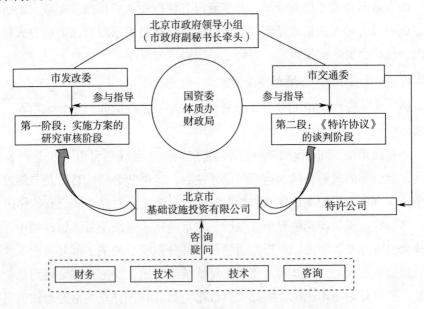

图 14－4　4 号线 PPP 项目招商组织架构

（2）构建合理的收益分配及风险分担机制

北京地铁 4 号线 PPP 项目中政府方和社会投资人的顺利合作，得益于项目具有合理的收益分配机制及有效的风险分担机制。该项目通过票价机制和客流机制的巧妙设计，在社会投资人的经济利益和政府方的公共利益之间找到了有效平衡点，在为社会投资人带来合理预期收益的同时，提高了北京市轨道交通领域的管理和服务效率。

a. 票价机制

4 号线运营票价实行政府定价管理，实际平均人次票价不能完全反映地铁线路本身的运行成本和合理收益等财务特征。因此，项目采用"测算票价"作为确定投资方运营收入的依据，同时建立了测算票价的调整机制。

以测算票价为基础，特许经营协议中约定了相应的票价差额补偿和收益分享机制，构建了票价风险的分担机制。如果实际票价收入水平低于测算票价收入水平，市政府需就其差额给予特许经营公司补偿。如果实际票价收入水平高于测算票价收入水平，特许经营公司应将其差额的 70% 返还给市政府。4 号线 PPP 项目票价补偿和返还机制如图 14 – 5 所示。

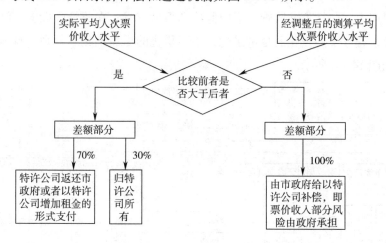

图 14 – 5　票价补偿和返还机制

b. 客流机制

票款是 4 号线实现盈利的主要收入来源，由于采用政府定价，客流量成为影响项目收益的主要因素。客流量既受特许公司服务质量的影响，也受市政府城市规划等因素的影响，因此，需要建立一种风险共担、收益共享的客流机制。

4 号线项目的客流机制为：当客流量连续三年低于预测客流的 80%，特许经营公司可申请补偿，或者放弃项目；当客流量超过预测客流时，政府分享超出预测客流量 10% 以内票款收入的 50%、超出客流量 10% 以上的票款收入的60%。

4号线项目的客流机制充分考虑了市场因素和政策因素，其共担客流风险、共享客流收益的机制符合轨道交通行业特点和PPP模式要求。

（3）建立完备的PPP项目监管体系

北京地铁4号线PPP项目的持续运转，得益于项目具有相对完备的监管体系。清晰确定政府与市场的边界、详细设计相应监管机制是PPP模式下做好政府监管工作的关键。

在4号线项目中，政府的监督主要体现在文件、计划、申请的审批，建设、试运营的验收、备案，运营过程和服务质量的监督检查三个方面，既体现了不同阶段的控制，同时也体现了事前、事中、事后的全过程控制。

4号线的监管体系在监管范围上，包括投资、建设、运营的全过程；在监督时序上，包括事前监管、事中监管和事后监管；在监管标准上，结合具体内容，遵守了能量化的尽量量化，不能量化的尽量细化的原则。具体监管体系如图14-6所示。

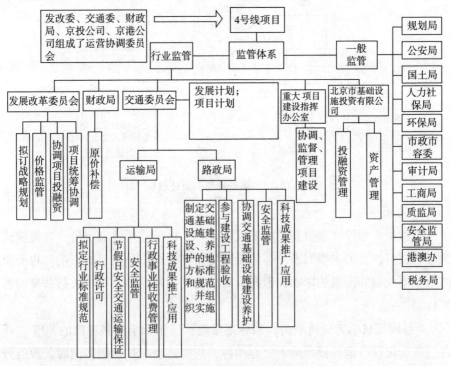

图14-6　4号线的监管体系

14.2 欧美案例

PPP 模式在全球广泛应用。英国的赛文河 PPP 项目颇具特色。

14.2.1 项目背景

英国赛文河位于英格兰与威尔士之间，阻断了两岸交通联络。1966 年，赛文河第一大桥建成通车，打通了两岸交通。但随着交通流量的日益增长，到 20 世纪 80 年代中期，该桥已难以满足通行需求，需新建第二座大桥。当地政府由于财政资金紧张，决定采用 PPP 模式吸引社会资本完成第二大桥的建设、运营和维护，同时接管第一大桥。

14.2.2 项目概况

该项目是英国第二个运用 PPP 模式的大桥项目，采用设计—建造—融资—运营—维护（DBFOM）特许经营模式，特许经营期满之后，大桥所有权将移交当地政府。

该项目总成本为 5.81 亿英镑，包括新建第二大桥，还清第一大桥剩余债务，以及特许经营期内这两座大桥的运营和维护费用。该项目特许经营权协议中的定价机制具有一定的特点。收费标准根据自 1989 年以来物价指数增长情况，每年进行调整，以消除通货膨胀的影响。协议中还规定收费达到特定额度时，将提前终止特许经营期。

该项目总成本为 10.79 亿美元（5.81 亿英镑），包括新建第二大桥，还清第一大桥剩余债务，以及特许经营期内这两座大桥的运营和维护费用。

项目最终融资安排如下：

银行贷款 3.53 亿美元（1.9 亿英镑）；

BEI 贷款 2.79 亿美元（1.5 亿英镑）；

债券 2.43 亿美元（1.31 亿英镑）；

政府债券 1.11 亿美元（6 000 万英镑）；

特许权权益 0.93 亿美元（5 000 万英镑）。

为降低债务成本，特许经营方分别在 1997 年和 2002 年对银行债务进行了重组再融资。

14.2.3　项目参与者

政府方：英国国家道路局，负责出资建设第二大桥的引路。曼塞尔事务所作为政府的代理人；

社会资本方：赛文河大桥公司，由约翰·莱恩有限公司和 GTM En-trepose 公司各持股 50%；

建筑设计方：托马斯·珀西事务所；

结构设计方：哈尔克罗事务所、SEEE 公司、吉福德事务所；

建设方：VINCI 公司、Cimolai Costruzioni Metalliche、弗雷西内有限责任公司；

融资方：美国银行、巴克莱银行。

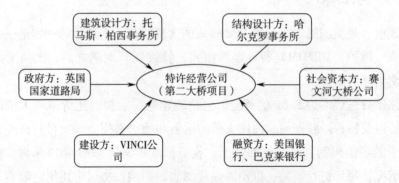

图 14 – 7　英国赛文河第二大桥项目参与方

14.2.4　项目过程

1984 年，当地政府启动第二大桥前期准备工作，1986 年确定建设方案。根据方案，第二大桥位于第一大桥下游 5 公里处，共有 6 车道，中央跨度 1 482 英尺（456 米），总桥长 3 081 英尺（948 米），距离河面高度 120 英尺（37 米）。第二大桥建成后将有效缓解交通压力。

1989 年，赛文河大桥公司中标，1992 年项目建成通车。赛文河大桥公司的唯一收入来源是第一、二大桥产生的过桥费收入，收入主要用于完善、运营和维护两座大桥。定价机制根据 1989 年以来物价指数增长情况每年进行调整，以消除通货膨胀因素。项目建设总成本为 5.81 亿英镑，包括新建第二大桥及还清第一大桥剩余债务以及特许经营期内两座大桥的运营和维护。

14.2.5　项目的 VFM 评价

略

14.2.6　项目的绩效评级

略

14.2.7　项目合作双方的互动

由于第一大桥存在严重老化的问题，对第二大桥构成潜在的交通、收入和成本风险，需要特许经营方进行维护。这种情况给特许经营方带来了额外的风险。经过谈判，特许经营方负责对第一大桥进行维护，但以下情况除外：桥梁初始设计或建设施工质量差；交通流量高于预期；恶劣的天气条件。从而排除了一些难以预期或无法控制的不利因素，减轻了特许经营方的运营压力。

1. 特许协议

该项目于 1984 年启动前期准备工作，1986 年确定建设方案，1989 年有四家公司参与项目招标，最终赛文河大桥公司中标，1992 年项目建成通车。

为配合项目实施，除特许经营协议外，1992 年当地议会通过了《赛文河大桥法案》，其中明确规定特许经营期自 1992 年 4 月底开始，最长为 30 年。当过桥费收入达到特定金额后，特许经营期将提前结束，这一条款被写进了特许权协议，并在《赛文河大桥法案——1992》中体现。

2. 定价机制

该项目特许经营公司的唯一收入来源是从第一、第二大桥所收取的过桥费，且只自东向西单向收费。收入主要用于完善、运营和维护两座大桥。

定价机制根据自 1989 年以来物价指数增长情况，每年对收费标准进行调整，以消除通货膨胀的影响。按照定价机制确定的 2006 年收费标准如下：

9 座及以下的轿车,单次收取 9.1 美元 (4.9 英镑);

17 座及以下的小型巴士和货车,单次收取 18.2 美元 (9.8 英镑);

大型客车和卡车,单次收取 27.3 美元 (14.7 英镑);

摩托车和持有残疾证的车辆免通行费,主车后挂的拖车或大篷车不另行收费。

用户付费既可以使用现金,也可使用"赛文 TAG"电子收费系统。为鼓励使用电子收费系统,购买并使用该系统可获得 56 美元(30 英镑)资金返还,同时无须停车或接受检查。该系统有两种支付模式:每月或每季支付一定费用,车辆可无次数限制通行;采用预付费方式,预先支付下个月所需过桥费。车辆通过大桥时,"赛文 TAG"系统会自动对车辆进行分类并扣除费用。系统可在收费政策发生变动时相应自动调整。

14.2.8　项目效益

第二大桥建成通车及第一大桥修缮后,赛文河两岸通行的交通压力大大缓解。两桥日均车流量 66 000 辆。该项目是由使用者付费,特许经营方同时获得第一大桥的运营维护和收费权,避免两桥竞争,特许经营协议明确规定了定价机制并考虑通货膨胀。项目成功运营得益于风险控制得当。

14.2.9　项目实施的缺陷

1. 环境风险

第二大桥建设可能对赛文河两岸的生态环境产生影响。因此,需要在项目早期规划阶段处理好环境问题,避免因民众的环保抗议和诉讼,导致项目长期拖延。当地政府在 1987 年对环境问题和初步设计进行了深入研究,识别潜在问题并积极制定避免或化解措施,具体包括为施工开辟专用通道、建设独立的排水管网和排污口、建造大量的景观绿化和噪声隔离墙等。

2. 公众反对

公众反对是政府吸引社会资本方参与该项目中面临的又一潜在挑战。英国 M6 收费公路等其他项目就曾因公众反对而造成严重延误。为了解决这一潜在问题,1987—1990 年,政府开展了广泛的公众宣传,积极与利益相关方进行沟通。根据公众意见，政府调整了桥口引路的选址，建设了较高的路堤和堤后湿地，将面向威尔士的收费站与周边社区隔离，并补建了大量园林绿化带，使收费站和赛文河两端的引路隔开。

3. 对当地社区的影响

第二大桥的建设工程还可能会给周边社区带来交通不便、噪声污染和空气质量下降等一系列问题。为减轻施工期间可能对当地产生的不良影响，特许经营方建设了专用支路，供运料卡车直达现场，而不经过赛文河两侧社区。此外，该项目中的政府和社会资本方与当地社区团体代表定期举行联络会议，以使其了解施工进度，并解决当地代表提出的问题。

4. 第一大桥老化

第一大桥于 1966 年建成。检查发现其使用了 40 年的缆索存在严重的老化问题，对特许经营方构成潜在的交通、收入和成本风险，说明有必要进行一次更深入的全面检查。虽然这有待进一步的技术审查，但在缆索被修复之前，需要进行重量限制。这就给特许经营方带来了交通流量和收入的风险，可能会延迟对两座桥债务的偿还，并增加成本。

这种情况凸显了特许经营方在接管既有交通基础设施时面临的主要风险，这些风险需要在特许经营合同中说明。这些合同需要限定条件，在这些条件或者限制下，特许经营方有责任对第一大桥进行维护，但以下情形除外：

桥梁初始设计或建设施工质量差；

交通流量高于预期；

恶劣的天气条件。

特许经营方没有参与第一大桥的初始设计及建设过程，由其承担该风险并不合理。超出预期的交通流量和恶劣的天气条件等造成的桥体损坏同样不应由特许经营方承担维护。因此，特许经营合同对维护范围进行了限定，排除了一些难以预期或无法控制的不利因素，减轻了特许经营方的运营压力。

14.2.10 项目小结

一是充分考虑桥梁建设的负外部性。从英国赛文河第二大桥项目可以看出，英国在 20 世纪 80 年代的经济类 PPP 项目中对保护、维护周边环境的考虑比较充分，实践也比较成熟，拥有一套比较完善而可操作的经验。自然、社区环境污染是在经济发展的过程中产生的，也理应在发展过程中解决。

二是 PPP 模式下主要参与方各司其职、共担风险。英国赛文河第二大桥项目采取了 PPP 模式，政府和社会资本方的合作在释放生态环境福利、缓解项目建设与公众社区环境要求的矛盾、推进项目建设进程中发挥了不可忽视的作用。政府方在前期进行了大量宣传、沟通反馈，消除了公众疑虑，实现了信息透明；社会资本方在建设过程中尽可能维护当地社区环境，大幅度减少了施工过程中产生的空气、噪声污染，并且通过建设独立排水管网和大量景观绿化等方式，维护了项目周边自然环境。合作方各司其职，共担风险，是项目实施的保证，也是项目对 PPP 模式下合作的必然要求。

三是收费机制的灵活性和信息化。英国赛文河第二大桥项目中采用"赛文 TAG"电子收费系统，并对收费标准按通胀水平随时调整。通过鼓励车主使用电子系统进行缴费，既免除了车主携带零钱的麻烦，又使整个过程能够标准化，提高了桥梁的通行效率。社会资本在运营过程中能够保证自身收益不受物价水平波动的影响，所取得的现金流也趋于稳定，有利于政府后续 PPP 项目的开展。

作为英国首批最大的 PPP 项目之一，由于前期准备工作充分，项目在实施时遇到来自于公众的阻力小。在这个项目中，政府和社会资本方各负其责，形成了真正的 PPP 关系，带动了稀缺公共资源投入，使工程能够及时完成，为不断增长的交通需求建设了第二大桥，缓解了第一大桥的压力。

特许经营方同时获得第一和第二大桥的运营维护和收费权，有利于更好地管理赛文河两岸交通，以及对两座大桥的协调利用。

14.3 日本案例

日本引入公私合作模式起源于 20 世纪 90 年代，最初借鉴了英国的 PFI 模式（Private Finance Initiative）。PPP 模式在日本的应用最初是为了减轻政府压力，缩小政府规模。在随后的十几年内，日本将 PPP 模式广泛应用于各类公共项目，特别是 2001 年，小泉内阁通过了"骨太方针"，基本确定了这种由公共部门直接提供的公共服务对民间开放的模式，并取名为"日本式PPP"。随着 PPP 模式的进一步推广，日本创新性地将公私联合开发模式应用于城市大型综合体建设，取得了不俗的成绩。

14.3.1 项目背景

20 世纪 90 年代以来，为缓解政府公共服务供给的资金压力，日本大力推广公私合营的 PPP 模式。1999 年，在日本关西地区经济再生战略的大背景下，名为"都市再生机构（简称 UR）"的政府组织介入该地块的开发。在 UR 的牵头下，大阪府、大阪市、铁路运输机构、关西经济协会等机构共同组成一个团体，为大阪站北地区的改造进行了国际招标，并将建造科技体验场所的方案纳入到招标条件之一。

14.3.2 项目概况

日本大阪 Grand Front 是集购物商场、餐厅、饭店、办公大楼、住宅于一体的梅田甚至是全日本最大综合型购物之都，吸引了众多品牌旗舰店进驻。Grand Front 由 12 家大型开发商共同建设。整体色调简洁黑白灰，在细节和技术上呈现高端氛围。

项目功能区划：展现大阪精神独一无二的建筑群、交通与城市功能结合的典型。

大阪 Grand Front 是分为两期开发的，一期为大前综合体，二期计划建设一个新的站点，预计 45 分钟能从大阪市中心到达关西国际机场。

表 14 – 1   **项目基本情况表**

项目档案			
开发商	12 家大型开发商	建设时间	2010—2013 年
基地面积	47917.94m²	开业时间	2013 年 4 月 26 日
总占地面积	29823.99m²	设计总控	日建设计、三菱地所设计、NTT 设施
总建筑面积	567927.07m²	结构形式	钢结构、型钢混凝土、钢筋混凝土
施工单位	梅田北区企业共同体/大林组、竹中工务店	实施设计	日建设计、三菱地所设计、NTT 设施、大林组、竹中工务店
项目位置	大阪市北区深町 4 – 1（梅北广场）、4 – 20（南馆）、3 – 1（北馆）		

14.3.3 项目参与者

大阪市 Grand Front 项目的参与方包括大阪市政府、都市再生机构（UR）、ORIX 房地产、NTT 都市开发、阪急、三菱地产等在内的 12 家开发商及专业运营机构。其中，UR 是三方中较为特殊的存在。该机构在日本式的 PPP 模式下承担了部分特许经营项目公司职责，本质上是政府职能部门，主要负责相关资源整合，不承担融资等相关工作。

Grand Front 于 2010 年正式动工，在 2013 年 4 月正式营业。

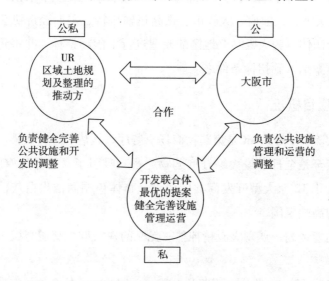

图 14-8 参与者关系示意图

14.3.4 项目过程

阶段一：前期工作——政府委任相关行政事业体进行前期推进工作

在日本关西地区经济再生战略的背景下，1999 年，包括梅田货物站、大阪站周边、御堂筋等 190 公顷的区域被划入大阪的"特定都市再生紧急整备地域"。一年后，大阪市委托独立行政法人，"都市再生机构（UR）"进行相关的整合工作。

这里有两个概念：

独立行政法人：简而言之就是政府将涉及公共事物层面的东西剥离出

去，保证了公共事业的专业和高效；

都市再生机构：日本的旧改办。

阶段二：区域规划——确立片区规划发展原则及项目发展方向

在 UR 的牵头之下，联合包括大阪府、大阪市、铁路运输机构、关西经济协会等共同为大阪站北地区的改造进行国际招标，并根据 2002 年举办的国际理念设计大赛入围方案的创意，2004 年大阪市制定了"大阪站北地区城市建设基本规划"，确立了片区发展的五点基本方针：

世界知名的大阪门户地带；

繁华又不失亲近的街道建设（对人和环境友好的公共空间）；

打造知性创造活动的据点（知识之都）；

公私合营制的开发模式；

营造水绿资源丰富的环境。

阶段三：确立开发主体——根据规划方向甄选开发商提案

根据报告内容，UR 城市机构确立了项目的主要开发条件，包括开发主体需要保证知识之都的落成、并组建相应的运营管理组织等，确保知识之都长期的发展。

UR 城市机构与相关机构，于 2006 年在大阪举办了开发商招标会，并对应标企业提交的企划书进行评判最终选定了由 ORIX 房地产，NTT 都市开发，阪急，三菱地产，知识之都专项会社等 12 家，由开发商、专业运营机构组成的联合体。项目最终于 2010 年 3 月正式进行动工开发。

阶段四：运营与管理——确保规划和设想的落地

无论是在开发还是在后期运营过程中，UR 均根据规划和理念，对于开发机构进行适当的引导，并协助开发及运营机构，成立了株式会社 KMO 和一般社团法人知识之都两家主体，分别对于"知识之都"在入驻租户等的运营管理、外部合作、公益活动等方面进行推进。

两家机构像两条轴线，分别在两个维度推进知识之都的发展，并实现"创造新的产业、传播文化、国际交流、人才培养"这 4 项发展目标。

14.3.5　项目的 VFM 评价

略

14.3.6 项目的绩效评级

略

14.3.7 项目合作双方的互动

纵观大阪 Grand Front 项目发展过程，公私双方的合作基本均在 UR 的协调下进行。项目开展前期，UR 负责将政府相关资源梳理、整合，制定招标条件，联合政府展开招投标工作。UR 确定了由 ORIX 房地产，NTT 都市开发，阪急，三菱地产，知识之都专项会社等 12 家，由开发商、专业运营机构组成的联合体。

管理中，包括大阪市、UR、相关的企业联合体，形成了类似"三权分立"的约束机制，在确保各方利益的同时，保证公共事业计划能够贯彻与实施。

14.3.8 项目效益

Grand Front 是目前大阪城市核心区最大规模的城市综合体项目，规划设计囊括了体验式商业、黑标店、主题形象店、跨界、产研展商结合、创客、创业咖啡厅等多种物业类型，总体面积约 56 万平方米。2013 年 4 月 26 日开业的一个星期内，就有 700 万人到场。大阪 Grand Front 的 PPP 项目为其他地区及国家的城市综合体建设和发展提供了新的样板。

14.3.9 项目实施中的缺陷和问题

大阪 Grand Front 项目是较为典型的城市综合体项目，项目体量大、建设周期长、涉及主体多。基于此项目的特殊性，项目实施过程中的最大的问题在于，采用 PPP 模式推进项目建设具有必要性，但由于参与主体多带来的错综复杂的关系成为项目能否成功的关键，这也是 UR 在此项目中发挥的作用所在。

由于该类项目通常承担城市地标建筑物作用，其推广价值较为受限，在大型、特大型城市中具有较高的借鉴意义，中小型城市适用价值不高。

14.3.10 项目小结

通过上面的案例分析，可以有如下的实践借鉴：

第一，完善 PPP 模式的相关法律政策。健全的法律制度环境是 PPP 模式赖以生存的基础，也是增强投资者信心、降低 PPP 项目风险的有效措施。要尽快完善法律法规，强化操作规范，为 PPP 开展提供法律支撑。

第二，加快建立政府 PPP 机构。鼓励各级政府建立健全 PPP 项目组织领导机制，完善各部门参与的专业工作小组，不断拓宽 PPP 的公共服务融资领域，确保 PPP 项目的全面开展。

第三，鼓励、支持和引导民间咨询机构的发展。鼓励和扶持社会中介机构参与 PPP 项目。在 PPP 项目的不同时期，发挥专业机构和顾问的作用，提高项目操作的合规性、科学性。

第四，培养 PPP 专业人才和创新型人才。PPP 模式涉及金融、担保、税收、外汇、合同、特许权等领域，PPP 模式操作复杂，需要懂法律、经济、财务、项目管理等专业技术人才。

15. PPP 趋势与建议

我国 PPP 项目正在向纵深层次变革。政府、私营机构和社会公众等应该当关注并作出适时调整。

15.1 制约 PPP 发展的瓶颈

15.1.1 制度体系建设滞后

一是缺乏系统性、统一性的相关规章制度，缺少全国性、统筹负责 PPP 模式的专业机构对全国 PPP 政策、方针、文本做出系统、权威的解释和辅导支持。

二是缺少适用于 PPP 模式的国家级法规。目前，PPP 法规多为部委规章或地方性管理条例，各项法律法规权威性不足，地方政府浪费大量时间在许多相同目的和效果的事件上，忽略了对不同项目差异性的研究。PPP 相关立法滞后于实践，其立法与现行法律法规的冲突，部委之间行政权力划分造成立法困难，基层操作无从执行等难题。

15.1.2 专业机构和人才不足

PPP 模式在我国处于起步阶段，部委、地方政府和智库机构等对 PPP 研究不足，PPP 人才数量太少。PPP 相关的法律、会计、金融、担保等专业人才和机构更少。

从 PPP 项目公司的角度来看，公司对 PPP 顶层设计、运营管理、风险控制、财务测算，以及各方责任划分与承担等缺少必要的实践经验，相关管理人才也相对匮乏，影响了 PPP 项目实施和公司的顺利运营。

15.1.3　外部环境有待改善

PPP 项目的合作对象多为国企，政府兜底的风险很大。由于缺少透明的 PPP 招标制度和标书，私人资本、外资难以与国有资本开展公平竞争，导致 PPP 项目效率不高，外部监督缺失。同时，公共资源要素没有通过市场定价，存在政策随意性和不确定性。收到补贴政策和价格等影响，社会参与者的利益难以保障。

15.2　未来 PPP 趋势

PPP 作为地方公共项目建设的重要融资模式，对消除地方财政软约束，推进地方债务规范化发展，降低地方债务风险有巨大的引导和推动作用。

15.2.1　我国 PPP 模式的发展趋势

未来几年，我国 PPP 将呈现如下发展趋势：

一是 PPP 模式在基础设施领域的应用继续扩大。PPP 的应用将由道路桥梁等公共基础设施领域，如：道路、高速公路、铁路、桥梁、隧道、机场、通信、电力，逐步推广和拓展到医院、学校、办公楼、住宅、供水、污水处理、监狱、城市改造等社会基础设施领域。

二是 PPP 模式将不断规范和创新。国家层面的 PPP 立法进程将加快，中央与地方、各个部门之间，将加大政策沟通与权威性、协同性和连续性。PPP 模式更加遵循立法、预算安排、理性设计等规律。

三是 PPP 的生态环境持续改善。未来几年，国家和地方层面的法律法规、行业条例、项目管理、实施监督等生态环境进一步改善，项目运行注重规范化、透明化和公正化。

四是国家和地方层面的专业 PPP 机构充实和提升。借鉴欧美等 PPP 经验，建立健全全国范围的 PPP 专业机构和服务平台，重点研究和规范 PPP 项目的模式设计、质量控制、技术援助、标准化、促进和政策指引，帮助政府策划并实施 PPP 项目，为推广 PPP 提供多个层面的组织保障。

15.2.2　我国 PPP 模式的改革重点

PPP 模式的改革重点集中在规范法律法规、创新 PPP 模式、优化运行机制、规范风险监控、强化激励引导、推动对外开放等领域。

15.3　主要建议

15.3.1　完善 PPP 法制体系

完善 PPP 法律法规。遵循物有所值、政企合作、顶层设计、风险分担等原则，健全完善公用事业特许经营法等法律法规，实施特大型项目独立立法，进一步完善地方法规、行业法规、公司法、招投标法等的协调与体系化。

完善立法核心要素。建立健全国家层面的 PPP 法律体系，研究出台全国范围的 PPP 项目操作与实施指南，明确 PPP 的操作模式、应用范围、审批权限、运行流程和管理程序等，明确政企的权利义务、合同体系和风险分担机制，完善投资退出和纠纷处理机制，强化各地项目规模控制与风险监督等，提升全国范围的法律一致性和操作规范性。

建立各级 PPP 专业机构。研究和规范 PPP 策划、操作和审批程序，提高项目审批透明度，优化项目审批流程，提高项目实施效率和质量。完善中央和地方 PPP 机构，推动国家部委之间的协调，完善与央行、银监会等沟通机制。完善项目选择、方案比较、机构筛选和评估优先级，避免盲目上项目、盲目选机构。明确中央级审批的 PPP 范围和程序，明确部门职责和操作规范，加强跨部委互动，减少 PPP 项目是实施中的扯皮和低效。

完善决策监管机制。向社会公开重大项目信息和进展，尊重社会公众的知情权和建议权。强化项目全过程、全范围的动态监督，发挥专业咨询机构的作用，完善政府决策预审批机制，维护社会公众的利益。加大各级政府对特许权协的风险控制与过程监管，提高参与企业的专业能力和服务水平，维护社会公共利益。

15.3.2 完善配套建设

1. 完善项目信息发布机制

实行统一、公开、动态的项目信息发布机制。及时公布 PPP 重要信息，提高项目开发效率，防止潜在腐败和暗箱操作。强化项目招标、评标过程，加大审批管理与监督，维护政府和社会公众的利益。

2. 完善投资者权益保障机制

完善项目运行机制。签订严谨的合同并严格执行，提高 PPP 项目的开发质量。完善项目合同、股东合同、融资合同、工程承包合同、运营服务合同、原料供应合同、产品采购合同和保险合同等。恪守商业信用和政府信用，维护合同严肃性，妥善处理 PPP 项目实施中的争议。

完善风险分担机制。结合不同地区和项目特点，制定风险规避与转移等方案，适当地分散或化解项目风险，防止出现无限责任。研究和设立区域性 PPP 项目风险补偿基金，强化 PPP 项目贷款的风险补偿与追责机制。

完善 PPP 项目退出机制。出台投资退出机制，吸引社会投资。加大合同管理力度，明确经营决策、收益分享、赎回权及项目终止清偿顺序等条款和制度安排，保护投资者合理的利益。设立全国 PPP 股权交易市场，通过上市、股权转让等方式，提供社会投资者的 PPP 项目退出通道。

3. 完善项目融资机制

出台 PPP 项目融资操作办法，规范银行、基金、券商等融资行为，减少 PPP 项目操作风险。推动项目融资等 PPP 项目融资，引导外资、民企、国企等通过基金、贷款、发债、资产证券化等金融工具，进行 PPP 项目融资和开发建设，逐步形成结构合理、期限匹配、成本适当、有序组合的 PPP 项目融资结构。

4. 完善资金引导机制

发挥政府的引导和激励功能。出台税收优惠政策，设立财政补贴资金，设立国家补贴基金和地方补偿专项资金，鼓励社会资本参与基础设施建设，提高 PPP 项目的产业带动作用。

15.3.3　建设专业人才队伍

选派业务骨干到海外考察，研究 PPP 项目立项、招投标、工程建设、项目经营交等流程，借鉴先进国家或地区的 PPP 项目经验，提高自身的项目运营能力。加大专业机构的战略合作，引进专家进行重点项目培训，培养专业人才，确保 PPP 项目实施。

附件1: PPP 物有所值评价指引

第一章 总 则

第一条 为促进 PPP 物有所值评价工作规范有序开展，根据《中华人民共和国预算法》、《国务院办公厅转发财政部发展改革委人民银行关于在公共服务领域推广政府和社会资本合作模式指导意见的通知》（国办发〔2015〕42 号）等有关规定，制定本指引。

第二条 本指引所称物有所值（Value for Money，VfM）评价是判断是否采用 PPP 模式代替政府传统投资运营方式提供公共服务项目的一种评价方法。

第三条 物有所值评价应遵循真实、客观、公开的原则。

第四条 中华人民共和国境内拟采用 PPP 模式实施的项目，应在项目识别或准备阶段开展物有所值评价。

第五条 物有所值评价包括定性评价和定量评价。现阶段以定性评价为主，鼓励开展定量评价。定量评价可作为项目全生命周期内风险分配、成本测算和数据收集的重要手段，以及项目决策和绩效评价的参考依据。

第六条 应统筹定性评价和定量评价结论，做出物有所值评价结论。物有所值评价结论分为"通过"和"未通过"。"通过"的项目，可进行财政承受能力论证；"未通过"的项目，可在调整实施方案后重新评价，仍未通过的不宜采用 PPP 模式。

第七条 财政部门（或 PPP 中心）应会同行业主管部门共同做好物有所值评价工作，并积极利用第三方专业机构和专家力量。

第二章 评价准备

第八条 物有所值评价资料主要包括：（初步）实施方案、项目产出说明、风险识别和分配情况、存量公共资产的历史资料、新建或改扩建项目的（预）可行性研究报告、设计文件等。

第九条 开展物有所值评价时，项目本级财政部门（或 PPP 中心）应会同行业主管部门，明确是否开展定量评价，并明确定性评价程序、指标及其权重、评分标准等基本要求。

第十条 开展物有所值定量评价时，项目本级财政部门（或 PPP 中心）应会同行业主管部门，明确定量评价内容、测算指标和方法，以及定量评价结论是否作为采用 PPP 模式的决策依据。

第三章 定性评价

第十一条 定性评价指标包括全生命周期整合程度、风险识别与分配、绩效导向与鼓励创新、潜在竞争程度、政府机构能力、可融资性等六项基本评价指标。

第十二条 全生命周期整合程度指标主要考核在项目全生命周期内，项目设计、投融资、建造、运营和维护等环节能否实现长期、充分整合。

第十三条 风险识别与分配指标主要考核在项目全生命周期内，各风险因素是否得到充分识别并在政府和社会资本之间进行合理分配。

第十四条 绩效导向与鼓励创新指标主要考核是否建立以基础设施及公共服务供给数量、质量和效率为导向的绩效标准和监管机制，是否落实节能环保、支持本国产业等政府采购政策，能否鼓励社会资本创新。

第十五条 潜在竞争程度指标主要考核项目内容对社会资本参与竞争的吸引力。

第十六条 政府机构能力指标主要考核政府转变职能、优化服务、依法履约、行政监管和项目执行管理等能力。

第十七条 可融资性指标主要考核项目的市场融资能力。

第十八条 项目本级财政部门（或 PPP 中心）会同行业主管部门，可根据具体情况设置补充评价指标。

第十九条　补充评价指标主要是六项基本评价指标未涵盖的其他影响因素，包括项目规模大小、预期使用寿命长短、主要固定资产种类、全生命周期成本测算准确性、运营收入增长潜力、行业示范性等。

第二十条　在各项评价指标中，六项基本评价指标权重为80%，其中任一指标权重一般不超过20%；补充评价指标权重为20%，其中任一指标权重一般不超过10%。

第二十一条　每项指标评分分为五个等级，即有利、较有利、一般、较不利、不利，对应分值分别为100～81、80～61、60～41、40～21、20～0分。项目本级财政部门（或PPP中心）会同行业主管部门，按照评分等级对每项指标制定清晰准确的评分标准。

第二十二条　定性评价专家组包括财政、资产评估、会计、金融等经济方面专家，以及行业、工程技术、项目管理和法律方面专家等。

第二十三条　项目本级财政部门（或PPP中心）会同行业主管部门组织召开专家组会议。定性评价所需资料应于专家组会议召开前送达专家，确保专家掌握必要信息。

第二十四条　专家组会议基本程序如下：

（一）专家在充分讨论后按评价指标逐项打分，专家打分表见附件；

（二）按照指标权重计算加权平均分，得到评分结果，形成专家组意见。

第二十五　条项目本级财政部门（或PPP中心）会同行业主管部门根据专家组意见，做出定性评价结论。原则上，评分结果在60分（含）以上的，通过定性评价；否则，未通过定性评价。

第四章　定量评价

第二十六条　定量评价是在假定采用PPP模式与政府传统投资方式产出绩效相同的前提下，通过对PPP项目全生命周期内政府方净成本的现值（PPP值）与公共部门比较值（PSC值）进行比较，判断PPP模式能否降低项目全生命周期成本。

第二十七条　PPP值可等同于PPP项目全生命周期内股权投资、运营补贴、风险承担和配套投入等各项财政支出责任的现值，参照《政府和社会资本合作项目财政承受能力论证指引》（财金〔2015〕21号）及有关规定测算。

第二十八条 PSC 值是以下三项成本的全生命周期现值之和：

（一）参照项目的建设和运营维护净成本；

（二）竞争性中立调整值；

（三）项目全部风险成本。

第二十九条 参照项目可根据具体情况确定为：

（一）假设政府采用现实可行的、最有效的传统投资方式实施的、与 PPP 项目产出相同的虚拟项目；

（二）最近五年内，相同或相似地区采用政府传统投资方式实施的、与 PPP 项目产出相同或非常相似的项目。

建设净成本主要包括参照项目设计、建造、升级、改造、大修等方面投入的现金以及固定资产、土地使用权等实物和无形资产的价值，并扣除参照项目全生命周期内产生的转让、租赁或处置资产所获的收益。

运营维护净成本主要包括参照项目全生命周期内运营维护所需的原材料、设备、人工等成本，以及管理费用、销售费用和运营期财务费用等，并扣除假设参照项目与 PPP 项目付费机制相同情况下能够获得的使用者付费收入等。

第三十条 竞争性中立调整值主要是采用政府传统投资方式比采用 PPP 模式实施项目少支出的费用，通常包括少支出的土地费用、行政审批费用、有关税费等。

第三十一条 项目全部风险成本包括可转移给社会资本的风险承担成本和政府自留风险的承担成本，参照《政府和社会资本合作项目财政承受能力论证指引》（财金〔2015〕21 号）第二十一条及有关规定测算。

政府自留风险承担成本等同于 PPP 值中的全生命周期风险承担支出责任，两者在 PSC 值与 PPP 值比较时可对等扣除。

第三十二条 用于测算 PSC 值的折现率应与用于测算 PPP 值的折现率相同，参照《政府和社会资本合作项目财政承受能力论证指引》（财金〔2015〕21 号）第十七条及有关规定测算。

第三十三条 PPP 值小于或等于 PSC 值的，认定为通过定量评价；PPP 值大于 PSC 值的，认定为未通过定量评价。

第五章　评价报告和信息披露

第三十四条　项目本级财政部门（或 PPP 中心）会同行业主管部门，在物有所值评价结论形成后，完成物有所值评价报告编制工作，报省级财政部门备案，并将报告电子版上传 PPP 综合信息平台。

第三十五条　物有所值评价报告内容包括：

（一）项目基础信息。主要包括项目概况、项目产出说明和绩效标准、PPP 运作方式、风险分配框架和付费机制等。

（二）评价方法。主要包括定性评价程序、指标及权重、评分标准、评分结果、专家组意见以及定量评价的 PSC 值、PPP 值的测算依据、测算过程和结果等。

（三）评价结论，分为"通过"和"未通过"。

（四）附件。通常包括（初步）实施方案、项目产出说明、可行性研究报告、设计文件、存量公共资产的历史资料、PPP 项目合同、绩效监测报告和中期评估报告等。

第三十六条　项目本级财政部门（或 PPP 中心）应在物有所值评价报告编制完成之日起 5 个工作日内，将报告的主要信息通过 PPP 综合信息平台等渠道向社会公开披露，但涉及国家秘密和商业秘密的信息除外。

第三十七条　在 PPP 项目合作期内和期满后，项目本级财政部门（或 PPP 中心）应会同行业主管部门，将物有所值评价报告作为项目绩效评价的重要组成部分，对照进行统计和分析。

第三十八条　各级财政部门（或 PPP 中心）应加强物有所值评价数据库的建设，做好定性和定量评价数据的收集、统计、分析和报送等工作。

第三十九条　各级财政部门（或 PPP 中心）应会同行业主管部门，加强对物有所值评价第三方专业机构和专家的监督管理，通过 PPP 综合信息平台进行信用记录、跟踪、报告和信息公布。省级财政部门应加强对全省（市、区）物有所值评价工作的监督管理。

第六章　附则

第四十条　本指引自印发之日起施行，有效期 2 年。

附件 2： 关键名词解释

1. 全生命周期（Whole Life Cycle），是指项目从设计、融资、建造、运营、维护至终止移交的完整周期。

2. 产出说明（Output Specification），是指项目建成后项目资产所应达到的经济、技术标准，以及公共产品和服务的交付范围、标准和绩效水平等。

3. 物有所值（Value for Money，VFM），是指一个组织运用其可利用资源所能获得的长期最大利益。VFM 评价是国际上普遍采用的一种评价传统上由政府提供的公共产品和服务是否可运用政府和社会资本合作模式的评估体系，旨在实现公共资源配置利用效率最优化。

4. 公共部门比较值（Public Sector Comtor，PSC），是指在全生命周期内，政府采用传统采购模式提供公共产品和服务的全部成本的现值，主要包括建设运营净成本、可转移风险承担成本、自留风险承担成本和竞争性中立调整成本等。

5. 使用者付费（User Charge），是指由最终消费用户直接付费购买公共产品和服务。

6. 可行性缺口补助（Viability Gap Funding），是指使用者付费不足以满足社会资本或项目公司成本回收和合理回报，而由政府以财政补贴、股本投入、优惠贷款和其他优惠政策的形式，给予社会资本或项目公司的经济补助。

7. 政府付费（Government Payment），是指政府直接付费购买公共产品和服务，主要包括可用性付费（Availability Payment）、使用量付费（Usage Payment）和绩效付费（Performance Payment）。

政府付费的依据主要是设施可用性、产品和服务使用量和质量等要素。

8. 委托运营（Operations & Maintenance，O&M），是指政府将存量公共资产的运营维护职责委托给社会资本或项目公司，社会资本或项目公司不负责用户服务的政府和社会资本合作项目运作方式。政府保留资产所有权，只向社会资本或项目公司支付委托运营费。合同期限一般不超过 8 年。

9. 管理合同（Management Contract，MC），是指政府将存量公共资产的运营、维护及用户服务职责授权给社会资本或项目公司的项目运作方式。政府保留资产所有权，只向社会资本或项目公司支付管理费。管理合同通常作为转让—运营—移交的过渡方式，合同期限一般不超过 3 年。

10. 建设—运营—移交（Build – Operate – Transfer，BOT），是指由社会资本或项目公司承担新建项目设计、融资、建造、运营、维护和用户服务职责，合同期满后项目资产及相关权利等移交给政府的项目运作方式。合同期限一般为 20～30 年。

11. 建设—拥有—运营（Build – Own – Operate，BOO），由 BOT 方式演变而来，二者区别主要是 BOO 方式下社会资本或项目公司拥有项目所有权，但必须在合同中注明保证公益性的约束条款，一般不涉及项目期满移交。

12. 转让—运营—移交（Transfer – Operate – Transfer，TOT），是指政府将存量资产所有权有偿转让给社会资本或项目公司，并由其负责运营、维护和用户服务，合同期满后资产及其所有权等移交给政府的项目运作方式。合同期限一般为 20～30 年。

13. 改建—运营—移交（Rehabilitate – Operate – Transfer，ROT），是指政府在 TOT 模式的基础上，增加改扩建内容的项目运作方式。合同期限一般为 20～30 年。

附件 3: 项目收益测算

1. 基本概念

项目收益测算指对投资项目的经济效益分析，这是项目可行性报告的重要组成部分。通过项目收益测算，让投资人初步掌握投资项目的技术可行性、盈利性、成长性等，为投资决策提供基本依据，同时，通过指标测算，引导和说服投资人进行投资。主要分析如下：

2. 投资效益评价分类

评价投资项目的经济效益：以对投资项目的财务分析和经济分析为基础，根据是否实行净现值折算的方法，分为静态投资效益和动态投资效益分析。其中：静态分析法不考虑投资项目各项支出与收入发生的时间，动态分析法考虑投资项目各项支出与收入发生的时间，通过折算为现值进行预测分析。

3. 评价投资效益方法

（1）投资回收期法

分为静态投资回收期法和动态投资回收期法。其中：静态投资回收期，指在不考虑资金时间价值的条件下，以项目的净收益回收其全部投资所需要的时间。动态投资回收期法，指考虑资金的时间价值，将不同年份的净收益按照一定贴现率折现。投资回收期自项目建设开始年或者项目投产年开始算起。投资回收期法，指以企业每年的净收益补偿全部投资得以回收需要的时间。根据回收期的长短评价项目的可行性及效益。

1） 静态投资回收期法

静态投资回收期根据现金流量表计算，具体分两种情况：

一是项目建成投产后各年的净收益（即净现金流量）相同，静态投资回收期的计算公式如下： $P_t = K/A$，其中 K 为初始投资额，A 为每年净现金流量。

二是项目建成投产后各年净收益不同，静态投资回收期可根据累计净现金流量计算，即：在现金流量表中累计净现金流量由负值转向正值之间的年份。计算公式为：

P_t = 累计净现金流量开始出现正值的年份数 - 1 + 上一年累计净现金流量的绝对值/出现正值年份的净现金流量

评价准则：

将计算的静态投资回收期 （P_t） 与确定的基准投资回收期 （P_c） 比较：

①若 $P_t \leqslant P_c$，表明项目投资在规定的时间内收回，方案可以接受；

②若 $P_t > P_c$，方案不可行。

主要优点：直观反映原始总投资的返本期限；便于决策和理解；计算简单；可以直接利用回收期之前的净现金流量信息。

主要缺点：没有考虑资金时间价值；没有考虑回收期满后继续发生的现金流量；不能正确反映投资方式的差异对项目的不同影响。

2） 动态投资回收期法

动态投资回收期指将投资项目各年的净现金流量按基准收益率折成现值后推算投资回收期。动态投资回收期是净现金流量累计现值等于零时的年份。

动态投资回收期的计算在实际应用中根据项目现金流量表，用下列近似公式计算：

P_t' = （累计净现金流量现值出现正值的年数 - 1） + 上一年累计净现金流量现值的绝对值/出现正值年份净现金流量的现值

评价准则：

1） $P_t' \leqslant P_c$ （基准投资回收期） 时，说明项目在预期时间内收回投资，是可行的；

2） $P_t' > P_c$ 时，项目 （或方案） 不可行，拒绝投资。

按静态分析计算的投资回收期较短，决策者可能认为经济效果可接受。

但考虑时间因素，用折现法计算的动态投资回收期，要比传统方法计算的静态投资回收期长，该方案未必可行。

（2）内含报酬率法

内含报酬率指使未来现金流入现值等于未来现金流出现值的贴现率，或者使投资方案净现值为零的贴现率。内含报酬率法是根据方案本身内含报酬率评价方案优劣的方法。内含报酬率大于资金成本率，方案可行，内含报酬率越高方案越优。

内插法计算内含报酬率公式：

$$IRR = r_1 + [(r_2 - r_1)/(|b| + |c|)] \times |b|$$

公式字母的含义：

IRR：内涵报酬率；r_1：低贴现率；r_2：高贴现率；$|b|$：低贴现率时的财务净现值绝对值；$|c|$：高贴现率时的财务净现值绝对值；b、c、r_1、r_2 的选择在财务报表中应选择符号相反且最邻近的两个。

示例：某企业购入价值 24 000 元的机器设备一台，使用年限 5 年，每年销售收入 48 000 元，总成本 42 800 元，测算其内含报酬率。

计算如下：每年 NCF = 48 000 − 42 800 + 24 000/5 = 10 000（元）

（P/A，IRR，5）= 24 000/10 000 = 2.4

查表得知2.4 在（P/A，28%，5）= 2.5320 与（P/A，32%，5）= 2.3452之间

IRR = 28% +（32% − 28%）×（2.5320 − 2.4）/（|2.5320 − 2.4| + |2.4 − 2.3452|）= 30.83%

（3）净现值法

净现值法是评价投资方案的一种方法。该方法是利用净现金效益量的总现值与净现金投资量算净现值，根据净现值的大小评价投资方案。净现值为正值，投资方案可以接受；净现值为负，投资方案拒绝接受。净现值越大，投资方案越好。净现值法是较科学、简便的投资方案评价方法。

净现值 = 未来报酬总现值 − 建设投资总额

$$NPV = \sum I_t/(1 + R) - \sum O_t/(1 + R)$$

式中：NPV 为净现值；I_t 为第 t 年的现金流入量；O_t 为第 t 年的现金流出量；R 为折现率；n 为投资项目的寿命周期。

附件 4：　融资成本测算

1. 基本概念

　　融资成本测算是融资活动的重要内容，也是与投资人谈判的核心要素。以最小的融资成本获得最大的融资规模和融资便利，是开展融资活动的重要目标。

2. 主要分类

　　资金成本指筹集资金付出的代价，一般由两部分组成：筹资费用和资金占用费。

　　筹资费用，指在资金筹措过程中支付的各项费用，包括借款的手续费以及各项代理费。筹资费用一般属于一次性费用。

　　资金占用费，指资金使用人因使用或占用资金而支付给资金提供者的报酬，包括向债权人支付的利息等。资金占用费一筹资额和资金使用时间有关，具有经常性、定期性支付的特点。

　　债务资金成本的计算通常采用两种方法：

　　一是忽略时间价值的计算方法，直接以每年支付的利息除以实际可使用的资金作为资金成本；二是考虑时间价值的现金流量折现法，把未来的现金流量折为现值，使该现值与当前筹资净额相等的折现率被称为该项债务的资金成本。

　　（1）忽略时间价值的计算方法。目前，较认同的债务资金成本计算法如下所示。其中：K 表示资金成本，I 表示筹资占用费，P 表示筹资数额，f 表示筹资费率（即筹资费用与筹资金额的比率），t 表示所得税税率。

$$K = I(1 - t)/P(1 - f)$$

（2）考虑时间价值的计算方法。先按照现金流量折现法计算出税前债务资金成本，再按照利息抵税原理把税前债务资金成本换算成税后债务资金成本。企业在借款时，有时银行要求借款企业在银行保持按照贷款限额或实际借款的百分比计算的最低存款余额作为抵押，也就是补偿性余额，其比率随着资金供应的宽松和利率水平的降低而降低。如果考虑补偿性余额，计算过程如下式所示。

其中：K 表示所得税前的债务资金成本，K_L 表示所得税后的债务资金成本，P_n 表示第 n 年年末应偿还的本金，I_t 表示第 t 年应支付的利息，f 表示筹资费率，C 表示补偿性余额，i 为补偿性余额的存款利息。公式如下：

$$P \times (1 - f) - C = \sum_{t=1}^{n} \frac{I_t - C \times i}{(1 + K)^t} + \frac{P}{(1 + K)^n}$$

3. 借款资金成本

（1）静态计算方法

理想情况下，$K_d = i$，但现实社会中为 $K_d = i\,(1 - t)$

如果考虑银行借款筹资费率和第三方担保费率，则 $K_d = (i + V_d)\,(1 - t) / (1 - f)$

其中 i 表示贷款年利率，t 为所得税率，f 为银行借款筹资费率，V_d 为担保费率

$$V_d = V/P_n \times 100\%$$

V 为担保费总额，P 为贷款总额，n 为担保年限

示例 1：

某企业为建设新项目向银行贷款 400 万元，偿还期 5 年，年利率为 10%，筹资费率为 2%。按照银行要求提供第三方担保，担保费为 70 万元，担保期 5 年。项目投产后应纳所得税税率为 25%，请计算该项目贷款的资金成本。

具体计算公式，如下：

$$V_d = \frac{V}{P_n} \times 100\% = \frac{70}{400 \times 5} \times 100\% = 3.5\%$$

$$K_d = (10\% + 3.5\%)(1 - 25\%)/(1 - 2\%) = 10.33\%$$

（2）动态计算方法

指把各种费用按一定的折现率折现到某一时间点，然后再按静态法计算。

示例2：

项目期初向银行借款100万元，年利率6%，期限3年，到期一次还清借款，筹资费率为5%，项目投资当年生产并盈利，所得税率为33%，请测算项目借款税后资金成本。

计算如下：

融资现金流量分析：期初（0年）实际投资额：$100 - 100 \times 5\% = 95$（万元）在1，2，3年末，考虑抵税效果后，各年缴纳利息为：$100 \times 6\% \times (1 - 33\%) = 4.02$（万元），在3年末需要偿还本金100万元。

按照公式计算资金成本率K，它是使实际借入95万元，与付出费用3年等额利息4.02万元，以及3年末100万元本金等值的折现率K_d。

$95 - 4.02(P/A, K_d, 3) - 100(P/F, K_d, 3) = 0$ 用试算内插法，分别设$K = 6\%$和$K = 5\%$再内插求解。或利用Excel表求IRR的方法计算，得税后$K_d = 5.89\%$。

4. 债券资金成本

（1）静态计算方法

一般情况下 $KB = i(1 - t)/(1 - f)$

其中f为债券筹资费用率，i为债券利率。

若债券是溢价或折价发行 $KB = [I + (B_0 - B_1)/n](1 - t)/(B_1 - F)$

其中B_0为债券的票面价值，B_1为发行价，n为债券的偿还年限，F为债券发行的筹资费，F为债券年利息。

示例3：

某企业为上新项目筹资，发型5年期债券。票面价值1 000元，折价发行价840元，相应的筹资费用为5元，债券的年利率为6%，项目建成后应纳所得税税率为33%，试求该债券的资金成本。

计算公式，如下

$$K_n = \frac{[1\,000 \times 6\% + (1\,000 - 840) \times 1/5](1 - 33\%)}{840 - 5} = 7.38\%$$

（2）动态计算方法

考虑资金的时间价值，计算方法与借款类似。

5. 优先股资金成本

（1）静态计算方法

$$K_p = D_p/P_p(1 - f)$$

其中 D_p 为每年股息总额，P_p 为优先股票面价值，f 为优先股发行的筹资费率。

示例4：

某企业发行优先股股票，按正常市价计算，其票面额为 200 万元，筹资费率为 3%，股息年利率为 10%，求其资金成本。计算公式如下：

$$K_p = \frac{200 \times 10\%}{200 \times 1 - 3\%} = 10.3\%$$

（2）动态计算方法

$K_p =$ 优先股股息 /（优先股发行价 - 发行成本）

示例5：

某企业优先股股票面值为 200 元，发行价为 195 元，筹资费率为 3%，股利率为 5%，每年付息一次。试测算资金成本。计算如下：

$$K_p = \frac{200 \times 5\%}{195 - 200 \times 3\%} = 5.29\%$$

6. 普通股资金成本

（1）红利法

$$K_s = D_0/P_0(1 - f) + G = i/(1 - f) + G$$

其中 D_0 为基期预计年股利额，P_0 为普通股筹资额，G 为预计每股红利的年增长率，i 为第一年股利率。

示例6：

某机械制造企业发行普通股筹资 1\,000 万元，筹资费率为 2%，第一年的股利率为 6%，如果预计每年增长 2.5%，求其资金成本。计算公式如下：

$$K_s = \frac{10\ 006\%}{1\ 000(1 - 2\%)} + 2.5\% = 8.6\%$$

（2）资本资产定价模型

$$(CAPM)K_s = R_f + \beta(R_m - R_f)$$

其中：R_f 为无风险证券收益率，R_m 为全部股票市场平均风险的投资收益率，β 为股本系统性风险，$(R_m - R_f)$ 为市场风险溢价。

示例7：

已知将美国 10 年期国库券的到期收益 8.8% 作为无风险收益率，取 5.5% 作为市场溢价，β 因素为 0.93。试采用资本资产定价模型计算其普通股股本成本。计算如下：

$$K_s = 8.8\% + (5.5\% \times 0.93) = 13.9\%$$

（3）税前债务成本加风险溢价法

$$K_s = K_b + RP_c$$

K_b 其中为税前债务资金成本，RP_c 为投资者比债权人承担更大风险所要求的风险溢价，RP_c 是凭经验估计的。

附件 5： PPP 财务评价方法

BOT/PPP 项目投资金额大、社会影响广、建设经营周期长。其财务评价要与一般项目的财务评价有所不同：

计算期不同。对于私营部门而言，财务评价的计算期是从项目启动到项目特许期结束，且在特许期结束后，一般并没有所谓的资产回收。对于公共部门而言，财务评价的计算期有两个：一是从项目启动到项目不能再提供产品或服务（如拆除）时的经济寿命期，评价项目在整个经济寿命期内的财务情况；二是从项目移交后到项目经济寿命期结束，作为计算公共部门利益的财务评价指标。

特许权协议直接影响各参与者的收益和风险。BOT/PPP 项目的财务分析也需要预测项目提供的产品或服务的价格、市场需求量、通货膨胀率、利率、税率、汇率等因素的变动，与其他项目不同的是，由于在特许权协议中会对以上因素作出一些特殊约定，这些约定直接影响各方的收益和风险。

项目受益人多。BOT/PPP 项目的一个主要特点是项目的参与者多，意味着项目的受益方也多，为达到多赢的目的，财务评价结果必需能够体现主要参与者的受益情况。

基于上述与一般项目财务评价的差异，BOT/PPP 项目财务评价指标应包括：

1. 公共部门评价指标：如自偿率（SLR）反映公共部门的财务负担、项目移交后的净现值（NPV_{T1}，T1 表示项目移交到项目经济寿命期结束之间的时间长度）表示公共部门的收益、资金价值（VFM）表示运用资金的效率；

2. 私营部门评价指标：如净现值（NPV_{T0}，T0 表示特许期长度，下同）、内部收益率（IRR_{T0}）反映了私营部门的收益；

3. 放贷方评价指标：如债务偿付率（DSCR）、利息保障倍数（TIE）反映借款方还本付息的能力。

BOT/PPP 项目合同关系复杂，影响项目现金流的因素较多，决策者在进行财务评价的时候往往希望了解财务评价指标为某一特定值的概率，因此可以借用金融领域常用的风险价值概念，应用基于置信水平的 BOT/PPP 项目财务评价方法，即在给定的置信水平下，分别从公共部门、私营部门和放贷方的角度分别评价项目的财务可行性，具体的指标计算方法如下表所示。

参与者	评价指标	计算方法
公共部门	自偿率 SLR	运营期净收入除以建造期成本。SLR > 1，项目所投入的建设成本可完全由运营收入回收；1 > SLR > 0，表示项目不完全自偿，需要公共部门投资参与或补贴公共基础设施建设。
	增值 VFM	公共部门基准值（PSC）减去投标价格，VFM 越大越好。PSC 是根据历史上同类项目的数据而确定的基准，即私营部门提供同样水平的公共设施和服务的成本标准。
	净现值 NPV_{T1}	BOT/PPP 项目在移交后到项目经济寿命期结束之间的净现值，反映了该项目移交后的运营盈利能力。
私营部门	净现值 NPV_{T0}	BOT/PPP 项目在特许经营期内的净现值/内部收益率，计算方法与一般项目无差异。值得注意的是，BOT/PPP 项目移交后一般没有所谓的资产回收。
	内部收益率 IRR_{T0}	
放贷方	债务偿付率 DSCR	某一时期用于偿债的现金流量除以当期应付贷款本息，DSCR 大于参考值（一般在 1.0 ~ 1.5 之间）时，放贷方可以接受。
	利息保障倍数 TIE	某一时期税前息前净利润除以当期应付贷款利息，放贷方一般要求 TIE 至少大于 2。

附件 6： PPP 招投标文件及投资框架协议模板

PPP 项目具有规范性，一般需要规范的招投标程序和参考模板。以下是轨道交通、开发区、产业园等 PPP 工程的招标文件示例。

1. 江苏省宁和《轨道交通一期工程 PPP 项目招标公告》

《宁和城际轨道交通一期工程 PPP 项目招标公告》

一、项目概况

项目批准单位：江苏省发展和改革委员会

项目批准文件编号：

苏发改设施发〔2012〕2013 号

项目名称：宁和城际轨道交通一期工程 PPP 项目

项目地点：江苏南京

公告标段名称：

招标数量：1 个

资金来源：自筹

招标内容及规格：PPP 方

宁和城际一期东起雨花台区高铁南京南站，依次贯穿南站中心、雨花台区龙翔地区、河西南部中心、雨花经济开发区和桥林新城中心等重点规划发展地区，终点至桥林黄里。线路全长 36.26km，其中地下线 14.2km，高架线和地面部分长 22.06km，共设 19 座车站。

二、招标范围

1. PPP 项目投资与融资工作包括：

1）组建项目公司并注入资金；

2）对 PPP 项目进行融资；

3）对项目公司的管理和股份转让；

4）完成以上工作所需的法律手续和相关工作；

5）其他相关的工作。

2. PPP 项目工程建设、运营工作包括：

（1）采用总集成（或总承包）方式，对 PPP 项目工程范围内的工程进行采购、施工；

（2）组织完成全线设备系统调试、联调，并组织通过验收、试运营；

（3）获得项目特许经营权，特许经营权年限为 25 年，在特许经营期间，负责运营、维护；

（4）PPP 项目的工程接口协调与管理；

（5）PPP 项目的建设管理和协调以及与相关政府部门的协调；

（6）其他相关的工作。

三、工程范围

PPP 项目：含轨道工程、主变电所工程、车站公共区装修工程，通信、供电（不含主变电所）、综合监控（含主控、BAS、门禁及安防、办公自动化网络）、FAS、AFC、自动扶梯与电梯、站台门、通风空调、给排水与消防、PIS、导向标识、车辆段工艺设备、信号、车站风水电安装工程等。

四、资格审查方法：资格后审

五、投标人资格要求

（一）基本要求

1. 在中华人民共和国境内注册，具有独立法人资格（不接受以分支机构为代理人的申请）；

2. 投融资能力和业绩要求：

（1）具有良好的财务状况、较强的融资能力，截至 2012 年底净资产不低于 20 亿元人民币；

（2）具有大型项目投融资经历；

（3）具备承接城市轨道交通项目设备系统集成管理的能力和大型城市轨

道交通机电设备系统建设的工程业绩。

（4）PPP 项目负责人具有大型项目管理经验。

3. 资质要求：

（1）具有建设行政主管部门核发城市轨道交通工程专业承包资质或市政公用工程施工总承包壹级（含）以上资质或铁路工程施工总承包企业特级资质；

（2）具有建设行政主管部门核发的安全生产许可证。

4. 投标人如果以联合体方式参加投标（联合体牵头方指联合体协议中的牵头方，可以为一家独立法人单位，也可以为同一集团的母公司和子公司；联合体成员指参与联合体投标的各独立法人单位），必须满足如下内容：

（1）联合体各方不能超过 3 家（同一集团的母公司、子公司按 1 家计算）；

（2）联合体成员均应承担项目公司的出资义务；

（3）联合体成员应签订联合体协议书，明确联合体中各方的权利义务；

（4）联合体成员应为独立法人，联合体牵头方（同一集团的母公司或子公司）具备承接城市轨道交通项目设备系统集成管理的能力和具有一定的自行承包的能力、具有大型城市轨道交通机电设备系统建设的工程业绩；

（5）联合体牵头方（同一集团的母公司或子公司）截至 2012 年底净资产（联合体牵头方为同一集团的母子公司的，为母子公司净资产之和）不低于人民币 20 亿元；

（6）联合体成员之一应满足"3. 资质要求"；

（7）联合体成员在本次招标项目中不得再以自己名义单独投标或者参加其他联合体投标。

（二）其他规定

（1）本次招标采用资格后审的方式；

（2）受到相关行政主管部门处罚不得参加政府工程投标的单位不得参加本次投标；

（3）若投标人拟在中标后组建项目公司时引进其他投资人（不承担供货或承包任务的单纯投资人除外），应于投标时予以披露，并由该投资人进行承诺。

六、招标文件发售

1. 发售时间：2014 年 1 月 22 日至 2014 年 2 月 18 日，每日上午9：00至 11：00，下午14：00 至 17：00，节假日除外；

2. 发售地点：南京市建邺区江东中路 109 号 417 室。

七、招标文件售价

1. 招标文件价格：每套售价￥10 000 元，售后不退。

2. 图纸押金：50 000 元，押金在合同签订后且投标人退回有关资料后，随投标保证金一同退还（不含利息），中标人不必退还图纸。

八、投标截止时间

1. 投标截止时间：2014 年 4 月 9 日，上午10：00（北京时间）；

2. 投标文件送达地址地点：南京市公共资源交易中心开标厅（南京市江东中路 265 号 1227 房间）。

九、其他说明

1. 投标人购买招标文件时，购买人须携带单位介绍信、本人身份证，以及证明投标单位资格的文件（复印件加盖公章）。

2. 本次招标公告在以下媒体发布：

（1）南京采购与招标网 www. njbidding. com. cn

（2）中国采购与招标网 www. chinabidding. com. cn

（2）南京地铁官方网站 www. njmetro. com. cn

3. 招标人可能对本招标公告进行修改，若有修改，招标人将重新发布公告，与本项目相关的一切信息将以重新发布的公告为准。

十、联系方式

招标人：南京地铁建设有限责任公司

代理机构：江苏省设备成套有限公司

地址：南京市江东中路 109 号

地址：南京市江东中路 109 号 417 室

邮编：210017

邮编：210017

联系人：秦××

联系人：吴××

电话：××

传真：××

南京地铁集团有限公司　　　　南京地铁建设有限责任公司

二〇一四年一月　　　　　　　二〇一四年一月

江苏省成套设备有限公司

二〇一四年一月

2. 漳州市《经济开发区城市燃气管网项目特许经营权招标公告》

漳州市常山华侨经济开发区管道燃气特许经营权招标公告

漳州市常山华侨经济开发区管道燃气特许经营权招标公告

本招标项目漳州市常山华侨经济开发区管道燃气特许经营权已由漳州市人民政府以漳政综〔2013〕86 号批准建设，并完成前期准备工作；经漳州市人民政府同意，决定采用特许经营方式实施本项目。招标人为漳州市常山华侨经济开发区管委会，委托的招标代理单位为泉州诚信工程造价咨询有限公司。项目已具备招标条件，现对该项目的项目投资人进行公开招标。

1. 招标项目：漳州市常山华侨经济开发区管道燃气特许经营权

2. 项目概况

本招标项目采用 BOT 特许经营方式运作（建设—运营—移交），即中标人负责该项目的投资、建设、运营、管理和移交。项目建设地点位于漳州市常山华侨经济开发区，项目主要建设内容为 LNG 气化站一座；天然气门站一座；高中压调压站一座；并在主要道路上建设市政燃气管网，具体以有权部门的审批通过的燃气专项规划为准；综合办公楼一座。由中标人筹措资金进行项目建设，总投资约人民币 1 亿元，分二期建设，一期工程投资约人民币 0.6309 亿元，二期工程投资约人民币 0.3691 亿元。招标人移交场地后建设周期 5 年，一期工程自项目公司成立起 12 个月完成。项目特许经营年限为 30 年（含建设期，自《特许经营权协议》签订生效之日计算），中标人在特许经营期限内拥有该项目的经营权，特许经营期限满后将该项目无偿移交给招标人。

3. 招标范围及运作模式

招标范围和内容：选择确定漳州市常山华侨经济开发区管道燃气投资人，中标人应按《中华人民共和国公司法》及其他相关法律和政策规定组建并在项目所在地注册项目公司，由项目公司对项目的资金筹措、建设实施、运营管理、养护维修、债务偿还和资产管理实行全过程负责，自主经营，自负盈亏，并在特许经营协议规定的特许经营期满后，将该项目及其全部设施无偿移交给招标人。

运作模式：该工程项目采取"BOT"（建设—运营—移交）建设模式，即招标人授权投资人作为该项目的投资主体（中标人必须在中标后一个月内，于漳州市常山华侨经济开发区内注册成立一家具有独立法人资格的项目公司作为本项目的投资及运营主体，且项目公司的初始注册资本金不得少于1 500万元），按照招标人的要求建设并运营，运营期结束后移交给招标人。项目建设期为5年，一期工程自项目公司成立起12个月完成，项目特许经营年限为30年（含建设期）。项目法人即中标人在中标后必须按照《漳州市人民政府关于常山华侨经济开发区管道燃气特许经营实施方案的批复》（漳政综〔2013〕86号）的要求实施，并按照基本建设程序办理项目建设审批手续，实施项目投资建设与经营。

4. 特许经营期限

特许经营期限为30年，自《特许经营权协议》签订生效之日计算。

5. 投标人资格要求及审查办法：

5.1 参与本次投标的投资申请人必须具备以下资格条件：

5.1.1 申请人应是中华人民共共和国境内外专业从事城市管道燃气经营资格的企业，最近一个会计年度（2012 年）经审计的净资产不低于 3 亿元人民币（或等值外币），资产总额不少于 6 亿元人民币（或等值外币，外币限于英镑、欧元、美元及港币）。

5.1.2 申请人应具有良好的银行资信记录，具有本项目的投资能力。申请人在银行的现金存款余额不低于 3 亿元人民币或等值外币（外币限于英镑、欧元、美元及港币）。

5.1.3 申请人应具有良好的社会信誉和商业信用，近五年来，企业无重大违法、违规行为和不良市场行为记录，企业高层管理人员无违法、违规行为和诉讼记录，目前无影响其投资本项目的重大纠纷。

5.1.4 申请人应具有丰富的行业管理经验及技术和施工、管理经验，应满足以下条件并提供相应证明材料：

5.1.4.1 在报名截止日前，在中国境内（不含港、澳、台地区）投资城市管道燃气项目不低于五个。

5.1.4.2 在报名截止日前，应在福建省内投资并正常运营二（2）个或以上的城市管道燃气项目（以地级城市燃气项目为统计口径，福建省内地级及以上城市包括福州、厦门、莆田、泉州、漳州、龙岩、三明、南平、宁德）。

5.1.4.3 在报名截止日前，投标人（或其投资的城市燃气企业）应在福建省内至少拥有城市燃气设计甲级或以上资质的设计单位一（1）家，并具有《城市燃气专项规划》《城市燃气项目初步设计》等技术文件编制的业绩和技术经验（须通过技术评审）。

5.1.4.4 在报名截止日前，投标人（或其投资的城市燃气企业）应在福建省内至少拥有市政公用工程施工二级或以上资质的施工单位一（1）家，并具有城市燃气管道的施工经验。

5.1.5 申请人应具备较丰富的天然气气源资源或具备强有力的气源组织协调能力，能够在福建省境内通过调度满足本项目天然气用气需求，切实为本区域经济发展提供气源支持。

5.1.6 本项目不接受联合体投标。

5.1.7 投标人可以以其实际控股 100% 的子公司作为设立项目公司的投资主体，但作为投资主体的公司其实收资本金不得低于 3 000 万美元。

5.2 本招标项目招标人对投标人的资格审查采用的方式：资格后审，资格审查的合格条件详见招标文件规定。

6. 报名时间及报名地点：有意向的投标人请派人员携带单位企业法人营业执照副本复印件一套，于 2014 年 3 月 21 日至 2014 年 3 月 26 日的正常上班时间（法定节假日除外），到泉州诚信工程造价咨询有限公司漳州分公司（漳州市芗城区新浦路前锋村下田下 32 号 201 室，新桥街道办事处往内 50 米）报名，招标文件售后不退（注：若需邮购，请自行与招标代理机构联系，邮费自付）。

7. 投标保证金

7.1 投标保证金数额：人民币伍佰万元整（￥5 000 000 元）；

7.2 投标保证金的缴纳方式：由本企业基本账户或自然人个人名下账户以银行转账方式汇入以下账户：

账户名称：××有限公司

开户银行：××

账　　号：××

7.3 投标保证金的缴纳截止时间：2014 年 4 月 13 日 17：00 时（指款到达指定账户时间）；

7.4 投标人须将投标保证金有关银行汇款单据复印件（加盖投标人单位公章）与招标文件同时提交；

7.5 中标人交纳的投标保证金，签订特许经营协议后，投标保证金将全额转为项目公司注册资本金，在项目公司成立后转入项目公司银行账户，不计利息。具体使用办法双方在特许经营协议中予以明确；未中标人缴纳的投标保证金将于中标通知书发出之日起五个工作日内全额一次性经由原途径返还投标人，不计利息；

8. 评标办法

本招标项目采用的评标办法：综合评估法。

9. 投标文件的递交和截止时间

9.1 接标时间：2014 年 4 月 14 日 9：00；

9.2 截止时间：2014 年 4 月 14 日 9：30；

9.3 投标文件递交地点：漳州台湾饭店（漳州市芗城区元光南路 1 号）二楼会议室。

9.4 逾期送达的或未送达指定地点的投标文件，招标人不予受理

10. 联系方式

招标人：漳州市常山华侨经济开发区管委会

联系人：陈先生

联系电话：××

招标代理机构：泉州诚信工程造价咨询有限公司

联系人：陈小姐

联系电话：××   传真：××

3. 蚌埠市《产业园供水经营权特许经营招标公告》

《蚌埠铜陵投资有限公司蚌埠铜陵现代产业园一期供水 PPP 项目招标公告》

项目编号：GZXCG2015135

公告日期：2015 - 10 - 19

1. 招标条件

蚌埠铜陵现代产业园一期供水项目已由固镇县发展和改革委员会文批复立项，招标人为蚌埠铜陵投资有限公司，招标代理机构为安徽安兆工程技术咨询服务有限公司。项目已具备招标条件，现对本项目以 PPP 模式进行公开招标，特邀请有兴趣的潜在社会资本（以下简称申请人）提出资格预审申请。项目授权主体：蚌埠铜陵产业园管理委员会；项目实施机构：蚌埠铜陵投资有限公司。

2. 项目概况与项目需求

2.1 项目概况

蚌埠铜陵现代产业园区供水工程一期供水规模为 2.5 万 m^3/d，供水范围为蚌埠铜陵现代产业园区近期规划范围区域，服务面积约 $7km^2$，服务人口约 4 万人。蚌埠铜陵现代产业园区近期供水工程净水厂位于磨王路南，规划十二号路东，大北农饲料项目北，总征地面积约 26.6 亩。主要工程内容包括取水及输水工程、配水工程和净水厂等，工程总投资约 5 800 万元（以实际投资为准，已建成的配水管网工程不计入本次 PPP 项目工程总投资）。

净水厂用地 26.6 亩，土地使用权转让金约 800 万元已由蚌埠铜陵投资有限公司支付。各主干道配水管网工程已建成。

2.2 项目需求

（1）蚌埠铜陵投资有限公司与成交社会资本成立合资公司。合资公司与蚌埠铜陵产业园管理委员会签订特许经营协议。合资公司在特许经营期限内负责项目的投融资、设计、建设、采购、运营和维护，向用户收取水费，特许经营期限 25 年（含建设期 1 年），特许经营期限满向项目实施机构蚌埠铜陵投资有限公司无偿移交。

（2）一期供水工程计划分两阶段建设，第一阶段建设完成不小于 1.25 万 m³/d 的供水规模；第二阶段，当水厂实际需水量即将超过第一阶段设计水量时，再行扩建，使供水规模达到 2.5 万 m³/d。在设计阶段须按供水规模为 2.5 万 m³/d 进行设计。

2.3　合资公司组建方案

（1）中标人应当在中标后一个月内与蚌埠铜陵投资有限公司组建合资公司（中标人控股），合资公司注册资本 3 000 万元（中标人与蚌埠铜陵投资有限公司的持股比例为 70%：30%）。

（2）购买净水厂土地的费用（约 800 万元）和拟投入取水工程的资金（约 1 600 万元）由蚌埠铜陵投资有限公司负责筹集（专款专用），拟投入净水厂建设资金、其余配套资金、建设管理费及流动资金（约 3 400 万元）由成交社会资本负责融资。蚌埠铜陵投资有限公司筹集资金总额中一部分作为合资公司的注册资本金（蚌埠铜陵投资有限公司应出注册资金），剩余部分作为合资公司的五年期贷款（合资公司支付利息，年利率为当期五年期银行贷款基准利率上浮 20%，按季度计息还息，经营第五年年末一次性还本，以自来水厂的资产作为担保）。

取水工程（取水头部及原水管道）由合资公司负责设计，合资公司负责建设管理和工程款支付，实施机构监督施工、设备及主要材料的采购、跟踪审计工作，竣工决算后计入合资公司资产。

（3）已建成的各主干道配水管网在整个特许经营期内以零费用租赁方式交给合资公司使用，管网的日常养护维修由合资公司负责并承担费用，合资公司每年应从水费收入中支付一定数额的维修专项资金，用于管网及泵站的大修及重置。当合资公司确认正在维护的管网及泵站因损坏或规划原因进行大修或更新重置时，则合资公司应向政府方汇报大修及更新计划，计划被政府方批准后，可使用专项维修基金。特许经营期结束后，专项资金如有余额，按股权比例分配。超出专项资金额度的管网的扩建，应作为新增的资本性支出，按新增投资考虑。

3. 申请人资格要求

3.1　投资及运营单位资格条件

（1）须具有独立法人资格、有承担本项目能力的企业法人。

（2）近五年（2010 年 1 月 1 日以来）具有类似项目的建设、管理经营经验（实际日供水能力应达到 2 万吨及以上的单项城市供水项目，且投产运行一年以上并通过验收）；申请人运营管理的城市供水设施能力之和不少于 4 万吨/日。

有效业绩包括申请人或其控股子公司的业绩，申请人控股子公司是指申请人对该公司的持股比例高于 50%，需提供申请人与其子公司的股权关系证明文件。且业绩证明材料中应能证明项目规模及项目正在处在运营状态。

（3）注册资本金应不低于 3 000 万元；2014 年度净资产应不低于 8 000 万元；近三年（2012 年、2013 年、2014 年）负债率不超过 70%。

（4）融资能力：银行授信额度不低于 3 000 万元。

（5）具有良好的社会信誉和商业信用，未处于被责令停业、投标资格被取消或者财产被接管、冻结和破产状态；近五年（2010 年 1 月 1 日以来）来无重大违法违规行为和不良市场行为记录。

（6）具有与经营规模相应的人力资源。拟派本项目管理团队中，项目负责人和技术负责人应具有 5 年及以上从事供水专业管理工作经历，具有相关专业高级及以上技术职称。

（7）具有完善的经营管理体系、安全管理制度和应急保障措施。

（8）单位及其拟任项目负责人在（本项目资格预审公告开始之日起前三年）期间均没有行贿犯罪档案记录。

3.2　设计单位资格条件

（1）须具有独立法人资格，有效的营业执照。

（2）须具有工程设计综合资质或具有市政行业（给水工程）专业甲级资质。

（3）2010 年 1 月 1 日以来，投标人具有不少于两项城市供水工程设计业绩（供水规模不小于 2 万 m^3/d）。

（4）拟任设计负责人须具有给排水专业高级工程师及以上职称，且主要专业人员应持有相应技术资格证书。

3.3　本次招标接受联合体资格预审申请（联合体成员最多两个单位，且投资及运营单位必须作为牵头人）。

4. 资格预审方法

本次资格预审采用合格制。

5. 资格预审文件的获取

5.1 发售时间：2015 年 10 月 20 日至 2015 年 10 月 26 日（法定公休日、法定节假日除外），每日上午 8：00 至 12：00，下午 14：30 至 17：30，资格预审文件 200 元/份，售后不退。

5.2 发售地点：安徽省蚌埠市凤阳西路 41 号 6 楼 605。

5.3 报名时须提供资料：

凭单位介绍信原件或授权委托书原件（注明项目名称、申请人姓名等信息）现场报名；

5.4 联系电话：××

6. 资格预审申请文件的递交

6.1 递交资格预审申请文件截止时间（申请截止时间，下同）为 2015 年 11 月 17 日上午 9：30（北京时间），地点为固镇县公共资源交易中心第一开标室（固镇县谷阳酒店附 3 楼）。

6.2 逾期送达或者未送达指定地点的资格预审申请文件，招标人不予受理。

7. 发布公告的媒介

本次公告同时在中国采购与招标网、中国政府采购网、安徽招标投标信息网、蚌埠公共资源交易网、固镇县公共资源交易网及安徽安兆工程技术咨询服务有限公司网站上发布。

8. 联系方式

招标人：蚌埠铜陵投资有限公司

联系人：××

电话：×××

招标代理机构：安徽安兆工程技术咨询服务有限公司

地址：安徽省蚌埠市凤阳西路 41 号 6 楼

邮编：233001

联系人：××

电话：×××

传真：××

网址：http：//www. ahanzhao. com/

电子邮箱：××

9. 重要说明

9.1 请各申请人密切关注固镇县公共资源交易中心网上该项目的补充（或修改）通知、答疑等内容，以便及时掌握相关信息，有利于资格预审申请。

9.2 介绍信范本各潜在投标人可在固镇县公共资源交易中心网站（www. gzztb. gov. cn）"下载中心"中自行下载。（此范本仅为方便投标，不强制要求使用）。

4. 北安市《城市污水处理厂特许经营中期招标公告》

《北安市向前污水处理厂特许经营授权项目招标公告》

北安市向前污水处理厂特许经营授权项目招标公告

招标编号：HTC - 141341

黑龙江省招标公司受黑龙江省住房和城乡建设厅和北安市住房和城乡建设局的委托，对"北安市向前污水处理厂特许经营授权项目"进行国内公开招标。欢迎符合条件的投标人，就该项目进行投标竞争。

一、项目概况及相关说明：

1. 项目名称：北安市向前污水处理厂特许经营授权项目（TOT + BOT）

2. 招标人：北安市住房和城乡建设局

3. 招标范围：招标人拟向中标人成立的项目公司授予北安市向前污水处理厂（一期、二期）特许经营权，特许经营期为30年（含建设期）。

项目公司负责经营权受让、运营、维护并最终移交污水处理一期项目（TOT），其设计处理能力为3万 m^3/d；负责建设、运营、维护并最终移交污水处理二期项目（BOT），其设计处理能力为3万 m^3/d。

（1）北安市向前污水处理厂一期工程设计规模3万 m^3/d，占地3.17公顷，采用德国 CWS - BR 工艺，2010年11月通过环保验收正式运行，出水执行《城镇污水处理厂污染物排放标准》（GB 18918—2002）一级 A 出水标准。已完成竣工验收，目前运营良好。

（2）北安市向前污水处理厂二期工程设计规模3万 m^3/d，占地3.17公项。出水执行《城镇污水处理厂污染物排放标准》（GB 18918—2002）一级 A 出水标准。

4. 项目地址：北安市向前村南。

5. 建设工期和特许经营年限：特许经营期限 30 年（含建设期），污水处理二期工程建设工期不超过 12 个月。

6. 现有人员：北安市向前污水处理厂现有职工 25 人，该厂的全部职工由受让方全部接收，统一管理。受让方必须接受现有《北安市向前污水处理厂职工安置意见》。

二、投标人必须满足的资格标准

1. 投标人必须是中华人民共和国境内注册的企业法人，具有独立订立合同的能力；

2. 投标人应有良好的银行资信、财务状况及相应的偿债能力，注册资本金不低于人民币 10 000 万元；

3. 投标人具有良好的履约能力和企业诚信力，未处于被责令停业、投标资格被取消或者财产被接管、冻结和破产状态；投标人未曾发生骗取中标或者严重违约的行为；投标人或其控股公司近 5 年内在水务领域的建设及运营中未因工程质量事故及生产安全事故导致人员伤亡；投标人未被有关部门暂停投标资格并且没有处于限制投标期内；

4. 投标人在国内具有至少一个处理能力 3 万 m^3/d 及以上规模污水处理厂投资运营业绩；

5. 本项目不接受联合体投标。

三、招标文件售价：每套 3000 元人民币，招标文件售后不退。

四、购买招标文件时间：2014 年 9 月 30 日至 2014 年 10 月 11 日，每天 8：30 至 11：30，13：00 至 17：00（北京时间，节假日除外）。

五、购买招标文件地点：黑龙江省招标公司（哈尔滨市南岗区汉水路 180 号 303 或 505 室）。

六、潜在投标人在购买招标文件时携带如下资料的原件及复印件：

企业法人营业执照、组织机构代码证、税务登记证、投标人的业绩证明资料（附特许经营合同封面、关键页及签字盖章页）、单位介绍信、购买标书人员的身份证。

七、投标截止时间和开标时间：详见招标文件。

八、投标文件递交地点：投标文件须密封后于（开标当日）投标截止时间前递至开标地点。逾期送达或不符合规定的投标文件恕不接受。

九、开标地点：黑龙江省招标公司（哈尔滨市南岗区汉水路180号）二楼会议室。

十、发布媒介：本公告在《黑龙江日报》《中国采购与招标网》及《黑龙江省住房和城乡建设信息网》发布。

招标人：北安市住房和城乡建设局

地址：北安市龙江路92号

联系人：左××

联系电话：××

招标代理机构：黑龙江省招标公司

地址：哈尔滨市南岗区汉水路180号，150090

联系人：李××

电话：××

传真：×××

电子信箱：××

开户名称：黑龙江省招标公司

开户银行：招商银行××

联行号：××

账号：××

附件7： PPP 项目特许经营权协议范本

1. 城市供水特许经营协议

城市供水特许经营协议（示范文本 GF－－2004－－2501）

目 录

第一章　总　则

鉴于_____，

为加强城市供水企业管理，保证城市用水安全和供水企业的合法权益；（注：请根据项目具体情况，简单介绍本协议签署的目的、原则、过程，及本协议的主要内容）

第一条　根据（注：请填入本协议的法律依据）_____，和本协议第二条所述双方于_____年____月____日在中国_____省（自治区）_____市（县）_____签署本协议。

第二条　协议双方分别为：经中国_____省（自治区）_____市（县）人民政府授权（注：该授权可以通过以下两种形式，1. 该人民政府发布规范性文件；2. 该人民政府就本协议事项签发授权书），中国_____省（自治区）_____市（县）人民政府局（委）（下称甲方），法定地址：_____，法定代表人：_____，职务：_____；和_____公司（下称乙方），注册地点：_____，注册号：_____，法定代表人：_____，职务：_____，国籍：_____。

第二章　定义与解释

第三条　名词解释：

中国：指中华人民共和国，仅为本协议之目的，不包括香港特别行政区、澳门特别行政区和台湾地区。

法律：指所有适用的中国法律、行政法规、地方性法规、自治条例和单行条例、规章、司法解释及其他有法律约束力的规范性文件。

供水工程：是指以管道及其附属设施向单位和居民的生活、生产及其他各项建设提供用水的工程设施，包括：专用水库、引水渠道、取水口、泵站、井群、输（配）水管网、净（配）水厂、水站、进户总水表等，详见本协议第十二条和十三条的规定。（注：本定义是假设乙方负责取水、净水、送水和出厂输水给终端用户而规定的，请根据具体情况进行相应修改）

特许经营权：是指本协议中甲方授予乙方的、在特许的经营期限和经营区域范围内设计、融资、建设、运营、维护供水工程、向用水户提供服务并收取费用（注：请根据乙方是否负责向终端用户供水而相应修改）的权利。

生效日：指本协议条款中双方约定的本协议生效日期。

特许经营期：是指从本协议生效日开始的＿＿＿＿＿年期间，可根据本协议延长。

特许经营区域范围：是指实施本协议时附件《工程和特许经营区域范围》规定的经营和服务区域范围。

不可抗力：是指在签订本协议时不能合理预见的、不能克服和不能避免的事件或情形。以满足上述条件为前提，不可抗力包括但不限于：

（1）雷电、地震、火山爆发、滑坡、水灾、暴雨、海啸、台风、龙卷风或旱灾；

（2）流行病、瘟疫；

（3）战争行为、入侵、武装冲突或外敌行为、封锁或军事力量的使用，暴乱或恐怖行为；

（4）全国性、地区性、城市性或行业性罢工；

（5）由于不能归因于乙方的原因引起的供水工程供电中断；

（6）由于不能归因于乙方的原因造成的原水水质恶化或供应不足。

日、月、季度、年：均指公历的日、月份、季度和年。

建设期：是指从本协议生效日至最终完工日的期间。

运营期：是指从最终完工日（注：适用于新建项目）或开始运营日（注：适用于已经投产项目）起至移交日的期间。

工程综合设计供水能力：是指按供水设施取水、净化、送水、出厂输水干管等环节设计能力计算的综合生产能力。计算时，以四个环节中能力最小的环节确定工程综合设计供水能力。

移交：是指乙方根据本协议的规定向甲方或其指定机构移交供水工程。

移交日：是指特许经营期届满之日（适用于本协议期满终止）或根据本协议第一百二十七条规定确定的移交日期（适用于本协议提前终止）。

营业日：是指中国除法定节、假日之外的日期，若支付到期日为非营业日，则应视支付日为下一个营业日。

批准：指乙方为履行本协议需从政府部门获得的许可、执照、同意、批准、核准或备案。

法律变更：指中国立法机关或政府部门颁布、修订、修改、废除、变更和解释的任何法律；或者甲方的任何上级政府部门在本协议签署日之后修改任何批准的重要条件或增加任何重要的额外条件，并且上述任何一种情况导致：

（1）适用于乙方或由乙方承担的税收、税收优惠或关税发生任何变化；

（2）对供水工程的融资（包括有关外汇兑换和汇出）、设计、建设、运营、维护和移交的要求发生任何变化。

建设：指按本协议建设供水工程。（注：适用于包含或将来可能发生的新建项目或工程）

环境污染：指供水工程、供水工程用地或其任何部分之上、之下或周围的空气、土地、水或其他方面的污染，且该等污染违背或不符合有关环境的适用法律或国际惯例。

最终完工证书：指根据第_____条颁发或视为颁发的证书。

最终完工日：指最终完工证书颁发或视为颁发之日。

计划最终完工日：详见附件《工程进度》。

最终性能测试：指第_____条所述的确认供水工程具有安全、可靠、稳定性能的测试。

融资交割：当下述条件具备时，为完成融资交割：

（1）乙方与贷款人已签署并递交所有融资文件，融资文件要求的获得首笔资金的每一前提条件已得到满足或被贷款人放弃；

（2）乙方收到融资文件要求的股权投资人的认股书或股权出资。

融资文件：指经有关政府部门依适用法律批准的并报甲方备案的、与项目的融资或再融资相关的贷款协议、票据、契约保函、外汇套期保值协议和其他文件，及担保协议，但不包括：（注：如乙方的水价或提前终止补偿条款与贷款文件有密切联系，则应规定"贷款文件应取得甲方同意"）

（1）与股权投资者的认股书或股权出资相关的任何文件；

（2）与提供履约保函和维护保函相关的文件。

贷款人：指融资文件中的贷款人。

维护保函：指乙方根据第_____条向甲方提供的维护保函。

进度日期：指附件《工程进度》中所述的日期。

终止通知：指根据第_____条发出的通知。

计划开始运营日：指双方确定的、预计供水工程可以开始运营的日期，即_____年_____月_____日。（注：适用于已经投产的项目，对于新建项目，该日期应与计划最终完工日为同一日期）

开始运营日：指乙方根据第_____条向甲方发出供水工程已准备就绪可以开始运营的书面通知中明确之日。（注：适用于已经投产的项目，对于新建项目，该日期应与最终完工日为同一日期）

履约保函：指乙方按照第_____条向甲方提供的履约保函。

前期工作：指第_____条所述的工作。

初步完工通知：指根据第_____条发出的通知。

初步完工证书：指根据第_____条颁发或视为颁发的证书。

初步性能测试：指第_____条所述的确保项目设施达到技术标准、规范和要求及设计标准的测试。

谨慎运营惯例：指在熟练和有经验的中国的供水企业在运营类似于本供水工程的项目中所采用或接受的惯例、方法和作法以及国际惯例和方法。

担保协议：指由乙方与贷款人签订的、有关政府部门依适用法律批准、并经甲方同意的向贷款人提供的在乙方股东持有的乙方公司股权或乙方拥有的任何财产、权利或权益之上设置抵押、质押、债权负担或其他担保权益的任何协议。

项目合同：指本协议、融资文件、与本供水工程项目的设计、重要设备原材料采购、施工建设、监理、运营维护及其他相关合同。

允许供水通知：指根据第_____条发出或视为发出的通知。

允许供水日：指允许供水通知发出或视为发出之日。

项目：指乙方根据本协议设计、融资、建设、运营、维护供水工程，向用水户提供服务并收取费用。

第三章 协议的应用

第四条 各方同意本协议是乙方在特许经营期内进行项目融资、设计、建设、运营、维护、服务的依据之一，也是甲方按照本协议对乙方在特许经营期内的经营行为实施监管的依据之一。

第五条 本协议并不构成甲方和乙方之间的合营或合伙关系。

第六条 本协议并不限制或以其他方式影响甲方行使其法定权力。

第七条 当以下先决条件满足或被甲方书面放弃时，甲方开始履行本协议项下义务：

（1）乙方已向甲方提交了符合本协议要求的履约保函；

（2）融资交割完成；

（3）有关项目合同依适用法律获得批准。

（4）乙方已经按第十四章购买保险；

（5）已营运的城市供水企业还应当：

①依法清产核资、产权界定、资产评估、产权登记，并依适用法律获本城市人民政府相关部门批准；

②职工安置方案按法定程序获得批准；

③按附件《项目和企业相关批准文件》的约定交割完资产资金，须担保、质押等文件依适用法律获得批准；

④已经取得依法应当取得的其他批准文件。

如果因乙方原因未能在生效日后_____日内满足前述先决条件，则甲方有权提取履约保函项下的所有款项，并有权终止本协议。

第八条 甲方和乙方声明和保证如下：

（1）他们有权签署本协议并按本协议履行义务，所有为授权其签署和履行本协议所必需的组织或公司内部行动和其他行动均已完成；

（2）本协议构成甲方和乙方的有效、合法、有约束力的义务，按其条款依适用法律对其有强制执行力；

（3）签署和履行本协议不违反甲方或乙方应遵守的任何适用法律或对甲方或乙方有约束力的其他任何协议或安排。

第九条 未经甲方书面同意，乙方不得：

（1）从事本协议规定特许经营权以外的任何经营活动；

（2）将依本协议所取得的土地使用权用于供水工程以外的任何其他用途。

第十条 乙方有义务且必须就由于建设、运营和维护供水工程设施而造成的环境污染及因此而导致的任何损害、费用、损失或责任，对甲方予以赔偿。但若所要求的损害、费用、损失或责任是由甲方违约所致或依本协议乙方不承担责任的环境污染除外。

第十一条 本协议自双方法定代表人或授权代表人签字并加盖公章之日起生效，特许经营期限为年，即自_____年_____月_____日起至_____年_____月_____日止。如果出现下述情况影响到本协议的执行，有关的进度日期应相应延长，同时，甲方应选择支付补偿金，或调整供水价格，或相应延长特许经营期：

（1）不可抗力事件；

（2）因甲方违约而造成延误；

（3）在供水工程建设用地上发现考古文物、化石、古墓及遗址、艺术历史遗物及具有考古学、地质学和历史意义的任何其他物品；

（4）因法律变更导致乙方的资本性支出每年增加_____元人民币或收益性支出每年增加_____元人民币。

第四章 供水工程项目

第十二条 供水工程名称为，规模为_____万立方米/日。

第十三条 供水工程项目包括（净（配）水厂、管网及相关附属设施等）。工程位于国省市地区，其确切位置见附件《工程和经营服务范围》。（注：该表述是假设乙方负责取水、净水、送水和出厂输水给终端用户而规定的，请根据具体情况进行相应修改）

第十四条 工程项目最终批复的施工设计文件为工程建设和竣工的依据。（注：只适用于新建项目）

第十五条 工程造价为_____万元人民币，建设期利息为_____万元人民币，工程总造价为_____万元人民币，见附件《工程和特许经营区域范围》，如有追加，应经甲方批准。（注：只适用于新建项目）

第十六条 除本协议规定的其他义务外，乙方在特许期内负责：

（1）工程项目的设计与工程技术服务、采购、建造、和运营和维护；（注：本项只适用于新建项目）

（2）建设工程项目的所有费用及所有必要的融资安排；（注：本项只适用于新建项目）

（3）承担供水工程前期工作和永久性市政设施建设和其他工作的费用。（注：请根据具体情况进行相应修改）

第十七条 除本协议规定的其他义务外，在遵守、符合中国法律要求的前提下，甲方负责协助、监督、检查乙方实施以下工作，但甲方并不因其承担有关协助、监督、检查工作而承担任何责任，且并不解除或减轻乙方应承担的任何义务或责任：

（1）监督和检查供水工程的设计、建造、运营和维护；

（2）协助乙方获得设计、建造、运营和维护供水工程所需的所有批准；

（3）协助乙方取得供水工程场地的土地使用权；

（4）协助乙方完成前期工作和永久性市政设施建设和其他工作，包括：

①安置受建设影响的居民和其他人，拆除需要建设供水工程的场地上的任何建筑物或障碍物；

②供水工程建设所需的临时或永久用电、供水、排水、排污和道路。（注：本条只适用于新建项目）

第十八条 在生效日后_____个营业日内，乙方必须向甲方提交格式为附件

《履约保函和维护保函格式》的或甲方同意的其他格式的履约保函。

履约保函必须由甲方可接受的金融机构出具，金额为_____万元人民币。（注：本条只适用于新建项目）

第十九条 乙方必须确保于生效日后_____个营业日之内实现融资交割，并在融资交割时向甲方交付所有已签署的融资文件复印件，以及甲方可能合理要求的表明融资交割已实现的任何其他文件。

第五章　供水工程设计和建设

（注：本章只适用于新建工程）

第二十条 乙方必须按照经投资管理部门核准的项目申请报告、附件《工程和特许经营区域范围》所述项目范围、附件《技术规范和要求》所述技术标准、规范和要求、附件《设施维护方案》所述维护方案、附件《工程技术方案》所述技术方案，自费完成供水工程的初步设计。

第二十一条 未经有关政府部门书面批准，不对经批准的初步设计进行实质性修改。

第二十二条 乙方必须按照初步设计和初步设计批复文件、附件《工程和特许经营区域范围》所述项目范围、附件《技术规范和要求》所述技术标准、规范和要求、附件《设施维护方案》所述维护方案、附件《工程技术方案》所述技术方案，自费完成供水工程设施的施工图设计。

第二十三条 乙方必须随时将施工图设计已编制的部分提交甲方审查，并且在提交施工图设计之后的工作日内未经甲方批准，不得将施工图设计文件用于建设。

第二十四条 乙方必须按照提交给甲方的施工图设计、附件《工程和特许经营区域范围》所述项目范围、附件《技术规范和要求》所述技术标准、规范和要求、附件《设施维护方案》所述维护方案、附件《工程技术方案》所述技术方案，自费建设供水工程设施。

乙方可以将供水工程设计和施工分包给具有相应资质的设计、施工机构，完成供水工程设施的建设。但乙方在本协议项下的任何义务不因分包行为而免除、减轻或受其他影响。

第二十五条 乙方必须按附件《工程进度》规定的日期开始工程建设和实现最终完工并向甲方提交工程建设方案，工程建设方案应合理、详细地反映为实现最终完工日而计划的活动、活动次序和期限。

乙方若修改工程建设方案，则必须将修改稿提交给甲方，修改稿应合理、详细地反映对活动、活动次序和期限的修改。

第二十六条 对用于建设的材料和主要设备在离开制造厂前，乙方必须按适用法律安排测试和检验。

乙方应在对材料和主要设备进行每次测试和检验前合理的时间内通知甲方。

甲方的代理人或代表有权参加测试和检验，但是如果甲方未提出书面反对，或未对乙方通知予以答复，并且在通知测试和检验的时间没有到场，则测试和检验可以在甲方的代理人或代表缺席的情况下进行。

乙方在完成测试和检验后，应立即向甲方提交关于测试和检验程序和结果的报告。

甲方在收到上款所述报告后，可书面通知乙方：

（1）对测试和检验结果满意；

（2）说明测试和检验的程序或结果的不符合规定或要求的情形。

甲方检验并接受用于建设的材料和主要设备的任何部分，并不解除或减轻乙方在供水工程设施建设过程中应承担的所有义务或责任。

第二十七条 乙方必须将有关供水工程设计和建设的所有技术数据，包括设计报告、计算和设计文件，随进度在编制完成后立即提交给甲方，以使甲方能监督项目设施的设计和建设进度。

乙方向甲方保证，乙方对其用于供水工程设施的设计、建设且作为知识产权客体的初步设计、施工图设计和任何其他文件，拥有所有权或使用权。

乙方给予甲方不可撤销的、非独占的许可，使用本条第二款所述的任何文件：

（1）用于供水工程的目的，包括但不限于本协议因任何原因终止、移交后，甲方继续对供水项目进行建设、运营和维护；

（2）参加与本供水工程类似的供水工程的设计和建设方面的会议。

第二十八条 工程开工之日的下一月起，每月的第一天（如遇节假日顺延），乙方应向甲方供水工程建设进度报告。报告应详述：上一个月已完成的和在建的供水工程情况；预计本月完成建设情况；距离计划最终完工日期的进展情况；预计完成建设的时间；以及甲方合理要求的其他事宜。

第二十九条 除政府部门依照适用法律进行的监督检查以外，甲方的代理人或代表可在建设期间经合理的通知，在乙方代理人或代表参加的情况下对建设进行监督检查。

甲方的代理人或代表监督和检查的费用由甲方承担，除非监督和检查的结果表明建设、材料、设备或机器存在任何重大缺陷，在此情况下，乙方应承担监督和检查的费用。

第三十条 乙方必须：

（1）确保甲方的代理人或代表可以进入供水工程设施、供水工程设施用地，但该等进入不应妨碍建设；并且

（2）应甲方的代理人或代表要求，提供图纸和设计资料。

第三十一条 甲方有权在最终完工日之前的任何时候，要求乙方改正或更换不符合下列条件的任何建设工程、材料或机器设备：

（1）提交给甲方的施工图设计；

（2）附件《工程和特许经营区域范围》所述的项目范围；

（3）附件《技术规范和要求》所述的技术标准、规范和要求；

（4）附件《设施维护方案》所述的维护方案。

并且，甲方必须书面通知乙方，并说明理由。

第三十二条 在收到第三十一条所述通知后，乙方必须在合理期限内采取所有必要措施改正建设工作或更换合适的材料和机器设备，并且乙方必须承担费用和支出，并对改正措施造成的工期延误负责。

第三十三条 乙方必须在建设初步完工前合理时间内提前向甲方发出初步完工通知，告知预计可以开始初步性能测试的日期（并且初步性能测试日期必须在发出通知后的工作日后）。

第三十四条 乙方必须按照附件《技术规范和要求》在出具初步完工通知后，进行初步性能测试。

甲方的代理人或代表有权参加初步性能测试，但如果甲方未对初步完工通知提出书面异议或作出回复，并且在通知的初步性能测试的时间没有到场，则初步性能测试可在甲方的代理人或代表缺席的情况下进行。

第三十五条 初步性能测试完成之后，乙方必须立即向甲方提交一份报告，列明初步性能测试的程序和结果。

第三十六条 甲方收到第三十五条所述报告之后：

（1）如初步性能测试的结果符合本协议要求，应发出初步完工证书；

（2）如初步性能测试的结果不符合本协议要求，应书面通知初步性能测试的程序或结果不符合规定或要求的情形。

如果甲方在收到第三十五条所述报告之后_____工作日之内不向乙方发出上述有关不符合情况的通知，应视为甲方对初步性能测试结果表示满意（或认可）。

第三十七条　如果供水工程设施未通过初步性能测试，乙方必须：

（1）采取所有必要的改正措施补救不符合的情况；

（2）至少提前_____工作日向甲方发出书面通知，重复初步性能测试。

乙方必须承担费用和支出并对因上述改正措施和重复初步性能测试而发生的延误负责。

第三十八条　以有关政府部门和机构依适用法律完成项目工程各项验收为前提，在甲方发出初步完工证书或按第三十六条测试结果被视为满意（或认可）之后_____工作日内，乙方必须书面通知甲方有关完工检查的日期和时间（完工检查日期应在发出初步完工通知_____工作日后）。

甲方的代理人或代表有权参加完工检查，但如果甲方未对通知提出书面异议或作出回复，并且在通知的完工检查的时间没有到场，则完工检查可在甲方的代理人或代表缺席的情况下进行。

第三十九条　在完工检查之后_____工作日内，甲方应将供水工程的建设工作、材料、设备或机器中存在的所有缺陷详细列明并书面通知乙方。

如果甲方不参加完工检查，或者未在完工检查结束后_____工作日之内发出有关缺陷的通知，则应视为供水工程的建设工作、材料、设备和机器已令甲方满意（或认可）。

第四十条　如果甲方向乙方发出上述有关缺陷的通知且乙方无异议，乙方必须改正所有缺陷。

甲方可对有关缺陷通知中列明的缺陷进行进一步的完工检查。

第四十一条　在完工检查后的_____工作日内，如果初步性能测试和完工检查的结果令甲方满意（或认可）或视为令甲方满意（或认可），甲方应发出允许供水的通知。

第四十二条　只有在以下各项均已发生之后，乙方方可向甲方和有关政府部门发出供水工程可以开始试运营的书面通知：

（1）甲方已发出允许供水通知；

（2）甲方书面通知乙方其已收到或放弃收取以下各项：

①运营供水工程所需的所有批准均充分有效的书面证明；

②证明运营保险完全有效并符合本协议要求的证明的复印件；

③乙方已签署项目设施运营维护所需的化学品和零件供应合同的书面证明。

第四十三条 在开始试运营_____日后日内，乙方必须按照附件《技术规范和要求》进行最终性能测试。

甲方的代理人或代表有权参加最终性能测试，但如果甲方不提出书面反对，或未作回复并且在通知的最终性能测试的时间没有到场，则最终性能测试也可在甲方代理人或代表不参加的情况下进行。

第四十四条 在完成最终性能测试且办理完毕竣工验收备案手续后，乙方必须立即向甲方提交有关最终性能测试的程序和结果的报告（包括但不限于竣工验收备案文件）。

收到上款所述报告后，甲方可以书面通知乙方，表示最终性能测试的结果符合本协议要求并发出最终完工证书，或认为与报告中所述的最终性能测试的程序或结果不符合规定或要求的情形。

如果甲方未在收到报告后_____工作日内向乙方发出上述不符合的通知，则最终性能测试结果视为符合本协议要求。

第四十五条 如果供水工程未通过最终性能测试，则乙方必须采取所有必要的改正措施来补救不符合的情况，并应在至少提前一工作日向甲方发出书面通知后，重复最终性能测试。

乙方必须承担上述改正措施和重复最终性能测试的费用和支出，并对因上述改正措施和重复最终性能测试而发生的延误负责。

第四十六条 如果最终性能测试符合本协议要求且乙方办理完毕竣工验收备案手续，但甲方不按照第四十四条第二款发出最终完工证书，则最终完工证书在上述工作日期满时视为发出。

第四十七条 如果甲方①检查和验收供水工程建设工作、材料、机器或设备的全部或任何部分；②颁发允许供水证书；或③颁发最终完工证书，这些行为均不得解除乙方对供水工程的设计和建设所应承担的任何义务或责任。

第四十八条 供水工程最终完工后，乙方应当将供水工程项目外所受工程影响的地上和地下建构筑物恢复到工程施工前的相应状态；乙方不能实施的，甲方可指定机构代为实施，所需费用由乙方承担。

第四十九条 在最终完工日后_____个月内，乙方必须向甲方提交下列资料（并按照适用法律归档）：

（1）供水工程有关的图纸（包括打印件和电脑磁盘）一式三份；

（2）所有设备的技术资料和图纸（包括设备随机图纸、文件、说明书、质量保证书、安装记录、质量监督和验收记录）一式三份；

（3）甲方合理要求的与本供水工程有关的其他技术文件或资料一式三份。

第五十条 甲方和乙方承认政府有关部门可依适用法律参加供水工程的测试和检查。

第五十一条 如果由于乙方违约造成的延误，使供水工程开始运营日或最终完工日延误，则乙方必须按元人民币/日向甲方支付预定违约金直至开始运营日或最终完工日或本协议终止日（以先发生者为准）。

甲方获得这些预定违约金的权利，并不影响其终止本协议的权利。

第五十二条 如果除甲方违约事件或不可抗力事件以外的任何原因，乙方出现下列情况之一，则建设应视为已被放弃：

（1）书面通知甲方其终止建设，且并不打算重新开始建设的决定；

（2）未在生效日期后_____日内开始建设；

（3）未在任何不可抗力事件结束后_____日内恢复建设；

（4）停止建设连续或累计达_____日；

（5）在允许供水日前直接或通过建设承包商从供水工程设施用地撤走全部或大部分的工作人员，并且在建设停止之日后_____日内未更换建设承包商；

（6）未在允许供水日后_____日内达到最终完工日；

（7）未在计划最终完工日后_____日内实现最终完工。

第五十三条 如果由于除甲方违约事件或不可抗力以外的任何原因，乙方放弃或被视为放弃建设，乙方必须向甲方支付第五十一条项下应付的金额，且甲方有权提取履约保函项下未提取的金额，作为乙方放弃或被视为放弃建设的预定违约金。

甲方行使该等权利不影响其终止本协议的权利。

第五十四条 为获取预定违约金的支付，甲方可以从履约保函中提款，直至履约保函金额全部提取完。

在履约保函的金额全部提取完后，乙方就延误到达最终完工日或开始运营日或放弃建设，对甲方不再有进一步的责任。

第五十五条 在下述日期中较迟的日期到来时，甲方应解除尚未提取的履约保函项下的金额：

（1）最终完工日后的_____个月届满之时；

（2）乙方根据第_____条向甲方提交维护保函之日。

如果在解除履约保函之前本协议终止，则履约保函应在本协议终止后_____个月期限内保持有效。

第五十六条 乙方对于为移走在供水工程设施用地上发现的考古文物、化石、古墓及遗址、艺术历史遗物及具有考古学、地质学和历史意义的任何物品而发生的任何额外费用不承担责任。

第六章 供水工程的运营与维护

第五十七条 在特许经营期内，

（1）乙方享有以下权利和义务：

①依据适用法律独家向特许经营区域范围内用户供水，合法经营并取得合理回报；

②根据社会和经济发展的情况，保障特许经营区域范围内水厂的运行、供水管网的正常维护以及特许经营区域范围内用户供水服务；

③根据中国法律和本协议的要求满足用户用水水质、水量、水压、供水服务需求；

④履行协议双方约定的社会公益性义务；

⑤除本协议另有规定外，应当将项目合同报甲方备案；

⑥法律和本协议规定的其他权利和义务。

（2）甲方享有以下权利和义务：

①对乙方的供水服务进行监督检查；

②结合经济社会发展需要，制订供水服务标准和近、远期目标，包括水质、水量、水压以及维修、投诉处理等各项服务标准；

③制定年度供水水质监督检查工作方案，对乙方的供水水源、出厂水及

管网水质进行抽检和年度综合评价；

④受理用户对乙方的投诉；

⑤维护特许经营权的完整；

⑥法律、规章和本协议规定的其他权利和义务。

第五十八条 乙方经营的供水工程目前净（配）水能力为_____万立方米/日。见附件《工程和特许经营区域范围》。

第五十九条 乙方应按照城市规划和供水规划的要求制定经营计划（包括供水计划、投资计划），并经甲方同意后方可实施。经营计划的修改须经甲方同意。

第六十条 乙方于开始运营日起_____日内向甲方呈报第一个五年和年度经营计划。每个五年计划执行到期前_____个月应向甲方提交下一个五年经营计划，每年十月底以前向甲方提交下一年度的经营计划。

甲方在收到乙方五年经营计划后三个月内、在收到年度经营计划后_____个月内作出审查实施决定。

第六十一条 乙方应在每年第一季度向甲方提交上一年度的经营情况报告并保证报告内容准确真实。报告内容应包括投资和经营计划的执行情况、运营状况、财务报告、规范化服务和供水服务承诺实施以及本年度服务目标等。

乙方应将经营报告的主要内容以适当方式向社会公布。

第六十二条 在履约保函到期或解除之前，乙方必须向甲方提交不可撤销的、独立于本协议的有效的维护保函。其格式应为附件《履约保函和维护保函格式》规定的格式，或可为甲方接受的其他格式。

第六十三条 维护保函的出具人为可为甲方接受的金融机构，并且保函金额为_____万元，作为乙方履行本协议项下义务的保证。

第六十四条 如果甲方在特许经营期提取维护保函项下的款项，乙方必须在提取后_____工作日内将维护保函的数额恢复到第六十三条所述之金额，并向甲方提供维护保函已恢复至该数额的证据。

乙方必须在特许经营期结束前_____个月将维护保函增加至_____万元。

第六十五条 如果乙方没有遵守第六十四条的规定，并且乙方在收到甲方有关未遵守的书面通知后_____个营业日内未予以纠正，甲方有权提取维护保函下的剩余款额和终止本协议。

第六十六条 甲方行使提取维护保函金额的权利不损害其在本协议项下的其他权利，并且不应解除乙方不履行本协议义务而对甲方所负的任何进一步的责任和义务。

第六十七条 乙方应对取水设施、净水厂、加压泵站、主干供水管网等主要供水工程的状况及性能进行定期检修保养，并于每年_____月和_____月向甲方提交设施运行情况报告。

第六十八条 乙方必须在特许经营期内按照附件《设施维护方案》所述维护方案和附件《工程技术方案》所述技术方案运营维护供水工程设施。

第六十九条 在运营期内如供水工程设施的任何部分需要替换，乙方必须支付必要的额外金额用以购买和安装替换部分，并将替换情况说明报甲方备案。

第七十条 在特许经营期内如乙方需要建造新的供水工程时，必须经市政府书面批准，其建设费用应由乙方承担。并应由双方根据本协议下第五章所述条款规定的原则签署补充协议。

第七十一条 乙方必须保证水净化处理设备、设施满足净水工艺的要求。在净化处理各工序（车间），应配备相应的水质检测手段。

第七十二条 乙方必须制定保障设备、设施正常运行及保证人身安全的技术操作规程、岗位责任制以及相关的安全制度，并负责组织实施。

第七十三条 乙方的运行操作人员必须按国家有关规定持证上岗。

第七十四条 乙方必须具备保证供水设施设备完好的定期检查、维护和故障抢修程序及手段。

第七十五条 乙方必须保证从事制水的人员按国家规定经过严格体检，无任何传染疾病。

第七十六条 乙方必须建立完整齐全的主要设备、设施档案并与实物相符。管网应具有大比例区切块网图，有完整阀门卡。

第七十七条 乙方必须建立生产、经营、服务全过程规范的原始记录、统计报表及台账。

第七十八条 乙方保证出厂水量、电耗、物耗准确计量，并按适用法律及时校准相关计量器具。

第七十九条 为确保乙方履行本协议的义务，在不妨碍乙方正常运营和维护项目设施的情况下，甲方的代理人或代表有权在任何时候进入供水工程用地和接近相关设备进行监督检查。

第八十条 甲方或其代理人或代表可要求乙方提供下列资料：

（1）净水和原水质量的检测分析报告；

（2）设备和机器的状况及设备和机器的定期检修情况的报告；

（3）财务报表；

（4）重大事故报告；

（5）计量器具校核证明文件；

（6）甲方认为需要提供的其他资料。

第八十一条 如果乙方违反其在本协议项下运营和维护供水工程的义务，甲方可就该违反行为向乙方发出书面通知。乙方在接到上述通知后应：

（1）对供水工程设施进行必要的纠正性维护；

（2）书面通知甲方其对通知内容有异议，争议应按照补偿与争议解决程序的规定解决。

第八十二条 如果根据争议解决程序，认定乙方未能按照本协议维护供水工程和履行本协议项下其他义务（包括但不限于第一百一十四条所规定的情形），并且乙方在补偿与争议解决程序规定的期限内未能补救，则甲方可以自行或指定第三方进行维护和运营供水工程，与维护和运营有关的风险和费用由乙方承担。乙方必须允许甲方及其指定的第三方的雇员、代理人和/或承包商及必要的工具、设备和仪器进入供水工程用地。

甲方应确保维护和运营工作尽量减少对供水工程运营的干扰。

第八十三条 如果乙方违反其运营维护供水工程的义务，则有关费用和开支必须由乙方承担。甲方有权提取维护保函金额，但是需将所发生的费用和开支的详细记录提交给乙方。

第八十四条 甲方有权对城市供水工程安全保护范围内危害供水工程安全的活动实施处罚。

第八十五条 经甲方同意，需要改装、拆除或迁移乙方经营的城市供水设施，甲方需与乙方进行协商并达成共识方可进行。

第八十六条　乙方应按照甲方的要求，制定保证在紧急情况下的基本供水的应急预案。并在供水紧急情况下，严格执行供水应急预案，服从甲方的调度。

第八十七条　乙方有权因启动供水应急预案而增加的合理成本向甲方提出补偿要求，甲方应选择支付补偿金，或调整水价，或延长特许经营期限给予补偿。

第八十八条　乙方应按照适用法律定时向甲方提供生产以及经营的统计数据。为了核实某些情况，甲可要求乙方对供水系统的性能和运转情况提供统计资料。

第八十九条　乙方应无条件地向甲方提供有关供水服务和成本的信息和相关解释。并应按甲方的要求，在甲方或其代理人或代表在场的情况下，对设备进行试验和检测，以核实设备的实际运转状况。

第七章　供水服务

第九十条　乙方应按照适用法律在特许经营区域范围从事供水服务。

第九十一条　由于城市规划要求，甲方需要乙方提供额外供水服务，甲、乙双方应进行协商，努力就修改本协议达成共识。

第九十二条　乙方应保障每日 24 小时的连续供水服务，在因扩建及设施检修需停止供水服务时，应提前 24 小时通知用水户，因发生紧急事故或不可抗力，不能提前通知的，应在抢修的同时通知用水单位和个人，尽快恢复正常供水。停水时间必须在附件《供水服务标准》规定的期限内。出现或可能出现下列情况时：

（1）一次暂停供水时间超过 12 小时的，应当提前_____日报告并取得甲方同意；

（2）需要对直径_____毫米以上市政主干管进行维修、造成供水影响较大的，应当提前_____日报告并取得甲方同意；

（3）直接影响供水的重要设施、设备发生事故的，应当在发生事故后一小时内报告；

（4）由于不可抗力或者突发事故造成临时停水超过 12 小时的，应当在发生事故后 1 小时内报告并采取临时供水措施。

第九十三条　乙方应按照本协议附件《供水服务标准》，实施规范化供水服务，向社会公开水质、水量、水压等涉及供水服务的各项服务指标，接受社会的监督。

第九十四条　乙方必须建立、健全水质监测制度，保证城市供水水质符合中国国家标准和其他相关标准。

第九十五条　乙方应建立原水水质监测制度。对取用地表水原水的浊度、pH 值、温度、色度等项目应每日进行检测；对取用地下水的原水水质应每日进行检测。对本地区原水需要特别监测的项目，也可列入检测范围，根据需要增加监测次数。

第九十六条　乙方应对出厂水和管网水进行检测。水质的检测项目、检测频率及采样点的设置应符合中国国家标准和其他相关标准。

第九十七条　乙方发现水质问题，应及时通知甲方。

第九十八条　甲方对乙方的供水水质进行全面监督检查并进行评估。乙方必须允许甲方代理人或代表进入供水工程，并配合甲方代理人或代表进行水质监督和检查活动。

第九十九条　乙方必须按照适用法律设置管网测压点，保证供水管网压力符合相应标准。

第一百条　乙方提供的供水服务，必须全部按表计量收费。乙方可以委托物业管理单位对用户实行抄表服务，但不免除自己应承担的供水责任。在同一供水服务范围内，乙方应保证同类用户交纳同一水费、接受同一供水服务。

第一百零一条　乙方应按有关规定与用户签订《城市供水用水合同》。

第一百零二条　中国法律另有规定的除外，乙方不得拒绝或停止向特许经营区域范围内符合城市规划及用水地点具备供水条件的用户供水。

第一百零三条　按照适用法律，乙方应向社会公布用水申请程序，并有义务向办理用水申请手续的用户提供咨询服务。

第一百零四条　除水费及政府明文规定的收费外，乙方不得向用户收取其他任何费用。

第一百零五条　乙方须建立营业规章并报甲方备案。

第一百零六条　按照甲方的要求，乙方应随时向甲方提供有关供水服务的书面报告，并作详细的说明。

第八章　收　费

第一百零七条　乙方向公众用户供水的价格实行政府定价。乙方按照_____市人民政府批准的收费标准向其服务范围内的用水户收取费用。

本协议生效日时的综合水价是每立方米_____元。生活用水每立方米_____元，行政事业用水每立方米_____元，工业用水每立方米_____元，经营服务用水每立方米_____元，特种行业用水每立方米_____元。（注：本条适用于乙方直接向公众供水的情况）

第一百零八条　不同用水性质的用水共用一只计量水表时，除另有规定外，按从高使用水价计收水费。（注：本条适用于乙方直接向公众供水的情况）

第一百零九条　水费结算方式按照适用法律，实行周期抄验水表并结算水费。

第一百一十条　按照适用法律，双方同意水价调整原则、程序、时限在附件《水价调整协议》具体约定。

第一百一十一条　甲方协助有关部门按照适用法律制定城市供水收费标准、收费监督政策的调整计划。调整计划作为本协议的组成部分。

第一百一十二条　甲方有权对乙方经营成本进行监管，并对乙方的经营状况进行评估。（注：具体监管协议，各地根据实际情况在附件《水价调整协议》中约定）

乙方因非乙方原因造成的经营成本发生重大变动时，可提出城市供水收费标准调整申请。甲方核实后应向有关部门提出调整意见。

第九章　特许经营权的终止与变更

第一百一十三条　特许经营期满，甲方授予乙方的特许经营权终止。

第一百一十四条　在特许经营期内，乙方有下列行为之一且未在收到甲方通知后_____日内纠正的，甲方有权提前通知乙方提前终止本协议：

（1）擅自转让、抵押、出租特许经营权的；

（2）擅自将所经营的财产进行处置或者抵押的；

(3) 因管理不善，发生重大质量、生产安全事故的；

(4) 未根据本协议规定提供、更新、恢复履约保函或维护保函的；

(5) 擅自停业、歇业，严重影响到社会公共利益和安全的；

(6) 乙方出现第五十二条规定的放弃建设或视为放弃建设；

(7) 严重违反本协议或法律禁止的其他行为。

第一百一十五条　在特许经营期内，乙方拟提前终止本协议时，应当提前向甲方提出申请。甲方应当自收到乙方申请的_____个月内作出答复。在甲方同意提前终止协议前，乙方必须保证正常的经营与服务。

第一百一十六条　甲方有权在乙方没有任何违约行为的情况下提前_____日通知乙方提前终止本协议，但是应按照本协议支付补偿款项。

第一百一十七条　在特许经营期内，如甲方严重违反本协议规定且未在收到乙方通知后_____日内纠正，则乙方有权通知甲方提前终止本协议。

第一百一十八条　未经乙方事先的书面同意，甲方不得转让或让与其在本协议项下的全部或任何部分权利或义务。但前述规定不得妨碍甲方的分立、或其同中国政府部委、部门、机构，或代理机构，或其中国的任何行政下属机构，或任何中国国有企业或国有控股企业联合、兼并或重组，并且只要受让方或继承实体具有履行甲方在本协议项下义务的能力，并接受对履行甲方在本协议项下的权利和义务承担全面责任，不得妨碍甲方将其权利和义务移交给上述机构和公司。

第一百一十九条　未经甲方书面同意的情况下，乙方不得转让其在本协议下的全部或任何部分权利和义务。

第一百二十条　除下述第一百二十一条外，乙方不得对下列各项进行抵押、质押、设置任何留置权或担保权益，或以其他类似方式加以处置：

(1) 供水工程用地的土地使用权；

(2) 供水工程设施；

(3) 本协议项下的权利；

(4) 供水服务所需的乙方的任何其他资产和权利。

第一百二十一条　为安排供水工程项目融资，乙方有权依适用法律以其在本协议项下的权利给贷款人提供担保，并且为贷款人的权利和利益在供水工程用地的土地使用权、供水工程设施或供水工程和服务所需的乙方的任何其他资产和权利上设抵押、质押、留置权或担保权益。但此类抵押、质押、担保权益设置（包括此类权益设置的变更）均须取得甲方书面同意，甲方不得不合理地拒绝同意。

第一百二十二条　乙方在开始运营日起_____年后才能进行股东变更。（注：请协议各方根据具体情况协商确定，建议一般为 5 年）

第一百二十三条　如因任何原因乙方主要股东发生变更（实际持股数列前 2 位的股东变更，包括通过关联方持股使列前 2 位的股东发生变更），乙方必须书面通知甲方。

第十章　特许经营权终止后的移交

第一百二十四条　在第一百一十三条所述情况下，乙方在移交日应向甲方或其指定机构移交其全部固定资产、权利、文件和材料和档案，并确保该等固定资产、权利附件《技术规范和要求》和附件《工程技术方案》规定的功能标准要求。乙方在未正式完成交接前，应善意履行看守职责，保障正常生产和服务。

如本协议根据第一百一十四条和第一百一十五条终止，甲方应在乙方完成第一百二十七条规定的移交后_____日内按照乙方在融资文件项下尚未偿还的贷款人的本金、利息、罚息和其他债务的金额补偿乙方，在任何情况下，该补偿金额应不超过按照甲方、乙方共同委托的资产评估机构对乙方移交的全部固定资产、权利所做评估的评估值。（注：1. 甲方应视项目情况要求乙方的注册资本金应达到一定的比例；2. 如项目公司是外商投资企业，其外资比例应符合国家外资准入政策。）

如本协议根据第一百一十六条或第一百一十七条终止，甲方应在乙方完成第一百二十七条规定的移交后_____日内按照甲方、乙方共同委托的资产评估机构对乙方移交的全部固定资产、权利所做评估的评估值和乙方从移交日起_____年的预期利润补偿乙方。（注：评估时应考虑乙方已经提取的固定资产折旧等因素）

第一百二十五条　在特许经营期满之前不早于个_____月，乙方应对供水工程进行一次最后恢复性大修，并应在甲方在场时进行供水工程性能测试，测试所得性能数据应符合附件《技术规范和要求》和附件《工程技术方案》规定的功能标准要求。

第一百二十六条 乙方保证在移交日后_____个月内，修复由乙方责任而造成供水工程任何部分出现的缺陷或损坏。如果修理达不到附件《技术规范和要求》和附件《工程技术方案》规定的功能标准要求，甲方有权就供水设施性能降低而从维护保函中提取相应金额获得赔偿。

除非乙方的行为构成严重不当，乙方对甲方在上述保证期承担的责任应限于维护保函。

第一百二十七条 因法律变更导致任何一方根据第十三章提前终止本协议，甲方应在乙方完成第一百二十七条规定的移交后_____日内按照下述金额或标准向乙方支付补偿。（注：双方根据项目具体情况公平合理地确定补偿金额或标准）

因不可抗力导致任何一方根据第十三章提前终止本协议，甲方应在乙方完成第一百二十七条规定的移交后_____日内按照下述金额或标准向乙方支付补偿。（注：双方根据项目具体情况公平合理地确定补偿金额或标准）

第一百二十八条 如本协议提前终止，乙方应在收到甲方通知后_____工作日内向甲方或其指定机构移交其全部固定资产、权利、文件和材料和档案，并确保这些固定资产和权利处于提前终止发生日的状态。乙方在未正式完成交接前，应善意履行看守职责，保障正常生产和服务。

因第一百一十四条和第一百十五条所述情况下的本协议提前终止给甲方增加的任何合理成本或费用，乙方应给予补偿。

第十一章　违约与赔偿

第一百二十九条 除本协议另有规定外，当协议一方发生违反本协议的行为而使非违约方遭受任何损害、损失、增加支出或承担额外责任，非违约方有权获得赔偿，该项赔偿由违约方支付。

上款所述赔偿不应超过违约方在签订本协议时预见或应当预见到的损害、损失、支出或责任。

如果违反本协议是由于不可抗力事件造成的，则甲方和乙方对此种违反不承担责任。

第一百三十条 对于是否发生违反本协议的情况有争议，应按照在补偿与争议解决程序中规定的争议解决程序解决。

第一百三十一条 非违约方必须采取合理措施减轻或最大程度地减少违反本协议引起的损失，并有权从违约方获得为谋求减轻和减少损失而发生的任何合理费用。

如果非违约方未能采取上款所述措施，违约方可以请求从赔偿金额中扣除本应能够减轻或减少的损失金额。

第一百三十二条 如果损失是部分由于非违约方的作为或不作为造成的，或产生于应由非违约方承担风险的另一事件，则应从赔偿的数额中扣除这些因素造成的损失。

第十二章　文　件

第一百三十三条 甲方和乙方对获取的有关本协议和供水工程的所有资料和文件，必须保密。保密期至本协议期满或终止后_____年。

第一百三十四条 对以下情况，第一百三十二条不适用：

（1）已经公布的或按本协议可以其他方式公开取得的信息；

（2）一方以不违反保密义务的方式已经取得的信息；

（3）以不违反保密义务的方式从第三方取得的信息；

（4）按照适用法律要求披露的信息；

（5）为履行一方在本协议项下义务而披露的行为。

第十三章　不可抗力和法律变更

第一百三十五条 由于不可抗力事件或法律变更不能全部或部分履行其义务时，任何一方可中止履行其在本协议项下的义务（在不可抗力事件或法律变更发生前已发生的应付且未付义务除外）。

如果甲方或乙方按照上款中止履行义务，其必须在不可抗力事件或法律变更结束后尽快恢复履行这些义务。

第一百三十六条 声称受到不可抗力或法律变更影响的一方必须在知道不可抗力事件或法律变更发生之后尽可能立即书面通知另一方，并详细描述有关不可抗力事件或法律变更的发生和可能对该方履行在本协议义务产生的影响和预计影响结束的时间。同时提供另一方可能合理要求的任何其他信息。

第一百三十七条 发生不可抗力事件时，任一方必须各自承担由于不可抗力事件造成的支出和费用。

第一百三十八条 受到不可抗力事件影响或法律变更的一方必须尽合理的努力减少不可抗力事件或法律变更的影响，包括：

（1）根据合理判断采取适当措施并为此支付合理的金额；

（2）与另一方协商制定并实施补救计划及合理的替代措施以消除不可抗力的影响，并确定为减少不可抗力事件或法律变更带来的损失应采取的合理措施；

（3）在不可抗力事件或法律变更结束之后必须尽快恢复履行本协议义务。

第一百三十九条 如果不可抗力事件是由于不可抗力定义中第（6）项原水恶化或供应不足，且该不可抗力事件全部或部分阻止乙方按本协议履行义务的时间，

（1）从第一个原水恶化或供应不足之日起计算的连续＿＿＿＿＿＿个月期间内连续或累计超过＿＿＿＿＿日，并且

（2）如在紧接着的＿＿＿＿＿＿个月期间该情形再次阻止乙方按本协议履行其义务超过＿＿＿＿＿＿个连续或累计日，则甲方和乙方应通过协商决定继续履行本协议的条件或双方同意终止本协议。

如果甲方和乙方不能按上款所述就终止条件达成协议，甲方或乙方的任何一方可在上款（2）所述的＿＿＿＿＿＿之后不少于＿＿＿＿＿日后的任何时间给予另一方书面通知后终止本协议。

第一百四十条 如果不可抗力事件是由于不可抗力定义中第（6）项原水供应不足，且该不可抗力事件全部或部分阻止乙方按本协议履行义务的时间，从第一个原水恶化或供应不足之日起计算的连续＿＿＿＿＿＿个月期间内连续或累计超过＿＿＿＿＿日，如果符合融资文件要求，乙方可以在日期满后不少于＿＿＿＿＿日后的任何时间书面通知甲方终止本协议。

第一百四十一条 如果任何其他不可抗力事件或法律变更全部或部分阻止甲方或乙方履行其在本协议义务的时间，在某一连续＿＿＿＿＿＿个月期间连续或累计超过＿＿＿＿＿日，双方必须协商决定继续履行本协议的条件。

第一百四十二条 如果甲方和乙方不能按第一百四十条所述就继续履行本协议的条件达成协议，则甲方或乙方可在第一百四十条所述的日期满后不少于_____日的任何时间，给予另一方书面通知后终止本协议。

第十四章 保　险

第一百四十三条 在特许经营期内，乙方必须自费购买和维持附件《保险》所述的保险。

未经甲方书面同意，乙方不得变更该等保险。

乙方必须使甲方列为保险单上的共同被保险人（受益人）和使所有保险单均注明保险商在取消保险或对之进行重大改变之前至少_____日书面通知甲方。

第一百四十四条 乙方必须促使其保险公司或代理人向甲方提供保险证明，以证实按照第一百四十二条获得的保险及相关文件。

第一百四十五条 乙方未能按第一百四十二条、第一百四十三条要求投保或获得保险证明，不得减轻或以其他方式影响乙方依本协议应承担的义务和责任。

第一百四十六条 如果乙方不购买或维持根据第一百四十二条、第一百四十三条所要求的保险，则甲方有权购买该保险，并且有权根据本协议从履约保函或维护保函款项中提取需支付的保险费金额。

第十五章 通　知

第一百四十七条 本协议的任何通知应以中文书面形式给予，应派人送达或挂号邮寄、电传或传真发送，地址如下：_____甲方地址：_____，电话：_____，传真：_____，邮政编码：_____，收件人：_____；乙方地址：_____，电话：_____，传真：_____，邮政编码：_____，收件人：_____。

任何一方如需改变上述通讯方式应提前_____天书面通知另一方，另一方收到通知后这种改变即生效。

第十六章　争议解决

第一百四十八条　在本协议有效期限内，双方代表应至少每半年开会一次讨论供水工程的建设、运行以便保证双方的安排在互相满意的基础上继续进行。

第一百四十九条　对于甲方可能在任何司法管辖区主张的其自身、其资产或其收益对诉讼、执行、扣押或其他法律程序享有的主权豁免，甲方同意不主张该等豁免并且在法律允许的最大限度内不可撤销地放弃该等豁免。

第一百五十条　双方同意，如果在执行本协议时产生争议或歧义，双方应通过协商努力解决这种争议，如不能解决，双方同意按下述第×种方式解决：（注：只能选择一种方式）

（1）任何一方应将该争议提交中国国际经济贸易仲裁委员会由其根据其届时有效的仲裁规则在_____（注：可在北京、上海、深圳中选择）进行仲裁；

（2）任何一方应就该争议向人民法院提起诉讼。

第十七章　适用法律及标准语言

第一百五十一条　本协议用中文书写，一式_____份，双方各执_____份。所有协议附件与本协议具有同等效力。

第一百五十二条　本协议受中华人民共和国法律管辖，并根据中华人民共和国法律解释。

第十八章　附　件

附件一　《工程和特许经营区域范围》（注：根据项目情况，分别确定工程情况和范围、经营服务范围）（略）

附件二　《工程进度》（略）

附件三　《履约保函和维护保函格式》（略）

附件四　《项目和企业相关批准文件》（建设用地规划许可证、土地使用证、初步设计审批、建设工程规划许可证、外国设计商的资质审查及设计合同、设计承包合同的批准、外国建设承包商资格审批和资质证书、建设施工合同备案、建设工程施工许可证、环保设施的验收、竣工验收、卫生许可证、土地复垦验收、供水设施产权登记及其他权利登记、公司登记和营业执照、税务登记、财政登记、统计登记、海关登记备案、劳动管理有关事项、项目融资的批准和登记等）（注：请协议各方根据项目具体情况相应修改）（略）

　　附件五　《技术规范和要求》（注：对于新建项目，应考虑包括初步性能测试和最终性能测试的要求）（略）

　　附件六　《设施维护方案》（略）

　　附件七　《保险》（略）

　　附件八　《工程技术方案》（略）

　　附件九　《原水供应协议或取水协议》（略）

　　附件十　《水价调整协议》（注：各地可根据实际情况，考虑在财政监管和水价调整方面具体约定）（略）

　　附件十一　《供水服务标准》（略）

　　双方各自授权代表于_____年_____月_____日签署本协议，以兹为证。

2. 管道燃气特许经营协议

目　录

第一章 总 则

1.1 为了规范_____城市、地区管道燃气特许经营活动，加强市场监管，保障社会公共利益和公共安全，根据建设部《市政公用事业特许经营管理办法》和_____（地方法规名称），由协议双方按照法定程序于_____年_____月_____日在中国_____省（自治区）_____市（县）签署本协议。

1.2 协议双方分别为：经中国_____省（自治区）_____市（县）人民政府授权（注：该授权可以通过以下二种形式：1. 该人民政府发布规范性文件；2. 该人民政府就本协议事项签发授权书，中国_____省（自治区）_____市（县）人民政府_____局（委）（下称甲方），法定地址：_____，法定代表人：_____，职务：_____；和_____公司（下称乙方），注册地点：_____，注册号：_____，法定代表人：_____，职务：_____，国籍：_____。

1.3 特许经营原则

甲乙双方应当遵循以下原则：

（1）公开、公平、公正和公共利益优先；

（2）遵守中国的法律；

（3）符合城市规划及燃气专业规划；

（4）使用户获得优质服务、公平和价格合理的燃气供应；

（5）有利于保障管道燃气安全稳定供应，提高管理和科技水平；

（6）有利于高效利用清洁能源，促进燃气事业的持续发展。

第二章　定义与解释

本协议中下列名词或术语的含义遵从本章定义的意义或解释。

2.1　中国：指中华人民共和国，仅为本协议之目的，不包括香港特别行政区、澳门特别行政区和台湾地区

2.2　法律：指所有适用的中国法律、行政法规、地方性法规、自治条例和单行条例、规章、司法解释及其他有法律约束力的规范性文件。

2.3　燃气：是指供给民用生活、商业经营和工业生产等使用者使用的液化石油气、天然气、人工煤气及其他气体燃料。

2.4　管道燃气：以管道输送方式向使用者提供燃气。

2.5　管道燃气业务：提供管道燃气及相关服务的经营业务。

2.6　燃气管网设施：指用于输送燃气的干线、支线、庭院等管道及管道连接的调压站（箱）和为其配套的设备、设施。

2.7　市政管道燃气设施：市政规划红线外所有燃气管道设施。

2.8　庭院管道燃气设施：市政规划红线内所有燃气管道设施。

2.9　影响用户用气工程：是指如果出现下列情况，则视为影响用户用气的工程：

（1）造成＿＿＿＿＿＿户以上用户供气中断或供气压力显著降低，影响用户使用＿＿＿＿＿＿小时以上；

（2）阻碍主干、次干道路车辆和行人通行＿＿＿＿＿＿小时以上；

（3）影响其他公共设施使用。

2.10　燃气紧急事件：涉及管道燃气需要紧急采取非正常措施的事件，包括燃气爆炸、着火和泄漏等。

2.11　特许经营权：是指本协议中甲方授予乙方的、在特许经营期限内独家在特许经营区域范围内运营、维护市政管道燃气设施、以管道输送形式向用户供应燃气，提供相关管道燃气设施的抢修抢险业务等并收取费用的权利。

2.12　不可抗力：是指在签订本协议时不能合理预见的、不能克服和不能避免的事件或情形。以满足上述条件为前提，不可抗力包括但不限于：

（1）雷电、地震、火山爆发、滑坡、水灾、暴雨、海啸、台风、龙卷风

或旱灾；

（2）流行病、瘟疫；

（3）战争行为、入侵、武装冲突或外敌行为、封锁或军事力量的使用，暴乱或恐怖行为；

（4）全国性、地区性、城市性或行业性罢工；

（5）由于不能归因于乙方的原因造成的燃气质量恶化或供应不足。

2.13 日、月、季度、年：均指公历的日、月份、季度和年。

第三章 特许经营权授予和取消

3.1 特许经营权授予

（1）甲方与乙方签署本特许经营协议；

（2）本协议签署_____日内，甲方向乙方发放特许经营授权书，并向社会公布。

3.2 特许经营履约担保

签订协议后_____日内，乙方应向甲方提供双方能接受的信誉良好的金融机构出具的履约保函。以保证乙方履行本协议项下有关建设项目实施以及第9.4条规定的义务。

履约保函金额_____。（履约保函金可根据特许经营范围内用户数、用气量和用气性质等当地具体情况由协议双方商定。）

3.3 特许经营权期限

本协议之特许经营权有效期限为_____年，自_____年_____月_____日起至_____年_____月_____日止。

3.4 特许经营权地域范围

本协议之特许经营权行使地域范围为_____现行行政管辖区域内，东起_____西至_____止；北起_____南至_____止。乙方不得擅自扩展特许经营权地域范围。

（附件三、特许经营地域范围图示）

3.5 特许经营业务范围

本协议规定之特许经营权的业务范围：_____（包括以管道输送形式向用户供应天然气、液化石油气、人工煤气及其他气体燃料，并提供相关管道燃气设施的维护、运行、抢修抢险业务等。)

3.6　特许经营权转让、出租和质押

在特许经营期间，除非甲乙双方另有约定，乙方不得将本特许经营权及相关权益转让、出租和质押给任何第三方。

3.7　特许经营权的取消

乙方在特许经营期间有下列行为之一的，甲方应当依法终止特许经营协议，取消其特许经营权，并实施临时接管：

（1）擅自转让、出租特许经营权的；

（2）擅自将所经营的财产进行处置或者抵押的；

（3）因管理不善，发生特别重大质量、生产安全事故的；

（4）擅自停业、歇业，严重影响到社会公共利益和安全的；

（5）法律禁止的其他行为。

第四章　特许经营协议的终止

4.1　期限届满终止

特许经营期限届满时，特许经营协议自动终止。

4.2　提前终止

（1）因不可抗力或一方认为有必要时，经甲乙双方协商可以提前终止本协议，并签订提前终止协议。协商不能达成一致时，任何一方不得擅自提前终止本协议；

（2）因特许经营权被取消，双方终止执行本协议。

4.3　特许经营协议终止日

（1）特许经营期限届满日；

（2）提前终止协议生效日；

（3）特许经营权被取消日。

4.4　特许经营终止协议

（1）本协议因特许经营期限届满而终止，应在终止日 180 日前完成谈判，并签署终止协议；

（2）本协议因特许经营权被取消而终止的，甲乙双方应在终止_____日前签署终止协议。

4.5 资产归属与处置原则

(1) 谁投资谁所有；

(2) 资产处置以甲乙双方认定的中介机构对乙方资产评估的结果为依据；

(3) 乙方不再拥有特许经营权时，其资产必须进行移交，并按评估结果获得补偿。

第五章 燃气设施的建设、维护和更新

5.1 燃气设施建设

在本协议规定的区域范围内，乙方应根据城市规划和燃气专业规划的要求，承担市政燃气管道和设施的投资建设。

5.2 燃气设施建设用地

特许经营期间，乙方在甲方投资建设的燃气设施，所占土地为公用事业用地，乙方按照城市基础设施用地交纳有关税费。未经审批，乙方不得变更该土地用途性质，也不得将该土地使用权转让和抵押。

5.3 燃气设施运行、维修及更新

特许经营期间，乙方应按照国家标准和地方标准以及相关规定，负责燃气设施运行、维修及更新。

5.4 燃气设施征用及补偿

甲方因公共利益需要，依法征用燃气设施，乙方应予配合，甲方应给予乙方合理补偿。

第六章 供气安全

6.1 燃气安全要求

甲乙双方须严格遵守国家和地方有关安全的法律、法规、规章及政策性文件，乙方承诺燃气供应、运行、质量、安全、服务符合国家、行业和地方相关标准，依法对特许经营区域内的管道燃气供气安全、公共安全和安全使用宣传负责。

6.2 燃气安全制度

乙方应建立和完善安全生产责任制度，建立安全生产保证体系，保障燃

气安全和稳定供应、运行和服务，防止责任事故发生；

对出现燃气事故和在事故期间，乙方应采取各种应急措施进行补救，尽量减少事故对用户和社会公众的影响，同时乙方必须按照国家有关安全管理规定向有关部门报告；

乙方要加强燃气安全巡检，消除安全隐患，对危及燃气设施安全的案情应及时制止，并报告有关部门，同时应进行宣传、解释、劝阻和书面告知违反规定的单位或个人进行整改。对逾期不改的，向甲方或行政执法部门递交书面报告。甲方接到乙方报告后，应及时协调执法部门予以查处。

6.3　管道燃气设施安全预防

乙方应严格执行《城镇燃气设施运行、维护和抢修安全技术规程》的规定，严格运行、维护和抢修安全技术程序，对管道燃气设施和用户设施的运行状况及性能进行定期的巡检。必要时（发生自然灾害、重大安全事故等），乙方应对地下燃气管网进行安全质量评估，并将设施运行状况定期报告甲方。

乙方应在与用户签订的供用气合同中明确双方的安全责任。

6.4　强制保险

乙方应针对燃气设施安全、公共责任安全、用户安全购买维持适当的保险，并承担保险费用。

6.5　应急抢修抢险

乙方要建立应急抢修抢险救灾预案和相应的组织、指挥、设备、物资等保障体系并保证在出现事关燃气应急事故时，保障体系能够正常启动。乙方要建立管道燃气设施应急抢修队伍，提供 24 小时紧急热线服务。

6.6　燃气安全用气宣传

乙方应根据《城镇燃气设施运行、维护和抢修安全技术规程》的标准，向管道燃气用户提供各种形式安全检查、宣传的服务，解答用户的燃气安全咨询，提高公众对管道燃气设施的保护意识。

6.7　影响用户用气工程的报告

乙方在进行管道燃气设施维护或改造工程时，如果是影响用户用气的工程，应当在开展工程作业前_____小时告知用户，并通过新闻媒体向用户和社会公众预告工程简况、施工历时、可能受影响的程度及区域等相关情况。

6.8　紧急事件的通知

乙方处理燃气紧急事件影响或可能影响范围较大的用户正常使用燃气时，乙方应在处理的同时报告甲方，并应以适当的方式告知受到或可能受到影响的用户。

第七章　供气质量和服务标准

7.1　供气质量

乙方应当建立质量保证体系，确保其向用户所供应的燃气质量、管输和灶前压力、燃烧热值、华白指数、燃气加臭等方面符合本协议附件四所规定的质量要求。

7.2　服务标准

乙方应当根据用户的实际需要向用户提供业务热线、用户维修服务网点、营业接待、定期抄表、设施安装检修等综合服务，并确保能够达到附件五所规定的标准。

第八章　收　费

8.1　批准的价格

乙方管道燃气销售价格执行当地政府物价主管部门批准的销售价格向其服务范围内的用户收取费用。

乙方其他有偿服务价格标准须经当地政府物价主管部门另行批准。

8.2　燃气费计算

燃气费的计算可按每立方米的单价乘以用气量计算，或采用热量单价计算。燃气费结算方式按照适用法律，实行周期抄表并结算燃气费。

8.3　价格调整程序

乙方因非乙方原因造成的经营成本发生重大变动时，可提出城市管道燃气收费标准调整申请。甲方核实后应向有关部门提出调整意见。

8.4　成本监管

甲方有权对管道燃气企业经营成本进行监管，并对企业的经营状况进行评估。

第九章　权利和义务

9.1　甲方权利

（1）甲方依照国家相关法律、法规及有关技术标准对乙方的特许经营业务进行监管；

（2）监督乙方实施特许经营协议内容，并可聘请中介机构对乙方的资产和经营状况进行评估，根据评估结果向乙方提出建议；

（3）享有审查乙方管道燃气五年规划和年度投资计划是否符合城市总体规划的权利；

（4）受理用户对乙方的投诉，进行核实并依法处理；

（5）法律、法规、规章规定的其他监管权利。

9.2　甲方义务

（1）维护特许经营权的完整性，在特许经营期间，甲方不得在已授予乙方特许经营权地域范围内，再将特许经营权授予第三方；

（2）维护特许经营范围内燃气市场秩序；

（3）为乙方的特许经营提供必要的政策支持和扶持；

（4）制订临时接管乙方管道燃气设施及运行预案，保证社会公众的利益；

（5）法律、法规及本协议规定的其他义务。

9.3　乙方权利

（1）享有特许经营权范围内的管道燃气业务独家经营的权利；

（2）拥有特许经营权范围内的管道燃气的投资、发展权利；

（3）维护燃气管网安全运行的权利；

（4）对用户燃气设施不符合国家有关安全技术标准以及存在安全隐患的，或者对严重违反燃气供用气合同或违法使用燃气的用户拒绝供气的权利；

（5）法律、法规及本协议规定的其他权利。

9.4　乙方义务

（1）制订管道燃气发展的远、近期投资计划，按照城市总体规划及燃气专业规划的要求组织投资建设；

（2）按照国家、行业、地方及企业标准提供燃气及相关服务；

（3）维护燃气管网设施正常运行，保证供气连续性。发生故障或者燃气安全事故时，应迅速抢修和援救；

（4）有普遍服务和持续经营义务，未经甲方同意，不得擅自决定中断供气、解散、歇业；

（5）接受甲方的日常监督管理及依照法律、法规、规章进行的临时接管和其他管制措施和社会公众的监督；

（6）乙方有义务且必须就由于建设、运营和维护市政管道燃气设施而造成的环境污染及因此而导致的任何损害、费用、损失或责任，对甲方予以赔偿。但若所要求的损害、费用、损失或责任是由甲方违约所致或依本协议乙方不承担责任的环境污染除外；

（7）乙方必须将有关市政管道燃气设施设计、建设和运行的所有技术数据，包括设计报告、计算和设计文件、运行数据，在编制完成后立即提交给甲方，以使甲方能监督项目设施的设计、建设进度和设施的运行；

（8）在特许经营权被取消或终止后，应在授权主体规定的时间内，保证正常供应和服务的连续性。在移交用于维持特许经营业务正常运作所必需的资产及全部档案给授权主体指定的单位时，对交接期间的安全、服务和人员安置承担全部责任。

9.5 定期报告

乙方在特许经营期间，应当对下列事项向甲方做出定期报告：

（1）乙方应于每年的_____月_____日前向甲方提交上一年度的特许经营报告（内容包括特许经营资产情况、发展、管理、服务质量报告、经营计划的执行情况和企业基本状况等）、特许经营财务报告；

（2）乙方应于每年_____月前向甲方提交上一年度的管道燃气质量检测报告；

（3）乙方应于每年_____月前向甲方提交本年度管道燃气发展、气量、投资项目计划报告，年度经营计划。

9.6 临时报告

乙方应当在下列事项出现后十日内向甲方提交书面备案报告：

（1）乙方制订远期经营计划（如五年或十年经营计划）；

（2）乙方董事、监事、总经理、副总经理、财务总监、总工程师等高级管理人员确定或发生人员变更；

（3）乙方的股东或股权结构发生变化；

（4）乙方董事会、监事会作出的有关特许经营业务的决议；

（5）乙方签署可能对公司特许经营业务有重大影响的合同、协议或意向书；

（6）发生影响燃气价格、安全、技术、质量、服务的重大事项；

（7）其他对公司特许经营业务有重大影响的事项。

第十章　违　约

10.1　赔偿责任

协议任何一方违反本协议的任一约定的行为，均为违约。违约方承担赔偿责任，包括对方因违约方的违约行为导致的向第三方支付的赔偿。

非违约方应当最大程度地减少因违约方违约引起的损失。

如部分损失是由于非违约方作为或不作为造成的，则应从获赔金额中扣除因此而造成的损失。

10.2　提前告知

乙方在知道或应该知道自己不再具备履行本协议能力时，应提前以书面形式向甲方告知自己的真实情形，并协助甲方执行临时接管预案。乙方未及时通知甲方，造成损失或重大社会影响的，乙方及乙方责任人应承担相应法律责任。

10.3　合理补救

甲方认为乙方有致使其特许经营权被取消的行为时，应以书面形式向乙方告知，并应给予书面告知日后_____日的补救期。乙方应在补救期内完成纠正或消除特许经营障碍，或在该期内对甲方的告知提出异议。甲方应于接到异议后_____日内重新核实情况，并做出取消或不取消的决定。

第十一章　不可抗力

11.1　不可抗力免责

由于不可抗力事件不能全部或部分履行其义务时，任何一方可中止履行其在本协议项下的义务（在不可抗力事件发生前已发生的应付未付义务除外）。

如果甲方或乙方按照上款中止履行义务，其必须在不可抗力事件结束后尽快恢复履行这些义务。

11.2 对不可抗力免责的限制

以下各项事件不构成不可抗力：

（1）因正常损耗、未适当维护设备或零部件存货不足而引起的设备故障或损坏；

（2）仅仅导致履约不经济的任何行为、事件或情况。

11.3 提出不可抗力一方的义务

声称受到不可抗力的一方必须在知道不可抗力事件发生之后尽可能立即书面通知另一方，并详细描述有关不可抗力事件或法律变更的发生和可能对该方履行在本协议义务产生的影响和预计影响结束的时间。同时提供另一方可能合理要求的任何其他信息。发生不可抗力事件时，任何一方必须各自承担由于不可抗力事件造成的支出和费用。

声称受到不可抗力的一方应在任何时候采取合理的行动，以避免或尽量减少不可抗力事件的影响。

第十二章 争议解决

12.1 协商解决争议

若双方对于由于本协议、在本协议项下或与本协议有关的或对其条款解释（包括关于其存在、有效或终止的任何问题），以及因履行本协议而产生的任何争议、分歧或索赔，都应尽力通过协商解决。

通过协商未能解决上述争议，则适用第12.2条的规定。

12.2 仲裁或者提起诉讼

若甲乙双方不能根据第12.1条规定解决争议，可依照适用法律通过仲裁途径解决；或者将该争议按照适用法律的规定，向有管辖权的人民法院提起诉讼。当适用法律对此类争议的解决方式做出明确结论时，依其结论处理。

第十三章 附 则

13.1 协议签署

甲方、乙方签署本协议之代表均应在已经获得签署授权的情况下签署本协议，并在此前各方均已完成各自内部批准本协议的程序。

13.2 协议生效

本协议自甲乙双方代表签字并加盖公章之日起生效。本协议的补充协议以及附件是本协议的组成部分，与本协议具有同等效力。

13.3 协议修订

本协议有效存续期间，因适用法律法规及相关政策发生变化，导致本协议或本协议部分约定无法履行时，经双方协商一致可修订或签订补充协议。

13.4 协议可分割性

如果本协议任何条款不合法、无效或不能执行，或者被任何有管辖权的仲裁庭或法庭宣布为不合法、无效或不能执行，则其他条款仍然有效和可执行。

13.5 继续有效

本协议终止后，有关争议解决条款和在本协议规定终止后仍然有效的条款继续有效。

第十四章 适用法律及标准语言

14.1 本协议连同附件均用中文书写。正本＿＿＿＿＿份由甲方、乙方各执＿＿＿＿＿份，副本＿＿＿＿＿份仍由上述各方各执＿＿＿＿＿份。所有协议附件与本协议具有同等效力。

14.2 本协议受中华人民共和国法律管辖，并根据中华人民共和国法律解释。

第十五章 附 件

附件一 甲方签约授权书

附件二 乙方签约授权书

附件三 特许经营区域范围图示

附件四 履约保函格式

附件五　项目和企业相关批准文件（建设用地规划许可证、土地使用证、初步设计审批、建设工程规划许可证、外国设计商的资质审查及设计合同、设计承包合同的批准、外国建设承包商资格审批和资质证书、建设施工合同备案、建设工程施工许可证、环保设施的验收、竣工验收、卫生许可证、土地复垦验收、管道燃气设施产权登记及其他权利登记、公司登记和营业执照、税务登记、财政登记、统计登记、海关登记备案、劳动管理有关事项、项目融资的批准和登记等）

（注：请协议各方根据项目具体情况相应修改）

附件六　技术规范和要求

附件七　设施维护方案

附件八　保险（注：应包括但不限于，针对燃气设施安全、公共责任安全、用户安全购买维持适当的保险）

附件九　工程技术方案

附件十　管道燃气质量标准、供气服务标准

附件十一　安全管理标准

双方各自授权代表于_____年_____月_____日签署本协议，以兹为证。

甲方：_____

签字：_____

法定代表人/授权代表：_____

签字：_____

（公章）：_____

乙方：_____

签字：_____

法定代表人/授权代表：_____

签字：_____

（公章）：_____

3. 城市生活垃圾处理特许经营协议

城市生活垃圾处理特许经营协议（示范文本 f－－2004－－2505）

目 录

第一章 总 则

第一条 为规范城市生活垃圾处理市场，加强城市生活垃圾处理企业管理，保证按照有关法律、法规、标准和规范的要求实施城市垃圾处理，维护垃圾处理企业的合法权益，根据和中国_____省（自治区）_____市（县）人民政府授权，由第二条所述双方于_____年_____月_____日在中国_____省（自治区）_____市（县）签署本协议。

第二条 协议一方：中国_____省（自治区）_____市（县）人民政府局（委）　（下称"特许经营权授予方"），法定地址：_____，法定代表人：_____，职务：_____；协议另一方：_____公司（下称"项目公司"），注册地点：_____，注册号：_____，法定代表人：_____，职务：＿＿＿＿＿＿＿，国籍：＿＿＿＿＿＿＿＿。

第三条 本垃圾处理特许经营项目是，主要处理的垃圾，日处理规模吨／日（或吨/年），主要工艺为＿＿＿＿＿＿＿＿＿＿＿。

第四条 （特许经营权授予方）委托于＿＿＿＿＿年＿＿＿＿月至＿＿＿＿年＿＿＿＿月对项目进行了公开招标，经过＿＿＿＿＿＿＿＿，确定为本项目的中标人，组建项目公司。项目公司的组成为＿＿＿＿＿＿＿和＿＿＿＿＿＿＿。

第五条 （中标人）符合资格预审要求，具有要求的技术实力，提供的技术方案成熟、可靠，技术路线正确、合理，经营方案切实可行。

第六条 市人民政府愿意授予项目公司特许经营权，由项目公司按照本协议的条款和条件实施项目，并授权特许经营权授予方与项目公司签署《特许经营协议》，并授权特许经营权授予方与项目公司签署作为本协议附件1的《垃圾供应与结算协议》。

第二章　定义与解释

第七条 名词解释：（对协议中涉及的技术的和商务的特定含义的词汇和语句进行定义或限定，明确协议中使用的字母缩写和单位，包括但不限于以下内容）

中国：指中华人民共和国，仅为本协议之目的，不包括香港特别行政区、澳门特别行政区和台湾地区。

法律：指所有适用的中国法律、行政法规、规章、自治条例、单行条例、地方性法规、司法解释及其他有法律约束力的规范性文件。

垃圾：指特许经营权授予方或由特许经营权授予方指定的其他机构按照《垃圾供应与结算协议》的规定提供给垃圾处理厂（场）处理的垃圾。

项目：指第三条规定的垃圾处理项目。

项目建设：指项目的垃圾处理厂（场）及其相关的设施和设备的设计、采购、施工、安装、完工、测试和调试。

公用设施：指由特许经营权授予方为了项目施工和运营，连接至场区边界并在特许期内负责维护和正常服务的输变电、供水、供气和通信等设施。

日处理量：指根据垃圾供应与结算协议确定的以吨（t）为单位的垃圾日处理量，包括额定日处理量、月核定日处理量、预计核定日处理量、最高日处理量和最低日处理量。

协议：指特许经营权授予方与项目公司之间签订的本特许经营协议，包括附件1至附件_____，每一部分都应视为本协议的一部分。

批准：指需从政府部门依法获得的为项目公司或为垃圾处理厂（场）的投资、设计、建设、运营和移交所需的许可、执照、同意、授权、核准或批准，包括附件_____所列举的批准。

仲裁协议：指特许经营权授予方、项目公司和贷款代理人在本协议签订之日签订的仲裁协议，并作为本协议附件15附后。

投标保函：指发起人按照投资竞争人须知要求与本项目建议书同时提交的保证金、担保书或备用信用证。

履约保函：指根据第八条要求向特许经营权授予方提供的针对项目建设阶段的保证金、担保书或备用信用证。

维护保函：指根据第八条要求向特许经营权授予方提供的针对项目运营和维护阶段的保证金、担保书或备用信用证。

法律变更：指

（a）在_____年_____月_____日之后，任何政府部门对任何法令、法律、条例、法规、通知、通告的实施、颁布、修改或废除；

（b）在_____年_____月_____日之后，任何政府部门对有关任何批准的发出、续延或修改实施、修改或废除了任何实质性的条件。

无论是上述哪一种情况，

（a）导致适用于项目公司的税收、税收优惠或关税发生任何变化；

（b）实施、修改或取消了对垃圾处理厂（场）的投资、建设、运营、维护或移交的要求。

商业运营开始日：指完工证书签发日的同一日，即垃圾处理厂（场）的商业运营开始日。

建设工程开始：指建设承包商按照项目计划在场地进行的工程建设的开始。

项目公司：指以实施本协议为目的，根据中华人民共和国有关法律和法规在中国成立和登记注册的项目公司。

法定地址：_____，法定代表人：_____，国

籍：＿＿＿＿＿＿

及其继承人及经许可的受让人。

特许经营权：指本协议中特许经营权授予方授予项目公司的、在特许经营期限内独家在特许经营区域范围内投资、设计、建设、运营、维护垃圾处理项目并收取费用的权利。

建设合同：指由项目公司和建设承包商之间达成的且由特许经营权授予方及/或其他政府主管部门批准或备案的有关垃圾处理厂（场）设计、建筑安装、工程监理和材料与设备采购的一个或多个协议。

建设承包商：指由项目公司通过招标所聘用且由特许经营权授予方及/或其他政府主管部门批准或备案的根据建设合同和本协议履行建设工程的一个或多个承包商及其各自的继承人和许可受让人。

建设期：指自项目公司进场开工日始至完工日止的垃圾处理厂（场）的建设期间。

协调机构：指根据第十条规定成立的机构。

违约：指一方不履行其任何项目协议项下的义务，并且不是由于另一方的作为或不作为违反任何项目协议项下的义务，也不是由于不可抗力或另一方承担风险的事件造成的。

生效日：指本协议条款中双方约定的生效日期。

不可抗力：是指在签订本协议时不能合理预见的、不能克服和不能避免的事件或情形。以满足上述条件为前提，不可抗力包括但不限于：

（1）雷电、地震、火山爆发、滑坡、水灾、暴雨、海啸、台风、龙卷风或旱灾；

（2）流行病、瘟疫；

（3）战争行为、入侵、武装冲突或外敌行为、封锁或军事力量的使用，暴乱或恐怖行为；

（4）全国性、地区性、城市性或行业性罢工；

（5）国家政策的变更，如对垃圾处理设施的国有化等；

（6）国家政府部门实行的任何进口限制或配额限制；

（7）由于非特许经营权授予方或其指定或委托的机构造成的运输中断。

移交日期：是指特许经营期届满之日（适用于本协议期满终止）或根据

本协议第二十四条规定确定的移交日期（适用于本协议提前终止）。

环境污染：指垃圾处理项目对于地上、地下或周围的空气、土地或水的污染，且该等污染违背或不符合有关环境的适用法律或国际惯例。

融资文件：指依适用法律批准的与项目的融资或再融资相关的贷款协议、票据、契约、担保协议、保函、外汇套期保值协议和其他文件，但不包括：

（1）与股权投资者的认股书或股权出资相关的任何文件；

（2）与提供履约保函和维护保函相关的文件。

贷款人：指融资文件中的贷款人。

验收：指第十四条所述的确保项目设施达到技术标准、规范和要求及设计标准的测试和审核。

第三章　特许经营权

第八条　特许经营权

本条主要包括以下几方面内容：

（1）授权范围：

a. 规定特许经营权授予方授予项目公司承担一个特许经营垃圾处理建设或运营项目权利的范围；

b. 为控制项目公司的风险，限制项目公司从事未经特许经营权授予方批准或同意的其他业务的权利；

c. 涉及的所处理垃圾的地域范围和其他授权范围等。

（2）特许期限：即政府许可项目公司在该项目建成后运营合同设施的期限，该条款与政府及其用户、项目公司的利益都有非常密切的关系，特许经营期限应根据垃圾处理规模、技术路线、经营方式等因素确定，最长不得超过 30 年。并说明在不可抗力事件、一方违约、重大法律变更时特许期限的调整程序。

（3）转让和抵押

应说明项目公司抵押或转让垃圾处理设施的资产、设施和设备的条件。对于特许经营权的转让和抵押的限制等。其中：①项目公司如为本项目融资目的，经特许经营权授予方同意（特许经营权授予方不得不合理地拒绝同意）的情况下，可以在其资产和权利上设置担保权益；②项目公司股东在项目稳定运行_____年限后应可以转让股权，前提是不影响项目继续稳定运行。

（4）特许期内项目公司的主要责任和特许经营权下项目公司应支付的费用，如项目的前期开发费（如征地拆迁，勘察、设计等）、各种保函（或其他方式的担保）。

第九条 声明、保证和前提条件

主要是申明双方的法律地位、经济情况和对于项目的许可、评审、听证、公示、批准等情况及承担项目资格和能力、项目成立的基本条件等。

第十条 特许经营权的监管

（1）特许经营权授予方应明确对于垃圾处理特许经营过程的行业监督管理机构、监管内容和方式，并明确不合格情况下的处理措施。

（2）应当包括对于运行过程处理标准的监管、环境标准的监管、财务状况的监管和安全卫生的监管。

（3）明确协调机构的组建时间、人员组成、任务和责任。

第四章 新建项目建设

第十一条 土地使用权

主要包括土地使用权的获得过程中双方责权利，场地使用限制、使用权的改变和抵押、土地使用费等，土地使用期限及其延长。

第十二条 设计

包括设计要求、设计审批过程、设计变更程序等。

第十三条 建设

主要包括建设过程中特许经营权授予方和项目公司各自的责任、建设工程的质量保证和质量控制的责任和措施等，也包括了设备及材料采购和建设承包商的选择、项目计划及进度安排和保证措施、工期延误和不合格工程拒收等。

运营期的分期建设或扩建参照本章执行。

第十四条 验收和完工

（1）规定验收时间、依据的法规和标准。

（2）明确参加验收的人员组成。

（3）明确项目公司验收计划的通知的时间和通知方式。

（4）明确工程验收结果的认可方式，初步完工证书的颁发和试运营的进行，以及最后完工的审核和证书的颁发。

（5）明确验收失败后的重新验收或审核的方式和程序。

（6）特许经营权授予方对提前完工情况下项目的实施安排。

（7）明确特许经营权授予方检验和接收工程或设施及发出初步完工证书或完工证书并不解除项目公司承担项目设计或建设方面任何缺陷或延误的责任。

第十五条 完工延误和放弃

（1）明确由于不可抗力造成的完工延误情况下，双方责任的免除及进度日期的顺延。

（2）明确在特许经营权授予方导致的完工延误情况下，及进度日期的顺延。

（3）明确在不是由于特许经营权授予方的违约，或不是由于不可抗力造成的延误情况下，项目公司的责任。

（4）明确最后完工延误的违约金，以及这种违约金的最高限额。

（5）明确在由于项目公司违约造成建设工程已被项目公司放弃或视为放弃情况下，项目公司的责任或违约金。

（6）明确项目公司被视为放弃的条件。

（7）明确特许经营权授予方解除全部或尚未支取的履约保函（或其他方式的担保）项下的金额的时间或条件。

（8）如对项目建设工期要求特别高，可以考虑加入介入建设条款，即如项目建设工期或质量严重不符合要求时，特许经营权授予方选择自行或指定第三方建设项目的条件。

第五章　项目的运营与维护

第十六条 运营与维护

（1）明确在整个特许期内项目公司负责垃圾处理设施的管理、运营、安全和维护的任务和责任。

（2）明确在整个特许期运营维护期间，特许经营权授予方的责任和义务。

（3）明确监管机构对于运营安全和技术要求的监督和检查要求。

（4）检验与维护手册：明确项目公司的垃圾处理设施的检验与维护手册的要求。

（5）监督管理手册：明确特许经营权授予方对于项目公司运营和维护工作的监督管理权限、程序、措施和惩处手段。

（6）明确运营与维护保函（或其他担保）数额、补足要求和有效期等。

（7）明确项目公司违反其维护垃圾处理设施的义务情况下的处理措施。

（8）明确项目或其任何部分违反应适用的中国的安全标准和法规情况下的处理措施。

（9）明确项目公司运营垃圾处理设施应达到附件 2 技术规范规定的处置标准、产品标准、环境标准。

（10）明确特许经营权授予方及其代表在不影响正常作业情况下进入垃圾处理设施，以监察垃圾处理设施的运营和维护的权利和条件。

（11）明确项目公司应提供的定期报告：包括运营报告、财务报告、环境监测报告等。

（12）明确如项目运营和维护严重不符合要求时，特许经营权授予方选择自行或指定第三方运营和维护的权利。

（13）明确运营期间需要扩建等建设项目时的程序与条件。

第十七条　垃圾的供应与运输

明确特许经营权授予方在整个特许期内根据附件 1 的条款，调配并向项目公司供应垃圾，项目公司应接收其运营垃圾处理设施所需的符合附件 1 条款要求的全部垃圾。项目公司不得接收附件 1 或其补充修订协议之外的垃圾。

第十八条　垃圾处理服务和垃圾处理费

特许经营权授予方应在整个特许期内根据附件 1 的有关条款供应垃圾，并向项目公司支付垃圾处理费，明确收费方式和金额并办理完整的收费文件；协助相关部门核算和监控项目公司成本，提出价格调整意见。

第十九条　项目的融资和财务管理

（1）明确在特许期内，项目公司负责筹集垃圾处理设施建设、运营和维护所需的所有资金的义务。

（2）明确项目公司在特许期内项目公司股东在项目撮资的股本金数额及比例要求。

（3）在使用外资的情况下，规定项目公司所有需要以外汇进行有关本项目的结算的银行账户使用方法。

（4）在使用外资的情况下，特许经营权授予方应明确项目公司、建设承包商和运营维护承包商在中国境内开立、使用外汇账户，向境外账户汇出资金等事宜。

（5）在使用外资的情况下，应规定项目公司在特许期内将项目的人民币收入兑换成外汇，以支付项目外汇支出、外币贷款还本付息和支付外国股东股本金的利润等事宜。

（6）在利用外资的情况下，应明确项目公司（或股东）将其利润汇出境外的条件。

（7）明确对项目公司财务报表的要求。

第六章　项目的移交

第二十条　特许期结束后的移交

（1）明确特许期结束后，项目公司向特许经营权授予方移交的有形、无形资产内容及完好程度。

（2）明确最后恢复性大修的时间、范围和要求，以及移交验收程序。

（3）明确移交的备品备件的内容和程序。

（4）在填埋场情况下，对于项目公司进行封场及后处理的要求。

（5）明确移交日期垃圾处理设施的状况要求、缺陷责任期内项目公司的责任和责任的限制、以及对于未能修复缺陷或损害的赔偿、对于移交维护保险的要求等。

（6）明确在移交时，项目公司所有承包商和供应商提供的尚未期满的担保及保证、所有保险单、暂保单和保险单批单等转让给特许经营权授予方或其指定机构的方式。

（7）明确项目公司运营和维护垃圾处理设施的所有文件、图纸、技术和技术诀窍，及所有无形资产的移交和授让方式。

（8）明确特许期结束后原项目公司雇员的处置。

（9）明确对于项目公司签订的、于移交日期仍有效的运营维护合同、设备合同、供货合同和所有其他合同的处置。

（10）明确项目公司移走的物品的范围和方式。

（11）明确项目公司应承担移交日期前垃圾处理设施的全部或部分损失或损坏的风险，除非损失或损坏是由特许经营权授予方的违约所致。

（12）明确所进行移交和转让及其批准所需的费用和支出方式。

（13）明确移交机构组成及移交程序。

（14）明确本协议移交后的效力。

（15）明确特许经营权授予方对于运营与维护保函（或其他担保）的余额解除的时间或条件。

（16）明确如果特许经营权授予方将再次授予特许经营权，项目公司是否有优先权及其条件。

第七章　双方的一般义务

第二十一条 特许经营权授予方的一般义务

（1）明确特许经营权授予方应始终遵守并促使遵守任何中华人民共和国及政府部门颁布的所有有关法律、法规和法令。

（2）明确在重要的法律变更情况下协议的执行和补偿。

（3）明确可能的税收优惠。

（4）明确对项目公司为垃圾处理设施的投资、设计、建设、运营和移交所需的审查、许可、执照、同意、授权或批准。

（5）明确需要获得和保持批准，包括特许经营权授予方协助获得的批准和将由特许经营权授予方给予的批准的责任。

（6）明确特许经营权授予方对项目公司、建设承包商及运营维护承包商或其各自的授权代表的物品和设备进出口所需的批准清单及责任。

（7）明确特许经营权授予方为项目公司、建设承包商、运营维护承包商的外籍人员及项目公司提供为垃圾处理设施服务的必要人员取得就业许可的责任。

（8）明确特许经营权授予方提供的公用设施条件。

（9）明确特许经营权授予方在垃圾处理设施的建设、运营和维护过程中，对项目公司的经营计划实施情况、产品和服务的质量以及安全生产情况进行监督，并向政府提交年度监督检查报告。监督检查工作不得妨碍项目公司的正常生产经营活动。

（10）在项目的建设及运营期间，根据双方商定，特许经营权授予方将联系有关部门向项目公司提供公共安全保障。

（11）明确限制特许经营权授予方不当提取项目公司提交的投标保函、履约保函和运营与维护保函或其他方式的担保。

（12）明确特许经营权授予方是垃圾供应与运输协议项下的首要义务人，并享有相应的所有权利和应承担其各自协议项下的所有义务。

（13）明确特许经营权授予方任何违反垃圾供应与运输协议项下的义务应为特许经营权授予方本协议项下的违约。

（14）明确特许经营权授予方对项目公司在特许经营期间有不当行为时的终止协议或取消特许经营权的情况。

（15）明确协议上报备案要求，以及受理调查公众对项目公司擅自停业、歇业的，应令其限期改正，督促其履行义务。

（16）项目公司承担政府公益性指令任务造成经济损失的，明确政府相应的补偿责任。

第二十二条 项目公司的一般义务

（1）明确对项目公司所有权的变更及股份转让的限制，及变更名称、地址、法定代表人时应提前书面告之特许经营权授予方并经其同意。

（2）明确对项目公司履行本协议项下的义务应遵守的法律、法规和法令的要求。

（3）明确重要的法律变更情况下的要求和垃圾处理价格调整的规定。

（4）接受主管部门对产品、安全、服务、质量的监督检查。

（5）按规定的时间将项目公司中长期发展规划、年度经营计划、年度报告、董事会决议等报特许经营权授予方备案。

（6）明确项目公司应遵守和执行的有关环保标准和要求，以及项目公司在建设、运营和维护垃圾处理设施时对于避免或尽量减少对设施、建筑物和居民区的妨害的责任。

（7）明确项目公司应保证生产设施、设备运营维护和更新改造所必须的投入，并确保设施完好。未经政府批准，项目公司不得擅自停业、歇业。

（8）明确项目公司对考古、地质及历史文物的保护的要求。

（9）明确是否优先使用中国的服务、货物及优先条件，对于招标过程中对于是否优先使用中国的承包商或中国的服务及货物等的要求，以及本垃圾处理设施中使用中国的服务和货物的程度对于将来其他的特许经营权项目招商时对于本项目公司地位的影响。

（10）对项目公司使用中国的劳动力的要求，明确应遵守的相关劳动和工会法律和尊重法规赋予的工人的各项权利。明确应遵守的健康和安全法规和标准规范。

（11）明确项目公司与本项目有关的文件、协议与本协议的一致性。

（12）明确项目公司应按照中华人民共和国及其政府部门颁布的法律和法规缴纳所有税金、关税及收费。

（13）明确在特许期内，项目公司应购买和保持的保险单；明确对于项目公司应责成其承保人或代理人向特许经营权授予方提供保险证明书的要求；对于项目公司向特许经营权授予方提供承保人的报告副本或项目公司从任何承保人处收到的其他报告副本等的要求。

（14）明确项目公司对承包商和其雇员及代理人的责任，应明确项目公司对于其雇用承包商的责任及与承包商签订的任何合同应包括使项目公司履行本协议必要的本协议项下的条款。

（15）明确项目公司融资文件的条款要求。

（16）项目公司对其财产和本协议项下的任何所有权或其他权利和权益进行质押、抵押、不动产抵押或其他担保物权给贷款人以外的任何人的限制。

（17）明确项目公司在协议有效期内单方提出解除协议的提前申请时限，及在特许经营权授予方同意解除协议前，项目公司履行正常经营的义务。

第二十三条 特许经营权授予方和项目公司的共同义务和权利

（1）明确对不可抗力引起的中止履行的规定

a. 明确对项目公司声称的不可抗力而中止履行本协议或作为其不履行本

协议项下义务的理由的限制条件；

b. 明确对特许经营权授予方声称不可抗力而中止履行其本协议项下的义务或作为其不履行协议项下义务的理由的限制条件；

c. 明确对不可抗力声称的程序；

d. 明确不可抗力造成影响情况下的费用补偿条件或时间表修改要求；

e. 在商业运营开始日之后，不可抗力事件期间的支付条件和方式；

f. 明确不可抗力造成的终止的程序要求；

g. 对于在受到不可抗力影响情况下，双方减少损失和协商的责任和要求；

h. 明确在不可抗力造成建设工程或垃圾处理设施的实质性损坏情况下，设施修复的责任。

（2）明确在危及或者可能危及公众利益、公众安全的紧急情况下，特许经营权授予方临时接管特许经营项目的条件和程序。

（3）明确由特许经营权授予方向项目公司提供的文件的权属和限制、由项目公司向特许经营权授予方提供的文件权属和限制以及双方遵守文件的有关规定。

（4）明确特许期结束后双方的保密规定。

（5）明确双方相互合作以实现本协议的目的。

（6）明确特许经营权授予方和项目公司反对以欺骗、贿赂等不正当手段获得特许经营权的陈述、保证、约定、法律责任并声明。

第八章　违约的补救

第二十四条　终止

（1）明确项目公司在违约事件下，特许经营权授予方有权立即发出终止意向通知。

（2）明确特许经营权授予方在违约事件下，项目公司有权立即发出终止意向通知。

（3）明确终止意向通知的形式和程序以及发出终止通知的条件、程序。

（4）明确贷款人限制终止的条件、贷款人的介入权和条件、贷款人的介入承诺的内容要求、程序、有效期及其限制等、介入期结束条件和贷款人选择一个替代本协议项下项目公司的替代公司的条件和程序。

（5）明确由特许经营权授予方或其指定机构经营垃圾处理设施的权利和条件以及在项目公司违约事件发生之后且特许经营权授予方发出终止意向通知之后，特许经营权授予方在任何时候终止协议的权利。

（6）明确如果垃圾供应与运输协议终止、垃圾供应与运输协议项下项目公司违约事件、在垃圾供应与运输协议项下出现不可抗力导致的协议终止等对于本协议的影响。

（7）明确本协议终止后双方在本协议项下的进一步的义务，或对其他条款的影响。

（8）终止后的补偿。

a. 明确项目公司违约事件下项目中止时，项目公司的赔偿方式和垃圾处理设施的处置。

b. 明确如果在生效日期后项目公司因特许经营权授予方违约事件终止本协议，特许经营权授予方对项目公司的补偿方式。

c. 明确因法律变更导致的终止情况下特许经营权授予方对项目公司的补偿方式。

（9）明确由于不可抗力造成垃圾处理设施破坏，致使本协议终止情况下，项目公司得到垃圾处理设施保险的保单项下的付款的权利，以及该保险赔款的支付顺序。

（10）明确一方终止本协议的权利并不排除该方采取本协议规定的或法律规定的其他可用的补救措施。

第二十五条 本协议违约的赔偿

（1）明确以本协议的其他规定为条件，每一方应有权获得因违约方未遵守本协议的全部或部分而使其遭受的损失、支出和费用的赔偿，该项赔偿由违约方支付。

（2）明确各方未能履行义务情况下的免责条件。

（3）明确由于另一方违约而遭受损失或受损失威胁的一方应采取合理行动减轻或最大程度地减少另一方违约引起的损失的责任。

（4）如果损失部分是由于受侵害方的作为或不作为造成的，或是由该方承担风险的事件造成的，赔偿的数额应按照这些因素对损失发生的影响程度而扣减。

（5）明确各方对于由于本协议引起的、在本协议下或与本协议有关的任何索赔为对方的任何间接、特殊、附带、后果性或惩罚性损害赔偿的责任。

（6）本条中的任何规定不应阻止任一方采取本协议规定的或有法可依的任何其他补救措施。

第二十六条　责任与保障

（1）明确每一方对于其在履行本协议中的违约所产生的死亡、人身伤害和财产损害或损失，从而产生的基于此之上的责任、损害、损失、费用和任何形式的请求权，对另一方进行赔偿、提供辩护的权利。

（2）明确项目公司是否对保障、赔偿特许经营权授予方免于承担由于项目的建设、运营和维护造成的环境污染所产生的所有债务、损害、损失、费用和索赔等的规定。

（3）明确上述规定的各方由于在本协议期满或终止之前发生的任何作为、不作为、行动、事情或事件产生的义务在本协议期满或终止后的继续有效性。

（4）明确提出索赔和抗辩程序。

第九章　协议的转让和合同的批准

第二十七条　协议的转让

（1）明确对特许经营权授予方授让或转让其本协议项下全部或部分的权利或义务的条件和限制。

（2）明确项目公司转让其本协议项下全部或部分的权利或义务的条件和限制。

第二十八条　合同的批准

明确项目公司需要特许经营权授予方批准或备案的合同，并列于附件10。并明确上述合同批准或备案的程序。同时，特许经营权授予方对合同的批准并不免除项目公司在本协议项下的任何义务或责任。

第十章　争议的解决

第二十九条　解释规则

（1）明确本协议包括的文件内容。

（2）明确本协议构成双方对项目的完全的理解，并且取代双方以前所有的有关项目的书面和口头声明、协议或安排。

（3）明确本协议任何修改、补充或变更的形式和程序。

（4）明确如果本协议任何部分被任何有管辖权的仲裁庭或法院宣布为无效，协议其他部分的有效性。

（5）明确特许期内本协议及附件 1 相对于其他协议的优先顺序。

（6）明确执行本协议需要的一些解释。

第三十条　争议的解决

（1）明确当产生争议时，组织协调机构友好解决的方式和程序。

（2）明确在不能通过协调机构友好解决情况下，通过专家组的调解时，专家组的组成、调解程序和费用等。

（3）若双方未能通过协调机构友好解决或通过专家组的调解解决争议、分歧或索赔，或如果对专家组的决议提出异议时，进行仲裁解决的机构。

（4）根据仲裁协议（附件 15），明确双方将协议或附件项下的同一实质性问题发生的争议，提交仲裁的解决程序合并等事宜。

（5）明确通过司法解决争议、分歧或索赔的可能性。

（6）明确双方应在争议解决期间继续履行本协议项下的所有义务。

（7）明确本条规定的争议解决条款在本协议终止后继续有效。

（注：争议解决方式只能选择仲裁机构和法院中的一种）

第十一章　其　他

第三十一条　其他条款

（1）明确双方在本协议项下各自独立的责任、义务及债务。

（2）明确本协议项下的通知应采取的方式和文字。

（3）明确一些对于协议条款不视为弃权的行为。

（4）明确特许经营权授予方对于任何司法管辖权下对其自己或其财产或收益所具有的诉讼、执行、扣押或其他法律程序的主权豁免，同意不请求主权豁免并特此不可撤销地放弃上述主权豁免。

（5）明确本协议适用中华人民共和国法律并根据中华人民共和国法律

解释。

（6）明确项目公司根据本协议及其附件的要求申请获得的各种执照、许可和审批，均应向特许经营权授予方提交复印件备案。

（7）规定协议文本的文字和数量。

第十二章 附 件

附件 1 垃圾供应与结算协议（略）

附件 2 技术规范与要求（略）

附件 3 项目公司建设和运营范围（略）

附件 4 特许经营权授予方提供的设施与服务（略）

附件 5 建设、运营和维护的质量保证和质量控制计划（略）

附件 6 技术方案（略）

附件 7 融资方案（略）

附件 8 项目公司的初始股东名单（略）

附件 9 所需的执照、许可及批准（略）

附件 10 需预先批准的合同清单（略）

附件 11 保险（略）

附件 12 终止补偿金额（略）

附件 13 项目公司法律顾问的法律意见书格式（略）

附件 14 特许经营权授予方法律顾问的法律意见书格式（略）

附件 15 仲裁协议（略）

附件 16 履约保函格式（略）

附件 17 运营与维护保函格式（略）

附件 18 供电购电协议（在利用垃圾发电的情况下）（略）

本协议由愿受其法律效力约束的双方经正式授权的代表在其签字下注明之日签署本协议，以昭信守。

特许经营权授予方：_____ 项目公司：_____

公章_____ 公章_____

法定代表人（签字）：_____ 法定代表人（签字）：_____

姓名：_____ 姓名：_____

职务：＿＿＿＿＿＿＿＿　　职务：＿＿＿＿＿＿＿＿

日期：＿＿＿＿＿＿＿＿　　日期：＿＿＿＿＿＿＿＿

4. 城市污水处理特许经营协议

《城市污水处理特许经营协议示范文本说明》

本协议示范文本依据国家有关法律法规，以及建设部《关于加快市政公用行业市场化进程的意见》（建城〔2002〕272号）、《市政公用事业特许经营管理办法》（建设部令第126号）和《关于加强市政公用事业监管的意见》（建城〔2005〕154号）编制。

本协议示范文本主要用于污水处理特许经营项目，如BOT（建设—运营—移交），TOT（转让经营权）等形式。其他形式如股权转让等可参照本示范文本。

本协议示范文本作为各省（自治区）、直辖市、市（县）等实施污水处理特许经营过程中签订特许经营协议的示范性文件。鉴于项目的具体情况各有不同，各地在参照使用本协议示范文本时，应根据实际情况对本示范文本的相应条款加以细化和补充。

本协议的所有附件应由项目执行机构根据项目的实际情况制定。

目　录

第一章　总　则

为加强城市污水处理行业管理，按照相关法律、法规、标准和规范的要求实施城市污水处理特许经营，维护污水处理企业的合法权益，根据_____（根据项目具体情况，简单介绍本协议签署的目的、原则和法律依据），经中华人民共和国（以下简称"中国"）_____省（自治区）_____市（县）人民政府授权，本协议由_____市（县）_____（部门）（被授权人）（下称"甲方"），地址：_____，被授权代表：_____，职务：_____；与

_____ （下称"乙方"），注册地点_____，注

册号：_____，法定代表人：_____，职务：_____，

国籍：_____。于_____年_____月_____日在中国_____省

（自治区）_____市（县）签署。

鉴于：

（1） _____人民政府决定以特许经营的方式实施

_____污水处理项目（以下简称"项目"）。该项目已于_____年

_____月_____日获得_____省_____（市、县）人民政府或

有关部门的批准（批文见附件9）；

（2） _____（甲方）于_____年_____月至_____年

_____月对_____项目遵循公开、公平、公正和公共利益优先的原则，经

过_____，确定由_____（乙方）承担本项目。

双方在此达成如下条款：

第二章 术语定义

第1条 术语定义

1.1 术语定义

在本协议中，下述术语具有下列含义：（以术语的拼音字母排序）

"项目"或"污水处理项目"

指_____污水处理项目，处理能力为每日_____立方米，地址

为_____。

"本协议"

指甲方与乙方之间签订的本特许经营协议，包括附件1至附件16，以及

日后可能签订的任何本特许经营协议之补充修改协议和附件，上述每一文件

均被视为并入本协议。

"出水采样点"

指为检测出水质量对出水进行采样之处。具体位置如附件4图中所示。

"法律变更"

指：a. 在本协议签署之后，中国任何政府部门颁布、修改、废除或重新

解释的任何适用法律；或者 b. 甲方的任何上级政府部门在本协议签署日之

后修改任何批准的重要条件或增加任何重要的额外条件。并且，上述任何一种情况导致：（i）适用于乙方或由乙方承担的税收、税收优惠或关税发生任何变化；或　（ii）对项目的融资、建设、运营维护和移交的要求发生的任何变化。

"工作日"

指法定的正常工作日。

"化学品"

指工程技术方案中所述的用于污水处理的化学品。

"基本水量"

按每一个运营月内，日均＿＿＿＿立方米计算的处理水量。

"谨慎运行惯例"

指在中国的大部分污水处理厂运营者为建设运营类似于本项目的项目所采用或接受的惯例、方法和作法以及采用的国际惯例和方法。

"进水采样点"

指为检测进水质量对进水进行采样之处。具体位置如附件 4 图中所示。

"接收点"

指本项目接收污水进水的具体地点，见附件 4。

"交付点"

指污水经过本项目处理后的交付点，见附件 4。

"开工日期"

指按以下方式确定的日期：（a）本协议生效后＿＿＿＿天，或＿＿＿＿（b）＿＿＿＿年＿＿＿月＿＿＿日，或＿＿＿＿（c）其他条件。

"开始商业运营日"

指满足第 7.3 条的规定，项目视为开始商业运营之日。

"履约保函"

指乙方按照本协议第 3.3 条规定向甲方提供的保函。

"批准"

指根据本协议的规定，乙方为项目进行融资、建设、拥有、运营、维护和/或移交而需从政府部门获得的许可、执照、同意、授权或批准，包括附件 9 所列的批准文件。

"融资完成"

指乙方与贷款人签署并递交所需的有效融资文件（包括满足或放弃该融资文件要求的获得首笔资金的每一前提条件），用以证明乙方为本项目获得举债融资所需的全部交易办理完毕，同时乙方应一并收到本协议和融资文件可能要求的股权投资人的认股书（或股权出资）。

"融资文件"

指与项目的融资或再融资相关的贷款协议、保函、外汇套期保值协议和其他文件，但不包括：1）与股权投资人的认购书或股权出资相关的任何文件，或2）与提供履约保函和维护保函相关的文件。

"生效日期"

本协议 20.4 条款中约定的协议生效日期。

"适用法律"

指所有适用的中国法律、法规、规章和政府部门颁布的所有技术标准、技术规范以及所有其他适用的强制性要求。

"商业运营期" 或 "运营期"

指自开始商业运营日起至特许经营期最后一日止的期间。

"特许经营期"

具有第 2.2 条规定的含义。

"投标保函"

指投标人按照投标人须知与投标书同时提交的保函。

"维护保函"

指按照本协议第 8.5 条款向甲方提供的保函。

"违约"

指本协议签约任何一方未能履行其在本协议项下的任何义务，而且这种违约不能归咎于另一方违反本协议的作为或不作为或不可抗力等。

"违约利率"

指违约当时适用的中国人民银行规定的一年期贷款利率加_____%。

"污水"

指经污水管道收集输送至污水处理项目接收点未经本项目处理的污水。

"污水处理项目用地"

指位于_____共计_____平方米将用于修建污水处理项目的场地，详见附件3。

"污水处理服务费"

指甲方根据本协议就污水处理项目应向乙方承担污水处理服务支付的费用。

"污水处理单价"

指处理每立方米污水的价格。

"运营年"

指运营期内任一公历年度期间，但第一个运营年的开始应自开始商业运营日开始，最后一个运营年的结束应在特许经营期的最后一日结束。

"运营月"

指运营期内任一个公历月期间，但第一个运营月的开始应在开始商业运营日开始，最后一个运营月的结束应在特许经营期的最后一日结束。

"运营日"

指运营期内每日从 00：00 时开始至同日 24：00 时结束的二十四小时期间。

"移交日"

指特许经营期结束后的第一个工作日，或经双方书面同意的移交项目设施的其他日期。

"政府部门"

指（a）中国国务院及其下属的部、委、局、署、行，中国的任何立法、司法或军事当局，或具有中央政府行政管理功能的其他行政实体；

（b）本项目所在区域的任何地方立法、行政、司法部门。

"最终竣工日"

指根据第 7.1 条款颁发或视为颁发最终完工通知之日。

1.2 其他

在本协议中：

（a）"元"指"人民币元"，为中华人民共和国法定货币；

（b）除本协议上下文另有规定外，"一方"或"各方"应为本协议的一方或各方；本协议、或融资文件的各方均包括其他各自的继任者和获准的受让人；

（c）所指的日、星期、月、和年均指公历的日、星期、月、和年；

（d）除上下文另有规定，"包括"一词在任何时候应被视为与"但不限于"连用；

（e）所指的合同是指有关的合同和合同附件，并且在任何情况下均指对该合同不时所作的补充或修改；

（f）所指的"维护"应始终解释为包括修理和更新，除非上下文另有规定。

第三章 特许经营权

第 2 条 特许经营权

2.1 特许经营权

甲方按照有关法律法规规定授予乙方的、在特许经营期内独家的权利，以使乙方进行_____（融资、建设、运营和维护）项目设施并取得污水处理服务费。

乙方的特许经营权在整个特许经营期内始终持续有效。

在特许经营期内，非经甲方同意，并仅限于本项目的融资担保所需，乙方不得擅自就本特许经营权及相关权益向任何第三方进行转让、出租、质押或其他任何处置。

2.2 特许经营期

除非依据本协议进行延长或第 16 条而终止，特许经营期应为_____年，自本协议生效之日起计算。

第 3 条 声明和条件

3.1 甲方的声明

甲方在此向乙方声明，在生效日期：

（1）甲方已获_____市人民政府授权管理本项目，有权签署本协议，并可以履行其在本协议项下的各项义务；

（2）甲方已经获得本协议附件 9 列出的应在生效日期前获得的所有批准；

（3）如果甲方在此所作的声明被证实在作出时存在实质方面的不属实，

并且该等不属实声明严重影响本协议项下的污水处理项目的顺利进行，乙方有权终止本协议。

3.2 乙方的声明

乙方在此向甲方声明，在生效日期：

（1）乙方是依据中华人民共和国法律正式成立的合法机构，具有签署和履行本协议、其他项目合同和融资文件的法人资格和权利；

（2）乙方已经获得本协议附件 9 列出的应在生效日期前获得的所有批准；

（3）乙方应确保在特许经营期内的任何时候，在项目中的投资股本金数额高于或等于届时项目投资额的百分之三十（30%）；

（4）如果乙方在此所作的声明被证实在作出时存在实质方面的不属实，并且该等不属实声明严重影响本协议项下的污水处理项目的顺利进行，甲方有权终止本协议。

3.3 履约保函（BOT 形式适用）

（1）生效日期后_____个工作日内，乙方应向甲方提交按照附件 10 的格式出具的履约保函。履约保函的金额为人民币_____万元。以保证乙方履行本协议项下有关设计和建设的义务。

（2）履约保函的有效期为自生效日期起至最终竣工日后的一年届满之日，或乙方按第 8.5 条的规定提交维护保函的日期。上述较迟的一个日期到期时，甲方应解除履约保函，同时甲方在收到履约保函后_____个工作日内，应解除投标保函。

3.4 融资完成

乙方应确保于生效日期后_____个工作日内实现融资完成，在融资完成后_____个工作日内向甲方书面确认融资完成，并交付所有签署的融资文件的复印件，以及甲方可能合理要求的表明融资完成已实现的其他证明文件。

3.5 甲方的权利和义务

（1）授予乙方特许经营权。

（2）根据本协议的规定按时向乙方支付污水处理服务费。

（3）在特许经营期内，协助乙方办理有关政府部门要求的各种与本项目有关的批准和保持批准有效。

（4）对乙方污水处理特许经营过程实施监管，包括产品和服务质量，项目经营状况和安全防范措施，以及协助相关部门核算和监控企业成本等。

（5）甲方本着尊重社会公众的知情权，鼓励公众参与监督的原则，有权及时将产品和服务质量检查、监测、评估结果和整改情况以适当的方式向社会公布。并受理公众对乙方的投诉，并进行核实处理。

（6）遇紧急情况，在可能严重影响公众利益的情况下，可依法对乙方进行临时接管。

3.6　乙方的权利和义务

（1）乙方在特许经营期内享有特许经营权。

（2）根据本协议的规定，乙方应在特许经营期内自行承担费用、责任和风险，负责进行项目的＿＿＿＿＿＿＿＿（融资、建设，以及项目设施的运营与维护）。

（3）按照本协议规定的方式取得污水处理服务费。

（4）接受政府部门的行业监管。服从社会公共利益，履行对社会公益性事业所应尽的义务和服务。

第四章　项目建设（BOT 形式适用）

第 4 条　土地使用

4.1　土地使用权

甲方应在本协议生效后，以＿＿＿＿＿＿＿＿（视项目具体情况而定）形式向乙方提供污水处理项目用地的土地使用权（以下简称"土地使用权"），并确保乙方在特许经营期内独占性地使用土地。

4.2　对使用土地的限制

无甲方事先书面同意，乙方不得将第 4.1 条污水处理项目土地用于项目之外的其他任何目的。

第 5 条　设计

5.1　设计要求

乙方应按附件 4 规定的技术规范和要求以及适用法律法规进行本项目设施的初步设计工作，按照相关法律法规及审批程序，自行承担或选择有相应资质的设计单位进行本项目初步设计和施工图设计，并承担相应费用。

乙方应对由于乙方原因造成的本项目设计中的任何缺陷负责，甲方未对设计文件提出异议不应被视为对本协议项下其权利的放弃，或以任何方式解除乙方在本协议项下的义务，唯有第 5.4 条规定的情况除外。

5.2 审阅设计标准和技术规范

乙方已审阅过附件 4 规定的设计标准和技术规范。对设计文件中的任何错误、不一致、不明确或遗漏应在下一阶段工作中提出并给予纠正，否则造成的后果和一切费用应由乙方承担。

5.3 施工图设计

乙方应根据批准的初步设计和附件 4 中列明的设计标准和技术规范进行施工图设计，并提供给甲方及具有审查资质的专门机构进行建设前审查。如果在施工图设计中需要对初步设计进行重大变更则应提出变更理由。有内容变更的施工图设计，必需经甲方批准方可以据此施工。如申报后_____日内甲方未书面拒绝，视为甲方同意该施工图的内容变更。

5.4 甲方的责任

只有在下列情况下，甲方应对设计中的错误负责：

（a）乙方认为甲方批复中部分内容错误，并书面通知甲方，在通知发出后_____日内甲方没有对该错误进行纠正；

（b）甲方在收到乙方有关错误的通知后，书面答复乙方按照原设计行事。

第 6 条 建设

6.1 乙方的主要义务

乙方应依照所有适用法律法规和建设程序以及本协议的要求，负责本项目设施的建设工程，并承担建设工程中应承担的费用和风险，包括：

（a）在本协议规定的开工日期或之前，开始工程建设，在本协议规定的竣工日期或之前竣工；

（b）进行施工前准备，及时提供所有必要的施工设施；

（c）根据适用法律法规和基本建设程序、批准的初步设计和施工图设计、所有适用的施工标准和规范及本协议的其他要求，自行承担或选择有相应资质的承包商进行项目施工建设。在施工工程中安装的所有设备必须是全新的，使用的所有材料必须经检验是合格的；

（d）按照适用法律法规选择有相应资质的监理公司进行项目建设施工的全过程监理，并承担相应费用；

（e）在项目建设过程中，乙方在签署、取得或完成各种合同、审批等文件后，应于_____个工作日内将相应的有关项目建设的文件之复印件报甲方备案；

（f）在工程建设完成后，按照本协议第6.8条的规定交付有关竣工图纸和技术资料。

6.2　甲方的主要义务

（a）在建设期内协助乙方办理有关政府部门所要求的批准和保持批准有效；

（b）给予属于甲方批准权限内的批准并保持批准有效。

6.3　质量保证和质量控制

在工程建设开始之前，乙方应根据附件6制定和执行工程质量保证和质量控制计划，并在工程建设进度月报表中同时反映工程质量监控情况。

6.4　项目进度计划

6.4.1　项目计划

双方应根据附件6规定的进度计划履行其在本协议项下的建设义务。

如果出现下列情况，附件6规定的进度计划日期的最后期限将延长或修改。

（a）第11.1条所述的不可抗力事件；

（b）由于第6.9条所述的发现文物使工程建设的实施延误；

（c）由于甲方的违约而造成乙方的延误；

（d）由于乙方的违约而造成甲方的延误。

6.4.2　进度日期的延长

当第11.1条不可抗力事件发生后，一方应在实际发生延误的_____个工作日之内，向另一方提出书面的延期要求，并说明该延期是已采取所有合理的措施后所无法回避的延期。

收到延期要求的一方应积极同提出要求的一方就延期事项进行协商，并达成书面意见。如提出书面要求的一方在_____个工作日之内没有收到另一方对延期表示异议的书面意见，将被视为另一方对延期的要求已表示同意。

6.4.3 由于甲方的原因导致开始商业运营日的延误

如果由于甲方的违约造成开始商业运营日的任何延误，乙方应：

（a）提出附件 6 规定的进度计划日期作适当延长；

（b）有权获得延误的经济补偿，使乙方基本上恢复到该延误没有发生时相同的经济状况。其中经济补偿的金额为每日支付_____元（注：与 6.4.4 条件等同）；

（c）有权获得延长特许经营期，相应延长的特许经营期应不少于被延误的商业运营期。

6.4.4 乙方导致的竣工延误

如果因乙方的原因导致开始商业运营日的延误，则乙方应就发生的任何延误向甲方支付违约金。每延误一日，乙方应向甲方支付违约金额_____元。甲方可以从履约保函中兑取，直至履约保函全部兑取完。如果履约保函累计被兑取完毕或者违约金金额累计达到履约保函金额，甲方有权立即发出终止意向通知书。

6.5 进度报告

乙方每月应向甲方提交工程建设进度月报，该月报应反映已完成的和在建的建设工程进度和质量、预计完成工程的时间，如果进度和质量发生问题，应提出挽回的措施和计划。

6.6 甲方的监督和检查

6.6.1 对建设工程的检查

甲方有权在不影响工程施工的前提下，检查乙方进度和项目的质量控制检验方法及结果，以确认工程建设符合本协议规定的进度和质量要求。乙方应派代表陪同检查，提供检查工作的必要条件，若检查工作中涉及专有资料的保密问题，应按 11.2 条保密条款执行。

6.6.2 不符合质量和安全要求

如果工程建设不符合本协议的质量或安全要求，甲方可以就此向乙方提出警告。如果乙方在甲方通知后的合理时间内不能或拒绝修正缺陷，甲方有权停止施工，责成乙方进行整改，直到安全得到保证、缺陷得到修补、质量得到控制方可恢复施工。停工造成的损失由乙方承担。

6.7　不可免除

不论甲方是否监督、检查建设工程的任何部分，都不应视为放弃其在本协议下的任何权利，也不能免除乙方在本协议下的任何义务。

6.8　交付图纸和技术资料

在竣工日之后_____个月内，乙方应向甲方提交下列资料：

（a）_____份项目设施的全套施工和竣工图纸、竣工验收记录；

（b）_____份所有设备技术资料和图纸的复印件（包括设备平面图、说明书、使用和维护手册、质量保证书、安装记录、测试记录、质量监督和验收记录）；

（c）_____份，甲方合理要求的与项目有关的其他技术文件或资料。

6.9　对考古、地质及历史物品的保护

如果乙方在污水处理项目设施建设运营和维护过程中，发现考古文物、化石、古墓遗址、及具有考古学、地质学和历史意义的任何物品，乙方应及时通知甲方，并采取适当的保护措施，如果上述发现导致建设工程的延误，应按第6.4.2条执行，或双方按照第6.4.3条款中（b）条款进行协商延长特许经营期或予以经济补偿。

第7条　竣工

7.1　项目设施竣工验收

乙方应至少提前_____个工作日向甲方发出竣工验收的书面通知。

甲方在接到通知后的_____日内派代表参加由乙方组织有关方面联合进行的竣工验收。如果甲方在收到通知后未参加竣工验收，则竣工验收可在甲方缺席的情况下按预定的时间进行，并将验收结果及时通报甲方。

如果竣工验收部分或全部不合格，甲方应在_____个工作日内书面通知乙方并陈述不合格的理由。乙方应采取所有必要的改正措施补救不合格情况，并应至少提前_____个工作日向甲方发出书面通知，再次组织竣工验收。乙方应对因不合格而导致的费用增加和工期延误承担全部责任。

如果甲方在再次竣工验收结束后_____个工作日内未发出有关不合格的书面通知，并且验收结果已得到有关部门的认可，则视为项目设施竣工。

7.2 环保验收

乙方应在开始商业运营日之前，在合理日期内上报环保部门进行环保验收。

7.3 开始商业运营

（a）乙方通过环保部门或甲、乙双方认可的具有认证资格的第三方监测机构检测，且项目连续_____日出水水质满足污水处理出水质量标准，并接到环保部门发出的正式通过验收的通知后，应立即书面通知甲方，申请正式开始商业运营。

（b）甲方应自接到开始商业运营申请之日起_____个工作日内通知乙方是否同意开始商业运营，如不同意须同时陈述理由。如果不同意原因是由甲方造成的，甲方应在_____日内解决。如_____日内仍未能解决，甲方应及时通知乙方，乙方收到通知第_____日视为开始商业运营日。如甲方未于上述期限内发出同意或不同意的通知，视为同意乙方开始商业运营。乙方应将最终的开始商业运营日通知甲方。

（c）自开始商业运营日或视为开始商业运营日起，甲方有义务向乙方提供污水进水，并按照第 9 条规定支付污水处理服务费。

第五章　项目的运营与维护

第 8 条　运营与维护

8.1 运营和维护的基本原则

在整个运营期内，乙方应根据本协议的规定，自行承担费用（包括税费）和风险，管理、运营和维护污水处理设施。乙方应确保在整个运营期内，始终根据下列规定运营并维护污水处理项目设施：

（a）国家和地方现行的企业运行的有关法律法规，污水处理的有关法律法规、标准和规范，本项目有关批准文件的要求；

（b）附件 6 规定的质量保证、质量控制和安全生产的要求；

（c）运行维护手册以及污水处理项目内设备制造商提供的说明手册和指导。

乙方应确保污水处理项目设施始终处于良好营运状态并能够安全稳定地处理污水和污泥，使其达到排放标准，大气污染物和噪声满足环保要求。

8.2　污水处理范围

在特许经营期内，乙方应只对甲方收集的污水提供处理。未经甲方事先书面同意，不得接受任何第三方的污水进行处理。（污水处理项目自身产生的污水除外）。

8.3　甲方的主要责任

甲方应确保在整个特许经营期内，收集和输送污水至污水处理项目交付点，如期达到本协议规定的基本水量和进水水质，即每一个运营月内平均日污水量为_____ m³ 和控制污水进水水质在附件 1 进水水质标准以内。

在整个特许运营期内，应督促乙方认真执行国家行业标准《城市污水处理厂运行、维护及其安全技术规程》、行业管理部门和地方政府的相关规定以及本协议规定的出水质量标准。

8.4　乙方的主要责任

从开始商业运营日起，乙方应连续接受和处理污水（除本协议另有规定外），将从接收点排入的进水经处理达到出水质量标准后，排放至交付点。

如果进水水量超过本协议规定的污水处理项目设计处理能力，乙方应及时通知甲方，同时提出拟采取的对超量污水进行处理的措施。通知发出_____个工作日内甲方没有表示意见，则被视为同意乙方的措施建议。

乙方应按适用法律法规和合理的商业标准以及谨慎运行惯例认真而有效地处理其业务与事务，按附件 15 向甲方提交反映其经营情况的财务报表，并保证其真实性。

乙方应建立健全水质检测和检验制度，按照国家或行业规定的检测项目、检测频次和有关标准、方法定期检测污水处理厂进水和出水等项目，做好各项检测分析资料和水质报表的汇总、归档。

乙方应对污水处理设施的状况及性能建立定期检修保养制度，对各项设施的图纸资料进行收集、归类和整理，完善公用设施信息化管理系统，保持污水处理设施处于良好使用状态，并在甲方的要求下将设施运行情况报告给甲方。

乙方在日常生产经营活动中，应充分考虑环境影响，维护生态环境。

乙方应建立、完善安全生产制度和意外事故的应急机制，制定应急预案报甲方备案，并按要求定期进行应急预案演练；乙方应保障生产和服务的稳定和安全，防止事故发生。如出现重大意外事故，乙方应及时通报甲方，并尽最大的人力、物力进行抢救，尽快恢复生产与服务；在事故影响期间，乙方应采取各种应急措施进行补救，尽量减少事故对公众的影响。

8.5 维护保函

8.5.1 维护保函的出具

在正式开始商业运营日之前，乙方应向甲方出具一份维护保函，其格式为甲方可接受的见索即付的银行保函，保函的金额为人民币_____万元。维护保函应至少每两年更新一次，作为其履行本协议项下污水处理项目设施维护义务及保证期义务的保证。分期提供保函时，下一期的保函必须在上一期保函结束前一个月提供，以确保保函的继续有效。最后一次保函有效期要持续到特许经营期结束后 12 个月。

8.5.2 恢复维护保函的数额

如果甲方在特许经营期内兑取维护保函项下的款项，乙方应确保在甲方兑取款项后的_____个月内将维护保函的金额恢复到人民币_____万元，并向甲方提供维护保函已恢复的证据。

8.5.3 维护的责任

甲方行使兑取维护保函项下款项的权利不损害甲方在本协议项下的其他权利，且不应解除乙方不履行维护污水处理项目设施的义务。

8.6 运行与维护手册

在开始商业运营之前，乙方应编制运行与维护手册。该手册应包括生产运行、日常维护、设备检修内容、程序和频率等，并在开始商业运营日之前报送甲方备查。

8.7 水样的采集和储存

（a）水样的采集和储存应满足附件 4 的相应要求；

（b）用于检测水质的进水水样和出水水样应分别在污水进水采样点和污水出水采样点采集；

甲方有权指定代表或委派监督员在任何时候对乙方的检测程序、仪器、设备和结果进行现场检查和检测。

甲方核实或抽查的结果与乙方自检结果不一致时，应以双方认可的有资质的第三方检测结果为准。聘请第三方检测的细则由甲乙双方另行约定。

8.8　水量的计量

8.8.1　乙方应按附件4明示的位置安装计量检测装置，计量污水处理厂的进水量及出水量。在开始商业运营日或双方约定的时间，双方应将所有安装的流量计设定一个基础读数，以确定每一流量计的原始值。出水流量由乙方在每月_____日抄表，以确定出水水量。水量以立方米计算。甲方有权随时核查流量计读数及乙方的抄表记录。如果甲乙双方就水量记录结果存在分歧，任何一方有权提请有资质的第三方进行检验确定。

8.8.2　乙方应使用符合要求的流量计连续测量、计算和记录在进水计量点提取的进水量和在出水计量点提取的出水量。包括瞬时流量和时、日、月、年的累计流量。

8.9　暂停服务

发生计划内暂停服务，乙方应于每年_____月_____日提交下一年度维护计划，其重大维护和更新内容上报甲方。甲方应在预计的计划内暂停服务开始之前给予书面答复或批准，乙方应尽最大努力使计划内暂停服务的影响降低到最小以使设施的处理能力在计划内暂停服务期间维持不少于_____%的设计处理能力。每一运营年计划内暂停服务不得多于_____天。计划内暂停服务期间甲方不承担基本水量义务。

若发生计划外暂停服务，乙方应立即通知甲方，解释其原因并尽最大努力在24小时内恢复正常服务。若因乙方原因计划外暂停服务超过_____小时，乙方应按9.7条款支付水量不足违约金。

8.10　环境保护

乙方应始终遵守有关公共卫生和安全的适用法律法规及本协议的规定。

乙方不应因项目设施的建设、运营和维护而造成污水处理厂场地和排水干管（如果有）土地（包括土壤、地下水或地表水及空气）或周围环境的污染。

乙方在项目设施的建设、运营和维护期间应采取一切合理措施来避免或尽量减少对项目设施周围建筑物和居民区的干扰。

但乙方对于以下任何一种情形不承担责任：（1）生效日期前已经存在的或潜在的；或者（2）因第三方的作为或不作为引起的；或者（3）甲方导

致的环境污染及安全隐患。

8.11   未履行维护的处理

如果乙方违反其第8.4条项下污水处理项目设施维护的义务，甲方可就该违约向乙方发出通知，限期完成纠正性维护。乙方在接到上述通知后应对污水处理项目设施进行必要的纠正性维护。如乙方未在限期内进行纠正性维护，甲方有权依据附件11兑取维护保函项下款项对项目设施进行纠正性维护。

8.12   甲方进入污水处理项目设施现场

甲方及其代表应有权在任何时候进入污水处理项目设施，按照相关规定对污水处理项目设施的运营和维护进行监察，但甲方不得干涉、延误或干扰乙方履行其在本协议项下的义务。甲方有权要求乙方提交与生产、经营有关的报表、报告和资料，但应予保密，不得向任何第三人泄露（政府相关管理机构行使行政职权的除外）。

第9条   污水处理服务费

9.1   污水处理服务费

在运营期内，甲方每月按污水处理项目当月处理后出水水量向乙方支付污水处理服务费。污水处理服务费包括以下两部分：

（a）甲方提供进入污水处理厂的污水量低于或等于基本水量时，乙方全部处理，污水处理服务费按污水处理单价_____元/立方米计费；污水处理服务费＝污水处理单价×基本水量；

（b）甲方提供进入污水处理厂的污水量超过基本水量，且在项目设计处理能力范围之内时，乙方全部处理，除按（a）条规定计算污水处理服务费之外，超额部分的污水处理服务费＝污水处理单价×超出基本水量的处理水量×_____%。

9.2   污水处理服务费单价调整

每年_____月乙方可根据能源、原材料、人员工资的变动以及由于政策法规的变更影响等因素，计算下一年的污水处理成本，若有必要可以向甲方提供污水处理服务费单价计算依据（人工费、药剂费、电价、物价指数等）和申请调整污水处理服务费单价的要求，甲方应履行必要的审核、审批程序并在_____个月内给予答复。

9.3 污水处理服务费的支付

乙方应在每个运营月结束后_____个工作日内按照计算的污水处理服务费金额向甲方开具账单或付款通知，并同时向甲方提供当月运营报告，包括处理水量、水质检测情况、设施运行状态等情况。甲方在收到账单_____日内支付无争议的污水处理服务费金额。如甲方对账单有争议，应在收到付款通知后_____日内通知乙方，甲乙双方就争议部分进行协商，也可提请有资质的第三方进行确定。如双方对检验结果均无异议，则甲方应依照第三方结果支付污水处理服务费。如甲乙双方未能协商解决，应依照第 19 条解决。

本协议项下任何逾期未付款项，应从到期应付之日起至收款方收到款项之日止按违约利率计息。

本协议项下的任何支付一律以人民币支付。

9.4 污水进水水质超标

如果污水进水水质超过本协议规定的标准致使乙方不能履行其在第 8.4 条项下的义务，乙方应立即通知甲方，按下列方法处理：

如果由于甲方责任造成进水水质超标，甲方应向乙方给予适当补偿。

（a）如果污水处理项目有能力处理，则甲方应补偿因增加处理负荷所造成的成本增加部分；

（b）如果污水处理项目没有能力处理，并持续_____天，由甲乙双方共同协商处理办法，制订改造方案，经甲方同意后实施，改造费用应由甲方承担。在新的改造方案完成前，按本协议附件 2 的规定调整出水指标，并豁免由此造成乙方的出水水质超标的责任。

9.5 更改出水排放标准

因执行甲方要求改变的污水处理出水水质标准，造成运行成本的增加或资本性支出，乙方有权获得相应的补偿。

9.6 出水不符合排放标准的违约金

乙方出水不符合排放标准应按附件 16 向甲方支付违约金。但由于甲方原因造成出水水质不能达标时除外。

9.7 处理水量不足违约金

除非甲方的违约或不可抗力，乙方在设计处理能力之内未能对全部污水进行处理时，按未处理水量_____元/立方米交纳违约金。

第六章 项目设施的移交（BOT、TOT 形式适用）

第 10 条 特许经营期期满时污水处理项目设施的移交

10.1 移交委员会

特许经营期结束_____个月前，由甲方和乙方各自派员组成移交委员会，具体负责和办理移交工作，甲乙双方代表人数应当相同。移交委员会主任委员由政府指派有关部门担任，组织必要的会议会谈并商定设施移交的详尽程序，确定移交仪式，最后将移交信息在省级报上刊登，向社会公告。

10.2 移交范围

在特许经营期结束当日即移交日，乙方应向甲方无偿移交：

（a）乙方对污水处理项目设施的所有权利和利益，包括：

（i）污水处理项目设施的建筑物和构筑物；

（ii）与污水处理项目设施使用相关的所有机械和设备；

（iii）第 10.4 条要求的所有零备件和配件、化学药品以及其他动产；

（iv）运营和维护项目设施所要求的所有技术和技术诀窍、知识产权等无形资产（包括以许可方式取得的）；

（b）在用的各类管理章程和运营手册包括专有技术、生产档案、技术档案、文秘档案、图书资料、设计图纸、文件和其他资料，以使污水处理项目能平稳地正常地继续运营；

（c）土地使用权及与污水处理项目场地有关的其他权利；

这些资产在向甲方移交时应不存在任何留置权、债权、抵押、担保物权或任何种类的其他请求权。污水处理项目场地在移交日应不存在任何环境问题和环境遗留问题。

甲乙双方在办理移交工作的同时，应明确特许经营期结束后妥善安置原项目公司雇员的办法。

10.3 最后恢复性大修和性能测试

10.3.1 最后恢复性大修

（a）在移交日之前不早于_____个月，乙方应按照移交委员会商定的最后恢复性大修计划对污水处理项目设施进行大修，此大修必须于移交日_____个月之前完成。

（b）通过最后恢复性大修，乙方应确保污水处理厂关键设备的整体完好率达到_____%、其他设备的整体完好率达到_____%、污水处理厂厂内构筑物不存在重大破损。

（c）如果乙方不能根据上述要求进行最后恢复性大修或达到大修标准，甲方应有权兑取相应维护保函金额自行进行大修。在此情况下，应向乙方提供所发生的支出的详细记录。

10.3.2 性能测试

在移交日之前，移交委员会应进行污水处理项目设施的性能测试。乙方有责任使测试所得各项性能参数都能符合附件4技术规范的要求。如果所测参数仍有差距，甲方有权从维护保函中支取相应费用以修正上述缺陷。如果保函金额不足使用的，甲方承担费用以后有权向乙方追偿。

10.4 备品备件

10.4.1 在移交日，乙方应向甲方无偿移交按附件4技术规范要求的在_____个月期间污水处理项目设施正常运行需要的消耗性备件和事故抢修的零备件，并提交备件的详细清单。

10.4.2 乙方应向甲方提交生产、销售污水处理项目设施所需全部备品备件的厂商名单。

10.5 保证期

乙方应在移交日后12个月的保证期内，承担全厂设备和设施质量缺陷的保修责任（因接受移交的单位使用不当造成的损坏除外），乙方在收到该通知后，应尽快自费进行保修。

在紧急情况下，或乙方没有及时保修，甲方有权兑取维护保函的相应金额进行保修，但应将支出的情况告诉乙方。

10.6 承包商保证的转让

在移交时，乙方有义务将所有承包商、制造商和供应商提供的尚未期满的担保及保证在可转让的范围内分别无偿转让给甲方，并促成供应商以过去同样的优惠价格供应设备，在移交时，甲方有权选择是否接受合同延续和承担由此发生的一切责任。

10.7 移交效力

除10.5条规定以外，乙方在本协议项下的权利和义务随移交的完成而终止，甲方应接管污水处理项目的运营及享有污水处理项目的一切权利和义务。

10.8　维护保函的解除

甲方应在移交日起12个月后的_____个工作日内解除所有或届时未兑取完的维护保函的余额。

10.9　风险转移

甲方承担移交日后污水处理项目的全部或部分损失或损坏的风险，除非损失或损坏是由乙方的过错或违约所致。

第七章　双方的一般权利和义务

第11条　甲方和乙方共同的一般权利和义务

11.1　不可抗力

11.1.1　不可抗力

不可抗力是指在签订本协议时不能合理预见的、不能克服和不能避免的事件或情形。以满足上述条件为前提，不可抗力包括但不限于：

（1）雷电、地震、火山爆发、滑坡、水灾、暴雨、海啸、台风、龙卷风或旱灾；

（2）流行病、瘟疫爆发；

（3）战争行为、入侵、武装冲突或外敌行为、封锁或军事力量的使用，暴乱或恐怖行为；

（4）全国性、地区性、城市性或行业性罢工；

（5）由于不能归因于甲乙方的原因引起的污水处理工程供电中断。

11.1.2　积极补救不可抗力的义务

（a）尽快向对方通告事件或情况的发生，对事件或情况的预计持续时间和其在本协议项下履行义务的可能影响作出估计；

（b）作出一切合理努力以继续履行其在本协议项下的义务；

（c）尽快采取行动纠正或补救造成免于履行义务的事件或情况；

（d）作出一切合理努力以减轻或限制对对方造成的损害；

（e）将其根据上述（b）（c）和（d）段采取的行动或行动计划定期通告对方，并在导致它免于履行义务的事件或情况不再存在时立即通知对方。

11.1.3 不可抗力的处理程序

不可抗力事件发生后，双方应本着诚信平等的原则，立即就此等不可抗力事件进行协商。

（a）如果双方在＿＿＿＿＿日内达成一致意见，继续履行在本协议项下的义务，则甲方应按照附件 12 的规定向乙方进行补偿。

（b）如果双方不能够在上述＿＿＿＿＿日期限内达成一致意见，则任何一方可送达终止通知。

11.1.4 费用

发生不可抗力事件时，任一方必须各自承担由于不可抗力事件造成的支出和费用。乙方因不可抗力造成的损失，应由保险获得补偿，甲方可依不可抗力造成的时间损失给予延期并相应延长特许经营期。

11.1.5 不可抗力造成的终止

如果任何不可抗力事件阻止一方履行其义务的时间自该不可抗力发生日起连续超过＿＿＿＿＿＿个工作日，双方应协商继续履行本协议的条件和重新履行本协议的时间。如果自不可抗力发生后＿＿＿＿＿＿个工作日之内双方不能就继续履行的条件和时间达成一致意见，并且该不可抗力事件如果不能一致解决将会对项目的顺利进行造成实质性影响时，任何一方均可以按 16.3 条款书面通知另一方终止本协议。

11.2 保密

任何一方或其雇员、承包商、顾问或代理人获得的所有资料和文件（不论是财务、技术或其他方面，但不包括与项目进展有关的非敏感信息），如果尚未公布即应保密，未经另一方事先书面同意，在特许经营期期满之后的＿＿＿＿＿＿年期间不得向第三方透露或公开，但是法律要求的信息除外。本承诺在本协议终止后仍然有效。

11.3 合作义务，预先警告义务

双方应相互合作以达到本协议的目的，并应善意地行使和履行各自在本协议项下的权利和义务。在此前提下，双方同意：

（a）除本协议另有规定外，当一方要求取得另一方的同意时，被要求方应在 10 天或其他合理所需的时间内给予同意或批准，而不可以无理拒绝或迟延给予该等同意或批准；

(b) 如果任何一方获悉的任何事件或情形属于：

(1) 经该方合理预计将对任何一方履行其本协议项下的义务或实施项目的能力造成重大不利影响的事件或情形；

(2) 合理预计另一方不可能获悉该事件或情形；

则该方应尽快将该事件或情形通知另一方。

第 12 条　甲方的一般义务

12.1　不干预

甲方不得干预污水处理项目内部管理事务，除非本协议条款的执行受到影响。

12.2　不当兑取保证金

如果甲方兑取了乙方提交的投标保函、履约保函和维护保函中的款项，之后乙方通过仲裁或其他方式确定甲方无权兑取，甲方应退还兑取的金额，并应补偿乙方因此发生的所有费用和支出，以及支付自兑取之日至退还之日的利息，该利息按当时银行短期贷款利率执行。

第 13 条　乙方的一般义务

13.1　股权转让的限制

附件 7 是乙方原始股东的名单及各自在注册资本中所占的份额。乙方应在公司章程中作出规定，确保在协议生效日之后_____年内，未经甲方批准任何股东都不得将股权进行转让。在协议生效_____年后，在符合下列_____情况下，甲方应批准乙方进行股权转让。

(a) _____

(b) _____

(c) _____

13.2　遵守适用法律

乙方履行本协议项下的义务时应始终遵守适用法律的规定。

13.3　劳动安全标准

乙方应遵守现行的劳动保护法规，尊重职工的权利和严格执行安全法规及有关标准。

13.4　项目文件的协调

乙方应确保融资文件、股东之间的任何合同、乙方章程、本协议项下的保险单以及由乙方签订的与本项目有关的任何其他合同都能符合本协议的规定和都能够履行本协议。

13.5　税金、关税及收费

乙方应按照适用法律缴纳所有税金、关税及行政性收费。

13.6　对承包商和其雇员及代理人的责任

乙方雇用任何承包商和其雇员及其代理人，不应解除乙方在本协议项下的任何义务。承包商和其雇员及其代理人为本协议目的的所有作为或不作为视同乙方的作为或不作为。

13.7　知识产权的赔偿处理

乙方应对本项目在建设、运营和管理工作中可能发生的侵犯知识产权而引起的诉讼负责应诉和赔偿。

第 14 条　保险

14.1　特许经营期内，乙方必须按照附件 8 的规定自费购买保险。

14.2　如果乙方不购买或维持本协议所要求的保险，则甲方有权购买该保险，并且有权根据本协议从履约保函或维护保函款中兑取需支付的保险费金额。

第八章　违约赔偿

第 15 条　违约赔偿

15.1　赔偿

任一方应有权获得因违约方违约而使该方遭受的任何损失、支出和费用的赔偿，该项赔偿由违约方支付。

15.2　减轻损失的措施

由于另一方违约而遭受损失的一方应采取合理行动减轻损失。如果一方未能采取此类措施，违约方可以请求从赔偿金额中扣除应能够减轻或减少的损失金额。

受损害的一方应有权从另一方获得为减轻损失而采取行动所发生的合理费用。

15.3　部分由于受损害方造成的损失

如果造成损失的部分原因是由于受损害方的作为或不作为造成的，赔偿的数额应扣除这些因素应承担的损失。

15.4　对间接损失不负责任

除非本协议另有规定，各方均不应对由于或根据本协议产生的或与其相关的任何索赔为对方的任何间接、特殊、利润损失或附带损失或惩罚性损害赔偿负责。

第九章　终止、变更和转让

第16条　终止

16.1　甲方的终止

下述每一条款所述事件，如果不是由于甲方的违约或由于不可抗力所致，如果有允许的纠正期限而乙方在该期限内未能纠正，即构成乙方违约事件，甲方有权立即发出终止意向通知，并兑取履约保函或维护保函中的保证金：

(a) 乙方未按时实现融资完成；

(b) 乙方擅自转让、出租特许经营权；

(c) 乙方擅自将所经营的财产进行处置或者抵押；

(d) 乙方因管理不善，发生特别重大质量、生产安全事故；

(e) 乙方擅自停业、歇业，严重影响到社会公共利益和安全；

(f) 根据中国法律乙方进行清算或资不抵债；

(g) 乙方在第3.2条中的任何声明被证明在做出时即有严重错误，使乙方履行本协议的能力受到严重的不利影响；

(h) 乙方未履行本协议项下的其他义务，构成对本协议的实质性违约，并且在收到甲方说明其违约并要求补救的书面通知_____个工作日内仍未能补救该实质性违约。

16.2　乙方的终止

下述每一条款所述事件，如果不是由于乙方的违约或由于不可抗力所致，如果有允许的纠正期限而在该期限内未能纠正，即构成甲方违约事件，乙方有权立即发出终止意向通知：

(a) 甲方在第3.1条中的任何声明被证明在做出时即有严重错误，使甲方履行本协议的能力受到严重的不利影响；

（b）甲方未能按照本协议的约定履行向乙方支付污水处理服务费的义务；

（c）甲方未履行其在本协议项下的任何其他义务构成对本协议的实质性违约，并且在收到乙方说明其违约并要求补救的书面通知后的_____个工作日内未能补救该实质性违约。

16.3 终止意向通知和终止通知

16.3.1 终止意向通知

按照第 16.1 或 16.2 条发出的任何终止意向通知应表述违约事件的详细情况并给出必要的协商期。

在终止意向通知发出之后，双方应在协商期内为避免本协议终止采取措施，如果双方就将要采取的措施达成一致意见，并且在相应的协商期内纠正了违约事件，终止意向通知应立即自动失效。

16.3.2 终止通知

在协商期届满之时，除非：

（i）双方另外达成一致；或

（ii）导致发出终止意向通知的违约事件得到纠正，

发出终止意向通知的一方有权发出终止通知。

16.4 终止的一般后果

如果本协议提前终止，则自任何一方发出终止通知起，至双方商定的提前终止日止，双方应继续履行本协议下的权利和义务。

本协议终止后，双方在本协议项下不再有进一步的义务，但根据第 16.6 条可能到期应付的任何款项，以及本协议到期或终止之前发生的而在本协议到期或终止之日尚未支付的付款义务除外。本协议的终止不影响本协议中争议解决条款和任何在本协议终止后仍然有效的其他条款。

16.5 终止后的补偿

16.5.1 乙方违约事件导致的终止

在生效日期后，如果甲方因乙方违约事件而终止本协议，则甲方应有权收回乙方对该项目的相关权益。甲方在向乙方支付附件 12 补偿表所列的补偿金额后，乙方对该项目的相关权益将转归甲方所有。

补偿金额的确定应从特许年限、已运营年限、乙方在项目中的总投入、乙方的过错程度等方面进行综合考虑和设定。

16.5.2 甲方违约事件导致的终止

在生效日期后，如果乙方因甲方违约事件根据第16.2条终止本协议，则乙方有权要求甲方收回该项目的相关权益。甲方在向乙方支付附件12补偿表中的补偿金额后，乙方在该项目中的相关权益将转归甲方所有。

补偿金额的确定应由甲乙双方从特许年限、乙方已运营年限、乙方在项目中的总投资、乙方已获取的收益、该项目的预期收益等方面进行综合考虑。

16.5.3 第11.1款项下不可抗力事件和/或法律变更导致的终止

如果因第11.1款所述的不可抗力事件导致任何一方依据第16条终止本协议，甲方应向乙方支付附件12补偿表中所列的补偿金额。甲方支付该项目的补偿金额后，乙方将该项目中的相关权益转让给甲方。

补偿金额的确定应由甲乙双方从特许年限、乙方已运营年限、乙方在项目中的总投资、乙方已获取的收益、该项目的预期收益以及各方对此等事件承担的能力等方面进行综合考虑。

16.6 终止后的移交

16.6.1 乙方根据16.6.2条款向甲方移交参照第10.2条规定的污水处理项目所有设施的权利和权益。

16.6.2 乙方应于提前终止日立即向甲方移交污水处理项目的占有权和运行权。甲方和乙方应于_____日内按照16.5条款确定终止补偿金额。甲方应在确定终止补偿金额后_____天内将终止补偿金全部支付。乙方在收到最后一笔终止补偿金当日，将项目设施的所有权和所有权益全部移交给甲方。

第17条 变更和转让

17.1 甲方的变更

由于政府机构改革造成甲方的变更，但新的甲方应：

（a）具有承担原甲方对项目的所有权利、义务和责任的能力，并重新得到政府的授权；

（b）接受并完全承担原甲方在本协议项下义务的履行。

17.2 乙方的转让

17.2.1 资产或合同的转让

未经甲方事先书面同意，乙方不得出让、转让、抵押、质押本项目的资产，也不得在上述资产、权利和利益上设置任何留置权或担保权益或者以其他方式处置这些资产、权利或利益。

第十章 解释和争议的解决

第 18 条 解释规则

18.1 修改

本协议任何修改、补充或变更只有以书面形式并由双方授权代表签字，并加盖公章方可生效并具约束力。

18.2 可分割性

如果本协议任何条款不合法、无效或不能执行，或者被任何有管辖权的仲裁庭或法院宣布为不合法、无效或不能执行，则

（a）其他条款仍然有效和可执行；

（b）双方应对不合法、无效或不能执行的条款进行修改，使之合法、有效并可执行，并且这些修改应尽可能平衡双方之间的利益。

第 19 条 争议的解决

19.1 双方友好协商解决

若双方对本协议条款的解释（包括关于其存在、有效或终止的任何问题）产生任何争议、分歧或索赔，则应尽力通过友好协商解决该争议、分歧或索赔。若在_____个工作日内该争议未能得到解决，则应适用第 19.2 条的规定。

19.2 仲裁

本协议引起的或与本协议有关的所有争议，由甲乙双方选择仲裁或诉讼方式解决。选择仲裁方式解决争议的，应提交给_____仲裁委员会，按其届时有效的仲裁规则进行仲裁，仲裁裁决是终局的，对双方均有约束力。

19.3 争议解决期间的履行

在争议、分歧或索赔作出最终裁决前，各方应继续履行其在本协议项下

的所有义务并继续享有其在本协议项下的所有权利，在最终裁决作出后按裁决进行最终调整。

19.4 继续有效

第 19 条规定的争议解决条款在本协议终止后继续有效。

（注：争议解决方式只能选择仲裁机构和法院中的一种）

第十一章 其 他

第 20 条 其他条款

20.1 通知

本协议项下的通知，通过专人递交、快递、邮寄、传真或电子邮件按下述地址送至或发至对方：

甲方：_____

地址：_____

邮编：_____

收件人：_____

传真：_____

电子邮箱：_____

乙方：_____

地址：_____

邮编：_____

收件人：_____

传真：_____

电子邮箱：_____

一方的收件人地址、电传传真号码或电子邮箱若有变更应及时以书面形式通知另一方。下述情况应视为已送达：（ i ）如用信件进行任何通讯，在由专人递交、快递或邮寄方式（挂号、要求回执）发送至上述地址时；和（ ii ）如用传真或电子邮件形式，在准确发送至上述传真号码或电子邮箱时。

20.2 附件目录

附件 1 污水处理项目进水水质设计指标

附件 2　污水处理项目出水水质质量指标

附件 3　项目建设和运营的特许范围（或区域图示）

附件 4　技术规范和要求

附件 5　特许经营授予方提供的服务和设施

附件 6　建设、运营（考虑投入运营前的调试及试运行等环节）和维护方案

附件 7　乙方的初始股东名单

附件 8　保险

附件 9　所需的项目和企业相关文件

附件 10　履约保函格式

附件 11　维护保函格式

附件 12　终止补偿金额

附件 13　污水处理项目污泥处理与安全处置协议

附件 14　项目融资方案

附件 15　乙方的财务报表格式

附件 16　出水不符合标准违约金

20.3　不弃权

任何一方均不被视为放弃本协议中的任何条款，除非一方以书面形式作出放弃。任何一方未坚持严格履行本协议中的任何条款，或未行使其本协议中规定的任何权利，均不应被视为对任何上述条款的放弃或对今后行使任何上述权利的放弃。

20.4　合同文字

本协议以中文订立，正本一式四份，甲方和乙方各执二份。

本协议由双方各自正式授权的代表在其签名下注明的日期签署。双方愿受本协议的法律约束。

20.5　生效日期

（a）双方签字盖章后生效；或

（b）_____

（c）_____

5. 城镇供热特许经营协议

《城镇供热特许经营协议示范文本》（建设部 2006）

目　录

第一章　总　则

101　为规范_____城市、地区集中供热特许经营活动，保障供热行业的健康发展，保障社会公共利益和公共安全，根据建设部《市政公用事业特许经营管理办法》和_____（地方法规名称），由协议双方按照法定程序于_____年_____月_____日在中国_____省（自治区）_____市（县）签订本协议。

102　协议双方分别为：经中国_____省（自治区）_____市（县）人民政府授权（注：该授权可以通过以下两种形式，1. 该人民政府发布规范性文件；2. 该人民政府就本协议事项签发授权书），中国_____省（自治区）_____市（县）人民政府_____局（委）（以下简称甲方），地址：_____，法定代表人：_____，职务：_____；和_____公司（以下简称乙方），注册地点：_____，注册号：_____，法定代表人：_____，职务：_____，国籍：_____。

103　特许经营原则

甲、乙双方签订并付诸履行本协议，应当遵循以下原则：

（1）遵守中国的法律；

（2）公开、公平、公正；

（3）符合城市发展规划、环保规划及城镇供热专项规划；

（4）有利于保障供热安全和高效节能；

（5）有利于促进城镇供热行业的健康发展。

第二章　定义与解释

本协议中下列名词或术语的含义遵从本章的定义或解释。

201　[中国] 指中华人民共和国，仅为本协议之目的，不包括香港特别行政区、澳门特别行政区和台湾地区。

202　[法律] 指所有适用的中国法律、行政法规、地方性法规、自治条例和单行条例、规章、司法解释及其他有法律约束力的规范性文件。

203　[供热] 向热用户供应热能。

204　[供热系统] 由热源通过热网向热用户供应热能系统的总称。

205　[集中供热] 从一个或多个热源通过热网向城市、镇或某些区域热用户供热。

206 [热力管网] 由热源向热用户输送和分配供热介质的管线系统。

207 [管道业务] 在本协议规定的范围内,依照本协议价格机制制定的价格向使用者提供的管道热力及相关有偿服务的经营业务。

208 [违约] 指本协议签约任何一方未能履行其在本协议项下的任何义务,而且这种违约不能归咎于另一方违反本协议的作为或不作为或不可抗力等。

209 [特许经营权] 本协议规定之特许经营权为特许经营供热业务专营权,即在其有效期限和规定地域内,特许经营权受让方独自占有该项业务的经营权利。

210 [户内共用管道热力设施] 用户楼前引入管、楼内立管、水平管及阀门等热力设施。

211 [用户自用管道热力设施] 自户内共用热力管道引入到用户室内的热力管道、阀门、计量表等设施。

212 [热力紧急事件] 涉及供热采暖需要紧急采取应急措施的事件,包括爆炸、泄漏以及管道热力设施紧急利用等。

213 [履约保函] 指为保证协议的正常履行,由金融机构通过保函形式向乙方提取的履约保证金,分为建设期履约保函,运营与维护保函,移交保函。

214 日、月、季度、年:均指公历的日、月、季度和年。

第三章　特许经营权授予、期限及履约担保

301　特许经营权授予

甲方自本协议生效之日起,授予乙方在本协议有效期限和规定地域内,独家享有供热业务的经营权利(以下简称"特许经营权")。

甲方应当于本协议生效之日起 5 个工作日内向乙方发放特许经营权证书,并以适当方式公示。

302　特许经营期限

本协议之特许经营权有效期限为自本协议生效之日起计_____年。自_____年_____月_____日起至_____年_____月_____日止。

303　特许经营履约担保

1. 乙方应在签订协议前十五日内向甲方提供双方能接受的信誉良好的金融机构出具的履约保函，以保证乙方履行本协议规定的义务。履约保函分作建设期保函、运营维护保函和移交保函，移交保函可并入运营维护保函。

2. 特许经营期间，乙方如拒绝履行本协议规定的义务、支付违约金或不及时实施事故处理，甲方可以提取履约担保作为违约金或用于事故处理，但不能挪作他用。

3. 履约担保金额共_____元，其中建设期履约担保金额_____元、运营维护履约担保金额_____元、移交履约担保金额_____元。（履约担保金额根据特许经营有效期限和规定区域内用户数、用热量和用热性质等具体情况由协议双方商定）。

4. 凡用于乙方违约金及事故处理等费用支出的部分履约担保金额，乙方须于事项处理后的 10 日内向甲方补齐履约担保金额。

第四章　特许经营权范围与实施

401 特许经营权地域

甲方根据本协议确定授予乙方对下列地域的供热享有特许经营权。

1. 描述

2. 附图

（附件三：特许经营权地域范围图示）

402　特许经营权范围

本协议规定之特许经营权的范围为在规定的特许经营期限和地域范围内，乙方对该地域供热进行的投资、建设、运营和移交，乙方不得擅自拓展特许经营权地域范围。

403　特许经营权的实施

在特许经营期间，甲方不得将本项目特许经营权授予第三者或无故终止特许经营权，不得无故减少乙方特许经营权范围或妨碍特许经营权的实施，但本协议规定的特许经营权终止和撤销的情况除外。

在特许经营期间，乙方不得将特许经营权及相关权益进行出租、抵押或质押给任何第三方。

第五章 供热设施的所有权与经营权

501 供热设施的所有权依照相关法律确定权属。

502 在本协议规定的特许经营期限和地域范围内，供热设施经营权和维修权由乙方拥有。

第六章 供热设施的建设投资与建设用地

601 供热设施的建设投资

在本协议规定的特许经营期限和地域范围内供热设施建设投资权利和义务属于乙方，投资和建设必须符合相关规划、计划和技术规范的要求。

602 供热设施的建设用地

甲方应在本协议生效后，以_____（视供热设施建设具体情况而定）形式向乙方提供供热设施建设用地的土地使用权。无甲方事先书面同意，乙方不得变更该土地用途或将该土地使用权转让、出租和抵押。

第七章 供热设施的管理、维修、更新及征用、征收、补偿

701 供热设施的管理、维修及更新

乙方对住宅供热设施的管理应当到最终用户散热设备；对非住宅的供热设施的管理应当到建筑物、厂区院墙（无院墙的为单位建筑物墙）外的入户阀门井（含阀门井）。供、用热双方另有协议的除外。

乙方自本协议生效之日起，即承担法定的供热设施管理、维修及更新的责任。

由于热用户原因需要对供热设施进行维修、更新的，乙方可以实行有偿服务，收取合理费用。

702 供热设施征用及征收

甲方出于公共利益的需要可依法征用或征收供热设施，乙方应予配合，并获得甲方给予的本章703条规定的补偿。

703 征用或收回的补偿

甲方征用或征收乙方特许经营的供热设施应按照国家相关法律给予补偿。

第八章　公共用地、道路及其他公用设施的占用

801　政府部门的批准及占用

特许经营期间，乙方在供热设施的管理、维护和建设中，需占用公共用地、城市道路及其公共设施时，应按规定报经有关部门批准，甲方应当协调其各相关部门给予必要协助和配合。占用结束后，乙方应当将占用或动用的设施恢复原状，依照有关收费标准承担相关的占用费用。

802　用户配合及甲方协助

特许经营期间，乙方在供热设施的管理、维护和建设中，乙方需要进入居民用户室内或居民拥有土地使用权的范围内作业的，事先应与该用户协商。乙方在作业结束后应对所占用或动用的设施恢复原状。对用户不给予配合而使乙方无法或严重影响乙方向公众提供管道供热正常服务的，甲方应依法给予乙方必要协助。

第九章　影响用户用热工程、事故的报告与通知

901　影响用户用热工程报告

乙方进行供热设施维护或改造工程应当在非供热运行期，并应当在当地供热期开始前完成。如果可能影响到用户用热，则应当将工程简况、施工历时、可能受影响的程度及区域等情况向相关用户和社会公众公示通报，重要影响工程应报告供热管理部门。

902　影响用户用热的事故分类

事故分类标准按国家规定执行。

903　事故报告与通知

乙方应当在事故发生后，立即报告供热管理部门，重大事故应告知用户，预告事故可能造成的影响及处理的情况。

904　应急预案

乙方应制定供热事故应急预案，并报供热管理部门备案，将对用户可能受到的影响降到最低。

905　事故影响赔偿

由乙方责任造成的重大事故对用户造成影响的，乙方应按事故影响程度

对用户进行赔偿。

第十章 供热价格

1001 供热价格制定和调整

供热采暖价格由甲方所在城市人民政府统一定价，其价格制定和调整须根据相关法律和国家政策组织制定并批准。乙方应严格遵照执行。

第十一章 供热安全

1101 安全责任

1. 乙方须严格遵守有关供热安全的法律及国家政策，供热生产、运行和服务的质量、安全、服务标准应当符合国家、行业和地方相关标准。乙方对特许经营区域内的供热安全负责，甲方负有对乙方履行安全责任的监管责任。

2. 乙方应建立和完善安全生产制度，建立安全生产保证体系和稳定供应、运行和服务，防止事故发生；要建立抢修、抢险、救灾应急预案和相应的组织、指挥、设备等保障体系，并保证在出现重大意外事故时其保障体系能够正常启动。

3. 发生事故时，乙方应采取各种应急措施进行补救，尽量减少事故对用户的影响，同时，乙方必须及时、如实向有关部门报告。

4. 乙方要加强安全巡检，消除安全隐患，对危及热力设施安全的情况应及时制止，并报告有关部门，同时应进行宣传、解释、劝阻和书面告知违反规定的单位或个人进行整改；对逾期不改的，及时向甲方报告，甲方接到乙方报告后，应及时协调相关部门予以查处。

5. 乙方应采用必要的手段，监测管道供热工况，保持工况稳定，及时应对发生的紧急事故。

6. 乙方应严格执行有关建设工程开工报建前对地下管网进行核查的规定，并对认为有必要的建设项目实行管道供热设施现场监护，对野蛮施工危及管道供热设施安全的，要加以劝阻，劝阻不听的应及时向供热管理部门或城市管理综合行政执法部门报告，予以查处。

7. 乙方应开展各种形式的供热安全宣传活动，以提高公众对供热设施的保护意识和节能意识，加强对用户采暖的指导，解答用户的采暖咨询，发放用户采暖手册。

1102 供热设施安全预防

乙方应严格遵循运行、维护和抢修安全技术规程，对供热设施的状况及性能进行定期巡视、保养和检修，按期进行设备大修和更新改造，对运行15年以上的供热设施要进行质量安全评估，评估、检测由有资质的单位进行，出具评估、检测报告，并报告甲方。

乙方在发现属于用户的供热设施存有严重安全隐患时，乙方应立即采取可能的措施以防止安全事故的发生。

1103 因安全原因的停热

乙方可以在其认为有必要的时候对属于用户产权的供热设施进行查验，对认定不符合安全规定、违章安装管道设施或用户拒绝接受查验的，乙方经供热主管部门同意，可以在安全隐患被排除前停止向该用户供热。

1104 应急与临时接管

乙方应完善供热设施资料图档和设施信息化管理系统，建立应急抢修抢险预案，设立供热设施应急抢修队伍和用户维修服务网点，提供24小时紧急热线服务和紧急抢修抢险。

甲、乙双方均应建立供热应急预案（见附件九），对乙方在冬季供热运行期间因拒绝供热或不能保证供热质量，直接影响到居民正常采暖，并造成严重后果或恶劣影响的，甲方可以采取临时应急接管措施。

出现下列现象时，甲方也可以采取临时应急接管措施：

1. 公共利益需要；

2. 非因乙方原因，致使乙方无法履行本协议所规定的义务情况；

3. 任何发生本协议终止的情况。

第十二章 特许经营协议的终止

1201 特许经营协议期限届满的终止

特许经营期限届满时，特许经营协议自动终止。

1202 特许经营的提前终止

发生下列情况，特许经营协议可以提前终止：

1. 双方一致同意提前终止；

2. 因不可抗力发生后 180 天其后果仍未消除，致使双方或任何一方无法履行本协议情况的；

3. 发生下列情况，甲方有权提前终止特许经营协议：

（1）乙方擅自转让、出租特许经营权的；

（2）乙方擅自将所经营的财产进行处置或者抵押的；

（3）乙方因管理不善，发生重大安全生产责任事故，严重影响社会公众采暖的；

（4）乙方擅自停止供热，擅自提前结束供热，严重影响社会公众利益，责令其改正而拒不执行的；

（5）因乙方责任，造成大面积采暖用户室内温度不能达到相关标准和规定，供热管理部门责令其限期改正，逾期不改的；

（6）因乙方管理不善等原因造成停止供热，无法再继续正常供热或拒绝为热用户供热，已危及社会公众利益的；

（7）乙方擅自停业、歇业或中止本协议，严重影响到社会公共利益和安全的；

（8）乙方严重违法违规经营，影响正常供热的；

（9）因设备等原因造成停热事故，乙方未能迅速采取有效措施恢复供热，并造成严重社会影响的；

（10）乙方在本协议下发生的其他重大违约行为，经甲方通知_____天内，仍未补救的；

（11）有本协议第二十二章禁止之行为；

（12）乙方有其他法律禁止的行为。

4. 因特许经营协议任意一方认为有必要时，经甲、乙双方协商可以提前终止本协议，并签订提前终止协议。协商不能达成一致时，按照争议解决机制解决，终止前任意一方都有义务继续履行本协议的义务不得擅自提前终止本协议。

第十三章　特许经营期限期满的移交

1301　在特许经营期限期满 1 年之前，由甲乙双方成立移交委员会；研究制定移交方案和计划，并应在终止日前 180 日内完成谈判，签订相关协议。

1302　特许经营期限届满后，乙方不再享有供热特许经营权的，乙方应将全部所有或使用的，以及正在建设的供热资产移交给甲方，但供热设施、设备备件以外的乙方用于经营或建设的动产除外；乙方在移交时必须保证移交后一年内正常运行的资产和备件，（移交资产的程序和标准见附件九）并出具移交保函。

乙方因自行投资形成自有产权移交及补偿问题按照终止补偿规定。

第十四章　特许经营权终止后的资产处置

1401　资产处置谈判

正常终止资产处置按照移交的规定；发生提前终止的情况，双方应对资产处置进行谈判，提前终止资产处置谈判应区分政府征用或征收、不可抗力、乙方违约、甲方违约等不同情况。

1402　不予补偿

乙方出现下列情况之一的，甲方不给予乙方任何补偿：

1. 乙方股东（大）会做出决议明确表示在余下的特许经营期内不再履行本协议，并且在 30 日内再次确认的；

2. 乙方未履行移交责任的；

3. 乙方移交的项目资产和设施存在重大瑕疵，致使甲方不能使用。

4. 有本协议第二十二章禁止之行为。

1403　特许经营权终止日的确定

特许经营权终止日依照下列各情况而定：

1. 特许经营权因特许经营期限届满而终止的，特许经营权终止日为特许经营期限届满日；

2. 特许经营权因本协议第十六章规定的特许经营权终止情况的出现而终止的，该情况发生日为特许经营权终止日；

3. 因本协议解除而引起特许经营权终止的，引起协议解除的情况发生日或者做出解除协议的决定日为特许经营权终止日。

第十五章　供热质量和服务

1501　供热质量

乙方应当建立供热质量保证体系和相应设施，确保向用户所供应的供热质量符合国家的有关规定和附件二所规定的标准。

1502　供热服务

乙方应当根据用户的实际需要向用户提供业务热线、营业接待、定期抄表、室温检测、设施安装检修等综合服务，并确保能够达到附件二所规定的标准。

第十六章　甲方的权利与义务

1601　甲方权利

1. 对乙方实施特许经营的行为实施监管；

2. 受理用户对乙方的供热投诉；

3. 依据本协议约定对乙方违规行为进行处罚；

4. 对乙方的供热五年规划和年度投资计划提出意见和建议，并监督实施；

5. 监督抽查乙方供热、安全运行和服务的质量，定期组织专家进行中期评估（评估方法和标准见附件七）；

6. 会同价格主管部门制定和调整、监管供热价格；

7. 核查乙方的特许经营报告、财务报告；

8. 甲方享有紧急处置权。甲方对乙方在冬季供热期间拒绝供热或不能保证供热质量，且直接影响到居民正常采暖，给社会造成恶劣影响的行为，可以采取临时应急接管措施。

9. 法律规定的其他监管权利。

1602　甲方义务

1. 在本协议生效后办理交付乙方特许经营的手续；

2. 维护特许经营权的完整、专营和独占性；

3. 维护特许经营范围内城镇供热市场秩序；

4. 为乙方的特许经营提供必须的政策支持；

5. 法律及本协议规定的其他义务。

第十七章 乙方的权利义务及承诺

1701 乙方权利

1. 对依据本协议规定的有效期限和区域范围内的供热业务享有独家经营的权利；

2. 拥有在特许经营有效期限和区域范围内的供热投资、发展权；

3. 依据本协议规定的价格机制，向用户收取规定的供热供应费及相关服务费；

4. 经有关部门批准，占用公共用地或城市道路维护供热管网的权利；

5. 对拒缴、欠缴应向乙方缴纳的费用的供热用户依法追缴的权利；

6. 对用热设施不符合国家有关安全技术标准或存在安全隐患的用户暂停供热服务的权利；

7. 对严重违反供、用热协议的用户有依法举报的权利；

8. 特许经营期限届满后，乙方重新参与特许经营权竞争的，在同等条件下乙方享有优先权；

9. 法律及本协议规定的其他权利。

1702 乙方义务和禁止行为

特许经营期间，乙方负有下列义务：

1. 接受甲方的监管及社会公众的监督。

2. 非经甲方批准，乙方不得自行决定或促使自身停热、解散、歇业。

3. 非经甲方批准及不可抗力事件发生，乙方必须保证特许经营区域内供热生产和运行正常，禁止擅自停热或降低供热质量，发生故障时应快速抢修，直至恢复安全运行。

4. 按照国家、省、市、行业及有关标准和乙方制定的各项规章制度，实施运行管理。

5. 按照乙方承诺供热质量和服务标准向用户提供供热相关服务；

6. 根据供热规划和市场需要，乙方应提高供热保障能力，扩建供热管网，积极发展用户，不断满足用户对供热的新需求。

7. 乙方应执行当地政府供热资源整合规划和环境治理的计划，积极配合完成资源整合和环保的任务。

8. 特许经营期间，乙方未经甲方批准，不得擅自转让、出租、抵押或变更特许经营权，不得放弃、变换、扩大、缩小、分包、承包、委托、出租、抵押供热主业。

9. 经甲方批准，对于乙方从事的特许经营业务衍生出来的相关业务，乙方可通过委托、发包等方式将其交由具备相应资质的社会第三方经营，但属于特许经营范畴的业务不得委托或发包给社会第三方经营。

特许经营期间，乙方不得实施以下行为：

1. 违规、违法经营的；

2. 未按要求履行本协议，供热供应、运行和服务质量不符合标准，并未按行业主管部门要求进行限期整改的；

3. 未经政府及甲方批准，擅自转让、出租、抵押或变更特许经营权的；

4. 未经甲方批准，擅自停热、停业、歇业或终止本协议，影响到社会公共利益和安全的；

5. 发生重大供热质量、安全生产责任事故或企业法人有重大违规违纪行为的；

6. 不按城市规划投资、建设供热设施，经供热管理部门限期改正但拒不改正的；

7. 在特许经营期限内滥用特许经营权，违背市场原则，以不正当竞争的手段垄断封闭供热建筑设计、施工、设备采购市场，进行关联交易，损害公众利益并造成不良影响，经有关主管部门劝阻拒绝改正的；

8. 拒绝接受监督管理，情节严重的；

9. 不履行特许经营协议义务，违反申请特许经营权时所承诺的；

10. 法律规定的其他情形。

1703 乙方承诺

1. 供热服务承诺

乙方保证善意地、适当地行使本协议授予乙方的供热特许经营权，尽最大限度地为市民、企业及其他供热用户提供公平、优质、普遍的供应与服务；并遵循城市发展规划、环保规划及城镇供热专项规划，投资建设新的供热设施，满足社会对供热利用的新需求。

2. 合理价格承诺

乙方保证采取一切应当采取的措施，严格控制成本，接受政府监管和社会监督，促使供热价格合理、公平、公开，并使之获得供热用户的理解和支持。

3. 降低供热成本承诺

乙方保证完善内部管理，严格控制成本，开发和应用先进技术，采用新型能源，不断地降低供热成本。

4. 提高环境保护质量承诺

乙方承诺在特许经营期间的一切经营和供热服务中，充分考虑对环境的影响，采用先进的环保技术和措施，减少环境污染，维护生态环境。

5. 开展公益服务承诺

乙方承诺在特许经营期间，面向广大市民及供热用户开展供热公益活动，宣传供热知识及相关能源知识，促进供热在人们生活、生产中的合理应用。

6. 提高供热信息化水平承诺

乙方承诺在特许经营期间不断提高企业信息化水平，对供热设施的图纸资料、供热管理资料、用户基本信息及其他与供热经营服务有关的信息进行收集、归类和整理，建立和完善供热服务信息管理系统。

乙方承诺建立收费、服务信息管理系统并纳入供热管理部门的网络，实现信息资源共享。

乙方承诺建立并完善其互联网站，以便向社会公众用户提供网上供热开户申请、用热咨询、安全说明、热费查询、受理投诉等综合信息服务。

第十八章　法律责任

1801　甲方法律责任

1. 甲方违反本协议第 403 条规定，对乙方的特许经营权构成妨碍的，应当及时改正，并应赔偿乙方因此而遭受的经济损失；

2. 甲方违反本协议的有关规定，不将其投资建设的供热设施交付乙方使用或擅自处置其投资建设的供热设施的，应当及时改正，并应赔偿乙方因此而遭受的经济损失；

3. 甲方违反本协议有关规定，在征用过程中或本协议终止后，拒不按照协议的约定进行补偿的，应当及时按照协议的约定进行补偿，并应按照中国人民银行公布的活期存款利率向乙方支付逾期支付补偿的利息；

4. 甲方违反有关价格法规及本协议定价、调价程序，给乙方造成经济损失的，应当及时按照有关规定补偿乙方因此受到的经济损失；

5. 甲方基于对获得特许经营者的监管的权力采用非正当行为对乙方实施罚款、吊销营业执照、撤销特许经营权，经法定程序（如行政复议、法院判决等）证明其行为错误时，应当改正其行为，并赔偿乙方因此受到的经济损失。

1802 乙方法律责任

1. 乙方对任何法律的违反，均适用所违反法律的处罚规定；

2. 乙方违反本协议规定，擅自处置供热设施的，应当恢复原状，如无法恢复原状的，应当重新投资建设相应的供热设施，并应向甲方或供热管理部门支付＿＿＿＿万元人民币的违约金；

3. 乙方违反本协议第 702 条的规定，拒不接受甲方的依法征用或征收时，应当服从甲方的依法征用或征收，并应向甲方或供热管理部门支付＿＿＿＿万元人民币的违约金；

4. 乙方违反本协议的规定，擅自解散或歇业的，应当及时恢复营业，并应向甲方或供热管理部门支付＿＿＿＿万元人民币的违约金；

5. 乙方违反本协议的规定，对擅自停热负有责任的，应当及时采取措施恢复供热，甲方可根据事态的严重程度要求乙方支付＿＿＿＿万到＿＿＿＿万元人民币的违约金；

6. 乙方违反本协议的规定，未经甲方批准，擅自转让、出租、抵押或变更特许经营权，擅自改变主业的，应当及时纠正并恢复主业，应向甲方或供热管理部门支付＿＿＿＿万元人民币的违约金；

7. 乙方违反本协议第 1702 条规定的，应当及时改正。甲方可酌情要求乙方支付＿＿＿＿万到＿＿＿＿万元人民币的违约金；

8. 乙方违背本协议承诺的义务时，应当及时改正。甲方可根据事态的严重程度要求乙方支付＿＿＿＿万到＿＿＿＿万元人民币的违约金；

9. 乙方违反或降低本协议及附件规定的技术、质量、安全、服务等标准向用户供热、提供维修服务和供热设施运行管理的，应当及时改正。甲方可根据事态的严重程度要求乙方支付_____万到_____万元人民币的违约金；

10. 甲方可根据供热用户的投诉对乙方的经营活动进行监管，用户投诉的情况属实，并且确属乙方的责任的，甲方可根据事态的严重程度要求乙方支付_____万到_____万元人民币的违约金；

11. 乙方未履行本协议的及时报告义务的，应当及时改正。甲方可酌情要求乙方支付_____万到_____万元人民币的违约金；

12. 甲方可以采用扣除保函的形式扣除违约金。

1803 不中断协议履行

除非本协议终止，针对本协议的任何违约责任的追究及责任承担，均不影响本协议之继续履行。

第十九章 协议的变更

1901 协议的变更

除非经过甲、乙双方就协议内容的变动协商并书面达成一致，否则任何情况都不构成本协议的变更。甲、乙双方可以采取签订书面补充协议或书面协议的方式修改本协议。

1902 协议执行中的修改

下列情况出现时，甲、乙双方应当在情况发生或将要发生的 60 日内完成协议的修改：

（1）出现新型可替代供热之能源；

（2）供热工程施工或技术运营条件发生重大变化；

（3）有关供热事业的法律或国家政策发生重大变化；

（4）导致供热价格波动超过 30% 以上的情况发生。

第二十章 不可抗力

2001 不可抗力

不可抗力是指不能预见、不能避免并不能克服的客观情况。

2002 不可抗力事件

构成不可抗力的行为、事件或情况包括但不限于下列所述行为、事件或情况：

（1）火灾、水灾、干旱、爆炸、闪电、暴雨、台风、龙卷风、地震、地陷、地面下沉、疫情或其他天灾；

（2）战争（无论是否宣战）、暴乱、封锁、叛乱、公敌行动、入侵、禁运、贸易制裁、破坏或恐怖行动等严重威胁；

（3）其他不可抗力事件。

2003　对不可抗力免责的限制

以下各项事件不构成不可抗力：

（1）因正常损耗、未适当维护设备或零部件存货不足而引起的设备故障或损坏；

（2）个别用户缺乏资金支付应付款项，除非发生全市所有有效支付方式失效的情况；

（3）仅仅导致履约不经济的任何行为、事件或情况。

2004　提出不可抗力一方的义务

提出不可抗力的一方应当：

（1）尽早（在任何情况下不迟于 24 小时）通知另一方发生了不可抗力事件，除非不可抗力事件或情况导致通知无法发出；

（2）尽早（在任何情况下不迟于 48 小时）通知另一方，说明不可抗力事件的详细情况以及预计的持续期间，除非不可抗力事件或情况导致通知无法发出；

（3）在任何时候采取合理的行动，以避免或尽量减少不可抗力事件的影响；

（4）在任何时候告知另一方不可抗力事件的进展及其预计结束日期；

（5）通知另一方能够部分或全面恢复履行其义务的日期。

2005　不可抗力免责

一方出现不可抗力且尽到本协议规定的义务时，无须对其延误或未履行其在本协议项下的义务承担责任。

第二十一章　争议的解决

2101　协议争议的协商

因本协议的签订、履行、变更和解除而产生的争议，甲、乙双方应当通过协商予以解决。协商应当在争议发生的 60 日内举行。60 日内未能就争议解决达成一致的，视为协商失败，甲、乙任何一方均可以循本协议规定的其他途径解决争议。

2102　仲裁或提起诉讼

若甲乙双方不能根据第 2101 条规定解决争议，可依照法律通过仲裁途径解决；或者将该争议按照法律规定，向有管辖权的人民法院提起诉讼。当法律对此类争议的解决方式做出明确结论时，依其结论处理。

第二十二章　附　则

2201　协议文本

本协议连同附件均用中文书写。正本贰份由甲方、乙方各执壹份，副本_____份仍由上述各方各执_____份。

2202　协议签订

甲方、乙方签订本协议之代表均应在已经获得签订授权的情况下签订本协议，并在此前各方均已完成各自内部批准本协议之程序。

2203　协议生效

本协议自甲乙双方代表签字并加盖公章之日起生效。本协议的补充协议以及附件是本协议的组成部分，与本协议具有同等效力。

2204　协议适用的法律

本协议受中华人民共和国法律管辖，并根据中华人民共和国法律对其进行解释。

2205　协议附件

截至本协议签订日，本协议所附附件如下：

附件一：供热企业应具备的条件

附件二：供热质量和服务标准

附件三：特许经营权地域范围图示

附件四：乙方与用户的供用热合同样本

附件五：供热技术规范和标准

附件六：供热安全管理标准

附件七：供热特许经营中期评估方法及标准

附件八：供热事故应急预案

附件九：特许经营期限期满乙方移交资产的程序和标准

附件十：甲方签约授权证明

附件十一：乙方签约授权证明

双方各自授权代表于_____年_____月_____日签订本协议，以兹为证。

甲方：   乙方：

_____   _____

签字：   签字：

法定代表人/授权代表   法定代表人/授权代表

（公章）   （公章）

6. 地铁轨道交通 PPP 项目〈特许经营协议〉重要条款参考

《地铁 PPP 项目《特许经营协议》重要条款参考范本》

陈述

陈述部分将简要说明本项目的背景。

第 1 章　特许权

第 1 条　术语定义

1.1　定义

1.2　其他特定术语

第 2 条　特许权

2.1　项目名称、内容和整体协议结构

本项目名称是北京地铁×号线 PPP 项目，全部建设内容分为，建设任务由特许经营公司负责融资、设计和建设。并负责×号线项目设施的运营和维护（包括在项目设施中从事非客运业务），并依法和依据特许协议规定获取票款和其他收益，特许期结束后，特许经营公司将项目设施无偿移交给市政府或其指定机构。

2.2 特许权的授予

依照特许协议的规定，北京市政府授予特许经营公司在特许期内独家的权利：

（1）投资、设计和建设×号线项目的建设任务；

（2）运营、管理和维护×号线项目设施；

（3）根据适用法律和特许协议规定，提供地铁客运服务，并向乘客收取及保留票款；

（4）根据适用法律和特许协议规定，利用项目设施直接或允许他人（通过提供、出租、允许转租全部或部分该等空间及/或相关设施或其他方式）从事包括但不限于零售、商铺（包括但不限于出租和允许转租)、广告、报纸杂志、通信服务、提款机服务及其他中国法律现时允许和将来可能允许利用项目设施从事的任何其他活动并获得收益。

2.3 特许期

除非依据特许协议的一般补偿延长或根据终止条款提前终止，特许期应为生效日期至特许经营期起始日起的第三十个周年结束之日。

特许经营期的起始日为×号线投入运营（包括试运营期间）并开始收费之日（"开始商业运营日"），预计为：××××年××月××日：

2.4 特许经营期正常终止后的续期和优先权

第 3 条 声明和保证

第 4 条 先决条件

4.1 特许协议生效的先决条件

4.1.1 特许经营公司已经取得以下批准文件：

（1）国家发展和改革委员会对特许经营公司设立可行性研究报告的批复；

（2）特许经营公司合作合同和章程已签署，并取得了商务部对特许经营公司合作合同和章程的批复；

（3）商务部签发的特许经营公司的外商投资企业批准证书；

（4）国家工商管理总局签发的特许经营公司企业法人营业执照，营业执照上所注明的经营范围与商务部所批准的合作合同和章程中所注明的特许经营公司经营范围在实质上一致，除非经特许经营公司合作各方另行同意。

4.1.2 融资落实

融资文件已经签署和交付、充分有效并且采用北京市政府批准的形式，且遵守特许协议的要求。

特许经营公司已满足或能够满足融资文件项下融资交割的所有先决条件（只能在生效日期或之后方可满足的条件除外），而每一项尚未满足的条件能够在生效日期之后 20 日内得到满足。

4.1.3 特许协议经双方授权代表签字盖章。

4.1.4 资产租赁协议签字生效。

4.2 先决条件的放弃

双方有权选择放弃任何一项先决条件，但此放弃并不影响各方在特许协议下的其他权利。

第 2 章 项目建设

第 5 条 项目范围

5.1 ×号线的建设工程分工

5.2 建设任务的质量标准

5.3 ×号线项目建设任务

第 6 条 双方在建设期的义务

6.1 市政府的义务

在×号线项目的建设期内，市政府的义务主要包括但不限于：

（1）在特许期，提供×号线项目设施（包括但不限于车站出入口）占地的划拨土地使用权和临时用地使用权；

（2）根据特许协议批准特许经营公司关于一般补偿的申请，并给予补偿；

（3）依法给予或协助特许经营公司取得必要的批准。

6.2 特许经营公司的义务

特许经营公司的义务主要包括但不限于：

（1）及时就本项目必要的批准提出申请；

（2）根据特许协议完成×号线项目的设计工作；

（3）根据特许协议按照进度日期和质量标准施工；

（4）根据特许协议组织×号线全部系统（包括 A 部分和 B 部分）的试运行，并完成市政府根据正式签署的特许协议要求的对 B 部分的改正；

（5）根据特许协议为×号线项目建设工程购买保险；

（6）根据建设资金到位表保证建设资金的到位；

（7）根据特许协议完成×号线项目的建设，并承担相关的一切费用、责任和风险，包括对工程建筑质量承担责任。

第 7 条 建设期协调机制

第 8 条 设计

特许经营公司应根据特许协议的规定完成×号线项目的设计。

第 9 条 变更和调整

9.1 变更

9.2 非特许公司原因导致的变更

后　记

PPP 是各级政府、城市基础设施建设的重要资金来源，也是党中央、国务院大力推动和鼓励的重要融资模式，是解决我国地方发展中的动能和要素配置的基本手段。近年来，国家发改委、财政部等出台了一系列引导和推动 PPP 项目创新发展的政策文件，较好地促进了我国基础设施建设，也为地方政府、民营资本和社会组织参与 PPP 项目提供了决策依据。同时，各地政府、社会中介机构积极参与 PPP 实践，积累了不少的案例经验，值得研究和提炼。

为研究、归纳和创新我国 PPP 项目策划、实施、监督和评估的模式、步骤、机制和体系，我们研究并撰写了本著作，期盼对地方政府、社会公众的 PPP 项目实践和行业研究有一定的借鉴作用。也希望能够为各类智库、高校教学和企业实践提供专业的辅导与借鉴。

本专著由吴维海（国家发改委国际合作中心研究员、执行总监）博士总策划、统筹撰写，孙大海（国家财政部，博士）、王艳丽（中交集团）、赵晖（中集集团）、陈洪顺（青岛地铁）、王明荣（光合文旅控股股份有限公司，清华博士后）、杨晓龙（工商银行总行，博士后）、刘璇（香港中文大学）、冯瑶（中国人民大学）、洪振宇（交通运输部）、姚顺（中国科学院，博士）、项冉（中央国债结算公司）、刘丹阳（在读博士）、刘轶（中国人民大学）、宋岩（华夏云智库）等参与了部分章节讨论或案例研究，还得到了青岛地铁公司、中交集团等 PPP 案例支持。同时，本书借鉴了部分学者、智库和企业实践案例，在此一并致谢。

　　由于作者的专业知识、精力和视野等限制，本书肯定存在某些缺陷，恳请指正、反馈和提出建议。

　　注：本书属于个人观点，不代表所在工作单位及其上级单位观点。特此说明。

吴维海

2017 年 10 月